中小幼一体
真实性教育评价的区域实践研究

ZHONG XIAO YOU YITI ZHENSHIXING JIAOYU
PINGJIA DE QUYU SHIJIAN YANJIU

主　编：张　虹
副主编：徐　俊

浙江工商大学出版社 | 杭州
ZHEJIANG GONGSHANG UNIVERSITY PRESS

图书在版编目(CIP)数据

中小幼一体真实性教育评价的区域实践研究 / 张虹主编. —杭州：浙江工商大学出版社，2022.9

ISBN 978-7-5178-4905-6

Ⅰ.①中… Ⅱ.①张… Ⅲ.①中小学－教育评估－研究－中国②学前教育－教育评估－研究－中国 Ⅳ.①G632.0②G610

中国版本图书馆 CIP 数据核字(2022)第 062588 号

中小幼一体真实性教育评价的区域实践研究

ZHONGXIAOYOU YITI ZHENSHIXING JIAOYU PINGJIA DE QUYU SHIJIAN YANJIU

张　虹　主编　徐　俊　副主编

责任编辑	杨　戈
责任校对	韩新严
封面设计	沈　婷
责任印制	包建辉
出版发行	浙江工商大学出版社
	（杭州市教工路 198 号　邮政编码 310012）
	（E-mail：zjgsupress@163.com）
	（网址：http://www.zjgsupress.com）
	电话：0571-88904980,88831806（传真）
排　　版	杭州朝曦图文设计有限公司
印　　刷	浙江全能工艺美术印刷有限公司
开　　本	787mm×1092mm　1/16
印　　张	26
字　　数	743 千
版 印 次	2022 年 9 月第 1 版　2022 年 9 月第 1 次印刷
书　　号	ISBN 978-7-5178-4905-6
定　　价	100.00 元

中小幼一体真实性教育评价的区域实践研究
（2018—2021 年）

（代 序）

社会价值观决定了教育价值观，决定了教育的培养目标、培养方式与培养途径。近年来，随着课程改革的推进，教育评价改革风起云涌。教育评价改革从根本上来说是教育价值观的变革，教育价值观直接影响教育的评价标准、评价方式和评价能力。教育质量综合评价改革的核心精神是关注学生的全面发展，关注学生的学习品质，关注学生的成长环境，关注质量形成的过程与成本，这也是浙江对"以学生发展为中心"的教育质量观的解读。

在教育评价中，对任何被评价者所做的价值判断，都是根据一定的评价目标、标准进行的。这些评价目标、标准、内容、指标及其权重，为被评价对象指明了努力的方向。区域教育评价应在区域教育质量提升过程中发挥积极的导向作用，帮助区域教育工作者明确方向、检查情况、发现问题、查找差距、促进发展。

一、基于真实性评价的区域教育评价研究背景

（一）真实性教育评价研究的社会背景

《教育部关于积极推进中小学评价与考试制度改革的通知》（教基〔2002〕26 号）是基础教育评价改革中里程碑式的文件。文件第一次提到"现行中小学评价与考试制度与全面推进素质教育的要求还不相适应"，反映了"在强调甄别与选拔功能上，忽视改进与激励功能；注重学业成绩，忽视学生全面发展和个体差异；关注结果而忽视过程，评价方法单一；尚未形成健全的教师、学校评价制度等"问题，提出了需要积极推进中小学评价与考试制度改革，健全评价功能，重视学生的全面发展和个体差异，形成系统的学校、教师和学生评价体系等指导意见。该文件还认定了教育评价改革是我国基础教育课程改革的一部分，它是现阶段中国教育评价理论发展的指路灯。

2013 年 6 月，教育部下发《关于推进中小学教育质量综合评价改革的意见》，要求基础教育战线充分认识推进改革的重要性与紧迫性，准确把握推进评价改革的总体要求，建立健全中小学教育质量综合评价体系，完善推进评价改革的保障机制。这一文件是我国基础教育课程改革进程中关于评价改革的重要文件，预示着教育评价改革进入新时期。2018 年 9 月 10 日，习近平总书记在全国教育大会上指出，要深化教育体制改革，健全立德树人落实机制，扭转不科学的教育评价导向，坚决克服唯分数、唯升学、唯文凭、唯帽子的顽瘴痼疾，从根本上解决了教育评价的价值取向问题，并且为新时代教育评价改革指明了方向。2020 年 6 月 30 日，中央全面深化改革委员会第十四次会议审议通过了《深化新时代教育评价改革总体方案》。该方案指出，教育评价事关教育发展方向，要全面贯彻党的教育方针，坚持社会主义办学方

向,落实立德树人根本任务,遵循教育规律,针对不同主体和不同学段、不同类型教育特点,改进教育评价,强化过程评价,探索增值评价,健全综合评价,建立科学的、符合时代要求的教育评价制度和机制。这是继 2018 年全国教育大会提出"扭转不科学的教育评价导向"后指导教育评价改革的又一纲领性文件。

(二)真实性教育评价研究现状的区域调研(2018—2021 年)

1.区域调研的目的意义

中小学教育质量综合评价改革是浙江省深化义务教育课程改革的重要组成部分。通过对全区各教学单位进行有关教育评价的调研,尽可能完整地了解全区教育评价研究的现状,包括特点、优势与不足,有利于构建区域教育评价环境,推动区域优质教育均衡发展。同时希望能够建立具有区域教育生态视角、关注教育发展环境建设的区域教育发展评估体系,进而引导区域教育工作者树立正确的教育质量观,推动区域教育评价不断完善,促进区域教育整体协调发展。

2.区域调研的结果分析

为更好地了解区域教育质量综合评价方式,营造安全文明的真实性评价文化,提高评价工具的专业性和科学性,发挥教育评价的指导作用,2020 年 3 月,我们以杭州市某区为样本,以全区各幼儿园、中小学为单位进行项目调研。网络问卷调查受访者涵盖学前教育阶段、义务教育阶段各教学单位的管理及教学人员,涉及学科广泛均匀。本次调研共收到全区 903 份有效问卷(其中幼儿园 148 份、小学 503 份、初中 252 份),调研期间建立了由教育评价研究骨干教师组成的区域研究共同体,共同参与问卷设计、数据统计及结果分析,提炼区域内学校(园)层面的评价方式、评价特色以及改进建议。

(1)学前教育阶段教育评价现状

从学前教育评价的手段来看,几乎所有教师将过程性评价和发展性评价作为教育评价的手段,具体数据为过程性评价占 94.54%、发展性评价占 93.75%、总结性评价占 71.9%、表现性评价占 63.28%、诊断性评价占 37.5%、增值性评价占比 20.31%。从评价的依据看,《3—6岁儿童学习与发展指南》等指导性意见结合观察经验为全区学前教育评价的主要依据。从评价结果的应用来看,多数幼儿园将评价结果用于改进教育措施,用于教师教学研讨、用于与幼儿分享及与家长沟通分享。调查发现 73.91%的幼儿园,开始构建或已经具有完善的智能化信息平台,可以建设基于大数据的幼儿教育评价体系。

(2)小学教育阶段教育评价现状

全区小学教育纸笔测评(阶段性测评及单元检测)的比例较高,而在不同学科中,周周清、月月评占比较高,尤其是语文、数学、英语及科学等学科阶段性检测占达 69.82%,体艺等学科则以整体评价为主。

85.22%的教师选择面批作业,66.74%的教师会对作业进行二轮批改,48.50%的教师选择学生自评和同伴互评,疫情下一定程度、一定范围内采取了网络批改的形式。作业评价总体以教师为主导。实践活动、口语活动及游园活动是小学非纸笔测评最常采用的方式,区域内超过 80%的小学均在期末进行了非纸笔测评,超过 50%的小学将低段非纸笔测评作为常态测评方式。非纸笔测评所使用的工具多样化,包括现场操作记录单、实践方案记录单及学生活动手册等。全区小学阶段对学生的综合素养评价最多采用的方式是课堂观察,其次是学生展示活动,再次是课程考查、量表调查、学生档案袋、采证评估等。

（3）初中教育阶段教育评价现状

全区初中阶段纸笔测评及单元检测的比例较高,频次高于小学。公办学校比民办学校采取的纸笔测评方案更多元。中考学科以阶段性测评和单元测评为主,体艺等学科以阶段性测评和整体测评为主。初中作业评价形式最多为当面批改,其次为二轮评改,再次为学生自评,作业评价主体以教师为主。初中纸笔测评来源,以任课教师命题的测评卷以及区域提供的学科阶段测评卷为主,更强调测评卷的原创性。

全区初中综合素养评价最关注的学生核心素养是诚实守信、社会责任感及探究精神。对学生的综合素养评价采用最多的方式是学生档案袋,其次是学生的展示活动,再次是量表测评、课程考查、课堂观察、采证评估等。

3.区域调研的几个发现

区域内大部分幼儿园已经具备大数据评价的基本意识,小学阶段教育评价手段更加多元,初中阶段更强调教师素养在评价中的正向作用,基层学校激活了关于教育评价的实践智慧。调研中我们有几个发现:

（1）需要建设高水平教育评价的队伍

教育行政与业务部门包括基层学校,需要提升教育评价改革的理论水平与教育评价领导力,需要一支高水平的教育评价骨干教师队伍,以整体提升区域教育评价的实践能力。

（2）需要提高教育评价研究成果的转化率

各教育学段教师对于教育评价研究的成果转化率较低,尚需提高教育评价数据处理能力以及教育评价研究成果的梳理能力,急需教育评价系统化的专业支持。

（3）非纸笔测评需更加常态化、生活化

各教学单位需要将具有积累意义的学习过程评价与具有诊断意义的阶段评价相结合,充分利用真实生活情境或积极创设模拟真实情境,探索从期末非纸笔测评过渡到日常过程性评价、阶段性评价、期末质量评估三个模块的实施路径,力争实现减负提质与知识落实的"双赢"。

（4）综合素养评价方式需更趋多元化

综合素质评价反映了重在过程表现的教育思想,它关注学生参与的情况、关注课程修习的经历等方面。在常用的课程考核、民主评定、过程记载与采证加分等综合素养评价方式中,力求对不同学段、不同考查点选择不同的评价工具与方法,力求增加纵向发展的过程性评价,减少横断式的终结性评价。

二、中小幼一体化真实性教育评价的区域实践

（一）真实性教育评价的基本理解

"评价"一词在我国北宋时期就已出现,《宋记·戚同文传》有"市物不评价,市人知而不欺"的记载。《辞海》（2000年版）解释为"评论货物的价格,今亦指衡量人物或事物的价值。"英语"evaluate"在词源学上的含义是引出和阐发价值。中外"评价"均指向把握世界价值的判断活动,是对某一事物的价值给予一般的衡量,通俗地讲评价即评定价值。教育评价作为教育活动体系中不可缺少的组成部分,对优化教育管理、提高教育质量等具有重要作用。真实性评价或称表现性评价,诞生于20世纪末美国的学生评价改革运动,最早由美国学者威金斯提出,是基于真实任务情境的评价,即在学生完成真实任务的过程中,考查其知识技能的掌握程

度、问题解决的实践能力、交流合作能力、批判性思考能力等多种复杂能力的发展状况。这种评价方式促使一种新的教育理念的形成,经过争鸣、实验、推广、成熟,逐步主导世界儿童评价发展的新趋势。相对于传统意义的标准化测验,真实性教育评价被认定是一种检测学生学习成效且超越测验的学生评价方式,它由真实性任务及评价量规组成,更侧重于对学生内在能力或倾向的表现行为进行评价,包括学习任务的真实性、评价信息的真实性、评价标准的真实性、评价环境的真实性、评价方式的真实性、评价内容的真实性。真实性教育评价坚持以学生为中心,将教学内容、过程、评价有机结合,利用多维主体、采用多元化评价方式促进学生高阶思维能力的发展。

(二)中小幼一体化真实性教育评价区域实践研究概述(2018—2021年)

我们以"区域整体推进,学校特色实践"为综合评价基本方向,逐步形成"学业质量+综合素质"的评价模式,深入探索基于学科素养与关键能力的评价改革。自2018年9月始,从区域层面开展了中小幼一体化真实性教育评价的行动研究,以彰显区域特色,体现教学单位的实践。

我们从区域教育评价改革的现状调研开始,更多地发现区域基层学校(幼儿园)自发自觉的教育评价行为,并向有关行政部门和基层学校反馈了现状,提出了建议。在调研的基础上,我们确立了中小幼一体化真实性教育评价的区域研究方向,期盼以新时代教育评价改革为契机,纵深推进区域教育评价改革进程。

我们征集了学校近年来的教育评价改革方案,开展了学校(幼儿园)教育评价改革创新举措评比,从中整理出行之有效的评价策略。我们积极推进小学低学段非纸笔测评,实现区域内的全面覆盖,并逐年推评优秀测评方案。我们推选出成功实施真实性教育评价的样板学校,并进行学校间借鉴与区域性推广,例如风帆中学、大成岳家湾实验学校、长寿桥小学、求知小学、三塘实验幼托园、东新实验幼儿园、西园实验幼儿园、市府机关幼儿园等单位都在区域教育评价活动中进行了交流展示。

我们进行了大数据背景下的教育评价研究活动,包括有效作业的设计、课堂教学评价行为、评价方式与手段、评价主体等方面的研究,特别是疫情下线上评价的专题,为疫情下教育评价行为的实施提供了有效样本。

我们开展了真实性评价案例与论文征集比赛活动,搜集了教师个体的教育教学评价行为,并分学段、分类别整理了相关研究成果,推进真实性教育评价群众性实践研究,提高评价研究成果的转化率。教育评价过程既是帮助教师用专业知识审视教育实践,发现、分析、研究、解决问题的过程,也是教师自我成长的重要途径。

我们组织骨干教师积极参加省市有关活动,策划了教育评价教师队伍建设的区域活动,以"行走研学 专家引领 骨干培养"为主要研修方式开设了系列课程与活动,包括长效日常培训、短期集中培训以及主题活动,设计线上线下相结合的学校(幼儿园)分管领导及骨干教师层面的分级培训。通过区外拓视野的"行走研学"与区内接地气的"私定模式"研修,将理论学习和实践研讨进行高效融合,以高校(教育部、北师大、浙师大、杭师大)专家的政策理论解读为引领,以基层学校的实践经验为范本,既有外出(北京、省内、市内、区内)参观实地考察,也有市内外专家组的现场观摩指导,有效促进区域内各中小学、幼儿园教育评价体系的创新发展。在校园联动中促进实效,在行走研学中拓宽视野,在成长论坛中品味收获。三年内我们邀请了省内外教育评价研究专家共计35人次,开设了一系列中小幼一体化或分学段的专项专题讲座,其中影响力较大的有:"世界教育评价发展趋势对教育的影响""中国基础教育监测评价制度改革的探索与实践""教育督导与评价制度理论与实践国际发展前沿与动态""考试评价改革与质量管理""精准评价　科学定位""对标总方案:评价能力建设的路径与方法""如何撰写教育评价论文与案例""体现课程性质的多元学业评价方式探索""真实性教育评价的区域实践""幼儿园课程评价的内涵与课程实施过程评价""英国 EYFS 幼教体系的解读""儿童发展评价量表的设计与实施""游戏的观察、记录和评价""质量视角下的课程评价'发现·生活'园本课程中三维十式评价"。

(三)《中小幼一体化真实性教育评价区域实践研究》(2018—2021 年)编撰说明

以评促教,以评促学,以评促研。2018—2021 年区域内教育人在教育评价研究路上迈出了坚实的步伐,基层学校、幼儿园积极尝试校(园)本评价体系建设,越来越多各学段的教师投身于真实性教育评价研究,研究成果批量涌现。我们于 2020 年 6 月开始,整理汇编并不断增补区域内基层教学单位与骨干教师关于真实性教育评价的研究成果,编撰本书的初衷,是梳理 2018—2021 年三年间区域内整体与个体的研究成果,为区域教育评价研究提供样本和范本,用我们的实际行动研究为区域教育发展略尽绵薄之力。为此,我们集中了区域教育评价研究骨干教师队伍的核心力量,讨论本书的书名、目录结构、篇章组成,分类分项分工合作编撰。主要编写人员及具体分工:

主编张虹,整体策划、组织调研、统筹稿件、整理编撰。

副主编徐俊,协助整体统稿、组织、协调。

主要编写人员及具体分工:

"篇章一　中小幼一体真实性教育评价的区域实践研究",其中第一节由罗晓莉、冯春飞、朱婷婷负责梳理汇编提炼,第二节由蔡静、楼磊负责梳理汇编提炼。

"篇章二　中小幼一体真实性教育评价的案例研究",由陈永华、周筱岚、赖晓敏、谢婷婷、楼磊负责梳理汇编提炼。

"篇章三　中小幼一体真实性教育评价论文精编",由邓科丹、周仁昭、张底亚负责梳理汇编提炼。

另,高晓微、胡一宁对学前教育段相关素材进行了前期的汇编整理提炼,夏晶参与了前期文献查询以及调查问卷设计、数据统计、结果分析。

张　虹

2021 年 12 月

目 录
contents

篇章二 中小幼一体真实性教育评价的案例研究

篇章三　中小幼一体真实性教育评价论文精编

中小幼一体真实性教育评价的区域实践研究

第一节　中小幼一体真实性教育评价的区域实践特色

一　生本理念下的区域教育评价实践

罗晓莉　冯春飞　朱婷婷

为贯彻《深化新时代教育评价改革总体方案》和《义务教育质量评价指南》的文件精神,落实立德树人根本任务,杭州市下城区基于学生立场,以学生全面、健康、可持续发展为指向,积极构建以学生成长为导向的立体式、全方位评价机制,基于实证的评价结果收集与运用研究,逐渐形成特色鲜明的区域教育评价改革评价体系,不断优化教育生态,实现高质量发展。

一、理念更新

(一)评价导向从甄别到促进

具体地说,就是既要关注学业水平,又要关注品德发展和身心健康,即关注学生的全面均衡发展,重视能力养成和个性培养;既要关注学习结果,又要关注学习过程以及学习品质的养成,培养习惯和兴趣,重视努力与进步,建立全面、发展、多元的学生评价。

(二)学生、课程与评价的多位一体

评价是教学的重要一环,评价改革不能孤立进行,需要做好系统的顶层设计,使素养发展、育人目标和课程开发与实施一体化,以评促建。杭州长江实验小学立足"与健康为友,与知识为友,更与荣誉为友"的核心育人价值观,实践"全·视·界"为特色的小班化品牌,追求从一群人的教育向每个人的教育转变,构建了体现发展性、个性化、多元化的"长江小学者"课程评价体系。

二、实践探索

(一)建立德智体美劳和谐并进的横向发展标准

区域教育改革以破"五维"为导向,在五育并举、融合发展的教育改革实践中,淡化"应试性"评价,德智体美劳各领风骚。各校的学生综合素质评价方案,不仅包括学业成绩、日常行为规范、学习能力、交往能力、身心健康等关于孩子终身成长的各个因素,也把音乐、美术、书法等艺术类课程,以及劳动实践活动纳入学生学业中,让每个学生有发光发热的一面。

此外,杭州市大成岳家湾实验学校的"岳家君"、杭州市朝晖实验小学的"最美朝晖娃"、文龙巷小学的"文龙娃"、刀茅巷小学的"A星球"等综合评价,都努力关注学生的习惯养成和品格培养。

(二)构建中小幼一体化纵向发展标准

各区域依据不同学生学习年段特色,注重幼儿园、小学、中学的一体化设计,前后观照,系统培养,逐步建立一体化纵向发展标准。

风帆中学以档案袋评价的方式,反映该学生的努力情况、进步情况、学习成果等一系列学习作品的汇集,展示学生的学习过程,并由家长、学生、教师一起对档案袋内容进行评价。

(三)多元化评价实践

1.基于非纸笔测评的表现性评价

关注学科核心能力和高阶思维测评,仅依靠纸笔测评无法实现,需要进行全方位的表现性评价。杭州市长寿桥小学基于"评学融合"理念,以项目式学评为载体,聚焦学生品德发展、学业发展、身心发展、审美素养、劳动与社会实践等五方面内容,先后开展了以"喜看杭城新变化,我为祖国点赞""博物馆奇妙之旅""一颗劳动心　一份感恩情"等为主题的一系列项目式学评理论与实践探索。

2.基于智能系统的即时反馈评价

非纸笔测评过程通常需要大量测评人员的投入,费时费力,且施测过程容易受主观经验影响。杭州市求知小学为破解上述难题,在非纸笔测评中尝试借助各类智慧教育手段,利用IRS即时反馈系统和语音自动识别技术,实现高效综合性测评。

3.基于评价主体的多元评价

当前"让儿童站在学校中央"的口号,折射出教育观、儿童观、评价观发生的巨大变化。评价主体逐渐突出学生的地位,也融入了同伴等视角。

杭州市安吉路幼儿园探索"安安宝贝"自主评价模式,以自主性游戏为切入点,形成幼儿自评为主、同伴互评和教师总结为辅的多元化评价模式,更实际、更完善地做好幼儿自主评价。

(四)基于实证评价的教学改进行动

1.关注数据赋能

区域以数据赋能教育评价,探寻数据与学生评价的结合点,推动学生个性发展。学校开发网络评价系统,努力探索数据背景下多维分析,保证学生成长记录的综合性、全面性、客观性和有效性。通过对学业数据的收集和整理,形成数据库,有效地帮助教师做出科学诊断与调整。

如,杭州市青蓝青华实验小学借助希沃易课堂开展课前、课中和课后学情检测与即时分析,为教师精准施教提供真实数据。杭州市大成岳家湾实验学校引入人工智能精准教学系统,将大数据技术全面运用于学校的教育教学改革当中,全面收集所有过程性的学习数据,跟踪进行整理、分析、诊断,形成了基于大数据个性化学习的岳家湾范式。杭州市东新实验幼托园逐步形成以智慧手环为载体的3A评价模式,即借助于智慧手环,建立幼儿运动游戏监测系统,实现幼儿运动数据的"整理(Arrange)、评价(Appraisal)、调整(Adjust)",从而制定更适宜于幼儿的体育项目,使评价有效且有意义。

2.关注场景真实化

区域内幼儿园普遍意识到真实评价情境的重要性,评价普遍聚焦于儿童在真实情境中的活动,在各种自然化、游戏化的情境互动中读懂幼儿,解读幼儿的行为,努力在情境中真实、客观地对其进行观察和评价。

我们对区域内 23 家公办幼儿园的评价场景进行统计,44％的幼儿园在自主性游戏情境中观察、评价,30％的幼儿园在项目活动中对儿童进行观察评价,其他游戏评价情境和主题活动评价情境各占 13％。

3. 关注结果运用

学校合理运用评价结果,以形成性评价和诊断性评价为主,发挥评价的增值功能。杭州长江实验小学运用"全·视·界"视野下"雷达图"取代传统的期末成绩报告单,动态展示长江学生核心素养。

三、未来展望

(一)坚持社会主义办学方向

区域教育评价改革坚持社会主义办学方向,为党育人、为国育才是新时代下城区教育评价改革的出发点和根本目的。学校坚持"五育"并举的理念,聚焦培育担当民族复兴大任的时代新人根本目标,帮助学生养成健全的人格,促进学生全面发展、健康成长。

(二)"结构性的质量"的生态构筑

以"区域整体推进、学校特色实践"为综合评价基本原则,完善"行政部门、业务部门、中小学"三位一体协同化评价体制;推进"学业质量＋综合素质"相结合的标准化评价模式,彰显区域特色、体现学校实践;探索基于学科核心素养与关键能力的实践性项目化评价改革,后阶段将整合多方努力实践成果。

(三)"增值性的发展"的生态显现

加强增值性发展的评价导向,尝试"基础＋增量"的区域评价模式,使区域教育评价功能从监测走向服务;倡导学校兼顾补短性增值和扬长性增值,使学校教育评价方式从粗浅走向精准;探索建立区域教育评价改革的科学体系。

二 区域教育评价改革的创新举措(学校样本研究)

数据支持 技术赋能
——基于个性化学习的教育评价改革与实践

杭州市大成岳家湾实验学校 鲍争志 赵 骏

摘 要:大数据正在成为推动教育教学天翻地覆的创新与变革的科学力量。学校利用大数据可以获得并挖掘更多原始教育数据信息,印证和揭示更有价值的教育规律,促使教育评价改革与实践愈加精准与深入。大数据赋能新时代学校教育评价改革,与课堂教学相结合,建设智慧校园。教师利用平台大数据研究学生个性学习特点,分析课堂教学改进策略,动态调控分层教学。利用大数据过滤与挖掘隐含教育信息和规律,满足学生个性化学习的教育评价需要，基于学校教育评价改革与实践，构建大数据赋能的个性化教育评价；搭建数据资源平台，学生个性化及综合素质教育评价；准确把握大数据评价价值，驱动学校评价体系的思考和建构。

关键词：大数据；信息技术；教育评价；数据采集与分析；个性化学习

在大数据的支持下，学校对大量复杂数据进行收集、挖掘和分析，进而做出趋势预测，并以容易理解的方式呈现出来。这为学校管理和决策提供了新方法，教师能通过数据采集、数据分析、数据增值等学习分析技术，多维度、多层次收集学生学习行为相关数据，更好地辨识自己的教和学生的学，并不断改进其教学模式与策略，教师可以根据数据关注学生个体的微观表现，通过对学生相关数据的分析，有针对性地调整教学方案，从而实现个性化教育，实现以"数据"创生教学，促使教学由预设迈向生成。

依托大数据技术采集真实状态下的全样本评价数据，揭示学生的隐含信息和规律，包括全面记录并对学生入学数据、家庭情况、原有知识、基础、学习态度、学习兴趣等认知和非认知学习与成长轨迹数据进行科学处理，确保数据"次多量大"。通过预测、聚类、相关性挖掘、提炼数据供学校作为判断以及建立科学的评估模型等方法，借助平台挖掘数据背后的潜在价值，精准诊断当前学习中存在的问题，极大地提高了评价结果的可信度。实践证明，通过技术赋能、数据支持，成效是显著的。

一、采集大数据，形成数字资源库，强化过程评价

人工智能精准教学系统利用技术平台线上系统、移动终端等自动收集学生各类学习行为过程数据，进行智能分析，呈现可视化诊断结果，减轻教师手动记录和纸笔分析脑力劳动的负担，为教师改进教学提供科学准确的大数据支撑。

（一）数据采集，全面反馈

教师通过数字扫描仪和网上批阅系统、畅言课堂系统，可以对学生采取跟踪式全程数据采集，通过课堂反馈、调查问卷、答卷扫描、智能批改、作业提交、在线测试、拍照采集等多种数据采集方式，便捷高效地获取学生参与、互动、评价等方面的学习数据，实现课前、课中、课后全场景动态数据的采集与分析，形成准确、即时、动态、全面的学生学习大数据档案。

（二）数据分析，精准评价

平台系统对采集的过程性和结果性学习数据进行跟踪与分析，精准记录和监测学生的学情，定期诊断学生学科知识点的掌握情况，为每个学生构建个性化、动态化的学科知识图谱。定期生成基于阶段性测评的学生学业分析报告，学科质量分析报告班级和年级的教学质量分析报告以及相关可视化图表，并基于数据诊断形成改进教学的策略和建议。

（三）数据增值，优化教学

教师利用平台大数据，研究学生的学习表现和过程，查找课堂教学中存在的问题，发现学生个性学习的特点，分析课堂教学改进策略。同时，进一步开发、设计与课程标准、学科知识点、教学重难点、课堂教学目标相匹配的一系列教学资源，通过个人账号录入平台，建立个人教育资源空间，形成校本学科资源库。教研组组织教师开展校本资源库的建设，开发基于分

层教学的校本作业本,实现了大数据的增值,为教师优化课堂设计、实施差异教学、开展分层辅导、实践补偿教学提供了科学精准的指导,同时满足了学生定制学习空间、开展个性化学习的需求。

二、依托大数据,实现动态分层教学,探索增值评价

依托大数据,教师可以开展分层教学,有效缓解初中部分学科分化造成学生分化的问题,精准突破教学分层固化的"瓶颈",能够科学依据人工智能精准教学系统的过程性记录、阶段性测评的真实数据和分析报告,及时调整教学策略、转变教学方法。全面关注学生学业表现、学习过程和学习态度,在充分尊重学生学习意愿的基础上,提供适切的学习资源与有针对性的教学指导,实现因材施教。

(一)学科分层,尊重学情差异

学科分化是实施分层教学的前提。人工智能精准教学系统可以采集学生入学的起始数据,包括新生入学测试学科成绩、学习风格测评、家庭基本信息、心理健康筛查等,依据综合数据形成学生的初始档案,按平行编班的原则设置行政班。当系统监测到行政班内学生部分学科学习数据持续出现两极分化,大数据会显示预警。教师根据系统内学生学业分析报告、学科质量分析报告、班级学科诊断报告等诊断预警学科是否实施分层教学,制订基于学科知识和能力体系,符合学科教学规律,尊重学情差异现状的分层走班教学方案。方案要明确适合不同层次学生的学习目标、教学原则与教学方法,并基于大数据做好与之相匹配的分层备课、分层作业和分层评价的准备。

依托人工智能精准教学系统,我们先后开展了学科捆绑分层教学实践、分区分层教学实践、学科分区捆绑分层教学实践、分区分科分层教学实践等基础性课程分层走班教学改革,每一次学科组合和每一届起始年级,分层方法都会依据系统数据进行调整,充分尊重学情实际和学科特点。事实证明,借助人工智能精准教学系统,学生分层走班教学的学习轨迹更加清晰,不同学科的组合效果反馈更加及时,行政班和教学班管理评价更加直观,教学的过程性和阶段性分析诊断也更加全面。

(二)学生走班,增强主观能动性

人工智能精准教学系统会根据学生入学以来的学科学习表现和学业水平能力,包括入学以来的学科检测成绩、对应的标准分,平时的作业表现、课堂表现、课后自主学习等过程性数据,自动生成分层走班建议。学生根据大数据建议科学合理提出走班申请,自主选择不同层次的学科班级。教师参考平台学习数据和学生综合表现,确定学生分层走班教学班。

依据大数据,建立分层走班动态监测和调整机制,允许学生跨层流动,鼓励学生从低层次向高层次发展,同时提醒学生选择适合自己能力水平的层次,原则上半个学期申请调整一次。人工智能精准教学系统采集过程性的学习数据为分层走班提供科学诊断,也督促学生对自己过程性学习加强管理。学生申请调整,必须要有与之相匹配的学习改进措施和行动。人工智能精准教学系统跟踪并监测学生的学习行为数据,精准分析,有效测评是否达到设定的学习目标,既能让学生全面准确地掌握自己的学业水平,客观地做出选择,也能激励学生,让学生对自己的学习更加主动、更加负责。

(三)教师跨层,提升学科专业素养

走班打破了原有的班级授课模式,行政班被分层的教学班所取代。教学班的学生来自不同的班级且定期动态调整,这为教师教学特别是针对分层学情的备课带来了挑战,但同时也为教师教学素养的提升带来了机会。人工智能精准教学系统为教师设置分层教学目标、安排分层教学内容、设计分层教学作业等提供翔实的数据材料,同时也对教师分层教学的过程进行监测,对学科阶段性检测进行质量分析,为教师调整教学、改进教学、优化教学提供了真实、客观、科学的数据诊断依据。教师跨层教学,考量教师教学素养和教学管理能力,其考核评估遵循以下四项原则。

1. 跨层教学

一名教师原则上安排任教不同层的两个教学班,同层教师可以实现集体备课,同一个老师可以在不同层的备课研讨中有效落实目标分层、教法分层、评价分层,使分层教学更为精准。

2. 增量评价

教师的个人评价着眼于教学增量,以分层教学班起始数据为测评基础,定期分析生均增量,诊断教师过程性成长,使不同层的教师教学都能有评价目标,过程与结果可以用数据测量。

3. 团队考核

学校以备课组为单位进行捆绑式教学考核,每学期一次,考核团队"三率一分"、学科标准分等指标,以此增进备课组教师分工协作,集体研究、团结互助,营造专业的团队协作氛围。

4. 数据监测

教师分层教学的评价与考核,基于人工智能精准教学系统的数据跟踪和监测,为师生教学过程性和结果性的诊断评价提供了全面、全程、全员的精准分析和依据,尤其是在行政班和教学班之间的教学效果比较上,人工智能精准教学系统的可视化报告,让教师的教学成效一目了然。

三、运用大数据,提供个性化学习,改进结果评价

人工智能精准教学系统为教学改革提供了全面而真实的数据资源。教师通过提取数据、研究数据、理解数据、读懂数据,通过数据聚焦学生、诊断课堂,着力为每一个学生提供个性化学习路径。

(一)撰写数据故事

基于大数据的教学改革实践,学校鼓励学科教师运用数据客观描述过程、科学评价学生和课堂,培训教师准确理解标准差、中位数、标准分、预警等不同数据的定义,了解折线图、雷达图、散点图等不同统计图形的作用,学会运用增值性评价、增量等数据统计分析方法。最关键的是,通过撰写数据故事,教师主动将数据与学生相关联、与课堂相关联、与教学相关联,深入开展教学反思,积极改进课堂教学,在生动的数据故事中逐渐提高数据分析能力,实践差异化教学和个性化学习的理念,通过数据读懂学生。

(二)编制校本练习

学习材料是教学过程中的一个重要环节。要实现因材施教,分层走班教学要有与分层相匹配的学习材料。人工智能精准教学系统为分层教学的练习设计提供了精准的大数据。教师依托数据开发校本学科练习资源库,编制校本练习册,供学生自主选择、分层练习。学校从2017年开始,组织教师编制校本学科资源库,逐步用校本练习代替教辅题册,由"多"到"精",减少了学生盲目、重复、无效的劳动,学生的负担减轻了。校本练习的层次性和弹性,使每一个学生都能通过努力体验到成功的喜悦,增强了自信,提升了学习成效。

(三)定制个性作业

人工智能精准教学系统可以根据学生的过程性测评反馈情况,记录学生过程性错题,通过大数据分析,找出教学的重点和难点,每个学生的知识薄弱点,进行补偿性学习反馈。定期反馈错题,根据学生的个人情况和错题的特点、原因,形成阶段性、个性化的作业资源。为了满足不同层次学生的作业需求,教师根据分层教学目标和学生个性学情,设置与错题相匹配的基础、拓展、提升等不同类型的习题精准推送,按照不同层次比例确定题量,为学生量身定制个性化作业,让不同的学生有不同的收获,激发学生学习兴趣,提高学生学习的主动性和自主性,促进学生发展。

(四)创设学习空间

学科备课组基于大数据开展实证教研,对数据进行量化分析,并根据同年级各个班知识点的掌握情况差异,围绕学生学习中的问题、教学中的问题,精准剖析、寻找对策、精细改进。教师设计与分层教学相匹配的微课等学习资源,上传到学习平台。通过移动终端推送给学生学习资源,开启线上线下相结合的学习模式。

学生通过个人账号登录平板电脑和手机,可以得到系统量身匹配的习题推送,也可以自主选择教师推送的学习项目,比如高频错题微课制作、模块知识思维导图设计、典型例题的变式解题、单元在线测试、名师公开课等。根据自身学习的需求,学生可以自助选择学习时间、学习内容、学习项目甚至学习方式等,这些教学资源数据的共享、互动、分析和反馈,为每个学生创设了独一无二的学习空间。

四、启示与展望

(一)大数据赋能新时代学校评价改革的路向

一方面,为了教师更好地确定学生的学习特征及学习需求,可尝试搭建多层级的评价资源数据库系统,尤其建立学校层级的教育教学评价资源数据库,使资源数据库真正服务教育教学与管理,包括存储学生背景信息、活动体征、学习行为等学生数据系统,教学设计、课堂教学、班级管理等数据的教师数据系统,以及涉及学校课程建设、管理日志等学校数据系统,为教师精准教学提供支持。同时,学生也可以通过数据库信息及时了解自己的优势和不足,认识自我,发展自我,规划自我和建构自我。另一方面,充分运用数据库对学生进行多方面、全方位的评价,通过海量数据的归纳、分析、整理,开展学生发展过程性的评价,系统研究与建立软性指标的评价机制,补足在德育、体育、美育和劳动教育评价方面的短板,为学生发展制订个性化的成长方案。形式不是最重要的,最重要的是实质。诚然,大数据本身并不会对教学评价产生任何实质性影响,唯有融入具体教学评价过程才能发挥作用。值得注意的是,将大数据运用于基础教育的评价中,并非简单挖掘数据,而是依托操作便捷、科学有效的评价方法,来把握学生日常学习过程中的表现、取得的成绩以及所映射出的情感、态度等方面的动态变化,努力使反馈数据结果具有可视性和可读性,并及时为改进教学服务提供反馈意见,最终为实现学生个性化学习服务。

(二)整合大数据,开发素质监测系统,健全综合评价

教育的本质是立德树人。大数据的全域属性,使多形式、人本化的学生发展评价成为可能。在个性化教学过程中,利用大数据平台,全面、真实、客观地记录学生的学业成绩和素养发展水平,能够切实提高课程改革的效度。学校利用大数据平台开发了"聚成卡"综合素质监测系统,教师可以根据班级管理、学科教学权限动态管理学生的学习,如作业按时上交、订正及时完成、学科练习质量、上课参与表现、自主作业情况、阶段在线测评、学习项目反馈等,即时通过手机 App 发放奖励卡或发送温馨提醒,系统与教室门口的电子班牌实现双向互动,与家长手机端捆绑,全方位记录学生的学习表现和学习成效,即时评价,同步反馈,动态展示,有效突破了教育评价的空间局限性。同时,系统每周发布排行榜,分类表彰学习表现优异的同学、进步最大的同学以及最具自主学习积极性的同学,树立榜样,引导学生做好学习过程自主管理。

同时,学校在聚成卡监测系统中全面贯彻全员育人理念,培育学生核心素养,培养能够具有"博学、雅德、健行、雄远"等特质的岳家湾学子。通过即时评价,同步反馈,动态展示,建立学生综合素质的大数据档案,有效突破了评价的空间、时间局限性,引导学生自主规划、多元发展。

(三)助力提升教师数据素养,完善评价改革的智力支持

着力提升教师数据素养,使教师在实践培训中潜移默化地转变,提升数据态度和意识等素养,完善评价改革的智力支持的重要性不言而喻。为此,一方面,针对数据信息素养提升的培训内容应充分满足教师群体多样化、差异化、个性化的教学需求。基于大数据的教学改革促进了信息技术与教育教学的深度融合,引导教师通过大数据聚焦学生、聚焦学习、聚焦学生的学习过程,促进学生个性化学习与个性化发展。近三年来,学校获得了杭州市智慧教育示范校、浙江省精准教学项目实验校、浙江省区域整体推进智慧教育实验校等荣誉称号,"基于大数据的初中基础性课程智慧走班教学策略研究"等课改成果论文获浙江省一等奖。教师在"一师一优课"比赛中获省市一等奖。学校在 2020 年杭州市中小学教科研学术周论坛中作题为《精准订制:大数据支持下的初中个性化教学减负行动》的典型报告。学校 2018 年、2019 年连续两年承办杭州市下城区课堂节,科学、数学学科教师进行了基于大数据分层走班的课堂教学展示。课题组研究成果《读懂数据:大数据时代的差异教学》一书 2021 年 3 月由教育科学出版社正式出版。尤其值得欣喜的是,2019 年,学校首届三年制初中毕业生中考升学率稳居区域同类学校前列。

2020 年 10 月,中共中央、国务院印发了《深化新时代教育评价改革总体方案》。方案中提到:创新评价工具,利用人工智能、大数据等现代信息技术,探索开展学生各年级学习情况全过程纵向评价、德智体美劳全要素横向评价。完善评价结果运用,综合发挥导向、鉴定、诊断、调控和改进作用。这进一步明确了学校这些年的改革方向是正确的,也让我们增强了信心。基于大数据的教育教学改革为学校带来了实实在在的改变,利用教育大数据的技术手段,让

评价方式更加智能化、个性化和数据化；与此同时,我们也清醒地认识到,面对日新月异的未来,教育仍需要师生互动,深度交流,点燃潜能,学习需要观察、交流、合作。正如华东师范大学教授杨晓哲所讲,把握教育不变的本质,心怀敬畏,不断深入研究、了解和探索学习的本质,善于利用新的工具,但不束缚于技术本身,将技术赋能学习。数据支持,技术赋能,构建学校开放、动态、弹性、立体、人本的评价体系,努力实现每一个学生全面、个性、可持续的发展,这才是学校教育改革实践的应有之义。我们一直在努力,也将继续努力!

参考文献

[1] 顾小清,黄景碧,朱元锟,等.让数据说话:决策支持系统在教育中的应用[J].开放教育研究,2010,16(5):99-106.

[2] 宋乃庆,陈重穆.再谈"淡化形式,注重实质"[J].数学教育学报,1996(2):15-18.

[3] 宋乃庆,郑智勇,周圆林翰.新时代基础教育评价改革的大数据赋能与路向[J].中国电化教育,2021(2).

[4] 邵志芳.思维心理学[M].广州:珠海百年音像电子出版社,2007:63.

[5] 沈学珺.大数据对教育意味着什么[J].上海教育科研,2013(9).

[6] 张燕南,赵中建.大数据时代思维方式对教育的启示[J].教育发展研究,2013(21).

[7] 维克托·迈尔-舍恩伯格,肯尼思·库克耶.与大数据同行:学习和教育的未来[M].上海:华东师范大学出版社,2015.

[8] 万力勇,黄志芳,黄焕.大数据驱动的精准教学:操作框架与实施路径[J].现代教育技术,2019(1):31-37.

(本文获 2021 年杭州市原下城区学校教育评价改革创新举措征文比赛一等奖)

"评教"和"评学"相结合的多维度教学评价策略探索实践

杭州市明珠实验学校　余香明　吴　权

为了全面了解学生的学习过程,调动学生学习的积极性和主动性,同时也为了帮助教师改进教学中的不足,学校实施了"过程性评价"和"结论性评价"相结合的全面提升学生学科思维和核心素养的教学评价,取代以往将教学评价简单等同于学业成绩或升学率的单一的总结性评价。

我们从"评教"和"评学"两个维度着手学校的教学评价改革。"评教"的主体是学校、对象是教师,关注教师教学的轻负过程和高质结果,采取定量评价和定性评价相结合的评价方式进行。发挥评价的引导作用,引导教师从研究学科知识转向研究教学方法,从研究教材处理转向研究教学评价工具、评价程序、评价依据,从而引导教师纠正、改变以往的一些教学行为和教学习惯,促进教师突破自己的教学"瓶颈",使教师的教学能力和水平得以提升。"评学"的主体是教师,对象是学生,评价注重全面性、综合性,从知识技能、学科思维、观点表达、问题解决和情感态度价值观等方面的表现对学生的学习过程进行评价。采用多手段、多角度、多样化的评价方式,使学生的自尊心得到充分的保护,自信心不断得以增强。同时,通过评价,关注到学生的个体差异,包括智力因素和非智力因素,充分发挥评价的正向激励作用,促进学生多维度、可持续、和谐发展。

对教师教学评价，首先是解决制度设计问题，完善《初三捆绑考核制度》《学年考核评价制度》《教学成绩突出奖评选办法》《绩效性奖励考核办法》《教师职评制度》等评优评先制度，以量化教师的教学过程和教学成效，科学评价教师教学业绩。先是解决评价证据片面问题。证据由唯教学业绩补充为教学业绩、作业布置、作业批改、备课质量、命题、教研参与、课程开发、科研、学生认可度、家长满意率等，通过细化评价要素、明确评价要求指导教师实施教学过程，提升教师教学能力。最后是解决评价主体单一问题，改变单一的学校评价方式的，形成"学校、学生、家长"三位一体的全方位评价。评价主体的增加，丰富了评价依据，评价的结果更接近客观事实。

对学生学习的教学评价，考虑有学科的特性，采用以教研组为研究主体，以提高教学效率和学习效果为目的，进行实践研究。其中，数学组的展示评价、科学组的大数据评价、语文和体育组的评价量表评价等颇有成效。

数学组的展示评价：让学生充分地动手、动口、动脑，来呈现学生学习的过程和问题解决的效果，以达到培养数学思维、主动探索、积极表达、战胜困难、提升能力、塑造人格的目的。教师采用提问、游戏、竞赛、猜测推理等多种方式结合进行展示。在学生充分展示之后，老师不包办对学生的评价，而是鼓励学生、班主任、家长等参与其中。评价的过程不仅是对学生解题能力的反馈，也是对学生人际交流水平的一种检验。该评价优点：评价主体多元化，同伴、班主任、家长，甚至社区力量共同参与，极大地发挥了学生学习的主动性；评价平台多样化，从课堂到课后、从校内到校外、再推广到社会，极大地增强了学生的参与感；展示评价内容可以永久保存或实时更新，阅览者可以无限次回看，不受时间与空间限制，根据自己所需选择性地借鉴学习；评价者与被评价者参与其中，互相促进，各有所得，达到评价的目的。数学组的教师还利用表情包、图片、创新符号或网络体语言评价，以学生的视角和学生喜闻乐见的评价表达，拉近和学生之间的距离；借助作业评价的时机促进师生间的交流，和谐师生关系。

科学组的依托大数据的学生评价：利用大数据的一些基本知识，建立基于学生的画像标签体系，进而进行一些面向单个学生的个性化教学，对教师的教学水平、学生的知识体系掌握起到正向积极的作用。基于大数据的学生学习情况的分析，调整课堂教学，实时了解学生的学习状况，使教师能够更加精准、高效地解答疑问、讲评作业，更有针对性地培养学生推理分析、技能决策和解决问题的能力。通过大数据，将日常教学中收集的各类"小数据"不断累积，形成一个大数据的题库，为校本作业、试卷等的编写提供了极大的支持，帮助老师更加快速地选择与学生实际学业水平和学习需求难度相符的题目。借助大数据，师生共同灵活应对不同学习的变化，激发学生的好奇心和创造力。依托大数据的学生评价以科学的方法思考问题、解决问题，从而提供面向学生特点的个性化教学服务，也从综合性视角培养了学生终身学习的能力。

语文组、体育组采用评价量表对学生进行多维度的评价：在项目式学习实施过程中，采用评价量表对学生的学习情况进行有效的评价。教师确定学习项目，比如阅读分享、新闻讲评、小说人物卡片设计、作文修改等。教师制作相对应的形成性评价量表，对学生知识掌握情况、小组合作表现、语言表达能力、创新能力等多方面进行评价。评价量表可应用于语文课前阅读分享、新闻讲评、语文综合性学习、语文作文评改等教学活动。采用评价量表能从多维度有效考查并提升学生的语文综合素养。杭州市明珠实验学校语文组的评价量表，侧重于人文性、工具性的结合。量表中不仅反映出学生学习课本知识的情况,而且关注到了培养学生良好的品质及文学素养,涵盖了学生的审美鉴赏与文化传承。体育组的评价量表则包括学生运动能力、健康能力、体育品德等方面的内容。

杭州市明珠实验学校创新对学生的评价对促进学生的核心素养培养具有重要作用。教师要通过有效的作业评价促使学生高效完成学习,体验学习过程的快乐和问题被解决了的成就感,培养他们的核心素养。在评价过程中,提倡师生互动,鼓励家长参与,尊重学生的差异,实现评价目的,促进学生全面发展。校陈永华老师的论文《基于核心素养培养的初中数学线上作业评价策略的实践和探索》荣获 2021 年杭州市教育评价案例一等奖,丁丽华老师的论文《评价量表在初中语文项目式学习中的应用》荣获 2019 年下城区评价研究论文评比三等奖,陈静静老师的论文《大数据在初中科学教学中的探索与应用》荣获 2019 年下城区评价研究论文评比一等奖。在上城区"聚焦深度学习的深度教研"案例评比中,语文组的《任务情景设置如何和写作内容相匹配》、科学组的《基于问题设计促学生深度学习的课例研究》荣获一等奖,体育组的《核心素养下实现体育深度学习的教学策略探究》、社会组的《以学定教生为本,细心研磨强史味》荣获二等奖。

"评教"和"评学"相结合的教学评价方式,促进了杭州市明珠实验学校教师教学专业水平的提高,成为激励教师提高自己专业素养的有效途径,同时也引导教师从多维度、多视角来考查评价学生,关注学生学习过程的主动性、参与性和成长性,除了分数成绩还着眼于学生的实践能力、合作能力、创新能力。"评教"和"评学"相结合的多元化、多维度的评价策略能有效地激励教师改进教学方法,提高课堂效率,激励学生全方位提高自己的综合素养,持续为师生成长赋能。

(本文获 2021 年杭州市原下城区学校教育评价改革创新举措征文比赛一等奖)

绿色、多元、精准

——大数据背景下的精准评价实践和探索

杭州市大成实验学校　李建飞　冯晓丽

一、全面评价理念

(一)科学的评价观

我们认为,评价作为教育手段,应成为生命成长的催化剂和加油站,指向在学校学习与生活的每一个具体而鲜活的生命个体,而不是把学生分成三六九等的"竹筛子"。

也就是说,学校对学生评价既要看学业成绩,也要考核思想品德、审美情趣、劳动技能和动手能力、合作能力和个性发展等综合素质。并通过对学生进行线上或纸质的满意度调查、抽查访谈等方式,了解学生对课程教学的满意度,评价教学效果,促进教师教育的改进。

(二)全面的评价原则

具体评价时主要从以下几个方面着手:审美认知结构的完善、审美情感的丰富体验、审美价值观的形成、培养良好的道德观品质、促进个体的智力开发、提高个体的身心素质、形成个体合作交流精神、养成个体正确的劳动观念与习惯。以这些为评价抓手,通过年度问卷调查、日常访谈、次年跨年级相互打分等形式总结评估课程实施效果,如图 1 所示。

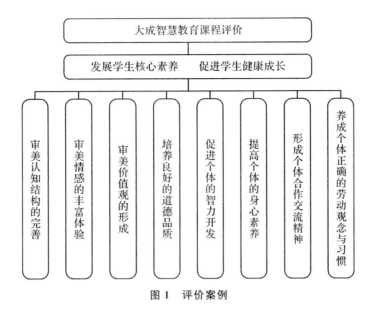

图 1　评价案例

二、多样的评价方式

学校推行评价方式的改革和创新,从唯分数单一评价转向多元综合素养评价,从横向比较式水平评价转向纵向发展式增值评价,从冰冷的工具式评价转向温暖的人文评价。

(一)学业评价

学业评价更加倾向于学业诊断与改进,淡化个体排名和班级竞争。通过多形式的测评对学业情况进行评估,对学生的学业情况采用等级描述取代简单的分数描述。恰当地给予激励评语和改进建议,让每一个层次的学生都能在自身的基础上获得激励和进步。

1.小学低段非纸笔评价

一、二年级不组织期末考试和考查,采用游园活动等非纸笔测试的形式检验学习效果。下面是低年级非纸笔测试的实施情况。

(1)以"五育并举、学科融合"为原则制定测试内容

在测评中引入项目化游园测试和 steam 游园测试等全新的测评形式,通过对语文、数学、科学、英语、体育、美术、音乐等多学科进行融合,制订科学全面的非纸笔测试游园方案,意在考查学生的德智体美劳各方面素养和综合能力,并形成学生的个性化测评报告,精准反馈学生的各项数据,指导教学的改进和学生的进步。

(2)以"促进学习、指导教学"为目的实施精准反馈

非纸笔测评是促进教学改进的助推器,测评的意义在于通过评测,促使教师反思日常的教育行为,明确后期教育工作的努力方向,强化教育中较好的举措,改进效果欠佳的环节,让教育变得越来越高效;通过测评激励学生,对学生所取得的成绩给予肯定,同时促使学生反思学习中存在的不足,并做出相应的调整和改进。

2.中高年级实行综合素养性评价

中高年级实施的是综合素养性评价。该评价重点考查学生的学科能力、品德操守、体能测试、动手能力、艺术素养和个性特长。

（1）三至六年级：学科竞赛和学科考试相结合的方式

学科能力竞赛：小学三至六年级，不组织期中考试，而是以学科竞赛的形式，对学生的各项学科素养和综合能力进行调研和评价。通过竞赛的组织、评比和颁奖，激发学生的学习兴趣，培养学生的学习习惯，促进学生高效学习。

考试科目和考查科目相结合：三至六年级进行期末考试，仅限语文、数学、英语、科学四门学科。其他学科根据各学科特点，设计相应的考查方案，精心组织期末考查，并对学生的考查结果进行记录、分析和反馈。

（2）七至九年级：成绩和素养互为补充

七至九年级组织语文、数学、英语、科学、历史与社会等学科的期中、期末考试，其他学科只组织期末考查。以课本要求为准绳，科学制定考试和考查的具体要求，突出对学生学科素养的调研和评价。

（3）拓展性课程：规范和仪式感并举

拓展课程在日常教学中收集学生的考勤、课堂表现和作业情况数据，并在期末或课程学习结束时进行综合能力考查，给出成绩报告并颁发优秀学员证书。其中一至六年级使用等级和评语结合的报告方式，七至九年级实行分数、等级和评语相结合的报告方式。

（二）多元评价

以自我教育和自主管理为主线，重视学生的兴趣、习惯和思维。以评价促成学生的上进心、激发学生的求知欲、养成学生的自觉性，以及提升学生的自信心为目标。突出扬长教育，挖掘闪光点，让每个孩子都有炫耀的地方。

1."报喜鸟行动"——促进学生的上进心

我们通过"报喜鸟行动"关注学生的日常行为和学习习惯，通过"找喜、报喜、扩喜"3个环节将学生点滴的进步，以喜报的形式通报给家长，给学生一份被欣赏的期待，引导学生关注自己日常的学习、行为习惯，促进学生的上进心。

2."四学奖"——激发孩子的求知欲

学校根据学生的学业成绩设置了博学奖、励学奖、敏学奖和勤学奖。对于学科成绩名列前茅的同学给予博学、励学等奖励，对于学业成绩进步明显的同学给予勤学奖励，对那些单科学习成绩特别突出的学生则给予敏学奖。全方位的学业评价促进学生的求知欲望，养成学习自信，形成良好学风。

3."校园之星"——养成学生的自觉性

通过"星级学生"的评比，关注学生在校的日常行为表现，实行班级一周一评，年级一月一评，学校半学期一评，促进学生自觉性的养成和自我管理能力的提升。同时"校园之星"侧重于个性发展导向，学校为学生搭建展示自我的舞台，提供显示特长的机会。

4."美丽学生"——提升学生的自信心

"美丽学生"是学生各方面素养、能力等结合的综合性激励评价机制，在班级、年级、学校不同层面培育"美丽学生"。"美丽学生"体现终结评价，鼓励学生争做最美，树立榜样，发挥示范效用，提升学生的自信心。

三、数字化评价媒介

学校利用"班级优化大师"App 对学生的学业情况、习惯养成、能力培养、素养提升和体艺发展等进行系统的、科学的精准评价。利用现代多媒体为评价手段,联合各学科教师对每个学生实施全面性评价,通过大数据实施精准性评价,联合家长端实现实时性评价,通过数据分析和报告生成形成个性化评价报告。

(一)全面性评价

全体在校教师均加入"班级优化大师",对学生在校的各方面表现进行全时段、全方位的系统评价。每一位教师、每一个班级干部甚至每一个学生都是评价的主体,均可在系统中对学生进行即时性的评价。评价囊括学业情况、习惯养成、能力培养、素养提升和体艺发展等方面。教师还可以根据学科管理需求和学生培养目标制定个性化的评价项目。

(二)精准性评价

对每个孩子提供的评价反馈和描述均具体且精准。通过智能 AI 数据分析,系统会针对孩子获得的各项评价和每天的表现,汇总一份精准、个性的评价数据,以及详细具体的评价报告,家长和教师可以从评价报告中看出孩子的优势和不足,并进行有针对性的辅导和鼓励促进。具体如图 2 所示。

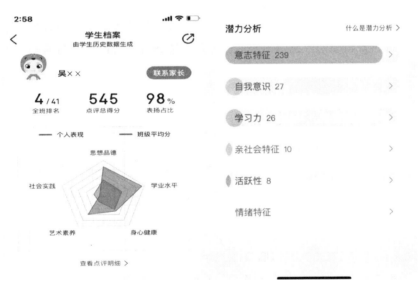

图 2　精准性评价案例

(三)实时性评价

"班级优化大师"的评价与家长端相通,孩子在校的一举一动,每个表现,家长都能通过"班级优化大师"第一时间了解。帮助家长更好地了解孩子的在校表现,帮助其回家后有针对性地进行亲子沟通和交流。具体如图 3 所示。

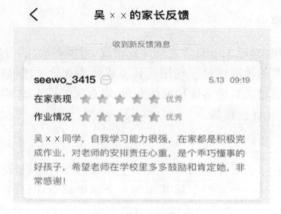

图 3　班级优化大师

四、结束语

评价作为教育教学的重要手段,其目的是促进学生更好的发展和教学的不断改进。教育评价和教育教学一样,不可急功近利,要循循善诱,润物无声。大成实验学校实行的绿色、多元、精准评价体系正是依托现代化技术,实行全面的、生本的,遵循学生自然成长、促进学生可持续发展的科学评价。在学校的评价体系下,学生的学业水平有了提升,行为规范有了改善,个性得到了张扬,自信心得到了提升,学生的整体风貌有了明显的提高。当然在实际的操作中,我们发现为实现精准性的个性化评价,还需要学校和教师倾注更多的时间和精力,对学生的评价报告进行完善和细化。我们相信这种绿色生态、多样丰富、个性精准的评价,必然是今后教育评价发展的一种新样态。

（本文获 2021 年杭州市原下城区学校教育评价改革创新举措征文比赛一等奖）

重温峥嵘岁月,承习红色基因,争做时代新人

——杭州市长寿桥小学项目式学评经验分享

杭州市长寿桥小学　金　颖　金　鑫

杭州市长寿桥小学创办于 1962 年,是一所汇聚名校之力、博采名师之长的杭州市实验学校。学校以"求真、崇善、尚美"为校训,秉承"让每一个学生充满阳光"的育人理念,多年来培育了一批又一批优秀学子,学校也涌现出了一大批教学名师。

近年来,在杭州市基础教育研究室、区教师教育学院评价部专家的深入指导下,杭州市长寿桥小学坚持育人为本、问题导向、以评促建,以项目式学评为载体,聚焦学生品德发展、学业发展、身心发展、审美素养、劳动与社会实践 5 方面内容,先后经历了从静态评价到动态测评,从模拟情境到真实情境,从人工测评到智能慧评,从启智增慧到培根铸魂的版本迭代过程。

2021 年是中国共产党成立 100 周年。在学即评、评即学——"评学融合"理念的指引下,我们始终聚焦学生德智体美劳全面发展,结合时代育人主题,以建党百年为契机,全年段、全过程、全监测开展了以"重温峥嵘岁月,承习红色基因,争做时代新人"为主题的项目式学评活动,依托学习、传承、实践 3 个篇章推进全方位育人。

一、全年段进阶推进

项目式学评是对纸笔测评的重要补充,可以通过评价活动培养学生适应终身发展和社会发展需要的正确价值观、必备品格和关键能力。在评即学、学即评的"评学融合"理念指引下,"重温峥嵘岁月,承习红色基因,争做时代新人"项目式学评,围绕各学科各年段的课程标准和学习目标,梳理出每门学科的核心知识点和关键能力,进行整理汇总以此确定评价内容,再通过测评项目开发将各学科评价内容融入每一项具体任务中,统筹评价的学习性与诊断性为一体,鼓励人人学党史、敬先锋、听党话、跟党走,把理想信念的火种一代代传下去。

峥嵘岁月,光影有痕。项目式学评的开展贯穿于小学低、中、高全年段,围绕驱动性问题,进阶推进一系列学评任务。任务要求的设计紧抓项目主线,通过解读核心素养,立足课程标准,考虑各学段学生的年龄特点和发展要求,设计指向学生高阶能力发展的任务。

比如,让学生从《红色影片推荐目录》中选择感兴趣的影片进行观看,打破学科间的界限提出更为精准的学习建议,从低段的朗诵红色诗歌到中段讲述红色故事,再到高段撰写观影感想,难度层层递进,全面考查学生的情感与态度、文明与素养、表达与沟通、合作意识,将红色基因融入少先队员的精神血脉,将红色火种播撒进每一个长寿学子的心中,如图1所示。

图1　欣赏红色经典观后感

我们结合"第二课堂"活动,积极挖掘社会资源,在小学各年段个性化、分年级开展项目式研学任务。学生走进基于真实情境的社会场景,尝试着走入社会,开启一次红色之旅,在情境中学习党史,在合作中领悟精神,在红色文化的浸润中展现长寿学子向真、向善、向美、向上的精神风貌。例如,三年级学生以假日小队的形式来到杭州的红色名片——小营巷,走进纪念馆,追寻伟人印记、重温革命故事。同学通过设计画报、录制视频、撰写报告等方式将红色之旅的所思所想记录下来,如图2所示。

图2　长寿学子画红色记忆

二、全过程时空贯通

项目式学评面向的是完整的每一个学生个体,贯通于学生完整的学习阶段和完整的学习要素。第二篇章,我们以学科统整的视角推进情境化、游戏化、模块化的项目式学评活动。小学低段开展"红色游戏润童年"主题活动,整个学期分阶段开展以党史知识学习为指向的跳房子游戏。在游戏中,每个房子代表一个历史事件,学生按照时间的先后顺序完成任务。游戏有趣刺激,学生积极参与,氛围活跃。在中段开展的"红色礼赞谱华章"项目贯穿于整个学期的音乐与美术日常学习中,学生应用所学知识,唱红歌、绘画卷。在高段开展的"小小红船心向党"项目中,以 STEAM 学习方式引导学生综合运用多门学科知识与技能,利用身边的材料完成"红船"的设计、制作及展示讲解任务,并用自己的作品为党的百岁生日献礼,如图 3 所示。

图3　长寿学子制作"红船"

项目式学评既关注整体成效和全面发展,又关注学生的特色发展和个性发展。在评价量规的研发上,统筹兼顾素养与课标的指导思想、培养目标、教学目标和学生的身心发展水平,关注学生的空间想象能力、思维能力、问题解答能力、创新能力、动手实践能力。量表的设计坚持多元主体的评价视角,从师生、生生、家长、社会等方面综合评估;坚持量化评价与质性评价相结合,对每个维度的每一水平预设多条评语。在测评过程中,以"等级+评语"的方式呈现,"等级标准"分为 A(低于标准)、B(达到标准)、C(高于标准)三级,重在衡量"知识能力"维度的达成情况。评语则以质性描述的形式表达"情感态度与价值观"和"过程与方法"维度的达成情况,在每个考评点的每个等级下面,分别预设了 2—4 条评语,希望评价者在此基础上进行组合搭配,尽可能用客观、全面的评价语来描述学生的个性化表现,既关注学生的合格程度,又关注学生的进步程度和努力程度,如图 4 所示。

评价标准		
A(低于标准)	B(达到标准)	C(高于标准)
在老师的指导下正确读写时间,计算经过的时间。	能正确读写时间,在合作中计算出经过的时间。	能快速、正确读写时间,并能独立计算出经过的时间。
评价语: ①在老师的指导下,你能认读时间,加油哦! ②推算经过时间你有点困难,你还需加强钟面的认读。	评价语: ①能正确读出时间,真棒! ②能认真倾听别人的想法从而思考,真不错! ③如果能更积极地参与,发表自己	评价语: ①能快速、正确地读出时刻,并能计算经过时间倒推出正确的发时间,真会干! ②能主动与他人合作,发表自己的见解。

【评价标准】			
测评项目	评价量表		
	★★★★★	★★★	★
编写创意	善于观察生活,发挥奇妙想象,文章充满想象力,运用精妙的修辞手法进行语言、动作、心理描写。	文章简洁,内容贴切,能简单地用一些修辞手法使文章富有童趣。	不切合实际,内容不丰富,没有想象力。
表演	1.声音清晰响亮,自然亲切。 2.陈述有条理,语言丰富有感情,一边讲一边有动作表演。	1.声音清晰但不响亮。 2.陈述有条理,语言不够丰富。	1.说话含糊、不自然。 2.词不达意,影响理解。

图4　全面而个性化的评价标准

学期结束后,由"项目式学评"所得的学生个性发展反馈表以"非纸化"的形式推送给家长。反馈表分模块任务评量,以等级制取代赋分制,引导学生开展自我学习分析,教师给予学生个性化学习策略,帮助家长在深入了解孩子学情的基础上明确家庭学习建议。通过一张反馈表,从教师、学生、家长多主体高效地获取每一个学生完整、丰富、多元的学习信息,切实地达成以评价促进教与学的目标。

三、全监测立体评量

为促进过程评价、结果评价与增值评价的有机结合,项目式学评围绕项目设计、过程表现、作业任务、个性反馈等方面,从师生、生生、家长、社会等视角开展了立体化评量。从最初的项目主题确定开始,我们采取微信投票、实地调查、观察、访谈等方式,广泛征求学生和家长的意见,精选出项目学习主题。例如,第三篇章从行为习惯培养、交往能力锻炼、传统文化传承出发进行的"坚持吧！少年""送你一朵小红花""浓情端午,匠心传承"3个项目,引导学生从做好小事、管好小节起步,踏踏实实修好公德、私德,养成良好的学习生活习惯。通过学生的实践操作、团队协作和问题解决完成项目化作业。由多个任务串联起的长周期项目化作业给予学生更多自主探索的时间和空间,充分调动学生完成作业的积极性。

在评价数据采集与处理上,项目式学评既关注整体成效和全面发展,又关注学生的特色发展和个性发展。借助5G＋AI,我们既构建网络信息平台及数据库,又采取了实地调查、观察、访谈等线下方式,积极开展学生AI画像系统的实践与探索。

借助智慧笔等智能设备,从学业水平、品德表现、体育锻炼、劳动实践、饮食健康、个性培养6个方面,全面、常态化、持续性地采集学生在校园生活中的各类数据,借助AI系统对上述数据进行分析建模,汇聚成一张个性化的多维评价图,以形成实时性的追踪评价。针对每个学生所反映出来的能力特点,为每个学生设计了一套"私人定制"的学习锦囊。在精准育人理念的引领下,努力帮助学生在智能化学习环境下不断地用新理念、新知识、新本领去适应和创造新生活,努力成长为能够担当民族复兴大任的时代新人！如图5所示。

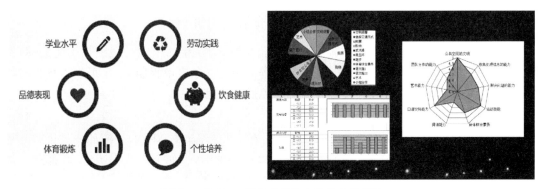

组图5　基于AI画像系统的个性化多维评价

教育评价事关教育发展方向,决定一所学校的办学导向。在未来的实践中,杭州市长寿桥小学将继续紧密联动时代育人主题,持续推进项目式学评校本探索,努力让每个学生都能体会到测评过程的意义和价值,满足学生的生命需求和成长需求。

（本文获2021年杭州市原下城区学校教育评价改革创新举措征文比赛一等奖）

"导航式"课程中的评价创新

杭州长江实验小学　吴聪慧　俞佳丽

在学校"导航式"课程中创新评价方式,通过成长性评价:为每一个学生提供体验成功的机会;技能型评价:为每一个学生提供自选强项的机会;量体裁衣式评价:为每一个学生提供拓展自我的机会。这样多元的关注到个体成长的评价体系,融入"导航式"课程的各项学习活动中是一种评价智慧。

一、成长性评价：为每一个学生提供体验成功的机会

心理学家奥苏贝尔把学校情境中学习的动机分为 3 种：认知内驱力、自我提高内驱力和附属内驱力。而小学生在学习动机中认知内驱力表现较差，自我提高内驱力和附属内驱力表现较强，为了得到教师、家长和同学的表扬和鼓励而努力学习的动机很明显。

1. 档案袋式教学评价

在教学过程中，由于实施了分层教学，相应的评价也应紧跟其后。在实践的过程中，我们根据需要实施了多样化的教学评价，以此激发各个层次学生的学习积极性，以提高教学的实效性，尝试采用档案袋评价，记录学生的学习过程。值得注意的是，教师的评价和家长的评价仅仅是评价的一部分，绝不是主体。如果学生长期处于被评价地位，就无法体验到英语学习的成功喜悦，也无法激励自己，从而使他们渐渐失去了对英语学习的兴趣。

2. 故事秀式教学评价

英语教学，以三维故事 Show 为载体，教师从不同方面采集信息，通过来自不同评价主体的反馈，对学生的学习过程、学习结果进行全方位的了解，从而有针对性地给学生提供具体的帮助和指导，让学生获得后续学习的动力，从而体验成功。

二、技能型评价：为每一个学生提供自选强项的机会

学校在"导航式"课程的实施中推行特色评价机制，为学生的个性发展提供可为空间，在个性化视野下提升学生学习幸福度。技能型课程采用自选强项申报制，学生可以选择自己的强项参加测试考评，提供展示平台，给予学生体验成功的机会。

1. 花样表演式评价

期末音乐终结性评价是对学生学习成果的评价，主要以演唱、律动、表演的方式进行。采取学生自愿演唱或抽签方式进行考核。考核可以有多种形式，如个人或小团体，教师适当加扣分，总体以鼓励为主。为彰显音乐课程评价体系的个体性，针对音乐素养较薄弱的学生，增设特长加分环节，以课内课外＋线上线下相结合的方式。课内学生抽签选取到自己不擅长的曲目或是不适合的曲目（如男生抽到音域较高的歌曲），可缩小抽签范围。如学生音准实在较为欠缺，可以在抽签曲目中自选最擅长的曲目进行演唱。课内线下加分以参加本班小舞台演出为主，音准较薄弱的学生有些是参与乐器演奏的，可以以此形式进行加分。

2. 运动技能的评价

体育运动类课程的形成性评价是对学生学习过程中的协调性、灵敏度，兴趣爱好、身体素养、参与课堂度、与人合作交流等方面的评价。根据体育运动课程的特点，我们采用自选强项的方式进行个性加分。学生不会因个人体育素养薄弱而担心期末评价，从而缺失对体育运动的兴趣。一方面，促进学生更全面地看待自己，不因运动能力较弱而自卑；另一方面，教师可以从多方面考查学生，拉近与学生的距离，提升体育锻炼的信心，为全面提升运动素养作积淀。

三、量体裁衣式评价：为每一个学生提供拓展自我的机会

1. 基础课程的渐进式评价

学生对统一知识的掌握程度不一，他们的知识结构有所区别，其基础知识也存在差异性。一部分学生因其知识基础与学习能力的薄弱，导致他们在学习中存在一定的困难。我们采用

渐进评价对学生进行学习方法的指导,同时关注学习心理的疏导。根据学生掌握知识的程度差异,提供有梯度的渐进式的个性化辅导。其操作流程为:集体学习—梯度评价—跟进辅导—巩固提高,如图6所示。

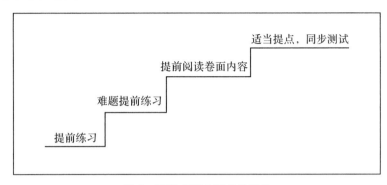

图6　渐进式语文形成性评价

下面,我们以语文学科3名学生的学习情况为例进行说明。

(1)提前练习,保证取得较好的成绩,感受努力学习带来收获的喜悦。第一次测试,分别安排3名学生提前练习,并当场批阅。(写作口头完成)对于基础题错误不再精讲,要求自己修改。对于练习后困难比较大的题,老师仔细讲解,直至学生弄懂。练习卷当场批改,不带回家。并要求保密,此事不向任何同学提及。在之后的全班测试中,3名同学均取得了比较好的成绩。老师根据他们近段时间的课堂表现及作业完成情况,给予大力表扬,全班给予热情的鼓励。

(2)根据自身情况,选择难题提前练习,克服畏难情绪。第一阶段两次测试后,进入第二阶段的测试。分别安排3名学生浏览卷面后找到自己最困难的题进行练习,然后批改并跟进讲解,订正。在讲解的过程中,教师重视方法的指导,并及时进行心理疏导,告知学生这样的题并不难。首先不要害怕,其次按照老师教的方法一步步完成,努力排解学生的畏难情绪。学生完成难题后,教师再次让学生浏览其他题目,提醒回家后有针对性地进行复习。在第二阶段的测试中,3名学生的学习成绩仍能保持进步。

(3)提前阅读卷面内容,做好复习的有效准备,保持学习的热情。第三阶段的测试,只提供卷面阅读,而不再安排提前练习。学生在浏览卷面的过程中,教师会根据他们各自的掌握情况适时地提点但不做过多的讲解。提醒他们回家认真复习,允许电话咨询。3名学生回家的均认真复习。测试后,3名学生成绩有很大进步。

(4)适当提点,与大家同步测试,增强学习的能动性。从前三个阶段来看,他们对步步跟进的转变是比较适应的。于是进入第四个测试阶段。测试前一天,分别与他们进行交流,提出新的要求。学生欣然接受。笔者就这一单元重难点进行整理和提点,并预祝他们取得好成绩。

针对这3名学生,教师设计的渐进式的评价方式进行得很顺利。在一次次的单独交流、鼓励、讲解中,学生的学习热情被激发。面对自己测试成绩的进步,同学的掌声,他们的学习自信正慢慢建立,积极主动的情感体验大大促进了学生的学习效能,发展了学生对学习的积极态度以及对自我的肯定。

2.体育运动的个性化增补式评价

长江的体育课堂是个性化学习的课堂,体育老师为学生定制了个性化的评价方案。在小学阶段,不同的学生发育水平不同,个人能力相差较大。所以在评价时,不该设立统一标准。

在确定考核评价内容时,选择每个孩子通过练习和锻炼能够得到成功的项目。

(1)个性化争优方案。五、六年级体测项目中有个 50×8 的长跑耐力类项目,体测中有统一的评分标准,而此标准对于大多数学生是难以达到的。于是我们在最终考核前的2个月各测一次该项目,得到成绩1和成绩2。期末最终考核得到成绩3。若成绩3好于成绩1或者成绩2中的较好者可以获得优评价。若是成绩3未达到优标准,则再次测试时得到的成绩4比成绩1和成绩2中的较差者好,也可以评定为优。如表1,2所示。

表1　个性化争优方案

争优方案1:进步即晋级	争优方案2:优势项目晋级
几次争优下来最后还是没有达到优秀标准的,但是每次补测比之前有明显进步的给予最后优秀评价作为鼓励	争优方案1还是没能考核达到进步即晋级的同学,给予一次挑选自己认为有优势的体育项目进行补测争优,成绩达到优秀标准最后给予优秀等级

表2　六年级小 M 和小 W 同学跳绳评价案例

项目:一分钟跳绳	个性化增补式评价具体情况
优秀 185 良好 175—184 合格 160—174	方案1成功晋级:小 M 同学期末考核1分钟跳绳个数168个,等级评价为合格。想要补测争优,共总补测争优3次,成绩分别为172个、175个、178个,每次都有进步,最后给予优秀等级,作为进步鼓励 方案2成功晋级:小 W 同学期末测试1分钟跳绳个数147个,等级为合格。后进行3次争优补测个数没有明显进步,小 W 同学提出想要用仰卧起坐来补测争优,最后成绩测试为优秀,代替了之前的考核项目,但是告知小 W 同学期末考核的项目还是要有计划地练习,期初回来再进行测试要有明显进步,给予一定的练习压力,结果皆大欢喜

(2)受伤学生的增补式评价。针对一些在学期中间受伤不能参加期末体育考核的同学,给予的增补式方案是以平时测试的项目成绩来参考最后的评价。

【案例】受伤的六年级小 N 同学增补式评价

学期中后段在运动时发生意外,导致受伤不能正常参加体育锻炼,也不能参加期末考核。小 N 同学学期中段右脚骨折,导致后面的体育课都不能参加,但是考虑到一直不动之后身体机能恢复起来比较慢,所以给小 N 同学在课上布置量轻一点组数可以多一点的上肢练习,让他能够不动下肢的情况下锻炼上肢的力量以及灵活练习,不至于体育课都是坐在一边成为旁观者。期末成绩以平时测试的项目成绩来参考最后的评价。

每节课也会有其他受伤的情况,一般如果不是感冒发烧,遵循的练习规则是不进行剧烈的体育活动练习:上半身受伤的同学,给予制定下半身的练习项目;下半身受伤的同学制定上半身的练习项目,并辅以指导策略。

(3)特殊体质学生的增补式评价。一些特殊(肥胖、体质较弱或特殊体质)的学生,给予平时针对性的锻炼计划来提高加强体育运动的能力和基础,要求阶段性的效果较之前的运动项目成绩有所提高。

【案例】特殊体质小 H 同学的评价

小 H 同学体质很弱,经常因为生病缺席体育课。体育课上,更多时候沦为看客。对这样的同学,首先我们还是以鼓励锻炼为主。在耐力课,别的同学跑7分钟,我们就为他设定一半的时间(3.5分钟),完成任务就给予肯定。跳绳练习,别的同学跳4组,小H完成2组即可。这样的方式让H同学能够先动起来。经过一个学期的锻炼,我们发现她慢慢地能跑完全程,虽然跟其他同学差距还是比较大,但最后还是能坚持下来,这就是最大的进步。当然寒假的时候,我也单独找她聊了,跟她一起制订寒假锻炼计划,每天坚持打卡完成体育锻炼,期待开学回来能够有更大的进步。

个性化的学习和个性化的评价,相互促进,使长江个性化的体育课堂能够真正促进孩子的体育素养,激发孩子体育锻炼的兴趣。

在学校"导航式"课程中创新评价方式,关注个体成长的各种评价策略,融入"导航式"课程的各项学习活动中是一种评价智慧。

(本文获2021年杭州市原下城区学校教育评价改革创新举措征文比赛一等奖)

文龙娃娃作业乐 幸福童年促成长
——幸福作业的设计与评价

杭州市文龙巷小学 赵秋红 陈 鑫

学校是孩子成长的摇篮,教师奋进的沃土。每一个文龙娃在文龙校园里都能幸福成长,学校坚持"一切为了学生发展"的教育理念,坚持形成性评价与终结性评价相结合,设计幸福的作业为基础,力求内容全面、客观,程序科学、规范,关注学生的全面协调发展,关注学生的特长和潜能,发挥评价促进学生发展的功能,建立科学的小学生发展性评价体系。通过完成幸福的作业,学生不断认识自我、发现自我、完善自我,实现教育教学预定目标,促进学生综合素质不断提高。

一、文龙娃的幸福作业

(一)传统作业的弊端

传统作业评价无法关注到学生发展的各个方面。作业的形式、内容缺乏针对性和趣味性,不与实际生活相联系,无法锻炼学生独立开展研究的能力。枯燥的作业会让学生对学习有一定的负面情绪,不利于调动学生的学习积极性,学生感受不到做作业的幸福感。

(二)幸福作业的概念

在文龙,文龙娃十分乐于做作业。在作业内容上,融合系统性、层次性、适量性和趣味性,注重将知识学习与生活实践相结合,体现学生学习兴趣的多元化。在形式上,我们从生生、师生、亲子等不同角度来设计适合学生的收获面的作业。

(三)幸福作业指数的评价指标

如表1所示。

表1　评价指标

一级指标	与知识相结合。作业涵盖知识性与实践性，可适应大部分学生的能力，操作性高
二级指标	与生活相结合。作业内容分层次，形式多样化，富有创造性。学生可以锻炼自身的综合能力，对于完成作业有一定的成就感
三级指标	与社会相结合。设置开放式的作业，学生自主选择作业内容和完成作业的方式。开展小组学习模式、建立互助合作共同体，收获自主探究的满足感

二、多样的幸福作业设计策略

设计多种能力点的作业，为尊重学生之间的差异，丰富作业的多样性，使学生爱上作业，乐意完成作业，甚至向老师"讨"作业来做。

(一)多元化的幸福文科作业

新课标指出，要调动学生各种感官进行学习。基于此，文龙巷小学老师设计了多元化的幸福文科作业，通过实践等多种方式，提高学生的作业幸福度。

比如语文一年级下册第六单元的4篇课文都是描写夏季的。为了让学生能够深入体验夏季的美妙，体验文字的美丽，老师设计了"拍一拍""写一写""画一画"等不同种类的作业供学生选择。

(二)多维度的幸福理科作业

为了让学生掌握知识的同时，充分利用学生的兴趣爱好，更快乐、幸福地学习，文龙巷小学老师设计了多维度的幸福作业，从不同学科间的融合、生活与教学的融合出发，展素养和能力，集思维与美育。

如数学期末游园练习时，教师根据学生的实际情况，分层设计了3个星级题。三星题则需要学生想出多种付款方案。3道题目环环相扣，步步提升，既照顾了学习有困难的学生，又考虑到学有余力的学生，让不同层次的学生都能体验到成功的喜悦。

(三)多种类的幸福艺术作业

基于德智体美劳全面发展的目标，根据学生的不同特点和差异性，文龙巷小学老师为不同年龄阶段的学生设计了多种类的幸福艺术作业。

如美术学科中设计的"生活化"作业，注重美术作业与学生生活的联系，鼓励同学从班级发生的趣事中寻找灵感，用画笔表达出来，既可以制作成一本班级漫画册，也可以制作成DIY的回忆录。

三、多元的幸福评价方式设计策略

评价的目的是激励和反馈。评价要遵循教育规律与学生身心发展规律，建立科学的评价体系，运用科学的评价方法，既反映学生的学业成绩，又彰显学生的个性、特长和发展潜能。

(一)学生自我评价，让主体意识更浓厚

自我评价的主要目的是让学生认识自我，了解自己掌握知识的程度，从而激励自我，改进自我。例如，数学学科充分利用数学教材上的自我评价，让学生根据自己的学习表现，对照要求从情感态度方面对自己的表现做一个学期总结。

(二)利用差异评价,让评价层次更合理

1.等级评价

由于受自身学习情况、家庭文化环境等因素的影响,学生之间的差异是客观存在的。在评价学生时,我们尊重学生的差异和个性化发展的需要,从学生的实际情况出发,分层要求,根据不同的学习目标来评价学生的学习状况。

2.倾听与交流

利用倾听与交流式评价满足学生在能力与个性方面的差异性。"差异优先"倾听教学评价观是一种理念,往往通过教学评价目的的厘定、功能的定位、方法的选择等方面体现。

教师设置了"认真奖励倾听卡"来记录学生的课堂倾听情况。将学生对当天教学内容的关注程度及感兴趣程度、对课堂教学活动的参与程度、能否积极独立地思考问题、能否勇于发表自己的看法、能否与其他同学进行合作交流等进行量化考核。

(三)同伴评价,让交互认知更全面

同伴评价需要与同伴相互讨论并且修改学习任务,对知识进行加深和巩固。

1.同伴赠言

新课程标准强调"以学生为本",让学生参与评价正是这一理念的体现。在数学学科中,布置了融合式作业,将数学与美术相结合,首先是学生自评,然后将作品在班级里张贴展示,学生互相交流赠言,给他们心目中的优秀作业写上自己的评语。这样的评价方式,让每一个学生都参与到评价体系之中。在此过程中,自身对知识的理解也加深了一层。

2.点赞评价

如英语学科学习完动词的过去式后,教师可以利用"微信朋友圈"功能,让学生发送朋友圈来展示作业并为同伴点赞和评论,从而达到真实的表达与交流的目的。与枯燥地在白纸上写作文的作业相比,新颖的作业让学生对英语学习激起了更浓厚的兴趣。最后通过学生投票选出你最喜欢的朋友圈。

点赞评价还可以扩展为方式多样的云评价,如通过"QQ投票"功能进行表现性的云评价,使学生得到的评价结果更客观和全面,最后将评价结果通过年级打通评选出一、二、三等奖来表彰学生,分发奖状、奖品、拍照留念等形式反馈给学生和家长,起到正向激励作用,如图1所示。

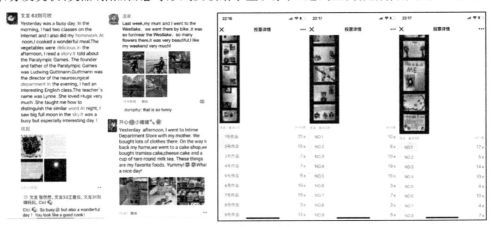

图1　点赞评价案例

(四)教师评价

1.多样化的教师评语

教师每月汇总学生本身、同学以及家长的评价表,描绘动态曲线图,给出当月的总体评价,并撰写描述性评语,如下表所示。

表2　(　)月二年级学生学习评价汇总表

学生姓名:×××	评价项目	动态曲线图	评价等级	描述性评语
知识技能	作业情况			
	学习能力			
	知识测评			
情感态度	发言			
	倾听			
问题解决 与学科思考	提问			
	实践操作			
	小组合作			

不仅如此,教师在评价中呈现多种批改的符号以及简笔画,令教师评价更加多元化。教师可以用评价语言加上绘制表情包等评价作品的形式,来代替传统的"优、良、合"的等级评价方式。

教师还在评价中设立特别奖励。比如,在科学学习中,表现突出的学生予以特别的表扬,如"科学探索奖""科学先进奖"等。

2.成长记录袋

教师结合自身学科特点为学生精心设计成长记录袋。不用整齐划一的评价标准来抑制学生个性的发展,扼杀学生的创造性,把对学生个性化学习的关注作为对学校的重要考评机制之一。

如美术学科,教师积极利用成长记录袋记录学生成长的每一件作品。"美术档案袋"的作业需分类归纳,让学生能明晰自己的学习目标。教师从学生的美术档案袋中选取特色作品进行整合,并配上文字制作成班级绘本,可作为年度大礼品择优赠送。

四、幸福作业的实施成效

(一)优化作业评价制度,发挥评价导向功能

1.幸福作业评价更全面,强化学生的多维度发展

幸福作业能从学生的学习态度、创新精神、分析与解决问题的能力以及价值观等多个维度评判作业。幸福作业评价能全方位地对学生的作业进行评价,让学生对自己的作业有更深入的理解,对作业中的可取之处以及需要修改的地方有一个全面的认知,这样的评价模式能够充分发现学生的闪光点并给予肯定。

2.幸福作业评价更多样,改变学生对待作业的态度

在学校多样化的评价模式下,极大程度地改变了学生对待作业的态度。对待传统作业,有责任感的孩子会认真思考、独立完成,拿到老师批阅完的作业后会仔细思考、认真订正。不认真的应表达如下:而幸福作业的多样化评价让孩子积极面对评价结果,从而改变其对作业的态度。

(二)充分完善教师的教学信息渠道

文龙巷小学有多元化、多维度、多种类、多方位特色的幸福作业。幸福作业聚拢多方反馈,能更准确、更完善地对学生学习作出评价,彻底发挥作业评价的作用。教师能根据从幸福作业中得到的反馈信息,抓住每个学生的学习难点,了解每个学生的学习思路,提高学生的学习兴趣,进而让学生幸福地学,老师更幸福地教。

(本文获 2021 年杭州市原下城区学校教育评价改革创新举措征文比赛一等奖)

数据赋能评价　成长激发潜能
——以"长青币"电子积分系统优化学生评价方式

杭州市长青小学　彭　音　史丹青

学生综合素质评价是致力于促进学生全面发展,激发其内驱力和潜能的重要载体。为此,"长青币"为鼓励学生养成正确良好的学习习惯和行为习惯,激发学生的自信心和集体荣誉感,特别设计"文明卫生、才艺特长、课堂表现、作业质量、学习态度"5 个维度,让学生在互相观摩、竞赛、团结的情境中快乐主动地学习成长,是一种全校统一的现代化的评价方式。

一、"地同域"——设立定制化评价指标,突出评价的适切性

完善以"长青币"为核心的"电子积分系统"学生综合素养评价体系是一个长期而渐进的过程,学生综合素养的培养也是一个逐步养成的过程。我们在学生六年小学生涯中,更为科学合理地创设一个系统而完善的综合素养评价活动体系,最终帮助学生实现健康高质成长的目标。

(一)"基础币"架起常规与学业评价桥梁,定制评价助力自主成长

每学期初会发放固定数额的"基础币",主要由班主任老师与学科任教老师统一管理。以一个班 40 人为例,每班得到的基础长青币如表 1 所示。

表1　学期初基础币分配详情　　（元）

币　　种		学期初基础币			
长青币	班主任	500			
	任课老师	语文	520	美术	280
		数学	520	体育	280
		英语	520	思想品德	280
		科学	520	信息技术	280
		音乐	280		

任课教师根据班级实际情况自行设定奖惩细则,且每班的长青币只能在该班使用,在定制各班个性化评价需求的基础上,最大化地实现了标准的统一,使班级内部学生的成长和进步真实可见。与此同时,"基础币"在长青币评价体系中是作为学生的主要获币途径,因此,学生更关注自己日常在校内的行为规范和学业表现,由此从内驱力上促使学生主动养成良好的习惯,以实际表现获得正向评价。同时,教师在发放长青币的过程中,不仅起到过程性评价的作用,还能借助智慧平台,第一时间将评价反馈信息发送给家长,让家长及时掌握和了解孩子的校内表现,同时通过查看评语,充分知晓奖励的原因和内容,如图 1 所示。

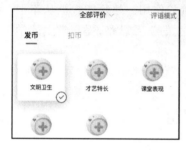  

图 1　评价反馈表

(二)"奖励币"彰显全员德育理念,荣誉评价提升自我成就

德育处根据班级的表现和学生的个人获奖情况发放"奖励币",主要包括班级常规工作、参与校园管理和个人获奖情况 3 部分。

1.文明卫生评比

学校每周进行一次文明卫生的评比活动,以嘉奖常规工作表现良好的班级。具体奖励细则如表 3 所示。

表 3　文明卫生评比奖励

常规评比项目	文　　明	卫　　生	垃圾分类
三星级(5 片青藤叶)	全班每人 1 元	全班每人 1 元	全班每人 1 元
二星级(3 片青藤叶)	全班每人 0.5 元	全班每人 0.5 元	全班每人 0.5 元
一星级(1 片青藤叶)	无	无	无

2.学校常规活动评比

学校每月定期组织开展各项评比活动。相较之前的评比,学生和老师都早已对评比结果不甚在意,因为基本只是在晨会时宣读获奖名单,很难让学生体会到额外的集体荣誉感。正因如此,针对每月进行的牛奶盒回收、黑板报评比、队角布置等活动,获得优胜的班级除了赢得荣誉外,还会得到相应的奖励币。班级常规工作奖励以班集体为单位发放,提高了学生的集体荣誉感,具体情况如表 4 所示。

表 4　牛奶盒回收、黑板报和队角评比奖励　　　　　　　　　　　(元)

项　　目	班级布置	黑板报	队角	牛奶盒
年级优胜	300	120	120	120
参与奖	30	12	12	12

3.积极参与校园事务奖励

学校的日常管理离不开同学的帮助,学校也鼓励学生积极参与校园事务。因此,对于积极参与校园管理的同学,德育处也给了一定的奖励,具体情况如表5所示。

表5　积极参与校园事务奖励

项　目	奖励长青币数量(元/人)	项　目	奖励长青币数量(元/人)
少先队大队委(干事)	20	晨会主持人	20
3项竞赛检查员	20	广播站播音员	20
升旗手	20	书吧管理员	20

获得校级、区级、市级等荣誉的少先队员根据获得荣誉的不同得到相应的长青币。

学校根据不同的维度设计了长青币的发放制度,在制度上保证学生在各个维度上得到应有的素质评价。这样的评分制度使学生的期末评价,体现了学生自身的学习过程、学习成绩、个人特长多个方面,更全面地对学生进行综合评价。

二、"车同轨"——教育教学与综合评价双轨并行,促进评价的有效性

与传统的只关注学生学业水平,来考查学生能力的评价方式相比,"长青币"电子积分系统的综合素质评价更强调将评价融入校园生活的方方面面,注重评价的过程性和全程性。只有通过整体了解、全面掌握的方式,才能真正记录下每个学生个体的成长轨迹,从而使"长青币"的评价体系达到育人的实际作用。

(一)多维评价有目标,凸显育人价值

长青小学一直致力于培养高素养的学生,"做一个健康的人,做一个有文化的人,做一个好人"深入长青学子的内心深处。因此,在制定评价内容时,以全面提升学生素养为目标,实现育人价值。从身心健康、文化素养、审美体验、实践创造、思想道德等维度,将教师的教育教学与综合评价有机结合。

(二)六年记录有跟踪,体现评价动态生长

教师在教学和育人过程中,借助"长青币"这一抓手,能够时时处处关注学生个体动态发展的过程,从一年级懵懵懂懂,到中年级渐入佳境,再到高年级的蓬勃生长,以"长青币"电子评价系统的点滴记录,展现学生的动态成长。

(三)学生体悟有依据,获得自主成长的源动力

在不断依循"长青币"评价系统获取积分的同时,学生根据记录下来的印记进行思考和自我分析,体悟自身某阶段的得与失,学会通过真实发生的事例,以及教师、家长、同学的评价,来反观自身的行为,获得持续性的成长动力,使评价更为深入和有效。

(四)"长青币"值有兑换,激发个体兴趣

学校设立长青币商城,学生在这学期通过努力获得的长青币可以在商城中进行兑换。商城每学期开放两次——一次为节日开放,一次是期末考试结束。长青币在一个学年里不清零。一学年结束,兑换奖品后长青币的数额清零,但累计获得的数量不变。

商城里种类比较多。首先是心愿商城,学校向全校学生发起了心愿征集令,从 2000 名学生的一笔一画中收集到学校能实现的所有心愿加入我们的长青币商城中。其次是实物商城,里面包含了小玩具、带有学校 logo 的文具、科学实验器材、盲盒、文创产品如国风手账本等多个品种,学生还可以在商城中下单购买书籍。可以说,在设计的时候,我们考虑了 1—6 年级学生的各种需求。商品种类如表 6 所示。

表 6　长青币商城物品

学校 logo 文具	实物区	班级心愿区	校级心愿区
logo 笔袋	1 元随机玩具	免做卡(免一次日常作业)	写信卡(可以给校长写一封信)
logo 铅笔	2 元随机玩具	拥抱卡(跟老师拥抱一次)	对弈卡(跟棋王棋后下一盘棋)
logo 橡皮	logo 水笔	队长卡(一天小队长)	借阅卡(图书馆借阅书籍半个月)
logo 笔筒	荧光笔	助手卡(课代表一天)	助理卡(当一次大队长助理)
logo 铅笔袋	5 元随机玩具	图书馆管理员卡(一天)	合影卡(和校长合影)
logo 橡皮	科学 diy 套餐 vip 版	共餐卡(和老师吃饭)	共餐卡(和校长共进午餐)
logo 文件袋	盲盒文具	合影卡(和老师合影)	广播卡(周四一天广播员)
logo 水笔	林深不知处盲盒	值日卡(当一次值日生)	升旗卡(光荣升旗手一周)
logo 尺子	国风手账本	点歌卡(班级中午播放音乐一次)	发言卡(国旗下讲话一次)
logo 本子	铅笔削笔器	采访卡(成为小记者采访老师一次)	旁听卡(旁听一节社团课)
	书籍(自选)	免作业卡(免一次寒假作业)	参观卡(地震馆参观)
		选座卡(自己选同桌)	见习卡(当见习校长一周)
		组长卡(当一周小组长)	巡逻卡(和校长课间巡逻)
		小老师卡(和老师一起批作业)	值周卡(当值周检查人员)
		班委卡(班委一周)	旁听卡(旁听一节社团课)
		上课卡(在班队课上为大家上一节课)	参观卡(地震馆参观)
			见习卡(当见习校长一周)
			巡逻卡(和校长课间巡逻)
			校长签名卡

商城开通前,学校提前一周通知班主任和任课老师,并通过微信公众号发送预告。学生通过父母的手机或者学校的电子班牌下单,将自己通过努力获得的长青币兑换成自己喜欢的学习用品、生活用品或心愿奖励。

三、"书同文"——汇集学生成长手册,显现评价的动态性

在该课题研究的过程中,我们不断地思考如何更好地发挥信息功效,而不是仅仅停留在奖励和惩罚上。评价的功效如果仅仅只有老师的反馈,那么时间长了,学生的自我驱动力也就没了,"长青币"的激励作用会随着时间的增加而减弱。因此,通过收集数据和文字,最终形

成一本专属学生成长手册,将使"长青币"评价系统从看不见摸不着的电子货币,变为可永久保存的成长印记。

(一)身体情况综合分析

将各学科教师对学生的评价进行汇总分析,可以让老师和家长更直观系统地看到学生的情况。作为家长,会非常关注孩子的身高、骨龄、视力等身体情况。我们将这些学校测量的数据导入电子档案中,并给出健康指数,让家长能看到自己孩子现在的真实身体指标。同时,我们还将6年来学生视力的变化情况以折线统计图的形式呈现给家长,让他们高效简洁地了解孩子的健康状况变化,如图2所示。

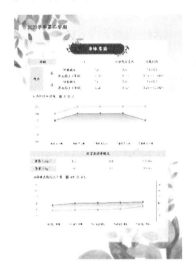
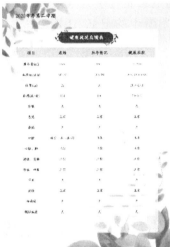
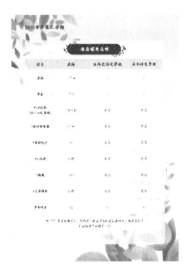

图 2　学生健康电子档案

(二)学业情况综合分析

除了学业成绩的相关情况外,在成长手册中,我们还会将成绩进行一个总体分析,以雷达图的形式让家长清楚地了解孩子的强项和弱项。与此同时,我们还会对学生综合素质的评定进行呈现,全面展示学生在学业表现上的真实情况,如图3所示。

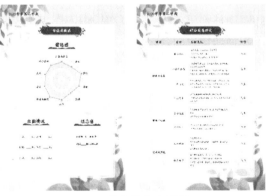

图 3　学生综合素质图

(三)"长青币"获取情况综合分析

每月学生的长青币得分和失分情况会以柱状图的形式即时呈现给家长,让家长能了解孩子在学校的各种情况和学习态度。当家长发现这个月孩子的状态大幅度下滑或者某一项下滑比较明显,就可以查看具体是哪门学科,跟任课老师及时沟通和交流,帮助孩子更好地成长。

电子档案还保留了学生的兴趣爱好、学期设想、成长足迹等。很多妈妈会将孩子的成长足迹整理成照片墙,而学校的成长手册不仅能保留学生的记忆,还能更好地促进学生的成长。

评价改革最终的着眼点是学生发展的实效。我们在后续研究中还需要关注这样一些问题,比如长青币如何能更好地激发学生的积极性,如何提升教师的评价类知识的理念,接轨国际先进教育理念,如何让"电子积分系统"学生综合素养评价体系能真正发挥出过程性评价的作用和优越性,让学生学得轻松、教师教得省力。

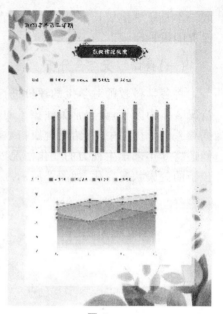

图 4

(本文获 2021 年杭州市原下城区学校教育评价改革创新举措征文比赛一等奖)

以"新概念集邮"为媒介,构建学生综合评价体系

杭州市江心岛小学　俞竹华　金　瑛

一、项目简介

新概念集邮是以明信片为载体,以邮戳为见证,寓剪报、集邮、品评、抒怀于一身,以此来记录历史的轨迹,留下生活的剪影,采撷烂漫的稚趣和捕捉生活的火花。针对长期以来,对学生综合素质评价意识的匮乏,杭州市江心岛小学以德育特色活动"新概念集邮"为媒介,构建学生综合评价体系的项目遵循体悟式德育三阶段基本模式,从基础普及性评价、特需项目评价、拓展项目评价等方面不断创新学生综合评价体系,以深化素质教育,促进学生全面发展。

二、背景分析

"新概念集邮"围绕培养学生关注环境、关注社会、关注生命的意识这一目的,尝试建立教育联动体系,依托信息技术,开展以假日邮册、乐邮工作坊、乐邮课程为内容的系列德育活动,整合学校、社会、家庭资源,实现集体共治,多元协商,自我教育。

假日邮册项目通过假日旅行方案设计、实施,将自我教育、集体共治、多元协商的新集体理念融入其中,促使学生自主探索不同地域的人文、环境,习得信息检索、人际沟通、实践体验等各方面能力。乐邮工作坊贯穿社会热点、传统文化等主题,集结校园节日,按照不同年段落实项目,形成项目群。乐邮课程联动博物馆、科技馆、图书馆,开展生命系列教育。评估体系双线进行,既有教师、家长参与的成果展示型评价,也有通过网络对学生进行过程性评价。

三、评价标准

(一)面向全体学生的基础普及性评价标准

(1)目标

★学生能够了解新概念集邮,激发兴趣。

★通过新概念集邮活动,养成日常阅读的好习惯。

★掌握新概念集邮的制作方法,能设计相对精美的作品。

(2)内容与实施

基础普及性评价分 3 个年段,各阶段预设标准内容如表 1 所示。

表 1　评价标准的内容与实施

年段	认知与技能	过程与方法	情感态度、价值观
低段 (1,2 年级)	能根据主题内容收集相关材料,建立初步的资源意识	能在父母的帮助下整理收集到的信息,对材料进行简单的加工	具有关注日常生活及周围环境问题的意识,获得亲身参与实践的积极体验
中段 (3,4 年级)	能在教师的指导下初步学会利用信息技术手段收集、处理信息,学会有效利用社会资源	掌握邮品制作的基本程序和方法,设计与制作相对精美的作品	具有合作意识,获得初步的社会交往的认知能力,发展兴趣与专长
高段 (5,6 年级)	能主动获取资源,比较客观地对采撷的信息进行点评	提高知识综合运用能力,能对问题、信息进行认真研究、分析,提出合理化建议	具有强烈的公民意识,能够明辨是非、初步形成正确的世界观和价值观

基础普及性评价由学校德育室统一管理,负责项目的开发和管理、教师培训和专家指导。每两周利用少先队活动课保证一节课的教学,一个年段 10 课时的教学,其余课时用于学生的操作与实践。期初,由教导处、德育室组织新概念集邮项目教师团队,对所选教学内容进行集体备课,指导教师依据校本项目实施方案制定学期目标、课时、内容、教学模式、评价方式等。每月开展一次邮品展,将优秀作品在班级门口的新概念展示墙或黑板报上进行评比展示,做到人人参与。

(二)面向特长生的特需项目评价标准

(1)目标

★培养和锻炼良好的阅读习惯、写作习惯和欣赏习惯。

★从做中学,提升运用技术的能力,提高书写文字、绘画艺术、逻辑排版、主题和邮票邮戳高度一致的水平。

★学会与同伴交流、展示、学习、收藏。

(2)内容与实施

遵循"为了差异发展,从差异出发,开展有差异的教学"的教学思想,从学生的实际情况、个别差异出发,有的放矢地开设特需项目,选择利于学生发挥特长的学习内容,将学生潜能的开发与学生个别化的培养需求联系在一起,使学生发挥出自己的优势,获得最佳发展效果,如表 2 所示。

表 2 特需项目的评价标准

类别	内容	要求
理论知识	1.设置一种真实的不确定的情境。 2.提出能促进思考的真实问题。 3.收集和获取有关解决这一问题的材料。 4.制订关于这一问题可能性的假设和解决问题的方案。 5.对所提出的假设和解决问题的方案进行检验	不再以"记事明信片"为主体,而是通过以明信片为载体,以邮戳和邮票(或邮资片的邮资图案)为鉴证,通过剪报、书写、绘画等形式,表现相关内容或相关观点,表达思想感情
技巧提升	1."为图配解说"法; 2."向读者提问"法; 3."真情流露"法; 4."引用摘录"法; 5."与新闻对话"法; 6."提出建议"法; 7."联系生活"法; 8."与他人合作"法……	在掌握邮品基本制作技法的基础上,针对新闻添加自己的评述,多元化地表达感悟,再加盖当天的邮戳以见证新闻的真实性
交流展示	文化沙龙式的交流展示	定期在"新概念集邮专栏""新概念集邮展示长廊"等平台进行作品介绍、交流、展示活动,并针对各主题的作品交流制作心得,交换对事件的不同看法,吸收更多的信息
拓展延伸	将明信片加盖邮戳后自己收藏,也可以将明信片寄给同学、朋友、家长、老师,由对方加以收藏	融合"感激教育""生命教育""环境教育""礼仪教育""历史教育"……适时开展主题体验活动,创造性地诠释新概念集邮的内涵,赋予新概念集邮新的生命

特需项目由学校德育室统一管理,以特长学生组成社团班,通过报名、选拔方可选修。除每周五定点定时授课外,加强课外练习,还不定时进行团队训练。授课教师以"丑小鸭"俱乐部老师教学为主、各班主任指导为辅,为特长学生搭建展示交流的平台,选拔优秀学生参加各项参观、展演活动。

(三)面向开发整合的拓展项目评价标准

(1)目标

★通过整合社会、家庭、学校三方面的资源,进一步挖掘新概念集邮更深层次的内涵。

★通过多种途径,寻找贴近学生生活的主题。开发多样化的情景:时事的、时尚的、传统的、人情风俗的……只要符合自己知识储备需要的,与时俱进的,都可以积累。学生在摘录、编排、粘贴、点评中大大开阔视野,丰厚了知识储备,锻炼了综合能力,促进了主动性。

(2)内容及实施

开发新概念集邮校本教材,实现课程价值,为学生的发展提供多样的、可能的平台。

①选择主题,制作专题系列

主题的确定以学生为主体,根据学生个人的兴趣爱好,内容广泛多样,体育、风景、环境、教育、文化、军事等只要是学生感兴趣的,都可以从中选择。专题的题目尽量要小,与生活有一定的联系,具有可行性,这样才便于收集选择,具有可操作性,具体如图1所示。

图 1 拓展项目评价标准示例

②选择热点，知晓历史瞬间

选择热点新闻，收集热点资料，是最简单的选材方法。因为热，所以总是比较容易在报纸上找到材料，因此这是学生最喜欢的新概念集邮素材之一，如图 2 所示。

图 2 新闻素材搜集示例

③选择焦点，抓住感动场面

生活中，社会上，有些事情带给学生诸多感动，学生通过采访、调研、关注信息等新概念集邮素材的收集、整理，使它像艺术作品那样留下永恒。这样的活动收获是传统意义上的课堂学习无法实现的。

④选择亮点，留住精彩回忆

许多学生亲身参与的活动，诸如校园活动、亲子游戏、社会实践都会给学生带来精彩。当然，精彩过后便会遗忘。如果指导学生将其收藏起来，把它作为新概念集邮的素材，那么它将成为学生成长道路上一笔笔精彩的回忆。如图 3 所示。

图 3 学生校园活动作品示例

拓展项目由教导处、德育室项目管理部统一管理，制订每学期活动方案，融合各时间段德育教育活动，开展主题式的新概念集邮一系列的校园文化活动，引领学生在丰富多样的活动中感受、传承、创新与探索。

四、评价方式及等级描述

(一)面向全体学生的基础普及性项目评价

“新概念集邮”采用“一人一表”，即每个学生的评价量表各不相同。教师除了在实施过程中关注这方面的评价外，更注重探究式的评价方式：打破多年来教师确定评价量表的习惯，由学生根据自己的水平和需求，与同学、教师协商确定评价指标、评价标准、评价结果，协作完成评价量表，如图 4 所示。

（“抗战胜利70周年”）“新概念集邮”评价量表　班级四(2)　姓名李金子

协商人员 协商因素	自评	同伴评	家长评	教师评	协商结果
字迹端正，无错别字	☆☆	☆☆	☆☆	大进步☆☆☆	☆☆☆
插图精美	☆☆	☆☆	☆☆	☆☆	☆☆
作品有创意	☆	☆☆	☆☆☆	☆☆	☆☆
查阅，收集资料	☆☆☆		☆☆☆		☆☆☆
虚心听取他人意见，及时修改	☆☆☆	☆☆			☆☆
做好组内的分配工作	☆☆☆	☆☆☆			☆☆☆
大胆地讲好抗战故事	☆	☆		☆	☆
改进之处：要有自己的想法，使作品有新意。讲故事虽然经过准备，但是胆子还是太小，讲的声音太轻。要改进！要改进！！要改进！！！					

（“环境保护”主题　）“新概念集邮”评价量表　班级四(2)　姓名李金子

协商人员 协商因素	自评	同伴评	家长评	教师评	协商结果
字迹端正，无错别字	☆	☆☆	☆	☆	☆
语句通顺	☆☆	☆☆	☆☆	☆☆	☆☆
装饰精美	☆☆	☆☆	☆☆	☆☆	☆☆
主题有时代感	☆☆☆	☆☆☆	☆☆☆	☆☆☆	☆☆☆
有无教育意义	☆☆☆	☆☆☆	☆☆☆	☆☆☆	☆☆☆
行动了吗？合理吗？	☆☆☆	☆☆☆	☆☆☆	☆☆☆	☆☆☆
大胆向路人宣传	☆	☆	☆		☆
改进之处：制作完成后要多读一读，避免写错别字。还要向谭嫣然同学学习，大胆与人沟通，向别人做好宣传。					

图 4　学生评价量表

(二)面向特长生的特需项目评价

特需项目的评价与少先队争章机制相结合，对每学期争满 3 枚章的学生，可以有资格参加校级铜奖队员的考评。

新概念集邮章

争章目标：

1.了解新闻时事,发挥动手能力。

获章标准：

1.坚持收看报纸、电视新闻,了解国内外大事。

2.会精心制作几张新概念集邮作品。

3.制作好的新概念集邮作品能够与同伴分享、交流、学习、收藏。

争章实践：

1.将从报刊、网络上收集的新闻时事重新编排,粘贴到明信片上。

2.针对明信片上的新闻配以自己的评述,并写上收信人地址和姓名。

3.到邮局加盖当天的邮戳,把祖国、家乡日新月异的变化定格在一张小小的明信片上。

4.将制作好的新概念集邮明信片与同伴交流、展示、学习、收藏。

争章考评：

如表3所示。

表3 小队争章考评

获章标准 评价者	1	2	3	4
自己				
同伴				
师长				

优秀:★　　　　　良好:☆　　　　　一般:△　　　　　要加油:!

争章记载：

祝贺你,通过了考评,获得新概念集邮章。

评核员＿＿＿＿＿＿＿

年　　月　　日

(三)面向开发整合的拓展项目评价

拓展项目的评价采用的是综合实践活动学生活动评价表,重在对学生学习品质的评价。本评价表由学生自评、同伴评、教师和家长评价来完成。如表4所示。

表4 学生活动成长记录表

学校(　　　　)　　　　班级(　　)　　　　姓名(　　)

项目	自己评	小组评	老师评	家长评
参与意识	☆☆☆	☆☆☆	☆☆☆	☆☆☆
与他人合作	☆☆☆	☆☆☆	☆☆☆	☆☆☆
实践能力	☆☆☆	☆☆☆	☆☆☆	☆☆☆
创新能力	☆☆☆	☆☆☆	☆☆☆	☆☆☆
综合表现	☆☆☆	☆☆☆	☆☆☆	☆☆☆

项 目	自己评	小组评	老师评	家长评
学生自我问题反思				
1.这张作品感觉自己表现满意的地方是( ),不满意的地方是( )。				
2.这张作品我最大的收获是( ),因为( )。				
老师的话				
家长的话				

五、评价反思

教育应把社会的发展和人的潜力的实现作为它的目的,评价不能沦为束缚学生"潜力实现"和"个性发展"的枷锁,以"新概念集邮"为媒介,构建学生综合评价体系在理念上剖析,对学生的社会生活、个性潜质、个体学习的进展和变化进行综合考评,是促进学生个性化发展的重要手段。"新概念集邮"活动开展以来,家长对于活动的认可度和支持率逐步上升。学生参与的积极性高涨,动手能力明显提高,对新闻的关注程度增强,对一些社会事件产生了自己独特的看法和见解。通过与同伴交流合作,浅层的道德认识在与多元信息碰撞的过程中得以逐步调整、强化,从而形成稳定、深层的新集体文化。

(本文获 2021 年杭州市原下城区学校教育评价改革创新举措征文比赛一等奖)

塑"A 星球"品牌 育明德少年

——杭州市刀茅巷小学"A 星球"德育评价体系建设的探索与实践

杭州市刀茅巷小学 张 媛 李清清(执笔)

摘 要:学校以创设儿童精神成长空间——"A 星球"为抓手,积极探索德育评价体系。结合校情和育人需要,运用沉浸式、自主性、可持续的德育理念,构建一整套"兴趣—体验—获得—新的兴趣—新的体验—新的获得"循环系统,并在系统运行的过程中使学生逐步成长为全面发展的人。

关键词:A 星球;明德少年;德育评价体系

杭州市刀茅巷小学始终秉承"面向全体、兼顾特长、易简得理、持之以恒"的办学理念,以"琴韵伴书声、厚德养生心"为办学目标,努力培育具有"明德、好学、尚美、创新"特质的刀茅明德少年,"让每一个孩子健康、快乐、有个性地成长"。

一、概念定义

"A 星球":缘起于学校绿色星球守护营,在给予新时代集体主义教育特色品牌内涵时进行追本溯源,从学校历史开始挖掘。学校始建于 1929 年,前身为"仁爱小学",是一所有着 90 余年校史积淀的学校。"A"是"爱"的首字母,也是字母中的首个,取"第一""名列前茅"的寓意,指向学校期望在小学阶段培养优秀的刀茅学子,期望将学生培养成全面发展的人。"A 星球"是儿童实现精神成长的空间,与现实生活不同之处在于它是一个虚拟的空间,与学校生活相互交融、相互依托,但又相对独立。儿童在此空间中实现精神领域的自主生长,获得能力提升、道德升华。"A 星球"运用沉浸式、自主性、可持续的德育理念,构建一整套"兴趣—体验—获得—新的兴趣—新的体验—新的获得"循环系统,并在系统运行的过程中使学生逐步成长为全面发展的人。如图 1 所示。

图 1　"A 星球"德育示意图

明德少年:出自学校的校训"明德、好学、尚美、创新"。培养全面发展的明德少年是学校一直以来的不懈追求,根据五育并举的要求,结合中国学生发展核心素养的内涵,"明德少年"的内涵不断发展,学校希望学生通过小学 6 年的生活成为一个全面发展,具有爱祖国、爱人民、爱劳动、爱科学、爱社会主义的思想感情和良好品德;具有遵守社会公德的意识和文明行为习惯;具有良好的意志、品格和活泼开朗的性格;具有自己管理自己、帮助别人,为集体服务和辨别是非的能力;认识生命之可贵,珍惜生命之存在,欣赏生命之美好,体悟生命之乐趣,磨炼生命之魅力的合格接班人。

二、评价策略

核心素养为本的中小学德育评价体系的建构,通过目标素养化、内容生活化以及手段科学化实现。中国学生发展核心素养①以培养"全面发展的人"为核心,分为文化基础、自主发展、社会参与 3 个方面,综合表现为人文底蕴、科学精神、学会学习、健康生活、责任担当、实践创新六大素养,具体细化为国家认同等 18 个基本要点。各素养之间相互联系、相互补充、相互促进,在不同情境中整体发挥作用。

基于现行德育评价通常是"主观评判,片段观察;评判甄选,一蹴而就",缺乏过程性评价的现状,结合学校德育体系建设不断完善的要求,我们对德育评价体系进行系统梳理,"A 星球"评价体系包括主体要素、评价原则、量化工具、运行机制四大板块。

1."A 星球"评价体系的主体要素

学校——设计者、执行者。学校围绕学生核心素养培养发展设计"A 星球"中的各项活动,制定制度,提出方案、规则、要求等,保障人力、物力,确保"A 星球"顺利运行。

教师——观察者、引领者。教师利用自身专业知识在"A 星球"中观察学生活动,根据可视化的评价标准给予反馈,从而引领学生主动地、自发地发展自身能力。

---

① 百度百科. 中国学生发展核心素养,https://baike.baidu.com/item/中国学生发展核心素养/20361439。

学生——主角、参与者。学生是"A星球"中的主角,主动参与到德育活动中,依据评价反馈,通过"兴趣—体验—获得—新的兴趣—新的体验—新的获得"成为全面发展的人。

家长——辅助者、见证者。家长起初陪伴学生一起参加一些校外活动,学生逐步独立后,家长通过了解学生参与的活动与获得的角色卡,及时了解学生的能力发展,和教师一起帮助学生调整个人成长计划。

2."A星球"评价体系原则

"A星球"评价体系遵循"整体、开放、动态、多元、趣味"原则,让评价涵盖核心素养发展,面向各年级的、有差异的学生,贯穿整个小学,利用多元量化评价工具与多元主体评价方式,实现客观性、过程性和可视化评价。

3."A星球"评价体系量化工具

为了将评价的功能显性化,我们从学生、家长、教师层面进行了征集、汇总,将整个评价体系用"A星球"角色卡、"A星球"通用币、"A星球"代言人进行串联。从评价方式入手,以德育目标的核心要素为指向,采用量化评价法,根据学生个体平时实际表现或活动表现进行"具象化"累积,利用这样的形式达成学生能力的发展或弥补,达到调动学生热情和积极性的目的。

(1)"A星球"角色卡:学校根据不同活动设计了一系列职业角色卡(对应现实社会中的不同职业),例如科学家、志愿者、警察、演说家、音乐家、画家、运动员、记者、作家、摄影师等,并且根据特色活动制定特色角色卡,学生通过争取角色卡来发展各个方面的能力,家长和老师根据孩子不断积累起来的角色卡,了解他们在各阶段的能力倾向和能力短板,制订辅助计划,进行潜能开发和改善弱势,评价甄别,实现评价的促发展的功能性,具体如图2所示。

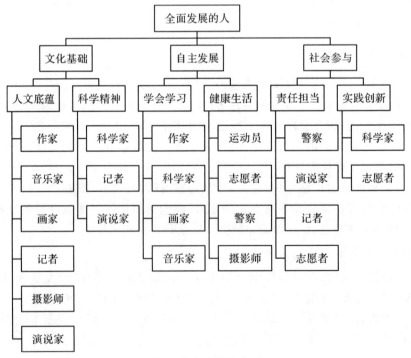

图2 角色卡配套体系

图3　角色卡

（2）"A星球"通用币：四音、八音、十六音小音符，学生可以通过参加活动获得角色卡的同时，收获星球币，换取心仪的小奖品，提升道德情感的体验，更好地激发内驱力，进而形成道德意志品质。

（3）"A星球"代言人：动漫人物——乐乐系列。乐乐（lèlè，释义：快乐）和乐乐（yuèyuè，释义：音乐）。"乐乐"活跃在各种场合，传递着积极乐观、友善节俭的正能量，鼓励和鞭策学生树立正确的人生观、世界观、价值观。不同的乐乐代表着不同的能力发展，是角色卡的终极体现，是学生核心素养发展的具象化。

4.评价体系运行机制

刀茅巷小学采取CIPP评价模式进行尝试，在实施过程中不断调整优化，以评价促进学校德育工作的不断发展。CIPP模式是改进取向的评价模式，其核心功能是辅助项目的改进和修正，为后续阶段的决策提供支持，如图4所示。

图4　CIPP评价模式

（1）背景：围绕"核心素养"培养发展目标进行前期调查，发放调查问卷或进行访谈，了解学生核心素养能力发展水平与兴趣指向，充分调研学生的课程需求。

（2）输入：对现有的校园德育活动与各项政策文件、方案进行具体分析，依据学校现状与特色进行恰当调整：一是活动目标做到明确、具体、可操作；二是方案体现地方特色和学校特色；三是统筹优化各方面资源，保障可行性，达到最好的效果。

（3）过程：通过活动实施记录、通信报道等记录内容进行反思。通过这些记录与反思了解活动实施过程，从而检验课程方案落实的程度，具体分析与原方案产生差异的原因，并基于原因提出对原有方案进行修正的建议。

（4）结果：通过学生获得的A星球角色卡、不同核心素养能力代表的乐乐系列、学生档案具象化学生核心素养发展，便于学生自身、教师、家长根据反馈及时调整个性化发展计划。

三、实践成效

刀茅巷小学德育评价体系的探索与实践,促进了学生个体核心素养的全面发展,评价体系模式的运行帮助学校淘汰了无用、无效的德育活动,以评促管、以评促建学校的课程体系与德育活动建设不断完善,德育评价体系建设不断前进。例如,近年来,在全体师生共同努力下,学校先后荣获多项省市级奖项,建立了"三里源环保志愿服务队",多次应邀参与环保工作经验交流,多名教师、学生在活动实践中获得发展,被评为"2018年度绿色公益先锋人物""五水共治先进个人""年度环保公益市民先锋"等。学校多个社团获得精品社团称号,多门课程获评市、区精品课程,如《亲近盘纸》《口琴博物馆·小小代言人》获评杭州市精品课程;《创意手工》《品之行》《小象荟读》等获评下城区精品课程,多元的课程让学生得到全方位、立体的评价。

每个学生在这样的评价中增长智慧,幸福成长。例如:

如火五月,2021年联校运动会奏响青春乐章。此次运动会积极响应国家号召,以"迎亚运 护双眸 强体魄 做最强少年"为主题,向中国共产党建党100周年致敬。刀茅小学的运动员铆足了劲,笔挺的身姿,饱满的精神,自信的表情,尽情展现着蓬勃生机,奋力拼搏在各个赛场上,挥洒青春的汗水。紧张激烈的赛事结束后,各个运动员开始收获自己的成果。在颁奖时,刀茅每个报名并参加的运动员都可以获得"A星球"角色卡——运动员,代表着自己在健康生活方面的进取,获得名次的同学还可以根据自己取得的成绩得到了不同等级的"A星球"通用币,回到学校后可以用来换取心仪的小奖品。

休业式上,在A星球吉祥物乐乐(lèlè)和乐乐(yuèyuè)的陪伴下,大队辅导员周老师公布了A星球的10种基础角色卡。2021年恰逢建党100周年,花儿向阳开,童心永向党。以童谣抒情,以文字润心,一首首朗朗上口的童谣,表达了同学们爱党爱国的思想情感,让"红色"种子生根、发芽,让红色基因、革命薪火代代传承。二至六年级的少先队员落笔写下一篇篇表达爱党爱国的童谣,经过学校多位教师的评比筛选,各中队涌现出一批优秀的队员,并获得了"A星球"角色卡——作家,彰显着学生在人文底蕴、学会学习方面的能力发展。队员可以通过参与其他不同的德育活动收集不同的角色卡,角色卡收集到一定数量,将兑换成代表智慧才干、健康生活、实践创新等不同样式的乐乐(lèlè)和乐乐(yuèyuè)。今年是建党100周年,学校还特别制作了"童心向党"限量款乐乐(lèlè)和乐乐(yuèyuè),小小少年捧着一颗红心,红心中是镰刀锄头,代表队员永远心怀祖国,心怀中国共产党。

希望在刀茅的6年小学时光中,队员可以发展不同的兴趣爱好,积极参加学校活动实践锻炼,成为德智体美劳全面发展的新时代好少年。

未来之路,任重道远,评价实践还有很多问题需要继续探索。评价是一个复杂的系统性工程,在具体的操作过程中,既要能够统筹兼顾地考虑要素结构和流程步骤,又要能够重点突出地对于关键问题进行特别关注。在评价过程中,始终要立足于评价追求学生全面发展、教师专业发展、学校特色发展的目标,在目标的驱动下选择、开发、调整合适的评价工具,促进学校教育的不断发展。

(本文获2021年杭州市原下城区学校教育评价改革创新举措征文比赛一等奖)

"4＋1 互交评价体系"优化幼儿项目活动的实践研究

杭州市仙林实验幼儿园　高　虹　胡一宁(执笔)

摘　要:在《3—6 岁儿童学习与发展指南》背景下,为尊重儿童的发展需求,突出课程整合、全面发展和个性成长的要求,以幼儿个体实际现状为起点,项目制活动逐步成为课程发展中一个重要部分,因此对幼儿学习与发展的评价应随项目制活动的逐步展开来进行。该文认为在幼儿项目制活动中,生态式评价对幼儿的学习与发展具有重要意义。幼儿园"4＋1 互交评价体系"使老师更全面了解每个幼儿的发展状况,进而在促使项目制活动的实施中,各个要素不断优化、组合与协调,实现课程项目制活动真正有效地促进幼儿发展,让课程落实更有效。

关键词:项目制活动;幼儿;4＋1 互交评价体系;生态式评价

一、问题的提出

幼儿园的项目制活动,实际上是主题背景下的一种教学活动,是目前幼儿园课程改革背景下比较受幼儿和教师喜欢的一种课程模式。它改变了以往幼儿园课程的单一的学科知识,以学问内容知识的掌握为目标,每一个活动都随着幼儿学习的兴趣点和热衷度来不断地调整活动的目标和内容,所以项目制活动中有关幼儿的评价需要有纵横相交、相互联系,完整和全面的评价思路。通过在项目活动中生态式评价,我们认为可以更进一步激发幼儿思考,提升他们的自主学习能力,促进幼儿自我发展的作用。

二、生态式评价的 3 维度

幼儿园的项目制活动是一种很自然的生态式发展,幼儿在活动中会与同伴、环境、突发事件等发生多重互动。因此,教师、幼儿和环境这 3 个微观角色之间是相互作用、相互联系的。它们之间横向多维度的相互交织型环境为幼儿的学习与发展提供了机会。为此,我们提出了横向多维度评价方式。这种评价方式除了师幼的评价外,还有幼儿同伴之间、家长与幼儿之间的评价,这种多元化评价可让幼儿从多角度了解自己及认识他人。通过横向多维度评价,既可以让教师了解项目制活动开展的效果,也能使幼儿关注自己、关注他人,家长则通过这样的评价加深对幼儿以及幼儿园课程和园所文化的理解,并借他们的资源更进一步地丰富、拓展幼儿园的项目制活动。

(一)基于教师层面

项目制活动过程中生态式的评价是一种教师与幼儿之间的"导 & 学"的交织。教师在项目制活动的设计与开展中,需意识到项目制活动不是散点式的内容,而是用基于幼儿在项目制活动中预设的目标为轴线形成的套环式活动。

如"武林灯光秀"项目制活动中,教师提供的场景和形式幼儿是否喜欢,幼儿喜欢从事什么形式的活动,对教师预设的活动是否充满热情;在参与的过程中,幼儿是主动、独立地选择设计,还是仅限于随从或者模仿……根据这些观察和分析,教师可以评价幼儿对师幼共同构建的这个项目活动中的灯光秀内容和形式是否有较丰富的生活经验储备以及动手实践能力,老师能够以这样的多角度、多维评价确定下一步活动的内容和形式。

(二)基于幼儿层面

对幼儿而言,通过生态式的评价可以引导他们发现自我的价值,进行有效的自我肯定与评价,继而建构积极的自我学习,对幼儿今后的学习与发展都非常重要。而在项目制活动中,所有的教学目标未必一定是在一次活动或者某一个集体活动达成的,有时是在反复的生活活动、探究游戏中浸润式地逐步达成的。因此在项目制教学中,生态式的评价应该关注不同幼儿以不同的形式、不同的基调学习与提升。

如在《断桥毅行记》这一项目活动中,通过幼儿的创作日记,老师可以了解到幼儿是否关心自己的作品;通过成品呈现展示,激发幼儿开展相互评价获得学习和提升,学会思考和反思;通过照片记录幼儿的活动进程,了解他们对小组活动形式是否喜欢。这些方面都可以使我们对幼儿的活动参与做出评价,尤其是我们把孩子的整个活动制作成项目绘本书,里面涵盖了全体孩子一些个性的绘画小品;不同时间、不同阶段、不同孩子口述体验日记、不同孩子的照片印记等都可以成为幼儿自我评价或是互动评价的平台,如图1、图2所示。

图 1　幼儿设计书　　　　　　　　　　图 2　小组式合作交流

(三)基于家长层面

在项目制活动过程中学习和发展,并能与孩子进行互动性可视化的交流式评价。每一期的项目制活动,我们都会形成一本图文并茂的电子绘本书,将幼儿学习与发展的概况进行直观、生态式的呈现,不仅让幼儿可视化,也让家长能直观地感受;并在这个过程中,积极地引导家长与幼儿互动式地参与评价,通过第三只眼引导幼儿学习正确归因、增强自我效能感、促进幼儿在后续活动中积极主动地学习。

三、生态式评价"4+1互交评价体系"

在项目制活动生态式评价过程中,更多地是激发起幼儿与家长、同伴、环境之间的互动交流,并采用生态式评价促进教师在项目制活动中教,促进幼儿在活动中自主探究。例如,以"4+1互交评价体系"生态式评价追踪幼儿在项目制活动的学习过程中最感兴趣的内容是什么,最不喜欢的形式和内容有哪些,从而以此为据调整活动方向和内容,用这样的评价来促进教与学的统合,促进幼儿的完整发展。

通过在真实的项目制活动情境中,对幼儿的学习与发展进行"4+1互交评价体系"的生态式评价,从教师根据《指南》预设的项目制活动目标中梳理并选取与核心经验相适宜的评价方法,通过反复实践,我们设计了如下"4+1互交评价体系"的生态式评价方法。

关注到每一个孩子在学习进程中的生态式评价,可以让我们更全面地了解每个幼儿的发展状况，进而在促使项目制活动的实施中，教师的支持不断优化、组合与协调，实现课程项目制活动真正有效地促进幼儿纵向以及横向发展，让课程落实更有效。

(一)基于幼儿——课程行进中4类"生态链式"评价

在项目课程开展过程中，我们一直关注活动中的幼儿学习是如何延展的。以下4类生态式评价方法应该是相互交融、互联式组合使用的。

1."记录式"调查性评价

我们在项目制活动中，可以根据项目开始的不同阶段和内容特点设计不同的表格，用文字和数据进行综合评价，可以较为客观地掌握幼儿在项目制活动中学习水平发展的进程，以便于教师结合项目制活动原有的预设目标，进而调整项目制活动设计出新的活动内容。

2."九宫式"跟踪性评价

"九宫式"跟踪性评价是指在教师以九宫格的形式，在活动中，结合某一幼儿的具体表现，连贯性、有重点地通过简单文字或图画、照片、幼儿作品等方式，对其在自主活动中的行为和学习内容进行记录和反思。通过九宫式的连续性、可视化的图示，可以客观反映幼儿一段时间内学习和发展的情况。

3."绘本式"档案性评价

我们把幼儿在项目制活动中形成的各种作品、幼儿的体验感受记录、幼儿的立体作品，有效地整合起来，并以故事书的形式制作成项目书绘本，并展示在教室的最显眼处，允许幼儿对教师收集的资料进行图文并茂的评价，既可以是幼儿临时短暂记录，也可以是教师辅助的文字记录，以这样的形式对幼儿自然生发形成可视化的评价，以促进幼儿自我评价。

4."成长魔盒"多元化评价

我们为每一个孩子提供一个"成长魔盒"，运用现代化多媒体的一些平台，帮助孩子收集他们在项目活动中的各种数据，如定期直播空间、微信推送、美拍，同时形成二维码，张贴在幼儿所获的成长币上，引导孩子回顾整个项目制活动的开展过程，看到自己和同伴在活动中的成长瞬间，并通过多时空、多通道、师幼、家园、同伴之间进行一些互赞式、分享式评价，以不同颜色替代不同发展领域的成长币的形式投入"魔盒"，以此来助推幼儿的主动学习和自我规划成长，同时用这样的可视化评价方式了解孩子的成长学习轨迹。

(二)基于教师——"1＋1"助推驱动式评价模式

首先，让教师明确评价是教学活动的重要组成部分，是促进幼儿学习与发展的重要工具，它需要贯穿于教学的整个过程。其次，评价的目的不再停留在关注幼儿的学习结果上，以证明幼儿知识的"对幼儿学习的评价"，更关注对学习过程的评价，关注如何利用评价信息促进幼儿学习。通过两个"1"让教师在实践中感悟到评价与学习观、课程观的转变密切相关，帮助教师将幼儿看作一个主动建构的个体，注重幼儿在教学评价中的主观能动性。

1.一份"多维度"观察表

在教师层面，通过行动研究范式探寻"2合1五色观察表"。设计一些观察表单，帮助教师在活动中记录一些协助教师客观评价幼儿并做出教育决策行为的内容，找出能够让观察变得更加聚焦的方法，减少观察带来的信息量。

2.一场"复盘式"沙龙会

教师评价专业知识的学习,主要是为了习得有助于教师在评价领域成长的专业知识与技能,它包括评价的理论性知识和评价的实践性知识。我们通过"聚高光""炼关键"等模式,让教师对项目课程中判断幼儿的学习和发展情况、了解他们的学习效果、促进幼儿的有效学习而开展的学习信息收集、分析、解释、交流和应用的活动,保证评价的有效性。

"聚高光":择最有共鸣的学案,寻找教师最有效的助推和支持。(带着评价的眼光看儿童的学与教师的教)课程反思中的感性部分:把我们在实施过程中的欣喜、兴奋、感动、享受都表达出来。

"炼关键":提出新的看法和思考,课程反思中的理性部分:用一句理性的句子表达我们的研究指向。

四、结语

评价对于提高教育质量,促进幼儿学习与发展的作用越来越受到教师的关注,并不断呈现出内驱式学习成长。回顾评价的发展历程,我们感受到越来越多的证据,支持教学评价在扮演促进幼儿学习中的重要角色。

总之,仙林实验幼儿园通过五色观察量表、绘本课程书、课程分享会、课程名片、成长魔盒等具体形式,关注每一个孩子在学习课程中的各种样态。"4＋1互交评价体系"不仅记录了幼儿的学习过程,还可以将评价所获得的信息作为幼儿相关教育决定和计划的基础,使我们更全面了解每个幼儿的发展状况,进而促使项目制活动教师支持的不断优化、组合与协调,实现课项目制活动真正有效地促进幼儿纵向以及横向发展,让课程落实得更有效。

(本文获 2021 年杭州市原下城区学校教育评价改革创新举措征文比赛一等奖)

多样课程评价　助推幼儿成长

——幼儿园区域课程评价方案总结

杭州市三塘实验幼托园　高晓微　张飞菲

摘　要:在课程改革大背景下,该文对所在区域内幼儿园的教育评价改革趋势进行了深入调查、分析、总结。各幼儿园尝试建构完整的课程评价体系、评价指标与解读体系等,确保评价的有效实施;结合课题研究调查整体评价现状,通过研制相关量表等确保评价的科学有效;通过关注评价过程中的真实情境、多维视角、多样形式,确保评价的客观真实。同时还提出逐步完善教育评价体系与提高课程评价方案的可操作性的整改愿景。

关键词:课程评价;评价体系;评价改革;多元评价

2020 年 10 月,中共中央、国务院印发的《深化新时代教育评价改革总体方案》,首次系统提出教师评价的新理念、新思路和新方案,为教育改革"卡脖子"的问题提出了方案。在这样的课改大背景下,拱墅区各幼儿园不断推进园本课程的建设,围绕幼儿园课程评价的价值取向、模式与内容、方法与途径等方面展开了园本课程评价的研究,出台了具有本园课改特征的个性化的园本课程评价方案,凸显出评价的多元意义。

一、教育评价改革的趋势

2017年浙江省教育厅颁布《关于全面推进幼儿园课程改革的指导意见》。拱墅区各幼儿园积极响应，推进园本课程改革的建设，逐步形成教育评价改革的趋势。幼儿园课程评价能够满足教师、课程专业人员、幼儿园行政管理人员以及其他负责课程编制人员的需要，可以满足幼儿园行政管理人员以及社会其他成员获得教育方面信息的需要，以便管理课程。因此，我们的教育评价改革以全面质量管理理念为导向，努力形成闭环管理体系，尝试建立健全评价体系，从而促进儿童的全面发展。

(一)尝试系统架构，确保评价有效实施

拱墅区部分幼儿园有了系统建构幼儿园课程评价体系的意识，并呈现出课程评价体系化的雏形。系统化的评价架构，有利于评价实施的有效落地。

1.建构较为完整的课程评价体系

有的幼儿园基于全面质量管理的思考，开始尝试建构较为完整的幼儿园课程评价体系。如三塘实验幼托园同心圆课程的评价体系，包含对幼儿发展的评价和课程体系的评价两个部分，以及这两个部分的系统评价实施过程，具体如图1所示。

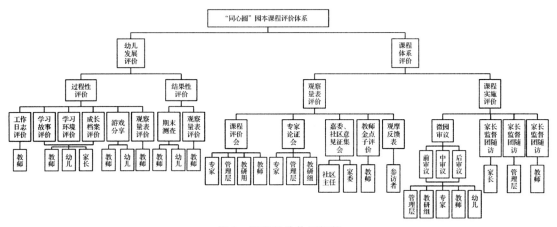

图 1　课程评价体系框架

2.架构系统的评价内容指标体系

有的幼儿园对评价内容的体系架构比较完整，如东园婴幼园依据COR的8个领域33个项目指标264个案例说明，建立适宜园本情况的完整的幼儿发展评价指标体系，具体如图2所示。

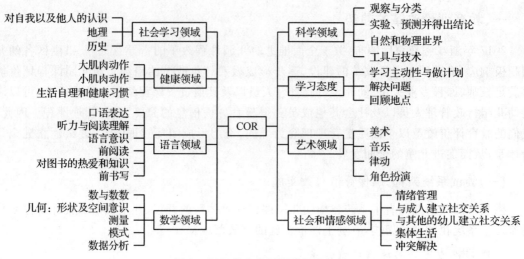

图2 COR幼儿发展评价指标体系

3.构建系统的评价指标运用和解读体系

有幼儿园为了让教师在不断调整和尝试的过程中,学会分析和运用幼儿发展评价的方法,体现幼儿发展评价信息采集的多样性和结论的客观性,提升教师观察、评价幼儿的能力,对观察评价的实践运用进行了系统化的梳理,包括运用方法、运用途径和运用成效检验,如图3所示。

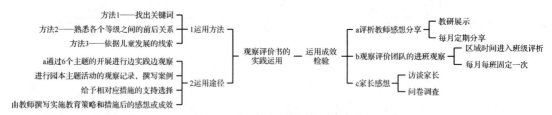

图3 评价指标运用和解读体系

4.构建闭环评价管理体系

评价的实施是我们形成闭环管理机制的重要一环,评价是我们管理发挥螺旋式上升作用的承上启下的重要一环。

如三塘幼闭环课程管理图,如图4所示,对课程实施情况进行过程性动态监管。从这个环形图可以看出,课程评价包括对课程目标的确立、课程的构建和实施的评价,在反思调整阶段,通过对评价的诊断和问题的分析,提出持续改进的调整计划。

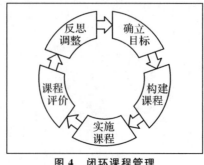

图4 闭环课程管理

如星辰幼根据本园实际情况,以集团—年级组—班级不同的层级组织教师分层建构"点·圆"。闭环课程评价体系,包括集团整体评价、年级组专项评价和班级一日活动评价,具体如图5所示。

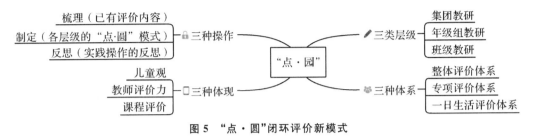

图5　"点·圆"闭环评价新模式

5.建构专项评价体系

从各幼儿园上交的课程改革评价方案中可以看出,全区将可视化评价作为主要的评价模式进行建构。有的尝试开展了可视化评价体系的系统架构,以"教师定格化评价＋幼儿个别化评价＋家长亲子化评价＋观察可视化的形式开展记录,在游戏活动中评价解读幼儿,形成立体多维的评价思维导图,如图6所示。

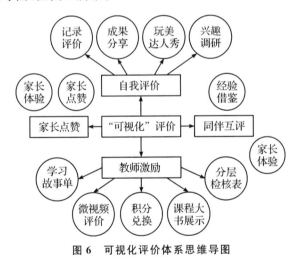

图6　可视化评价体系思维导图

(二)结合课题研究,确保评价科学有效

区域内许多幼儿园结合课题开展研究,围绕园本课程评价现状进行问题剖析、策略解决、实践验证等,解决课程评价中的问题。

1.开展广泛调研

各幼儿园结合课题研究对评价现状进行调查、分析,实施有针对性的策略研究。如,大成幼在调研中发现评价现状的诸多问题:重主观导向评价、轻科学体系评价;重单一片面评价、轻多元主体评价;重知识技能评价、轻过程体验评价。针对问题构建基于"四、三、二"的可视化评价体系。

2.研制评价量表

为了使课程评价可观察、可测量、可操作,进一步提升教师评价能力,有的幼儿园结合课题开展了量表的研制,编制初始量表,如表1所示。

表 1 评价指标量表

层面	类别	内容指标
课程过程	课程整体	1.1 绘本王黔特色课程总体规划
		1.2 建立绘本王黔特色课程开发团体
		1.3 相关文献、资料的收集、整理与保存
		1.4 绘本综合因素的分析与考虑
	课程目标	2.1 绘本王黔课程目标的合理性
		2.2 绘本王黔课程目标的达成度
	课程内容	3.1 绘本王黔课程内容选择与目标的关联性
		3.2 绘本王黔课程内容安排的价值性
		3.3 绘本王黔课程内容之间的衔接性
	课程实施	4.1 绘本王黔课程实施的合理性
		4.2 教师与幼儿在绘本主题课程实施中的适应情况
		4.3 绘本王黔课程实施策略、保障机制的有效性
	课程评价	5.1 绘本王黔课程评价的全面性
		5.2 绘本王黔课程评价主体的多元性
		5.3 绘本王黔课程改进措施
课程结果	幼儿	6.1 幼儿参与绘本主题课程的兴趣
		6.2 幼儿对课程结果的态度
		6.3 幼儿在绘本主题课程中的表现(全面发展)
	教师	7.1 教师参与绘本主题课程的主动性
		7.2 教师对绘本主题课程的理解程度
		7.3 教师对绘本主题课程相关材料的收集、分析与使用
		7.4 教师对绘本型主题课程下活动的组织与实施情况
	园长	8.1 对绘本主题课程的整体规划
		8.2 提供绘本主题课程的各项保障
		8.3 支持与提高培养教师相关科研水平
	其他(家长、社区、专家)	9.1 对绘本主题课程的了解
		9.2 参与绘本主题课程的情况
		9.3 绘本资源的提供
		9.4 参与绘本主题课程建构、实施、评价

3. 借用评价工具

为了更快更有效地实施科学评价,有的幼儿园借鉴现成的评价工具,运用量化评价方法和质性评价方法的合理性原则,实施教育评价的改革。

　　如雷达图工具的借用。有的幼儿园借鉴新西兰学习故事"四D法"(描述、记录、讨论和决定),运用视频白描式记录、雷达图呈现的方式,对儿童的学习进行整体而全面的评价,如图7所示。

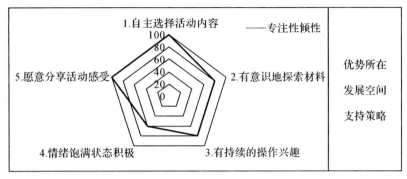

图7　雷达图工具

　　如马赛克故事的运用。马赛克故事借助马赛克方法,以教师、家长、幼儿为主体,借助绘画、文字、图片等不同形式记录幼儿在生活、游戏、学习等活动中的故事。马赛克档案袋,积累每一个幼儿每一刻个性化素材,实现教育个性化发展,引导教师真实客观地了解每一个孩子的特点,如图8所示。

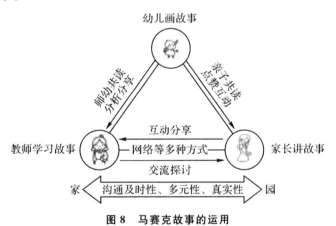

图8　马赛克故事的运用

4.运用理论依据

　　理论依据可以对幼儿园的实践工作起到针对性的引领作用,能够使课程评价改革更具科学性、实操性、系统性。

　　如多元智能理论被广泛运用。多元智能理论是由美国心理发展学家霍华德·加德纳(Howard Gardner)在1983年提出的。他认为智能是人在特定情景中解决问题并有所创造的能力,并提出语言、逻辑、视觉、身体、节奏、交流、自知、自然认知8种主要智能,并基于上述智能,提出"智能本位评价"的理念,扩展了学生学习评估的基础。幼儿园以"多元智能理论"为评价理论指导,尊重幼儿个性发展潜能。

　　如SWOT分析法得到有效验证。SWOT分析法,即态势分析,在幼儿园课程评价改革中受到青睐。有的幼儿园通过系统分析研究对象密切相关的各种主要内部优势、劣势和外部的机会和威胁等,为正确地决策评价方案提供依据。如图9所示,借力SWOT分析法,结合不同情境下幼儿学习故事内容,通过多主体故事解析、识别策略,树立完整儿童观。

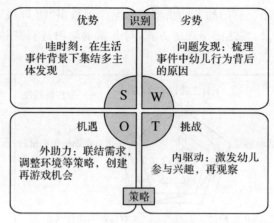

图9 SWOT分析法的运用

如"学习金字塔"理论的运用。"学习金字塔"最早由美国学者爱德加·戴尔1946年首先发现并提出的。该理论指出儿童学习方法不同,学习效果就大不一样。通过学习该理论,教师重塑儿童观、改变师幼互动模式、改变儿童的学习方式,支持幼儿以小组讨论、实际操作、直接感知等方式进行学习,如图10所示。

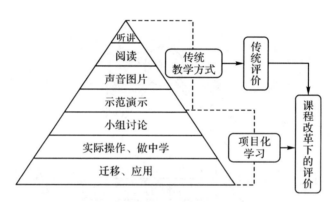

图10 学习"金字塔"理论对课程改革评价的启示

(三)关注评价过程,确保评价客观真实

传统的评价重结果轻过程,如期末测查,侧重于认知和技能评价;评价视角、形式和主体单一;评价情境经常脱离真实生活情境;评价结论多为判决式、总结式的等级评定。基于传统教育评价中的问题和弊端,下城区在课程评价执行的过程中进行了实践改革,关注评价过程,确保评价客观公正。

1.关注评价过程中的真实情景

当前,区域内幼儿园普遍认为,在情境化和真实化的评价环境中,能够自然而然地激起儿童本来的行为表现。我们对区域内23家公办幼儿园的评价情境进行统计,如表2所示。

表 2　评价场景统计表

评价场景		幼儿园数(家)	比例(%)
游戏	自主性游戏	10	43.5
	其他游戏	3	13.0
学习	项目活动	7	30.5
	主题活动	3	13.0
总数		23	100

由此可见,近 44% 的幼儿园在自主性游戏情境中观察、评价,30% 在项目活动中对儿童进行观察评价,其他游戏评价情境和主题活动评价情境各占 13%。课程评价聚焦于儿童在真实情境中的活动,尝试在各种自然化、游戏化的情境互动中去读懂幼儿,解读幼儿的行为,真实、客观地观察和评价。

如某幼儿园本着一日生活皆课程的原则,课程评价关注幼儿的生活,观察盥洗、餐点、学习活动等具体活动之中幼儿的行为表现,以此将教育评价重点引向过程性评价,关注幼儿的全面发展,如图 11 所示。

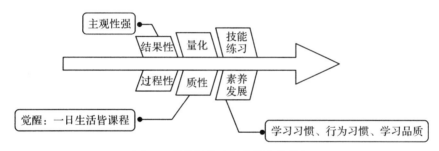

图 11　幼儿园教育评价视角的转变

可见,下城区的教育评价视角已逐渐转向幼儿的素养发展,关注真实生活情境中幼儿的生活、学习、游戏的发展。

2.关注评价过程中的多维视角

美国学前教育学者丽莲·凯茨提出教育评价多个视角的理论,这个理论有利于评价的客观真实。下城区通过多元主体参与评价,达到由上至下、由下至上、由外至内等多个视角进行评价,使评价的维度更多更广,评价覆盖面更多,评价内容更立体,有助于提高评价的信度。

如"多格画本"三主体评价。围绕自主游戏分享环节中运用"多格画本",即采用"小组式""集体式""互助式""个体式"的分享形式,以及通过"师—幼评价""幼—幼评价""家长—幼评价"三主体评价,如图 12 所示。

多主体参与评价实现评价视角多维立体的成效,确保评价更加真实客观,具体如下。

(1)由上至下的视角评价。该视角一般是管理层和上级领导作为评价者,主要体现评价的指导、监督、支持和激励等功能。在日常督评、专项督评时,通过发现问题、整改问题,净化内部评价体系,指导教师更专业地实施教育评价。

(2)由下至上的视角评价。该视角是幼儿、家长或教师对某一课程内容的评价。由下至上的视角评价,能进一步改进、协调和打造良好的文化氛围,及时纠正课程实施中的问题。

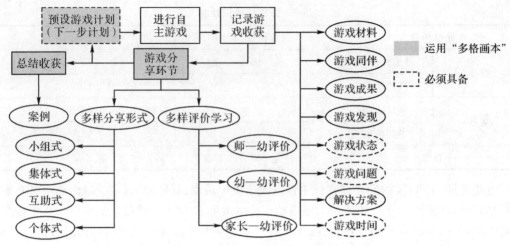

图 12 "多格画本"的实际操作路线

（3）由外而内的视角评价。该视角的评价包括社区、专家、媒体以及参访者的反馈等。对于外部的评价，会让幼儿园更清醒、更客观地发现问题。

3.关注评价过程中的多样形式

下城区大部分幼儿园的园本课程评价方案都采用多样化的评价形式，旨在通过评价提高幼儿参与活动的兴趣，促进幼儿整体的发展，大致梳理如下。

（1）工作日志评价：教师观察幼儿行为，撰写工作日志，从而了解活动预设和实施的适宜性和有效性，为调整和优化下一阶段活动提供依据。

（2）学习故事评价：教师运用多媒体拍摄＋白描记录＋效果分析，实现教育评价可视化。通过撰写学习故事进行过程性记录和分析，把学习故事以讲述的方式反馈给幼儿，对幼儿的学习行为给予正向强化。

（3）成长档案评价：由教师、幼儿和家长协同记录孩子成长过程中的学习故事、作品、发展表现等，使幼儿获得成长的快乐体验感和成就感。

（4）观察量表评价：科学制定相关观察量表实施评价，通过量表评价能更科学、更真实地看到幼儿在活动中所具备的学习能力与表现。

二、教育评价改革的问题与建议

在实现儿童全面发展的过程中，我区各幼儿园不断努力尝试，通过课程的深入实施，将评价嵌入课程，寻找适宜的评价内容，让适宜儿童的评价方式真正落地，但仍有许多方面需要进一步探究。

（一）逐步完善教育评价体系，确保幼儿园优质发展

我们一直倡导"以人为本、立德育人，立足过程、促进发展"的教育评价理念。然而，区域课程评价方案尚存在差异：部分幼儿园评价方案的面过于狭窄；有的缺少具体的实施过程；部分幼儿园的评价方案类似于评价工作小结，与园本课程的契合度还不够……

因此，下城区各幼儿园的评价体系还需进一步完善，建立更加系统科学的评价机制，全面提高幼儿园教学质量，确保幼儿园优质发展。

(二)提高课程评价方案的可操作性,确保评价落地实施

从评价方案的操作性上来看,目前我们所运用的评价工具更多聚焦在描述性为主的质性评价上,需进一步提高评价工具量化的数据分析,将量性评价与质性评价相结合,确保评价更加全面客观,有效落地实施,具体需关注以下三方面的问题。

一是评价方案的落地性。方案中的各个要素、部分是否依据科学的原理、原则,是否以先进的课程理论为指导。二是课程评价结构的合理性。各要素之间是否具有较高的内部一致性,是否符合现代的科学理念。三是评价工具的可操作性。各幼儿园参考与运用的评价工具是否符合本园的现状,能否被本园教师接受并有效使用。

结语

"教育评价事关教育发展方向,有什么样的评价指挥棒,就有什么样的办学导向。"课程评价改革可以使我们进一步优化教育质量。我们需再接再厉,继续建构完整的课程评价体系,进一步提高评价的实效性,真正达到"以评促教、优质发展"的目的。

参考文献

[1] 王春燕,王秀萍,秦元东.幼儿园课程论[M].北京:新时代出版社,2009:88-89.

[2] 钟志贤.多元智能理论与教育技术[J].电化教育研究,2004(3):7-11.

[3] 虞永平,彭俊英.对我国幼儿园课程评价现状的分析和建议[J].人民教育,2003(11):24-25.

[4] 虞永平,钱雨.幼儿园课程评价[M].2版.南京:江苏凤凰教育出版社,2009:23-40.

[5] 史晓波,桂诗章.多元评价视角下的幼儿园课程评价[J].江西教育科研,2007(6):82-83.

（本文获 2021 年杭州市原下城区学校教育评价改革创新举措征文比赛一等奖）

第二节 小学非纸笔评价区域实践研究

一 区域推进小学低段非纸笔测评的探索与实践

杭州市朝晖实验小学 蔡 静 杭州市长寿桥小学 楼 磊

近年来,课程改革作为教育改革的核心领域,越来越成为各国实施人才竞争战略的主战场。2014 年,我国以全面深化课程改革作为新时代落实立德树人根本任务的标志性工程,组织研究中国学生发展核心素养框架体系,把培育学生核心素养作为基础教育课程改革新的目标追求。课程改革已然进入素养本位时代。以核心素养为评价主旨也是时代赋予学校评价使命的必然要求。近年来,浙江省致力于整体推进区域性、校本化的"非纸笔"测评的研究,力图破解难题,将非纸笔测评的研究工作向纵深化、常态化、系列化推进。下城区在摸索中,顺应课改方向,逐步确立了"核心素养＋项目式学评"的评价思路,将核心素养与课程标准统筹考量,以形成评价量规,评价学生在项目式活动中的表现,建构核心素养评价体系。

这一体系需要做到 4 个方面:一是确立以核心素养为主旨的评价目标,核心素养在活动中被进一步表征为评价量规,以检测学生素养的培育情况;二是确定学科评价内容,对核心素养与学科标准进行统筹考量,以确定学科评价内容;三是确立评价组织载体,通过开发项目式活动对学科评价内容进行科学组织,以确定评价过程;四是开发评价工具,借助信息技术开发评价工具,以确保评价的有效性与反馈性。

一、项目化:基于学科整合,合理设置项目

所谓"项目式学评",是指利用项目式学习的方式来开展非纸笔测评,即围绕学校育人主题,根据课程标准,创设真实的情景任务,融合各门学科内容,制定等级化、描述性的评分标准,让学生参与完整的项目活动,从而观察并量化学生个体和团队在解决真实任务的过程中所展示出的各项能力,以此来全方位评价学生,并给予个性化的指导和帮助,让学生对知识的感知与体验更加深刻、更加全面。

项目式学评是纸笔测评的重要补充,可以通过评价活动培养学生适应终身发展和社会发展需要的正确价值观、必备品格和关键能力。在项目式学评的实施中,学科整合的思想渗透在活动全程,通过学评活动打通学科自身纵向的知识体系,打通学科间横向的结构联系,同时特别要关注将关键概念放在不同的学科情境下,帮助学生在历史情境、现实情境、艺术情境、工程情境中促进学生在自身体验中实现综合素质的发展。

例如,杭州市长寿桥小学开展了"喜看杭城新变化,我为祖国点赞"非纸笔测评活动。每

个年级围绕着不同主题开展：一年级的主题为"红红火火中国年"；二年级的主题为"我骄傲我是杭州人"；三年级的主题为"博物馆奇妙之旅"。学校团队反复研磨课程标准，将一学期要求掌握的重点知识、能力、习惯要求分散在不同的项目中，在活动式的测评中观察评估学生学业水平。不仅培养学生在语、数、英、科、体、美、音、劳等校园显性课程中的综合运用能力与实践能力，更提升学生的综合素养，让学生玩在其中，乐在其中，学在其中。

又例如，长江实验小学所开展的"长江嘉年华"项目式学评活动，结合校本特色、教材内容、学生身心特点，共设 5 大模块、11 项活动。每项活动既可以是单个学科内容，也可以是跨学科应用。学评活动依托情境设计，以游戏的形式有序开展。学生在丰富的挑战与游戏中不断学习、获得评价。在轻松愉悦的氛围中，学生的学习情况也得以了解，具体如表 1 所示。

表 1 "长江嘉年华"评价活动

活动板块	活动内容	活动名称
文采屋（语文）	朗诵	小小朗读者
	看图说话，创意涂鸦（语文，美术）	创意故事王
	字词	识字小明星
思维空间站（数学）	口算	速算小飞人
	实践操作	游戏小达人
	解决问题	生活小能人
Open club（英语）	单词会说话（英语，美术）	Words
	英语歌谣串串烧（英语，音乐）	Singer
	情景小剧	Actor
stem 实验室	stem 小实验	小小科学家
体育运动场	跳绳、跑步、广播操等	体育小健将

二、综合化：基于育人价值，实现五育融合

学科作为相对独立的知识体系，是近代学术发展的产物，体现着现代文明的高度。人离不开学科的知识，学科也离不开人，学科的本质与核心价值就在以人为本的理念和行动中，就在与人发生的关系中，就在对话的建构中。学科的本质与核心价值是育人，学科教育的焦点是"核心素养"，是学科本质的应有之义，是从学科的文化土壤里萌发、生长起来的。反映在教学中，它要求教师在传授本学科知识、培养本学科能力的同时，必须强化学科"育人"的功能，它是学科核心素养最重要的源泉和基础。为此，项目式学评设计必须是双线并行的。一方面设计是基于课程标准和核心素养的基本取向，另一方面又指向以德为先、五育全面发展。因此，"项目式学评"的非纸笔测评打破以往学科游园形式，以综合任务挑战为载体，渗透理想教育、劳动教育、合作交往、审美教育等理念，综合评价学生的素养和能力。

例如，杭州市安吉路实验学校借助 Do 都城的优质场地资源，开展了"紫藤娃娃的中国梦"非纸笔测评活动，在创设各种逼真的社会情境模拟中，拓展延伸学生综合运用能力，解决实际问题的应变能力。如模拟时装设计师，首先要量体裁衣，通过测量身高、体重，用合适的长度

单位表示出自己和其他组员的身高、体重,接着为自己或小伙伴设计一套合适的具有中国风的新年服饰的实践过程,课本知识与生活相结合,恰如其分地体现了"数学来源于生活又应用于生活"的理念。再如神奇消防员,学生以攀爬、跳跃、快速跑等动作方式,迅速稳定地通过人为设置的障碍物,最终分工合作开展"救援活动",协调性训练与团队配合已然融入每一环节中。这不仅是对学生学科素养的测试,更是一场社会生活体验之旅,是一次真正意义上的学习和生活的"大考查"。

例如,"我是小侦探"的主题任务,是集倾听、阅读等语文综合能力,视听、歌唱等音乐素养,跑步、跳跃、攀爬等体能素质于一体,融理想教育、合作交往、应变能力等育人功能的综合测评。首先小组合作,通过小视频听取活动规则,阅读已给的非连续性文本,提取信息搜寻线索,找到藏毒地点或案件证人。接着,在寻找目标地点或任务的过程中,到音乐"乐海寻踪"点听歌,讨论出歌曲名字,以此作为与目标地点联络人或案件证人的接头暗号,小组合作演唱此歌曲方可寻踪成功。在寻找目标地点或任务的过程中,到体育"身手矫健007"点进行"绳梯过关",通过体能考核,以获得抓捕资格。通过在场馆内的合作体验活动,考查学生的合作能力。学生在语文、音乐和体育三科融合的测查中,感受警察工作需要"脑力+体力"的双重高要求,体会到人民警察工作的不易,从而生发敬佩之情。

本次测评设置的"寻找最美紫藤娃娃"隐藏环节,更是对安吉路师生个人素养的一次大考验。流动的垃圾、翻倒在路上的障碍物、"身体不适"的同学……在没有任何告知提示的情况下,这个保密环节会用镜头真实记录"最美紫藤娃娃"的美丽举动。这是一次跨学科综合能力的考查,更是安吉路人对"美好教育"育人追求的深刻诠释。

三、智能化:运用信息技术,实现高效测评

近年来,随着信息技术取得革命性突破和互联网数据呈几何级增长,教育大数据时代已经来临。信息技术为教育评价的变革带来了有力的支持,伴随云平台、网络学习空间、微视频资源的出现及发展,教学评价开始由以"教为导向"转向以"学为导向",更多地强调培养学生的应用、分析、综合能力,更加关注学生的创新能力与可持续发展能力。智能评价将寻求学生智慧发展作为根本目标,在技术支撑下教师与学生的身份都将有所转变,要求学生不再是被动地接受知识,而是主动地构建知识,同时要求教师由信息的传输者、运送者转变为学生主动构建知识的帮助者、促进者、引导者,最终将学生培养成智慧的人。

融入智能技术的非纸笔测评,弥补了传统纸笔测评只能测评学习结果的不足,真实记录并展现了学生的思考过程,利用采集、整理、加工的可观测数据,构建起学生的认知图谱,教师可以此为不同水平的学生提供个性化的教学指导方案。在小学低年级"非纸笔"测评中,下城区众多学校充分利用好信息技术,借助智能教学系统、教育类 App、社交类平台等信息化手段,利用即时反馈系统、语音自动识别等技术,完成由传统"非纸笔"测评向信息化"非纸笔"测评的转变,从而实现高效、自动、多元的"非纸笔"测评。

杭州市求知小学基于即时反馈系统,实现高效综合评价。通过电子载具(如 iPad、手机或遥控器),在课堂中全班同学可以即时反馈信息给教师。例如,在"奇妙数宝贝"测评项目中,学生借助智慧教室中的答题器选择作答后,教师可即时查阅全班和个人的答题情况。由于操作极其简便,低年级学生也可以直接使用。

同时,学校借助教育类 App,优化语音测评手段,实现集体测评。以二年级的"悦读大比拼"项目为例。测试前,教师在系统终端编制并发布测评题目。这些题目不是从题库中随机

选择的,而是教师以二年级教学目标为本,为本次测试特地定制的。测评场地为每个学生提供指定座位和一台平板电脑,实现集体答题。能力较强的学生可以直接朗读作答,能力较弱的学生可以借助朗读示范不断纠正自己的读音,多次朗读后取其最高分。测试结束后,这些得分会根据评价标准自动转化为等级符号:大拇指、笑脸、爱心等。整个测试过程快速且高效,学生参与的兴趣和热情都很高。学生的测试结果,不仅教师可以通过"教师终端"看到,家长也可以通过"家长终端"看到。

同时,学校还巧用社交软件,实现多元互动评估。以一年级"树叶变变变"测试项目为例。学校借用社交平台,采用团队完成"情境任务"的方式进行测评。测评创设了任务情境:神秘美丽的大海里生活着各种各样的小动物,请以团队合作的方式,用树叶贴画描述喜欢的海底世界,并利用 iPad 把作品上传到所在班级的社交网络群中。学生完成作品上传后,班级社交平台借助投票功能,发布针对本次测试项目的调查:你最喜欢的作品是什么?家长可以在了解作品后参与评价,他们的评价结果将成为决定此测试项目结果的依据之一。最后,教师结合家长的评价结果和学生完成任务过程中的合作表现,如设计和制作贴画能否一起商议、分工协作,使用和整理工具能否相互谦让、共同参与等,评定整个小组的等级。社交平台让家长也能参与测评,进一步完善了多元评价体系。

非纸笔测评用学生喜欢的方式评价他们的学习,让他们感受到学习的快乐。非纸笔测评引发了评价方式的变革,真正转变了教师的教育理念,撬动了课堂教学的变革,必将促进学生核心素养的落实。

二　小学非纸笔评价学校样本研究

指向素养的"教、学、评"一体化实践研究

——杭州市长寿桥小学非纸笔测评阶段性反馈

杭州市长寿桥小学　金　颖

【案例概述】

为进一步推进和深化"基于课程标准的教学与评价工作",学校实施评价变革,以评价变革来改变学生的学习方式,以此"撬动"学生的综合素养发展,同时带动教学观念的改变。长寿桥小学设计的"非纸笔测评",以素养为目标,依托课程实施,在情境中体验,在合作中提升,在生活中运用。通过融知识性和趣味性于一体的非纸化评价活动,学生依照规则、程序,通过真实性、多样性的情境性任务,教师、家长或者学生测评学生的学业水平。学生在轻松愉悦的表现性任务中接受检测,既减轻学生对考试的畏惧心理,更加快乐地体验、实践,同时有效地促进学生更加主动、积极和愉悦地学习。

【案例描述】

一、现状分析

(一)高阶思维能力的缺失

我国中小学普遍存在学业负担偏重甚至过重的问题，这不仅不利于培养国家栋梁，还对青少年的身心健康发展起到了严重的阻碍。学业负担过重源于评价标准偏重学业分数。同时，传统的纸笔测评存在一定的局限，它更注重甄选和选拔，偏重于检测学生的认知、记忆、计算等能力，难以审视学生的思维过程。

(二)培养学科核心素养

《关于深化教育体制机制改革的意见》明确提出："要注重培养支撑终身发展、适应时代要求的关键能力。在培养学生基础知识和基本技能的过程中，强化学生关键能力的培养。"并进一步指出，要培养四种关键能力即认知能力、合作能力、创新能力、职业能力。中国学生发展核心素养发布改变当前存在的"学科本位"和"知识本位"现象，既明确了学生的培养方向，也明确了学校的努力方向。

(三)促进全面而有个性的发展

《基础教育课程改革纲要(试行)》指出，要"建立促进学生全面发展的评价体系"。这和长寿桥小学的办学理念高度契合。我们学校的办学理念是让"每一个孩子充满阳光"，也就是让每一个学生都获得平衡与充分的发展。一方面，是指作为一个完整的人，学生应获得平衡与充分发展；另一方面，是指从学生整体而言，每一个学生都能够找到最适合自身发展的路径，获得平衡与充分的发展。

二、思考

基于以上3点，我们反思过去常用的学业测评，发现的确存在一些优势与局限。如何才能突破这一困境？

我们提出了基于核心素养，构建以校为本，促进学生学习与发展的评价，通过寻找考试评价改革的突破口，进一步优化我们的评价体系，使评价更加科学合理，更加全面丰满，让每一个长寿娃沐浴在综合评价的阳光下。

我们教师认真反复研读各学科《课程标准》，深入解读"各学科核心素养"的内涵与形成规律，立足学校实际，以中国学生核心素养的培养为目标，落实立德树人的根本任务，提出学校低段学生综合素质评价方案。

三、设想

评价的真正目的不在于区别学生之间掌握知识技能的差异，而在于通过评价，诊断检测学生的学习情况，同时更为重要的是，评价即学习，在评价活动中促进学生各学科能力的提升，达到以评促学、以评促教的目的。因此，长寿桥小学在制订低段非纸笔测评方案时，主要经历了以下5个步骤，如图1所示。

图 1　非纸笔测评五个步骤

(一)解读核心素养,设置测评项目

核心素养的精髓到底是什么?核心素养中的 3 个方面可以用"创新能力、身心健康、交流合作"来涵盖。而这 3 方面中,最核心的部分是创新能力! 目前纸笔测评较偏重于领会、理解、应用这三个低阶思维能力,而创新能力往往集中在解决真实性的综合问题中,这是纸笔测评无法胜任的。我们认为非纸笔测评是用来弥补纸笔测评的缺陷。我们围绕低段各学科课程标准和学习目标,梳理出每个学科不能通过纸笔测评清晰地进行检测的知识点和能力,进行整理汇总。

(二)把握课程标准,设置评价内容和标准

首先,我们严格按照课程标准实施教学,也就是说我们的评价始终有课程作为支撑。其次,严格按照课程标准中的"课程目标与内容""教学建议"和"教学评价"提出测评内容以及水平要求制定评价标准。最后,我们严格按照"评价建议"的评价理念撰写评语,设置了 3 个分项等级:A 低于标准、B 达到标准和 C 高于标准。在每个等级里面,考虑到学生间的差异,又从知识与技能、过程与方法、情感态度与价值观 3 个维度预设不同的评语。

(三)创设真实情境,丰富评价形式

测评活动形式的设计、规则的制定等力求符合童趣,同时体现评价的原则。我校围绕低段各学科课程标准和学习目标,选取各个学科知识理解、技能应用、能力表现和素养,进行超学科整合。例如,我校在活动主题和形式上动足了脑筋,结合党的十九大时政教育以及社会主义核心价值观思想教育,设计了"喜看杭州变化,我为祖国点赞"的专题,让学生感受到祖国这 5 年巨大的喜人变化。

(四)团队合作体验,实施评价活动

《意见》明确提出"要注重培养支撑终身发展、适应时代要求的关键能力"。培养学生与他人合作交往的能力,需要从低年级起就加以熏陶、引导和鼓励。在低段就要认真抓,熏陶、引导、鼓励。因此,我校在设计低段非纸笔测评的标准和内容时,紧紧围绕培养学生关键能力中的"与人合作能力",组织学生以假日小队的形式参加评价活动,设置了很多需要团队合作才能完成的任务。

(五)借助大数据,反馈评价结果

学校致力于打造智慧校园,充分运用先进的信息技术,对教育过程中的各种信息进行识别、记录、分析、处理、统计,为教师和学校提供快速反馈、决策支持、路径指引。基于大数据的评价结果能关注每一个学生个体的微观表现,它可以分析个体在评价活动中的表现,为学生和家长指明进一步努力的方向,为教师提供调整改进教学行为的依据,促进建立个性化评价体系。

四、实践

2018年1月,浙江省杭州市小学低年级"非纸笔"测评研讨活动在我校举行。杭州市教研室的朱秋蓉老师带领其团队,对我们进行了较为深入的指导,帮助我们梳理以"项目式学评"为载体的"非纸笔"评价体系。这一评价体系旨在核心素养的背景下,根据课程标准、学校特色、学生特点设计评价项目,制定"等级＋评语"的评分标准,创设真实的任务情境,通过观察、描述学生个体及团队在任务解决过程中的表现,来评定学生的学业水平,并结合测评结果给予个性化的指导和帮助。

(一)创设真实情景,指向核心素养

测评项目既要体现学科整合,全面考查学生的学科素养,又要把学生最核心的素养凸显出来,突破纸笔评价的局限,为后续学习奠定基础。例如,"喜看杭城新变化,我为祖国点赞"的非纸笔测评活动的第一项是"观看导览片",即通过全班9组学生同时观看3分钟的导览片,明确此次活动的流程和要求。测评的目标指向学生在公共空间的文明意识和礼仪行为。

学校根据各学科课程标准制定出一整套"项目式学评"评价标准,以"等级＋评语"方式来呈现。"等级标准"分为A(低于标准)、B(达到标准)、C(高于标准)三级,重在衡量"知识能力"维度的达成情况。评语则以质性描述的形式表达"情感态度与价值观""过程与方法"维度的达成情况,重在鼓励,促进发展。

如"喜看杭城新变化,我为祖国点赞"的非纸笔测评活动西湖厅中"我爱阅读"和"小讨论"的测评内容和评价标准,如表1所示。

(二)经历生活场景,凸显立德树人

"项目式学评"是结合学校的校园文化、特色活动、学期教育主题以及该学段学生的身心特点,通过创设较为真实的任务情境,考查学生在完成过程中所体现出来的综合性品质。非纸笔测评能否顺利开展,很关键的一点是要有载体推进。因此,我们整合多门学科,设置真实性情境,检查学生在真实性情境下的高阶思维,从而解决生活中面临的真实问题。

例如一、二年级"浓情端午"的非纸笔测评就是真正地走进生活,融入生活。考查学生在真实生活中运用知识的能力,让学生感受到原来课堂学到的知识在生活中是有用处的、有价值的,有效解决了学习动力问题。同时让学生逐渐成为社会人,感受到社会日新月异的变化。再如"奇妙博物馆之旅"以小队为单位出发前往浙江自然博物馆,孩子可以讨论商定选择任意交通工具(步行、公交车、地铁),寻找最佳的出行路线。

(三)关注团队合作,丰富评价形式

我校在设计非纸笔测评的标准和内容时,紧紧围绕培养社会责任中团队意识、规则意识等,请学生以假日小队的形式参加测评,设置了很多需要团队合作才能完成的任务。活动时,评价者需要观察学生在没有老师监督下真实自然的反应。同时,测评员的构成更加丰富多元,既有教师测评员,也邀请了家长担任测评员和观察员,还有社会各类人员对孩子的表现给予评价。

例如,在西湖厅,有一组学生在面临选择哪个风景照时,其中一个男孩带着最大的音量登场了:"这个好!"不一会组长和其他队员共同商议决定选了另外一张,评价老师正想着男孩会不会继续坚持自己中意的那张时,就听到了男孩的声音"好吧,那就选这张吧!"然后学生立刻投入任务的准备工作中,男孩仍旧表现得非常积极,欣然接纳团队建议。

表1　项目式测评

评价维度	评价内容	评价试卷	测评能力	评价标准		
				A（低于标准）	B（达到标准）	C（高于标准）
文化基础 人文底蕴	1. 初步具有发现美、感受美、欣赏美的能力； 2. 乐于参与艺术活动，有艺术欣赏和表现能力；	用自己喜欢的方式，动手画一画西湖最美的天空	绘画能力	对活动缺乏兴趣，基本完成色彩作业。 评价语：万丈高楼平地起，只有踏踏实实地完成每一画，才会有优秀的作品出现	愿意参与色彩造型活动，感受和想法反映在自己的作品上。 评价语：美术是一种快乐的游戏，大胆地去画吧，你的作品会更优秀	积极参与色彩表现活动；对绘画活动，大胆自由地表达自己的观察、感受和想象，创作能反映自己水平的作品。 评价语：画得真有趣，画得也很大胆。你的作品让老师眼前一亮
		播放《梦想天堂》，选择跟唱，或借助课堂打击乐器伴奏或身体律动（三选一）	分辨节奏	乐于参与音乐活动。 评价语：你能积极参与课堂活动，真不错！如果能仔细听准节奏，那就更完美了	能够配合音乐做出反应。 评价语：你的小耳朵真厉害，能听出节奏，如果表现得更自信大方、相信会更优美	节奏符合，表现自信大方。 评价语：歌唱得真棒，节奏都正确，又落落大方，真让人高兴
	3. 对中国传统文化有初步的了解和认识	西湖的景色那么美，描写西湖的诗歌也很美。请选择一首，先读一读，再展示（借助拼音）	朗读能力	借助拼音，正确诵读古诗。 评价语：要相信自己，下次可以多读几次。相信一定可以读得更流畅，那么会得到更多人的赞美	用合适的音量，借助拼音正确、流利地诵读浅近的古诗。 评价语：你读了不起，不仅正确，还读得那么流畅，真好听	用合适的音量，借助拼音读正确，流利地诵读古诗；用恰当的语气、语速表现古诗的音韵美和韵律。 评价语：听你的朗读是一种享受，你不但读准了，读顺了，而且读出了韵味和情感
		出示背景插图，请学生选择合适的诗歌，用硬笔抄写下来	根据信息做出判断的能力、书写能力	选择一首古诗抄写正确；书写规范、端正、整洁，标点正确无错别字。 评价语：你写得很认真，卷面很干净	选择符合图意的古诗抄写正确，书写规范、端正、整洁。 评价语："书读百遍，其义自见"，你的理解很到位，你的书写干净漂亮	选择符合图意的古诗抄写正确；用正确的写字姿势（坐姿和握笔姿势），书写规范、端正、整洁，有良好的写字习惯。 评价语：良好的书写习惯受益一生，从你的书写作品可以看出来诗句的意思你完全理解了，真好

评价维度	评价内容	评价试卷	测评能力	评价标准		
				A(低于标准)	B(达到标准)	C(高于标准)
社会参与 责任担当	乐于与同伴合作交往,有互动精神	在小组内介绍西湖十景	口头表达能力、与人合作交流能力	结合语文学习,观察大自然,敢于在组内表达自己的观点或观察所得 评价语: 你敢于在小组中表达自己的观点,很不错!如果还能做到专心倾听那就更好了	结合语文学习,观察大自然,积极参与交流,敢于在组内表达自己的观点或观察所得,努力去听同伴讲话,努力了解讲话的内容 评价语: 你不仅还能交流自己看到的景色,同时还能专心倾听别人发言,相信一定有很多收获	结合语文学习,观察大自然,积极参与交流,并敢于在组内表达自己的观点或观察所得;能认真听同伴发言的内容,并为小组汇报出谋划策 评价语: 你不仅交流自己看到的景色,说得清楚,同时还能专心倾听别人发言,为小组最后的发言做出了贡献
实践创新	收拾整理劳动工具,把物品放回原处	结束后收拾画笔等材料	收拾整理工具	经他人提醒能将物品放回原处 评价语: 在他人的提醒下,你能够将物品放回原处,相信下一次你不仅能主动放回原处,还能将它们摆放整齐,加油	经他人提醒物品摆放整齐,基本将物品放回原处 评价语: 在老师和同学的提醒下,你及时地将物品整齐地摆放在原处,真棒	主动将物品放回原处,独立将物品摆放整齐 评价语: 你能主动将用过的物品放回原处,还能摆放得整整齐齐,真能干
自主发展 学会学习	有良好的学习习惯,善于反思	出示背景插图,请学生选择合适的诗歌,用硬笔抄写下来	写字姿势、握笔姿势	坐姿正确,且执笔姿势正确 优秀( ) 合格( )		
		在小组内介绍西湖十景	倾听能力、大胆发言、主动交流	认真倾听、大胆发言、优秀( ) 主动交流、合格( )	合格( ) 合格( )	

(四)依托数据平台,关注个体发展

长寿桥小学以智慧教育平台建设和应用为突破口,踏上了提升"非纸笔"测评信息和效度的探索之路。每一个学生的成长都是不可复制的,我们希望能留下学生在长寿 6 年的点点滴滴。每个学生从入学伊始,就拥有一个识别身份的二维码,通过扫码就可以实现实时评价录入。活动结束,借助智能评价系统的大数据分析,系统会自动生成每个学生参与不同测评内容获得爱心的扇形统计图,每个学生能力的雷达图,以及不同班级获得爱心的竖状统计表。基于大数据的评价结果,每个学生都能拿到反映自己测评情况的数据雷达图和分析诊断报告,家长也可以通过智慧教育平台的"家长端"了解孩子的测试情况。同时教师通过"教师端"进行学生个体、班级和年级的对比分析,为教学改进的诊断和归因提供实证支持,真正实现技术为教育服务的目的。

五、反思与展望

在非纸笔测评的道路上我们已经走了 2 年,我们在不断的尝试中逐步成熟,我们的测评从衡量学习逐渐转变为关注促进学习的评价。

我们坚信"非纸笔"测评不是终结性的评价,而是一次项目式学习,它真正的目的在于让每一个学生不断通过与评价标准间的自我校正,明确自己的改进方向,积极地向更高的标准迈进,在反思和改进中不断前行、不断成长。

狸花猫和你一起闯关啦!

——杭州市求知小学一年级期末非纸笔化测评方案

杭州市求知小学　张莉渺

活动一,奇妙数宝贝

导语:

小朋友,知识的海洋浩瀚无穷,拿起神奇的答题器,一起踏上神奇的探险之旅吧!

表 1　评价内容与参与方式

活动设计	学生参与方式	活动准备
结合 IRS 系统,综合各学科知识,让学生使用现代化教学技术,感受学习的高效便捷	知道如何操作 IRS 学习系统的答题器	带有 IRS 系统的多媒体电脑和设备一套
根据预设的 10 道趣味习题,用微课的形式进行展示	在答题器上点一点,按一按	围绕各学科课程标准和学习目标,选取知识理解、技能应用、能力表现点进行学科整合,设计 10 个趣味题
系统后台进行统计结分	根据得分兑换相应的奖章	笑脸、五角星、大拇指 3 个等级的奖章若干枚

测评目标：

1.能通过看一看、听一听，知道具体学科的知识，能对问题进行回答。

2.能根据老师要求，使用 IRS 系统，正确使用答题器作答。

3.能理解题目意思，通过 IRS 系统熟练完成作答，感受到学科综合知识的魅力和高科技学习系统的便捷。

测评标准：

1.答对 4 题及以内内，基本会操作 IRS 答题器，获得笑脸章☺。

2.答对 5—7 题的，明白各题要求，会操作 IRS 答题器，获得五角星章☆。

3.答对 8—10 题的，能理解每题的意思，熟练操作 IRS 答题器的，获得大拇指章👍。

活动二，悦读大比拼

导语：

小朋友，欢迎来到阅读大世界！仔细认一认，认真读一读，手中的平板电脑可是你的小考官哦！

表 2　评价内容与参与方式

活动设计	学生参与方式	活动准备
语文：朗读米猪 App 上的相关语段	登录米猪 App，随机选择一套题（含 3 道朗读题），进行朗读	3 套题。每套题包含 3 段由本学期所学生字组成的文字
英语：朗读米猪 App 上的相关语段	登录米猪 App，随机选择一套题（含 3 道朗读题），进行朗读	3 套题。每套题包含 3 道由本学期所学单词组成的题目

测评目标：

能正确朗读句子或单词，读准本学期学过的句子或单词。

测评标准：

1.朗读得分为 60 分以下，得笑脸章☺。

2.朗读得分为 60—79 分，得五角星章☆。

3.朗读得分为 80—100 分，得大拇指章👍。

活动三，树叶变变变

导语：

小朋友，小小的树叶不仅藏着很多科学知识，还能变身成为美丽的树叶画呢！让我们一起动动手吧！

表 3　评价内容与参与方式

活动设计	学生参与方式	准备材料
情景一：今天阳光明媚,公园里的风景真美丽！有高高的大树,小鸟在天上飞舞,小朋友在公园里玩耍！请你在桌面的盒子中找到合适的叶子,用树叶贴画的形式描述这个美丽的公园。时间是 20 分钟,贴完之后用桌上的 ipad 上传	学生听录音,按要求在纸上进行树叶贴画。利用 ipad 拍照上传最后的作品	9 个小组的树叶、每个班 9 张 A3 素描纸(一年级一共 72 张) 9 支固体胶、9 把剪刀 教师使用 ipad 作为题板展示和师生交互的平台
情景二：神秘美丽的大海里生活着各种各样的小动物。有摇着尾巴游泳的小鱼,有瞪着眼珠寻找猎物的大鲨鱼,还有躲在水草里的小虾米！请你在桌面的盒子中找到合适的叶子,用树叶贴画的形式描述你喜欢的海底世界。时间是 20 分钟,贴完之后用桌上的 ipad 拍照上传	学生听录音,按要求在纸上进行树叶贴画。利用 ipad 拍照上传最后的作品	9 个小组的树叶、每个班 9 张 A3 素描纸(一年级一共 72 张) 9 支固体胶、9 把剪刀 教师使用 ipad 作为题板展示和师生交互的平台

测评目标：

1.能根据要求完成主题树叶画。

2.学会登录家长 QQ,用相片将制作过程记录下来,选择最好的 3—4 张上传到班级 QQ 群。(挑落叶、做落叶、合作完成作品)

3.学习小组合作,共同完成目标。

测评标准：

1.画面整洁,布局合理,完成拍照,得一个笑脸章☺。

2.树叶画形象生动,完成拍照,获得五角星章☆。

3.小组分工明确,合作友好,树叶画形象生动,照片包含所有的过程,获得大拇指章👍。

活动四,生活对对碰

导语：

小朋友,学好生活必备的本领,才能成为生活小达人哦！

表 4　评价内容与参与方式

活动设计	学生参与方式	活动准备
书本分类	对书本进行分类且能按照大小、厚薄等次序进行统一放置	各种大小不同、厚薄不同的书本些许、杂乱放置
整理书包	将书本放进书包,摆放整齐,拉好拉链	空书包 10 个

测评目标：

1.通过活动,学生应学会快速整理好书包的方法,知道做事情要讲究方法,要有条理。

2.通过比赛,小学生生活自理能力应有所提升,让小学生在日常生活中养成生活自理能力。

测评标准：

1.能够自觉将书本按照大小、类别、厚薄等标准进行简单分类，并独立将书本放进书包，且做到不遗漏，不颠倒放置，拉好拉链，获得笑脸章☺。

2.能够快速准确地对书本进行分类并且有一定的次序，比较有条理，并能快速独立地将书本放进书包，摆放整齐，拉好拉链，获得五角星章☆。

3.能够快速准确地对书本进行分类且能按照大小、厚薄等标准进行统一放置，清楚有条理，并能够快速独立地将书本放进书包，摆放整齐，拉好拉链，获得大拇指章👍。

活动五，踢踢小足球

导语：

小朋友，小小的足球可不简单！只有解决立体图形里藏着的数学问题，才能顺利完成足球游戏哦！

表5　评价内容与参与方式

活动设计	学生参与方式	活动准备
辨识立体图形	说出每个立体图形的名称	立体图形8个：长方体、正方体、圆柱、球各2个
根据数学问题，选择编号正确的足球	选择1个立体图形，并仔细阅读立体图形上的题目。根据题目要求，回答数学问题，选择正确的足球	带有数字编号的足球9个：0,5,8,9,14,15,16,18,20 用于抽签的题目（贴在立体图形上）： ①找到数字编号在15和17之间的足球，把球踢进球门；②找到数字和10相邻的足球，双脚夹球跳到标志桶；③找到数字最大的足球，双脚交替踩球30下；④找出编号是9前面一个数的足球，和一个同学对踢3个来回；⑤找出编号是17后面第一个数的足球，双脚交替踩球20下；⑥找出数字编号的个位是5的足球，把它们踢进球门；⑦找出编号比11大3的球，运球绕过标志桶后返回；⑧找到数字最小的球，双脚夹球跳到标志桶，并返回
完成足球任务	根据所选择立体图形中附有的题目要求，完成相应的足球任务	1个小球门 3个标志桶

测评目标：

1.能正确辨识已学习的立体图形，说出名称：长方体、正方体、圆柱和球。

2.掌握20以内数的大小和顺序相关的知识点，例如，相邻数、数位和基础计算等。

3.完成简单的足球动作，例如指定位置踢球、双脚交替踩球、双脚夹球前进等。

测评标准：

1.正确辨认各个立体图形，获得笑脸章☺。

2.在正确辨认各个立体图形的基础上，正确回答所选择题目中的数学问题，获得五角星章☆。

3.正确辨认立体图形和回答数学问题后，按照要求完成足球任务，获得大拇指章👍。

活动六，非鼓咚咚锵

导语：

小朋友，音乐让世界如此美妙，让我们尽情在音乐的海洋中欢乐畅游吧！

表6 评价内容与参与方式

活动设计	学生参与方式	活动准备
听辨歌名	选择正确的选项回答问题	PPT
听歌曲，分辨音乐情绪	选择正确的选项回答问题	PPT

测评目标：

1.学生通过聆听、学唱歌曲，去体验音乐的美，从而领会音乐要素在音乐表现中的作用，感受、体验音乐作品的情态美和风格美中所蕴含的内涵，培养对音乐的兴趣。

2.熟悉课本中每一首学唱歌曲的旋律，从歌曲旋律中分辨出音乐的情绪类型，在以后的表演演唱中，能用正确的情绪去表达歌曲内容。

测评内容：

1.聆听《国旗国旗真美丽》，说出歌曲名称。

2.聆听歌曲《跳绳》，说出歌曲的情绪类型。

测评标准：

1.能自然有表情地跟唱歌曲，并正确说出歌曲的名称，获得五角星章☆。

2.通过聆听歌曲，能正确分辨出音乐的情绪类型，获得大拇指章👍。

活动七，折折小飞机

导语：

小朋友，一起动手折纸飞机吧。再把你的小飞机飞进指定目标哦！

表7 评价内容与参与方式

活动设计	学生参与方式	活动准备
看《折纸飞机》视频	认真观看视频	《折纸飞机》视频
根据视频，折纸飞机	一人一张A4纸，根据视频上的讲解折纸飞机	一人一张A4纸
纸飞机投掷	投掷纸飞机	2m、3m、4m标志线

测评目标：

1.能观看视频，并记忆折纸飞机步骤。

2.掌握纸飞机的折法。

3.完成简单的纸飞机投掷。

测评标准：

1.正确折纸飞机，投掷 2m 以内获得笑脸章☺。

2.正确折纸飞机，投掷 2m—3m 获得五角星章☆。

3.正确折纸飞机，投掷 3m 以上获得大拇指章👍。

活动八，特长小展示

导语：

小朋友，你们是多才多艺的小能手。一起来看看你们的精彩画面吧！

表 8　活动内容与参与方式

活动设计	学生参与方式	活动准备
观看视频	观看各班级特长录像和照片	收集班级各个学生的特长展示，以视频或照片形式上传到班级微信群或班级 QQ 群

终点站：智慧超市

导语：

亲爱的小朋友，接下来进入的是智慧超市。请你们看清超市导购注意事项，开动脑筋好好选购你的商品吧！

准备工作：

1.购置近 20 项商品，并给每项商品标注好价钱。

2.部分商品做好"限购"标志，防止学生拿一样商品几个的现象，促进其人民币的运用。

3.邀请部分家长志愿者参与活动，来看看孩子最后的成果。

测评目标：

1.认识人民币的单位：元、角、分，知道 1 元＝10 角。

2.学生能够用数学的思想、数学的计算进行简单的人民币计算，培养学生的有序思维能力。

3.通过实际兑奖购物活动，初步体会人民币在社会生活、商品交换中的功能和作用，并知道爱护人民币，培养学生的数学思维和兴趣，使人人学有价值的数学。

温馨提示：

1.1 个大拇指章👍＝1 元。尽最大可能消费完所有大拇指章兑换的金额。

2.看清楚货架上的限购令。

3.选定自己的商品后，到收银台按序排队付款。

趣味大闯关　快乐小琴童

——杭州市刀茅巷小学一、二年级非纸笔测评方案

杭州市刀茅巷小学　张　媛　孙　骅　陈文芳

一、指导思想

切实施行《浙江省教育厅关于切实减轻义务教育阶段中小学生过重课业负担的通知》,全面推进素质教育,全面提高学生素质,为学生更好地完成下阶段学习打下扎实的基础。

二、实施目标

(1)采用游园活动的形式,凸显学生学业评价的个性化和适切性。

(2)借助学科综合的形式,全方位考查学生知识运用能力。

(3)围绕"迎亚运"这一主题,培养学生热爱家乡、热爱祖国的情感。

三、实施原则

(一)赏识性原则

关注学生的个性差异,保护每一个学生的自尊心和自信心,用发展的眼光看待学生的每一点进步。

(二)多元性原则

评价的主体由教师唯一发展到教师、学生、伙伴、家长相结合。加强学生的自我评价和相互评价。

(三)综合性原则

综合性原则既包括评价内容的综合、尝试学科的融合,也包括评价手段的综合、评价媒介的综合。

四、实施对象

一、二年级学生。

五、活动内容

非纸笔测评期活动第一学期主题为小琴童快乐迎新年,第二学期主题为小琴童庆六一。

六、具体方案

(一)一年级上册活动内容

1.迎新年(方案 A,B 二选一)

方案 A

(1)我会读。

借助拼音,正确读一读购物清单。

（2）我会算。

你一共有 20 元钱,你打算买哪几样年货? 为什么?

（3）评价标准,如表 1 所示。

表 1　评价标准

项目	要努力! △	加油啦! ☆	挺不错! ☆☆	棒极了! ☆☆☆	评价方式
我会读	不借助拼音,顺利读	借助拼音读,错2个及以上	能借助拼音,正确读	能借助拼音,正确流利读	师评
我会算	不注意听要求,不能说出购买物品,不能说出理由	注意听要求,能说出购买物品,不会说出理由	注意听要求,能说出购买物品,能说出理由	注意听要求,说话看对方眼睛,能大声说购买物品,也能说出理由	师评

方案 B

（1）我会读。

借助拼音,正确读一读儿歌。

（2）我会算。

商店有 4 个品种鞭炮,妈妈给你 20 元钱,你买哪几种? 为什么?

第一种 12 元	第二种 8 元	第三种 10 元	第四种 7 元

（3）评价标准,如表 2 所示。

表 2　评价标准

项目	要努力! △	加油啦! ☆	挺不错! ☆☆	棒极了! ☆☆☆	评价方式
我会读	不能借助拼音,顺利读	能借助拼音读,错 2个及以上	能借助拼音,正确读	能借助拼音,正确流利读	师评
我会算	不注意听要求,不能说出购买物品,不能说出理由	注意听要求,能说出购买物品,但不会说出理由	注意听要求,能说出购买物品,能说出理由	注意听要求,说话看着对方眼睛,能大声说出购买物品,也能说出理由	师互评

2.过除夕

（1）我会认。

观察图片,指出图片中植物的根、叶、茎。

（2）我会看。

春晚在晚上八点准时开始。

下面哪个时间你可以提醒爸爸妈妈收看春晚? 为什么?（准备 3 个时钟,时间分别为：10:12,7:55,2:53)

（3）评价标准,如表 3 所示。

表 3　评价标准

项目	要努力！△	加油啦！☆	挺不错！☆☆	棒极了！☆☆☆	评价方式
我会认	不注意听要求，经提示也不能辨认	注意听要求，能够认出植物其中一部分	注意听要求，能够认出植物其中两部分	注意听要求，能够认出植物根、茎、叶	师评
我会看	不注意听要求，不能找到正确的钟面	注意听要求，能找到正确的钟面，不会说理由	注意听要求，能找到正确的钟面，能说出理由	注意听要求，说话看对方眼睛，能找到正确钟面，能大声说出理由	师评

3.贺新年

（1）写祝福。

给家人或朋友写一句祝福语，并画上图案，变成一张祝福卡。

（2）唱祝福。

为大家唱一首欢乐的歌曲，你会唱什么歌？

（3）评价标准，见表 4 所示。

表 4　评价标准

项目	要努力！△	加油啦！☆	挺不错！☆☆	棒极了！☆☆☆	评价方式
写祝福	书写不端正，格式有问题，祝福语不恰当	书写、格式、祝福语一般	书写、格式、祝福语基本正确、恰当	书写、格式、祝福语正确、恰当，装饰美观	家长点评
唱祝福	不能完整唱	能完整唱	自信唱，基本没问题	自信唱，并加入动作和表情	同学互评

（二）二年级上册活动内容

1.迎新年（二选一）

方案 A

（1）我会读。

请你借助拼音，正确读儿歌。（准备一首新春数字歌）

（2）我会算。

妈妈给了你 50 元钱去买水果，正好用完，要怎么买？

méi 草莓 每千克 25 元	mi 猕猴桃 每个 10 元	chéng 橙子 每个 5 元	苹果 每千克 20 元	葡萄 每千克 22 元

（3）评价标准，见表 5 所示。

表 5　评价标准

项目	要努力！△	加油啦！☆	挺不错！☆☆	棒极了！☆☆☆	评价方式
我会读	不能借助拼音，顺利读	能借助拼音读，错 2 个及以上	能借助拼音，正确读	能借助拼音，正确流利读	师评
我会算		不注意听要求，不能说出购买的物品	注意听要求，能说出购买的物品和多少钱	注意听要求，能说出购买的物品并正好用完	师评

方案 B

1.迎新年(准备 3 个灯笼,上面贴上 3 个字)

(1)我会背。

根据灯笼上的字,背一背这个字打头的诗句。

(2)我会算。

看图,吃饭时每人需要一双筷子,一只小碗。一共要几根筷子?几只小碗?

(3)评价标准,见表 6 所示。

表 6 评价标准

项目	要努力! △	加油啦! ☆	挺不错! ☆☆	棒极了! ☆☆☆	评价方式
我会背	不能背出诗句	正确流利背出 1 句诗	正确流利背出 2 句诗	正确流利背出 3 句诗	师评
我会算	经提示,也算不出	注意听要求,经提示,能算出	注意听要求,能自己算出	注意听要求,能正确、快速算出	师评

2.过除夕

(1)我会认。

教师准备两套不同材质的餐具,让学生说说这些餐具是用什么材料做的。

(2)评价标准,见表 7 所示。

表 7 评价标准

项目	要努力! △	加油啦! ☆	挺不错! ☆☆	棒极了! ☆☆☆	评价方式
我会认	不注意听要求,不能说出 1 种	注意听要求,能说出 1 种	注意听要求,能说出 2 种材料	注意听要求,能说出 3 种及以上	师评

(3)我会看。

春晚是在晚上八时准时开始。

1)在下图找出春晚开始时间。

2)先吃年夜饭再看春晚,哪个时间开始吃年夜饭比较合适?(准备 4 个时钟,时间分别为:4:00、6:00、8:00、12:00)

(4)评价标准,见表 8 所示。

表 8 评价标准

项目	要努力! △	加油啦! ☆	挺不错! ☆☆	棒极了! ☆☆☆	评价方式
我会找	不注意听要求,不能找出	注意听要求,提醒后能找出一个	注意听要求,提醒后能找出两个	注意听要求,能快速、正确找出	师评

3.贺新年

(1)写祝福。

给家人或朋友写一句祝福语,画上图案,变成一张祝福卡。

(2)送祝福。

我们赶紧去送祝福吧!(跳房子)

(3)评价标准,见表 9 所示。

表9　评价标准

项目	要努力! △	加油啦! ☆	挺不错! ☆☆	棒极了! ☆☆☆	评价方式
写祝福	书写不端正,格式有问题,祝福语不恰当	书写、格式、祝福语一般	书写、格式、祝福语基本正确	书写、格式、祝福语正确,装饰美观	家长评
送祝福		出现3次及以上失误	出现一次失误	顺利通过	同学评

(三)一年级下册活动内容

1.经典诗词颂祖国

(1)我会读。

祖国辽阔、富强、美丽,大声诵读,送上祝福吧!（准备一首歌颂祖国妈妈的歌）

(2)我会背。

请从本学期学习的7首古诗中任选1首背诵。

《春晓》《赠汪伦》《静夜思》《池上》《寻隐者不遇》《小池》《画鸡》

(3)评价标准,见表10所示。

表10　评价标准

项目	要努力! △	加油啦! ☆	挺不错! ☆☆	棒极了! ☆☆☆	评价方式
我会读		读诗歌有3—5处错字	读诗歌有1—2处错字,在提示下,能改正读错的内容	能正确、流利朗读诗歌	老师评
我会背	不能背全诗	能正确背诵	能正确、流利背诗	能正确、流利背诗,有节奏	同学评

2.玩转数学庆六一(两项中任选一项)

方案 A

(1)我会算。

1)$63+7=$　　　　　　　　$43-9=$

2)小明今年7岁,爸爸比他大25岁,请问他爸爸今年几岁了?

(2)我会找。

六一节要用图案布置教室,横线上应该贴什么呢?

　　　　　　　　方案 B

(1)我会算。

1)$70-8=$　　　　　　　　$36+7=$

2)2014年中华人民共和国成立65周年,请问5年后中华人民共和国成立几周年?

(2)我会找。

六一节要用图案布置教室,横线上应该贴什么呢?

（3）评价标准，见表 11 所示。

表 11　评价标准

项目	要努力！△	加油啦！☆	挺不错！☆☆	棒极了！☆☆☆	评价方式
我会算	经提示才答对	经提示一题及以上，能全答对	答对两题及以上或经提示一题，能全答对	答对三题	师评
我会找		每题都经提示才答对	能说出正确图案	能说出正确的图案和理由	师评

3. 元气满满更健康

（1）我为祖国健体魄。

A. 小朋友在起跳线准备，用立定跳远的方式，到达优秀、良好、合格 3 条终点线，分别取得红旗、黄旗、蓝旗，获得相应星数。

准备材料：

1）场地，画好起点、终点线。

2）红旗、黄旗、蓝旗各 5 面。

3）5 个插旗帜的筒。

B. 选做题：半分钟跳绳 40 个为合格，得蓝旗。

（2）我为大家献歌声。

为庆祝六一儿童节，来演唱一首歌！

（3）评价标准，见表 12 所示。

表 12　评价标准

项目	要努力！△	加油啦！☆	挺不错！☆☆	棒棒哒！☆☆☆	评价方式
健体魄	未能取得小旗，可以选跳绳夺旗	得蓝旗	得黄旗	得红旗	师评
献歌声	不能完整唱	能熟练背唱	大方唱，基本准确	有表情唱，准确，加入动作	同学评

（四）二年级下册活动内容

1. 经典诗词颂祖国

（1）我知道。

今年是中华人民共和国成立（　　　）周年！

（2）我会背。

请下面两项任选一项。

1）爱祖国　背一背《神州谣》。

2）爱家乡　选一首赞美家乡美景的古诗吟诵一下。

（例：《晓出净慈寺送林子方》《饮湖上初晴后雨》）

（3）评价标准，见表 13 所示。

表 13 评价标准

项目	要努力! △	加油啦! ☆	挺不错! ☆☆	棒极了! ☆☆☆	评价方式
我知道			提示后说出	直接说出年	师评
我会背	不能诵	能诵但不流利	流利诵且无错	流利、有感情诵且无错	同学评

2.玩转数学庆六一(教师准备 24 根棒棒糖)

(1)我会算。

妈妈从超市买回来 24 根棒棒糖。

1)棒棒糖每 4 根装一盒,可以装( )盒。

2)棒棒糖每 8 根装一盒,可以装( )盒。

3)棒棒糖每 5 根装一盒,可以装( )盒,还剩( )根。

(2)我会估。

六一节爸爸想给家里添新电器。

电视机1029元　　计算机5120元

爸爸带了6000元,买这两样东西,够吗?

(3)评价标准,见表 14 所示。

表 14 评价标准

项目	要努力! △	加油啦! ☆	挺不错! ☆☆	棒极了! ☆☆☆	评价方式
我会算	经提示才答对	经提示两题以上,能全答对	能答对两题以上或经提示一题,能全答对	答对三题,并说出理由	师评
我会估		经提示才说出	说出正确答案,理由表述不清	说出正确答案,并说理由	师评

3.元气满满更健康

(1)我为祖国健体魄。

A.小朋友进行坐位体前屈,优秀、良好、合格取得相应的红旗、黄旗、蓝旗,将小旗插入对应框获得相应星数。

材料准备:

1)坐位体前屈 3 台。

2)红旗、黄旗、蓝旗各 3 面。

3)3 个插旗帜的筒。

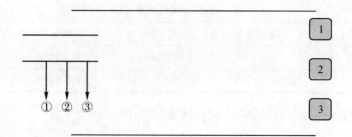

B.选做题：半分钟跳绳 40 个为合格，得蓝旗。

评价标准，见表 15 所示。

表 15　评价标准

项目	要努力！△	加油啦！☆	挺不错！☆☆	棒极了！☆☆☆	评价方式
健体魄	未得小旗，可以选跳绳夺旗	得蓝旗	得黄旗	得红旗	同学评

（2）我为朋友献花朵。

画一幅《盛开的鲜花》献给老师、家人、朋友，要求其中一朵用渐变色进行表现。

评价标准，见表 16 所示。

表 16　评价标准

项目	要努力！△	加油啦！☆	挺不错！☆☆	棒极了！☆☆☆	评价方式
献花朵	不到合格标准	有主题，构图简单	主题较明确，构图较完整，色彩搭配较合理，有渐变色	主题突出，构图完整，色彩搭配协调，熟练使用渐变色	三方共评

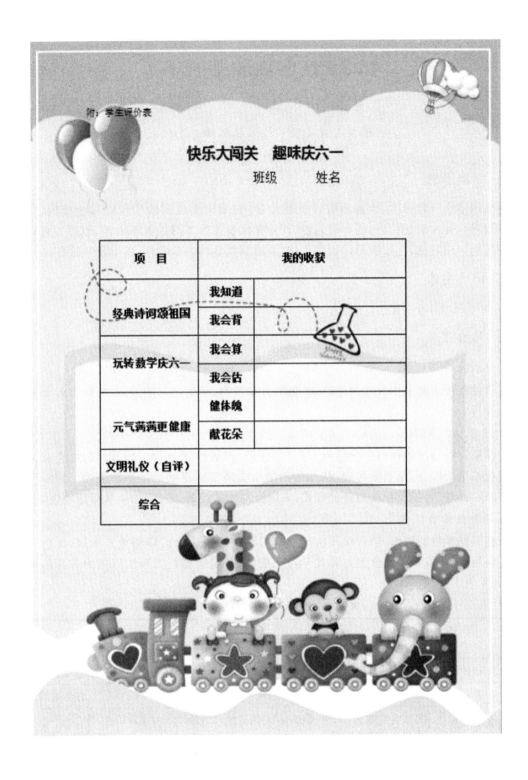

核心素养下非纸笔评价方案

——以小学语数英科期末"游考"为例

杭州市大成实验学校　　杜琛晖　　丁俊超

一、指导思想

为全面落实课程标准,推进教育评价的发展,杭州市大成实验学校结合学校特色"九心树"培养目标,加大对评价方式、评价内容、评价标准及评价工具的改革力度,真正发挥评价的教育功能和导向功能,把非纸笔评价常态化,渗透到教学的各个学科,各个教学阶段。

二、评价主体

1—6年级全体学生。

三、评价要求

1. 评价主体多元化

评价过程中主要采用教师的评价、学生的自我评价、学生之间的互评、考级评价等多种评价方式并行。

2. 评价方式多样化

把结果评价与过程评价、定性评价与定量评价、形成性评价和发展性评价结合起来。针对学生的不足,及时提出意见和建议,并帮助学生提高鉴赏诗歌的水平和能力。对学生的行为主要采用鼓励、表扬等积极的评价方式,采用激励性的评语,正面引导,从而达成教学目标。

3. 评价内容多维化

根据不同学科的特点,结合杭州市大成实验学校学段评价内容侧重点不同,评价内容不仅关注结果,还重视学生的学习过程和学习态度,尤其是审美能力和实践能力方面的进步与变化,详见表1。

表1　杭州市大成实验学校评价内容

学科	九心树评价目标	课标评价目标	负责人
语文	呵护童心	听说读写能力的整体提升	各年级语文老师
数学	激发爱心	数学素养的提升	各年级数学老师
英语	树立信心	提高学生对英语的"听说读写"与现实生活场景结合的英语语言运用的综合能力	各年级英语老师
科学	开启慧心	在实践中积累知识、应用知识、创造知识,全方位地提高综合素质	各年级科学老师

三、评价总结

测评结束后,要对整个评价过程认真总结,完成评价报告。发现优点,指出问题,探寻改进对策,力争使非纸笔评价内容更充实,评价方法更科学,测评过程更能促进学生的学习与发展。

（各个学科评价具体方案如附件1—4）

附件1：语文非纸笔评价方案

一、评价目标

以"听说读写"为切入口，结合学校特色"九心树"评价目标，采用"课内和课外"知识相结合的形式，强化学生对语文基础知识的掌握，提高学生对语文的"听说读写"与现实生活场景结合的语文运用能力，融知识与趣味性为一体，提高学生学习语文的兴趣，让学生在游戏中感受增长知识的快乐，在活动中体验学习的快乐，在实践中呵护童心。

二、评价内容

根据课标要求，结合统编教材语文要素的分布，分年段开展不同形式的评价，如表2。

表2　评价内容

评价主体	评价内容	具体要求
低段（一、二、三年级）	放飞想象，手画童心	1.结合一个节日，画一幅"神奇的什么"为主题的话。比如：端午节，画一个"神奇的粽子" 2.说一说这样东西"神奇"在什么地方。既突出"神奇"，也要结合实际 3.举办"神奇"故事会（口语交际） 4.有能力的看图写一写，编一个有趣的连环画故事（看图写话）
高段（四、五、六年级）	创想童年，手写童心	1.读一本书，选一个故事，用思维导图的形式画一画这个故事。比如：《汤姆索亚历险记》，可以用不同形式的思维导图梳理汤姆五个历险地发生的事。 2.创编一个童话，用情境表演、创意故事书等形式展示这个自编的童话

三、评价标准

表3　评价标准

评价内容	评价要点	评价结果
低段（一、二、三年级）放飞想象，手画童心	1.有正确的价值观，传递正能量	
	2.想象奇特，突出"神奇"，符合自然规律，有逻辑性	
	3.能用普通话正确表达自己所画的内容，富有童趣	
	4.富有童趣，能把想象的内容写下来	
高段（四、五、六年级）创想童年，手写童心	1.能从阅读中，对感兴趣的任务和事件有自己的感受和想法，并乐于与人交流	
	2.能从阅读中捕捉信息，并且做出梳理，进行概括	
	3.在写话中乐于运用阅读和生活中学到的词语	
	4.富有童趣，能把想象的内容写下来	

附件2:数学非纸笔评价方案

一、评价目标

"多一把尺子来衡量学生,就多一批好学生"。为践行"评价即育人的理念",强化学生的综合运用能力和语言表达能力,培养学生的数学素养,结合学校特色"九心树"评价目标,采用课内外相结合的形式,营造学习氛围,激发学生的学习兴趣,让学生在这个过程中感受增长数学知识的快乐,在活动中体验数学学习的乐趣,激发学生的爱心。

二、评价内容

根据课标要求,结合统编教材数学要素的分布,分年段开展不同形式的评价,详如表1。

表1 评价内容

评价主体	评价内容	具体要求
低段(一、二、三年级)	动手制作,凸显爱心	1.结合教材,制作一幅"我爱什么"的作品。比如:结合一年级认识平面图形,利用平面图形画一幅"我爱我家"或者"我爱班级"的作品,也可以利用平面图形来拼贴 2.说一说你的作品用了哪些平面图形,这些图形有什么特点 3.有能力的话可以制作明信片,利用平面图形的特点写一句正能量的话进行互赠
高段(四、五、六年级)	同伴互助,团结友爱	1.结合教材,确定主题。比如:五年级面积公式的推导,先对学生进行分组,组长做好分工,小组合作交流,互帮互助,团结友爱,力求人人过关 2.随机抽签每一个组员进行拼摆、操作,边操作边口述面积公式的推导过程 3.利用公式解决问题

三、评价标准

表2 评价标准

评价内容	评价要点	评价结果
动手制作,突显爱心	1.画面整洁美观,凸显爱心主题	
	2.图形应用合理、规范、富有童趣	
	3.能说出图形的特点,语言表达简洁,重点突出	
同伴互助,团结友爱	1.语言表达流畅、完整、规范	
	2.依照小组测试要求与分工能够积极进行小组合作	
	3.小组测评注意力集中,善于倾听别人	
	4.能够认真操作演示推导演变过程	
	5.能够利用所学知识正确解决生活中的问题	

附件3:小学英语非纸笔评价方案

一、评价目标

以"听说读写"为切入口,结合学校特色"九心树"评价目标,采用"课内和课外"知识相结合的形式,强化三年级学生对英语基础知识的掌握,提高学生对英语的"听说读写"与现实生活场景结合的英语语言运用的综合能力,融知识性与趣味性为一体,提高学生学习英语的兴趣,让学生在游戏中感受增长知识的快乐和自信,在活动中体验学习的快乐,在实践中促进语言学习,培养自信心。

二、评价内容

根据课标要求,结合各年级教材要素的分布和各年级学生学习情况以及年龄特点,开展口语互动、语言实践性的评价,详如表 1 所示。

表 1　评价内容

评价主体	评价内容	具体要求
一、二、三年级	Funny picnic 大游园活动(自信对话)	以 picnic 为主题,设置了系列场景和闯关游戏: 1. word puzzle:根据提示拼出相应的字谜。 2. do the shopping list。根据对话,完成购物清单,并画一画。 3. Make a shopping talk。两人一组创编新对话。 4. Acting the talk。两人一组演绎新对话。
四、五、六年级	Funny English school trip 大游园活动(自信表达自我)	以 school trip 为主题,设置系列场景和活动: 1. Greeting 口语交际,正常问候。 2. Look and say 看图说一说。测评内容:给学生提供图片认读 3. Ask and answer 情景问答:根据图片回答问题。 4. Draw and say 画一画,说一说:画图并适当描述。

三、评价标准

表 2　评价标准

评价内容	评价要点	评价结果
Funny picnic 大游园活动	能进行绘画创作,并用语言进行描述	
	能快速地做出正确的动作	
	能正确读出所给单词,发音准确,语音语调优美	
	能听懂考官的提问,并快速流畅、准确地回答问题	
Funny English school trip 大游园活动	能听懂考官的提问,并能回答问题,表达基本正确,语音语调好	
	发音准确,认读快速,单词意义理解到位	
	能简单画出动物并流利地描述	
	能在考官的引导下简单描述图画,表达基本正确,语音语调及流畅性较好	

附件 4:小学科学非纸笔评价方案

一、评价目标

以"做中学"为线索,将学生、教师、科学、数学、工程和人文因素充分结合,紧紧抓住学校特色的"九心树"评价目标,切实巩固基础知识,有序培养思维习惯,合理穿插头脑风暴。真正将趣味、能力和素养联系起来,让学生在实践中积累知识、应用知识、创造知识,全方位地提高综合素质。

二、评价内容

根据课标和教科版的要素分布,分年段开展不同形式的评价,详如表1。

表1　评价内容

评价主体	评价内容	具体要求
一年级	观察世界 比较测量	1.掌握测量的要素,确定起点和终点、测量单位首尾相连 2.选择合适的工具用来测量物体 3.合作完成一个测量纸带的制作
二年级	认识世界 材料分类	1.辨别生活中常见的材料 2.区分身边存在的物品是什么材料做成的 3.了解材料的性能决定它的用途 4.废弃物品的再利用
三年级	小球爬坡 击物	1.搭出一个"过山车"轨道,将小立方体放到轨道下面的固定点,从而改变斜坡 AB 的高度 2.把玻璃小球轻轻放在斜坡 AB 上端的起点上,让小球自由滚下去(不能用力推小球) 3.改变"过山车"轨道坡度,记录小球冲上坡道的高度
四年级	巧搭电路 电学探秘	1.认识并掌握开关的基本结构 2.根据要求,利用所学知识画出"红绿灯"设计图 3.小组分工合作,利用老师提供的材料自制开关并连接到电路中去 4.教师评价,并提出改进建议
五年级	太空建模 宇宙徜徉	1.根据太阳系各天体的大小、形状和运动方式等(特别是地球和太阳),画出设计图 2.结合设计图,选择合适的制作材料 3.小组合作,搭建太阳系模型 4."画廊走"评价,各组分享思路,并提出建议
六年级	显微观察 微观探索	1.能正确认识显微镜的结构 2.正确操作显微镜观察提供的标本材料 3.将观察到的材料以图画的形式记录下来

三、评价标准

表2　评价标准

评价内容	评价要点	评价结果
一年级	1.完成一次正确的测量	
	2.能预测并选择工具进行测量	
	3.是否能与他人进行合作	
二年级	1.材料是否能认识准确	
	2.是否正确区分物品构成的材料	
	3.是否合理地利用了材料的性能	
	4.废弃物的再利用	

续　表

评价内容	评价要点	评价结果
三年级	1. 会正确阅读探究过程，自主完成实验操作	
	2. 能独立、及时正确记录实验数据	
	3. 能通过实验，完成相应的答题	
四年级	1. 电路能否通过自制的开关点亮或熄灭小灯泡	
	2. 是否做到依次点亮"红黄绿"三盏灯泡	
	3. 导线连接是否得当	
	4. 小组成员是否都参与到电路的设计与制作活动中	
五年级	1. 太阳、地球等天体大小比例是否正确	
	2. 材料选择是否合理，能否展现运动情况	
	3. 外形设计是否得当，颜色搭配是否鲜明	
	4. 分享介绍是否流畅，能不能很好地吸收建议并加以改进	
六年级	1. 显微镜的操作是否正确、规范	
	2. 能否正确地将观察到的标本材料画下来	
	3. 能通过操作和所学知识，简单辨认标本	

篇章二

中小幼一体真实性教育
评价的案例研究

第一节 区域真实性教育评价改革案例综述

陈永华 谢婷婷 周筱岚 赖晓敏 楼 磊

《课程标准》指出,评价的主要目的是全面了解学生的过程和结果,激励学生学习和改进教师教学。传统的评价,形式单一,内容泛化,基于此进行了评价改革,现对区优秀案例进行梳理和归纳,与同行分享。

一、评价背景的真实性

(一)真实情境

真实性评价在评价情境创设上面向真实世界,学生基于真实问题与任务,以独立或者小组合作等方式开展形式丰富的评价活动。

(二)寓评于教

真实性评价强调寓评于教,鼓励学生在评价过程中自主建构知识,而非传统客观纸笔测验那样侧重对事实的确认与回忆。

(三)学评统一

真实性评价强调评价与课程教学的统一。评价服务教学、反馈教学、促进教学,有助于教师检查自己是否在测量所教的内容。

(四)关注差异

真实性评价重视学生在评价中的个体差异,包括文化、学习风格、智力倾向、学习基础等各方面的差异。

(五)多维主体

真实性评价的理念是多主体参与、多元评价方式的"全人"评价。将学生、教师、家长、社会等多个角度纳入分项评价中,积极开展自评、组评、师组、家长评等。

(六)问题驱动

真实性评价由实际问题驱动强化学生沟通和合作学习能力。在具体评价时,要求学生就解决问题的想法或观点进行说明与沟通。

二、评价方式的多样化

(一)评价内容

评价内容丰富多样。在聚焦学生方面,有幼儿语言能力发展的评价研究,聚焦项目活动推进中的评价,对已有评价方式的应用实践。在聚焦教师方面,有以"圆桌会议"的形式来评价,以"故事"为研究主体来评价。

（二）评价主体

传统的评价主体以教师为主，教师单方向评价，改革后看到更多的是多元评价，不单单教师评价，还有学生、家长及社会人士的共同评价。学生不仅仅是被评价者，同时也是评价者。

（三）评价平台

在互联网时代，平台层出不穷，比如微信、官网、微博、QQ、学校的微信公众号，App 平台等成为与家长沟通的一个重要途径。教师可以善用这些平台或自创平台拓展评价。

（四）评价工具

1. 体现量化与质性评价相结合

老师积极推进量化与质性评价相结合，更为全面地实现学生素质的综合评价，切实以评价促进教学效果的提升。

2. 体现过程与结果评价相结合

老师在评价量表的设计上积极探索过程与结果评价相结合。评价量表既关注学生在项目学习过程中的表现，也关注对学生作品的综合评价。

（五）评价反馈

多种多样的评价反馈形式丰富了评价的内涵，能极大地激发学生学习的积极性，促进评价目的达成，使评价的形式和载体多元化。

1. 多元评价气泡图

多元评价气泡图主要结合思维导图，展示学习过程中的多方面评价。以星级评定来考评学生所获得的学习收获。

2. 线上多元评价

整合"互联网＋"优势，运用现代化信息技术进行评价。结合文字、图片、音频、视频等多种形式。

3. 知心师长留言箱

通过知心留言箱这一载体，把老师、家长给予学生的学习评价以书信形式传达出来，让学生感受到温情，更乐于接受这样的学习评价。

4. 层级式作业评价单

学习是动态发展的过程，设立多次评价机制，可以让学生通过评价不断提升。

5. 自我总结收获卡

学期末，除了老师给予的学业成绩评定外，利用元认知获得的自我评价也有显著作用。

6. 分组互动点评群

将全班学生异质分组，老师制定小组说题要求与评价要点，由组长组织成员开展"说"与"评"。当每个学生接到任务后，在规定时间内将"说题"视频放到小组微信群里，成员互相学习，并进行个性化的评价，在评价中不断提升自己的能力。

7. 成长名片得票榜

利用网络大数据功能,开展班级投票评比,是一种新型的评价形式,不仅能甄别学生学习情况的优良,更能激发学生努力学习的斗志。

8. 个性化成长记录袋

成长手册分评价项目、评价主体、评价任务、评价次数等 7 个栏目。个性素质单分"自评星""家庭星""伙伴星"3 部分。

9. 数据智能收集与反馈

老师积极将智能技术应用于评价数据的收集、处理和分析、反馈中,经历了从人工测评到智能慧评的个性养成教育转型。

第二节　中小幼真实性教育评价研究案例精选

一　中学真实性教育评价研究案例精选

疫情之下《傅雷家书》亲子共读评价案例

杭州市大成岳家湾实验学校　陈超君

摘　要:当前的名著阅读中缺乏有效的评价模式。疫情期间,学生在家学习,学习环境和共学对象发生变化。因此要根据亲子需求,重设评价内容;设置共读情境,创新评价方法;搭建评价平台,共享阅读成果。教师要引导学生和家长,基于现实情境,关注阅读本质,创新评价模式,开展亲子共读下的有效评价。

关键词:名著阅读;亲子共读;评价模式

一、案例缘起

八年级下册的名著《傅雷家书》是傅雷及其夫人写给两个儿子的家书。这些家书探讨了文学创作、艺术理论、人生历程,充满父母对孩子的真情流露。但是在实际阅读过程中,由于家书的形式相对枯燥、与傅雷父子的时代隔阂、缺乏相应的理论知识储备,学生对这本书并不喜欢,甚至不想看这类书。学生的审美经验与文本所展示的内容意义有过大的美学距离,导致学生丧失阅读兴趣。

同时,目前中学生的名著阅读因为缺乏有效的评价模式而往往流于形式。教师应当从评价内容、方法和主体3方面,通过多元评价,提升阅读效果。[①] 战疫期间学生在家学习,家长能更全面地参与学生的学习过程,为改革评价模式提供了契机。怎样以家庭的力量带动阅读,通过评价内容、方法和主体的改变,拉近亲子距离,引发了设计亲子共读评价模式的思考。

二、案例描述

(一)根据亲子需求,重设评价内容

线上学习离开了校园的环境,教师势必要考虑学生居家学习环境、共学对象的变化。此时和学生共学的,不仅是相距千里的同学,更有近在咫尺的父母。教师在平时与学生的沟通中,就要多倾听学生在家学习的真实需求,及时调整评价策略。

---

① 章新其.名著阅读评测的整体性思考[J].教学月刊·中学版(语文教学),2017(3):4-5.

笔者曾在批阅学生《傅雷家书》的批注作业上看到这样一段话：

> 我无法像傅聪一样，
> 拥有如此父母。
> 那只愿将来当我为父，
> 能够似傅雷一般，
> 给予他人生正确的方向。

从这则批注中，不难发现学生在亲子沟通上的需求。孩子和父母虽朝夕相处，却出现了深深的隔阂，让一个才14岁的孩子只能靠期许未来自己做一个"似傅雷一般"的父亲来自我安慰。

孩子们羡慕的傅聪，拥有怎样的父母？傅雷把儿子当作一个讨论艺术、音乐的对手，进行交流；想激发年轻人的感想，让自己这个做父亲的得些新鲜养料；借通信训练傅聪的文笔和思想；想时时刻刻给傅聪做个警钟，做一面"忠实的镜子"。他是一个慈父兼挚友，以促膝交心的方式给予孩子人生指南。

同时，在家长层面也流露出亲子沟通需求。因此，须根据亲子沟通的迫切需求，疏导亲子之间淤积的矛盾，重新设计评价内容。

(二)设置共读情境，创新评价方法

由于共学对象的变化，教师可根据名著内容，设置贴近亲子共读的阅读情境，开展亲子共读，创新评价方法。

例如，在《傅雷家书》的名著导读课后，布置写作任务："亲子回音"，详情如下。

写作：亲子回音

书中的第一封信(一九五四年一月十八日晚)中有一段话耐人寻味：

"孩子，我虐待了你，我永远对不起你，我永远补赎不了这种罪过！这些念头整整一天没离开过我的头脑，只是不敢向妈妈说。人生做错了一件事，良心就永久不得安宁！真的，巴尔扎克说得好：有些罪过只能补赎，不能洗刷！"

1. 你认为傅雷所说的"罪过"指什么。如果你是傅聪，你能理解体谅他犯的"罪过"吗？

2. 战疫时期超长宅家，你觉得自己和父母之间是否有过类似的"罪过"？若有，请你以书信的形式，真诚地吐露你的心声，可以摘录《傅雷家书》中适用于自己和父母之间的建议，争取获得父母的理解与认同。

请在信纸上以工整的字迹，誊写书信。

【评价方法】

1. 收集学生书信后，教师有选择地联系家长；请家长偷偷以书信或小视频的形式给孩子回信评价，交与教师。

2. 整合、选择后，节选能合理引用《傅雷家书》表达情感的内容在课上展示，请学生互评，交流感悟。

【设计意图】

《傅雷家书》的第一篇是傅雷写在与儿子离别后,他反思自己以前对孩子太严苛,字里行间充满深深的愧疚。父母管教子女严格这一点,很能引发学生的共鸣。教师可以借助《傅雷家书》为亲子之间架起一个"回音壁",学生从父子的冲突出发,以"罪过"为切入口,思考自己和父母之间的关系。这样既能引导学生阅读,又能以书信的形式,在亲子之间搭建沟通的桥梁,疏导亲子之间的矛盾。

教师可以基于现实情境,挖掘名著内容,创设贴近亲子共读的阅读情境,设置有梯度的阅读任务,在阅读任务驱动下,开展一系列的亲子共读活动。

阅读任务一,亲子之间互通书信,设置热门话题,请孩子和家长从名著中引用名言,学习写作、沟通的技巧,学会亲子之间合理表达情感的方式。

阅读任务二,亲子之间分享读书笔记,从名著中摘录适合自己家庭的教子之道、沟通之道,私人定制"理想的孩子和爸妈"。

阅读任务三,亲子共同朗读家书,为家长与孩子创造沟通的机会,拉近亲子距离,分享读书的感动与乐趣,用家书传递好家风。

在实施过程中,可以微课的形式先给予总体的指导,再对有特殊需求的家庭,加以个性化指导,有效地引导家长和孩子进行个性化的亲子共读。

(三)搭建评价平台,共享阅读成果

线上学习提供了更加丰富多样的评价平台,我们可借助班级群、线上广播、微信公众号等平台对亲子共读进行及时反馈。线上反馈的形式更多样化,可结合文字、图片、音频、视频等多种形式开展生动的评价,最大化推广共享亲子共读的优秀成果,让更多的学生和家长从中受益。

在"亲子回音"作业的评价过程中,教师收到学生的书信后,先从中挑选情感真挚、矛盾突出的书信发给家长。教师再次收集父母的反馈,在课上进行评价。

【学生作品】"母亲"到"妈妈"的距离

亲爱的母亲:

　　事实上,不知多久没有称呼您为"母亲"了。似乎只有在赌气时,才会像带有一丝讽刺意味般的这样叫。一个简单的"妈"字,才是我们生活的常态。我不愿意与您这样刻板严格的母亲交流,即使是眼泪也总是想往自己肚子里咽,不愿意展现给您看。

　　……可是母亲却好像可以隐藏所有内心的悲愤与不快,小心翼翼地将一切的爱给予他们的孩子。连傅雷这样一个严厉的父亲也在家书中向儿子表达了情感:"孩子,我真恨不得天天在你旁边,做个监护的好天使,随时勉励你,安慰你,劝告你,帮你铺平将来的路,准备将来的学业和人格……"

　　妈,当您读完这封信,我就会冲过来给您一个大大的拥抱。

您的女儿

2020.2.29

这封信中,学生准确地把握了"母亲"和"妈妈"这两个看似相同的称呼,所包含的不同情感距离。以此为契机,引导学生去《傅雷家书》中找,傅雷对傅聪称呼的变化,思考在"孩子"

"亲爱的孩子""聪"这些称呼中,傅雷对儿子的情感出现了哪些细微的改变。

再进一步引导学生思考家书写作的意义,如何借鉴家书的形式拉近彼此的距离。

请同学将你父母的信和傅雷的家书进行联系,比较自己父母和傅雷在表达方式上的不同。最后学生评论:"我们无法拥有像傅雷一样的父亲,但是我们可以向傅雷学习他的教子之道,学习表达爱的方式。"

显然,亲子共读下的评价模式能引发学生和家长共同浸入作品,启发学生在阅读的基础上做出批判性的思考和表达。

三、案例的研究价值

在评价过程中,教师基于现实的情境引导评价开展,家长以文字、音频、视频的形式参与评价,学生在评论区开展互动式评价,始终保证教师、家长、学生多元主体的参与。评价中注意以下原则:

第一,要注意根据亲子的差异性,开展个性化评价。

第二,选择具有普遍价值,能引发群体共鸣的案例,开展多元评价。

第三,选取具有典型价值的案例,开展深入文本本质的评价,引导阅读方向。

借助线上资源,搭建多样化的评价平台,开展多元主体的评价,达到亲子互动阅读的效果,以确保名著阅读的真正落实和语文核心素养的真正养成。

（本文获 2020 年杭州市中小学教学评价与考试优秀案例评比二等奖）

打造作文修改的多维评价系统

杭州市景成实验学校　　王荣平

摘　要:以一次作文修改为例,通过挖掘多元主体、搭建多个平台、开展多样评价打造作文修改的多维评价系统。坚持多元主体,以生为本,实行层级目标,注重结果导向,让学生的作文修改产生看得见的效果。

关键词:作文修改;多维;评价系统

一、案例缘起

《义务教育语文新课程标准(2011 年版)》中提道:"注重写作过程中搜集素材、构思立意、列纲起草、修改加工等环节,提高独立写作的能力""根据表达的需要,借助语感和语文常识,修改自己的作文,做到文从字顺。能与他人交流写作心得,互相评改作文,以分享感受,沟通见解"。[①] 注重修改加工环节,让学生能够自己修改作文,互相评改作文,这些都是新课改对作文修改的明确要求。

疫情期间,我出了一道作文题:

---

① 中华人民共和国教育部制定. 义务教育语文课程标准[M]. 北京:北京师范大学出版社,2012.

　　目前,新冠肺炎疫情防控已经取得一定成效,但仍有少部分患者在隔离治疗。隔离的生活里如果能读书,该是一件多么好的事! 可是浩如烟海的书籍,一时不知从何选择。在病房工作的护士妈妈,正好向你说起这事,想请你向尚在隔离治疗的新冠肺炎患者推荐一本书,让他们阅读后能够更有力量,对生命更加乐观,积极配合治疗,争取早日出院。你会推荐哪一本书? 要求能够准确把握书籍特点,并以书信的形式来完成推荐书籍的任务,500字以上。

　　这个作文题的设计,我的意图有三:①联系时事,用好疫情这个素材,设计生活情境;②引导阅读,挖掘书籍的精神内涵;③重视语体色彩,把握书信的语言特点。

二、案例描述

　　学生作文上交后,我通览一遍,发现问题挺多:①书信格式不当;②称呼及落款不妥;③书籍的精神挖掘不够或不匹配;④书信中的语体色彩不当。

　　于是我设定了等级评分标准(见表1):

表1　等级评分标准

等级	评价标准
A 等	书信格式正确,文章主旨鲜明,材料恰当, 书籍内涵挖掘深刻,语言得体
B 等	书信格式正确,文章主旨清楚,材料合题意, 书籍内涵挖掘基本到位,语言通顺
C 等	书信格式不当,文章主旨不明, 书籍选择不合要求,语言不通顺

　　我对所有学生的文章进行了等级给分。全班42人,A等只有5人,B等26人,C等11人。针对习作情况,我设定了修改目标(见表2):

表2　评价目标

格式目标	书信格式要正确,称呼及落款的修正,符合身份并得体
内容目标	挖掘出书籍的精神内涵,使之产生乐观积极的精神力量
语体目标	与新冠肺炎隔离者的对话要得体,要有心理抚慰作用
语言目标	能有表现读书美好的语言,激励患者从书中汲取力量

　　我设计了两节修改课,布置了3次修改作业。一番努力后,看到了学生的修改成果。最终,全班42人,A等达到35人,剩余7人B等。主要问题停留在书籍内涵挖掘的深刻性上,尚且需要一些时日解决。

　　学生(倪同学)初稿展示和修改稿展示:

致被新型冠状病毒所困扰的人：

您好！

在这个热闹的春节，在这个美丽的春天，新型冠状病毒侵扰了这个世界，而此刻的您或许正在和它做斗争。今天，我给您推荐一本书"做最好的自己"系列中的《来点给力的正能量》。

《来点给力的正能量》这本书的内容如它的名字一般，书中有四十多个十分有意思的、充满了正能量的小故事。希望这些小故事可以给您带来开心快乐和积极的正能量，让您感受到希望，不再害怕和急躁。

在《来点给力的正能量》中有一篇文章，叫作《生活会更好的》。这个故事讲述了一个病人，对未来充满了希望，在他乐观向上的心态和积极的配合下，最终康复了的故事。而对新型冠状病毒，您会害怕，会灰心，会焦虑，会觉得老天爷对人的不公平，但是您只要像这个故事中的病人一样对未来充满希望，保持乐观向上的心态，然后积极配合治疗，就会战胜病魔。

同时，您收获的将会是那"不经一番寒彻骨，怎得梅花扑鼻香"的喜悦！

列夫·托尔斯泰曾经说过："希望是指路明灯，没有希望，就没有坚定的方向；没有方向，就没有生活。""只要心态是好的、生活就会更快乐。"

"悲观者看到的是花下有刺，乐观者看到的是刺上有花。"《来点给力的正能量》是一本很好的书，希望您有空可以看看这本书。

祝愿您

早日康复。

杭州市景成实验学校　倪某某
2020年3月22日

亲爱的朋友：

您好！

在这个热闹的春节，在这个美丽的春天，新型冠状病毒侵扰了这个世界，而此刻的您或许正在和它作斗争。而读书可以让你放下焦虑，读书可以让你心情愉悦，读书可以给你带来满满正能量。所以，今天，我给您推荐一本书"做最好的自己"系列中的《来点给力的正能量》。

《来点给力的正能量》这本书的内容如它的名字一般，书中有四十多个十分有意思的、充满了正能量的小故事。希望这些小故事，可以给您带来开心快乐和积极的正能量。当你焦虑时，可以翻开这本书放松心情；当你悲伤时，可以翻开这本书寻找快乐；当你失望时，可以翻开这本书遇到希望。

在《来点给力的正能量》中有一篇文章，叫做《花的绽放》。这个故事讲述了一个老妇人，本来已经对生活失去了希望，但在一位老者的开导下，他找到了生活的意义——为孤儿院的孩子们买花。从此，她有了活着的希望，在她乐观向上的心态和积极的配合下，最终康复的故事。面对新型冠状病毒，您也许会害怕，会灰心，会焦虑，会觉得老天爷不公平，但是您只要像这个故事中的病人一样对未来充满了希望，找到一个自己的精神支柱，保持乐观向上的心态，然后积极地配合治疗，就会战胜病魔。同时，您收获的将会是那"不经一番寒彻骨，怎得梅花扑鼻香"的喜悦！

列夫·托尔斯泰曾经说过："希望是指路明灯，没有希望，就没有坚定的方向；没有方向，就没有生活。"只要心态是好的，生活就会更快乐。

"悲观者看到的是花下有刺，乐观者看到的是刺上有花。《来点给力的正能量》是一本很好的书，希望某一天，在医院的角落里，在医院的走廊上，在某间病房中，您的手上捧着一本书，也许那本书就叫作《来点给力的正能量》，找到自己的正能量！

祝愿您

早日康复。

杭州市景成实验学校　倪某某
2020年3月22日

初稿中存在的问题有待改进。修改稿中，对象由"被新型冠状病毒所困扰的人"改为"亲爱的朋友"，增加了三处排比句，增加了书籍精神力量挖掘的部分，并举出具体的故事《花的绽放》，让病中的患者能够有代入感，理解作品人物和故事内涵，从而增加勇气，乐观面对疫情。全文的语言表达更温和、更亲切、更诚恳了，有娓娓道来之情意，更符合书信中的语言交流特点，更符合与患者交流的情境。有颜色的部分就是学生两次修改的成果。最终在入选公号推送时，我再次为她进行了修改，在部分语句的细节上、在落款的位置上做了调整。

公众号推送版（教师修改版）。

亲爱的朋友：

　　您好！

　　在这个热闹的春节、在这个美丽的春天，新型冠状病毒搅扰了整个世界的安宁，而此刻的您尚在医院与之斗争。我能理解您的焦虑和担忧，但唯有排解它们才能让您早日恢复健康。我希望您能有机会读书，读书可以让您放下焦虑，读书可以让您心情愉悦，读书可以让您能量满满，我给您推荐一本书"做最好的自己"系列中的《来点给力的正能量》。

　　这本书的内容如它的名字一般，书中有四十多个十分有意思的、充满了正能量的小故事。当您焦虑时，翻开这本书可以放松心情；当你悲伤时，翻开这本书可以获得快乐；当您失望时，翻开这本书可以找到希望。

　　其中有一简文章《花的绽放》。故事讲述了一个对生活失去希望的老妇人，在一位老者的开导下，为孤儿院的孩子们买花，从中找到了生活的意义，有了活着的希望，她渐渐变得乐观向上，积极配合医生治疗，最终康复了。我相信您读整个故事一定会感同身受。面对新型冠状病毒，您也许会害怕，会灰心，会焦虑，会觉得老天爷不公平，但是您只要像这个故事中的病人一样对未来充满希望，找到自己的精神支柱，保持乐观向上的心态，积极地配合治疗，您一定会战胜病魔。同时，您收获的将会是那"不经一番寒彻骨，怎得梅花扑鼻香"的喜悦！

　　生活是相同的，看的人各个不同。一同看玫瑰，悲观者看到的是花下有刺，乐观者看到的是刺上有花。列夫·托尔斯泰曾经说过："希望是指路明灯，没有希望，就没有坚定的方向；没有方向，就没有生活。"只要有希望，生活一定会好起来。

　　《来点给力的正能量》是一本很好的书，希望您能捧起它，无论是在角里、走廊上，或是在病房中，只要您读到了，就一定能找到自己的正能量！

　　祝愿您早日康复。

　　　　　　　　　　　　　　　　　——杭州市景成实验学校　倪某某

　　　　　　　　　　　　　　　　　2020年3月22日

不难看出，学生的习作华丽转身了！文章格式上符合书信要求，语言更亲切、自然，能够有抚慰的力量；并且在书籍的内涵挖掘上凸显了"积极乐观"的生命力量，和之前相比发生了极大的变化。

1.挖掘多元主体

定方向的主体——教师。如，在第一次修改时的支架文章，教师用这样的评价引领学生："卢同学的文章能够和新冠患者朋友相称，拉近了相互之间的距离。在荐书过程中选择了充满爱和温暖的《窗边的小豆豆》，能够像一缕阳光照射患者的心头，在鼓励的话语中给患者力量，帮助患者树立信心。结尾时回到学生身份，自然亲切。"这个评价既赞赏了卢同学的文章价值，也明确了学生修改作文的方向。教师在本次作文评价中，一共有一次定性定量评价，三次支架式评价，为学生的作文修改指明方向。

促完善的主体——学生。学生既要对自己的文章进行评价，也要对他人的文章进行评价；既要对自己的文章进行修改，又要对自己修改后的文章进行评价；学生既要独立作出评价，又要在小组讨论中总结评价。学生在评价与修改中不断切换角色，既加深了对自己文章的认识，又能在评价中博采众长，兼收并蓄，提升修改能力。

扩影响的主体——家长及公众。好文章推送后，面向家长和其他公众发出"评价"邀请，并在留言区跟帖。有位家长看到孩子的文章，觉得孩子的作文写得越来越好了，进步很大。有位公众人士在阅读学生的文章后，留言说现在的孩子真了不起，小小年纪却能有那么多知识积累，表达也不错。这些力量的参与，大大地丰富了评价系统。

2.搭建多个平台

《义务教育语文新课程标准(2011年版)》中提到写作教学要"积极合理利用信息技术与网络的优势,丰富写作形式,激发写作兴趣,增加学生创造性表达、展示交流与互相评改的机会"。

在本次作文评价和修改中,开发了多个平台。

初级平台——PPT,将最初修改的范本以PPT的形式呈现,受众是全体学生;二级平台——修改视频、QQ会议(网课期间),让学生在小组内交流个人修改的视频,他人通过连线的方式评价,受众是小组学生;三级平台——班级公众号,同学修改达标的文章有机会被推送。在每一个平台,评价都是进行时。在每一个平台,学生的作文修改水平都在悄悄地发生变化。

3.开展多样评价

质性评价与量性评价结合。在修改之初,教师对所有上交作文有初步评价:划分等级,使用量化评价;撰写简单的评语,使用质性评价。之后进行三次支架式评价,都采用质性评价。

过程性评价与结果性评价结合。在教师的评价中,一次一次地变换内容,一次次着眼学生的修改,始终坚持过程性和结果性相结合。公众号上推送的文章,教师也要评价,让学生能产生对比,感受修改的魅力。

封闭式评价与开放式评价结合。在修改中,既有对内容和形式进行指定的封闭式评价,也有不做具体要求的开放式评价。封闭式与开放式结合,既能够达成既定目标,又有利于开拓思维。公众号的评价属于开放式的,教师和学生的评价属于封闭式的。

三、案例的研究价值

(一)主体的多元性

评价主体不再只是老师,而是有学生、家长甚至社会公众,但仍以学生为主。这样的评价模式,产生系统效应,最终作用于学生。通过评价学生有了发现,通过发现学生进行修改,主动探究、合作共赢,不仅获得了作文修改的乐趣,也激发了创造力,提升了写作素养。

(二)目标的层级性

在本案例中,教师的每一次支架搭建,学生的每一次自评和互评,都有分级目标。从格式到开头结尾,从篇章布局到语言修饰,从书籍选择到核心精神把握,评价的目标不同,评价的层级也不同。每次解决一个小问题,将评价与修改联系起来,完成分级任务,按步骤推进。平台的搭建,多元评价的融合,从初级样本文章的推送,到最终修改的佳作选送,从Word版到视频版到推送版,学生的作文获得了华丽转身。

(三)结果的导向性

整个评价系统的不断推进,是以结果为导向的。学生的文章最终要怎么样,评价就朝着这个方向迈进。不能为评价而评价,不能搞花样搞形式,要让学生随着学习进程水到渠成获得结果。学生在每一次获得评价后能够产生修改的结果,充分证明评价有促进作用,并且一步步导向结果。

(本文获2020年杭州市中小学教学评价与考试优秀案例评比二等奖)

大数据背景下的信息技术课堂评价模式探索

——以七年级《文字处理与应用》为例

杭州市启正中学 单 俊

摘 要:在信息技术课堂教学实践过程中,存在课堂评价数据匮乏、内容泛化、形式单一等问题。该案例以七年级《文字处理与应用》一课为例,提出借助大数据技术,建立强大的数据支撑进行随堂反馈;聚类分析,聚焦问题,定制个性学习包;关联分析,开创文化;定制实施多元化的评价方法和手段,以评促教,以评定学,最终达到"因材施教的个性化教育"的目的。

关键词:信息技术;课堂评价;大数据

一、案例缘起

(一)形式单一 评价手段无新意

日常教学中,"示范、模仿、反馈促进、激励评价"是常态。对学生来说,机械、单一的形式缺乏新鲜和创新的魅力。如何做好及时反馈这个课堂环节,如何利用好现代化的手段以及建立评价数据库,如何关注问题并进行聚类分析?

(二)被动学习 自主学习能力弱

日常信息技术课堂中,由于教师在教学过程中的"强势"地位,学生只能被动接受教学过程中"被动"这个角色,如此情况发展下去,将导致学生自主学习能力薄弱,对知识结构建立缺乏实践,思维的锻炼严重缺乏,学习能力无法显著提高。没有经历实战的兵永远是新兵,而得不到实战的学生也就不能在实战中得到经验的积累,学生的自主学习能力将非常薄弱,当然学习的效率也非常低下。

(三)班多学生多 分层教学难

初中信息课上,授课的班级多,还有可能跨头。如何第一时间准确地掌握每一班每一个学生的学习情况是一个难点。[①] 最常见的纸质登记,无法数据整合和更新,无法实时向学生和家长形成及时的过程性数据,同时也影响了教学策略的制定和实施。利用实时便捷的数学平台制作实时数据图、表、材料等,制定切实可行的教学策略,提高课堂教学效率,分层教学有据可循。[②]

二、案例描述

大数据背景下的中学信息课堂目的是促进教育发展的一种活动。本次研究将测量、统计和研究的过程浓缩成单词 EAP,E(建立)、A(分析)、P(个性)利用现代化的信息平台来丰富数据的收集和积累,同时为教学管理、教学评价等方面提供了极大的便捷。以下结合课堂实践撰写几点个人的想法,如图1所示。

① 兰丽.论中学信息技术的课堂教学[J].山西青年,2013(14).

② 朱益明.对我国教育评价实践的审视[J].教育测量与评价(理论版),2009(6):4-7.

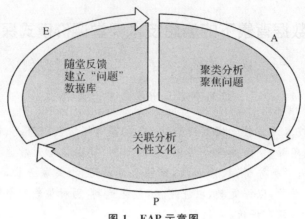

图 1　EAP 示意图

(一)随堂反馈建立"问题"数据库

信息社会的当下,对数据的研究和对数据的合理利用也是教育领域的主要研究对象。翻转课堂、MOOC 课堂、微课堂等形式在线教学的出现,让我们的教学方式和手段不断地进化和丰富。改变教学方法是未来的发展趋势。只有不断地学习和进步,才能适应如今高速发展的社会;只有数据的积累,你才能对未来的发展做出最好的判断。我们应当在日常工作和学习中不断积累。

设想在信息技术课堂中可借助现有的一些应用软件或 App 开展课堂教学与评价,充分挖掘现有软件的数据价值。通过电子教室软件,自主命题,收集分析学生一节课下来所掌握的情况,进行随堂反馈。① 见图 2 所示。

图 2　调查问卷

教师通过问卷星后台,能够很清晰地下载到对于一个问题一个班的反馈信息。当然,每一个学生的详细填表信息也清晰可见,见图 3、图 4。

---

① 杨佳睿.激发学生兴趣,培养学生动手能力——浅谈中学信息技术教学[J].雅安职业技术学院学报,2007(1).

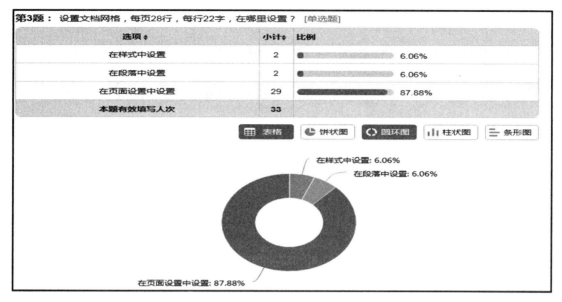

图3　全体学生分析

图4　学生个体情况信息

通过问卷星的及时反馈,了解全体学生上课学习知识的情况,了解学生个体将掌握的知识转化为实践操作的情况。

通过合理、巧妙的教学手段,借助相应的辅助类软件问卷星,学生能够熟练地操作这类应用软件,同时也能够为教师收集大量的学习数据,见图5。

利用问卷星进行课堂反馈后,针对本堂课教学主要存在着对 Word 中的格式刷不清,可以获悉学生这节课实际掌握情况,根据问题做好后续针对性的复习和指导。

(二)聚类分析　聚焦问题

所谓聚类分析,即将相似的数据按一定的相似性划分为若干类,使同一类之间的个体差异最小化,使不同理解之间的个体差异最大化。我们利用信息技术教师的特点和优势,为自己搭

序号	提交答卷时间	来源渠道	答案文本	查看答卷
21	11月29日 16:00	链接(直接访问)	格式刷	查看答卷
22	11月29日 16:00	链接(直接访问)	没有	查看答卷
23	11月29日 16:00	链接(直接访问)	很多知识点都没掌握，有1，2，3，4级标题，一些排版的标题	查看答卷
24	11月29日 16:00	链接(直接访问)	无	查看答卷
25	11月29日 16:00	链接(http://www.so.com/)	无	查看答卷
26	11月29日 16:00	链接(直接访问)	四级标题	查看答卷
27	11月29日 16:00	链接(http://www.so.com/)	没有	查看答卷
28	11月29日 16:01	链接(直接访问)	无	查看答卷
29	11月29日 16:01	链接(直接访问)	无	查看答卷
30	11月29日 16:03	链接(直接访问)	行距	查看答卷

图 5　学生访问及问题反馈信息表

建有利于发展的丰富基础和平台，克服困难，提高技术，完善自评和互评准确性差等问题。[①]

基于问题的解决，可分为：一是数据预设工作；二是选择组内相似的数据的界限；三是聚类分组；四是储存评价保存的数据。通过过程性学习和研究，得到数据，结合到学习过程、学习内容、学习方法、学习效果等研究中。根据学生的实际情况，推出符合学习实际的重点、难点，帮助学生解决和讲解重点、难点问题，有利于更好地学习和掌握学生的知识点，见图 6。

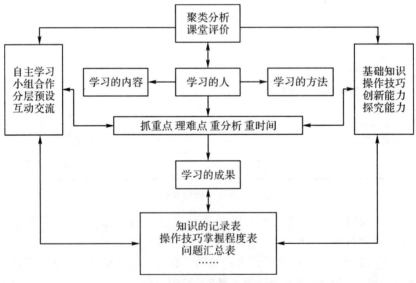

图 6　聚类分析课堂评价表

通过聚类分析聚焦、快速定位、准确分层重点、难点，满足学生的学习需求，激发学生的学习积极性，拓展学生个性化自主学习能力，见图 7。

---

① 李明华，刘全，刘忠，郜连霞. 数据挖掘中聚类算法的新发展[J]. 计算机应用研究，2008(1).

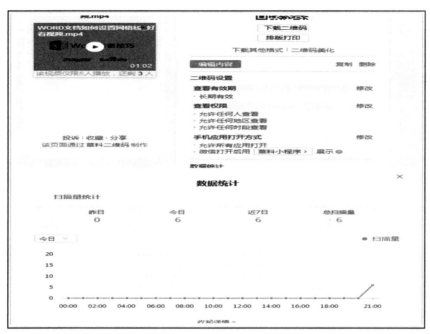

图 7　草料网资料数据

　　依据学生对知识点的掌握情况,分成多个组,通过草料网编辑二维码,个性化解题定向发送,激发学生自主学习热情。

(三)关联分析　个性文化

　　课堂文化是一种以智慧教育为基础的文化,它创造和激发一个鲜活、有效、充满激情的课堂,从而形成一个开放、自由、和谐、智能的课堂,并且提高师生学习生活质量的课堂文化。

　　通过分享,关注学生的学习状态和学习经验,鼓励学生培养自我评价和相互评价的能力,为学生创造轻松愉快的学习环境,充分调动学生主动学习和自主学习的积极性,[①]详见表1。

表 1　个性化分析

	目标	定位	方向
学生	了解并理解学习目标及表现的内涵	自评	反思
同伴	理解和分享学习目标及表现的内涵	互评	反思促学
教师	讲解和分享学习目标及表现的内涵	设计任务获取数据	积累数据针对教学

　　通过教师的细致引导,师生互动,应用到课堂评价的构建中,努力追求多元化的评价机制。

　　教师作为课堂教学的主导者,应把控整个课堂,善于分析、发现课堂中的问题,有效整合问题,实现课堂评价的多元化。要形成师生互评、互促、互学的良好氛围,以教师评价为导向,厘清学生的自我评价,详见表2。

---

　　① 董尉民.课堂教学要采用有效的评价方式[J].新课程研究(基础教育),2010(8).

表 2　评价分析

	过程	作品	演示
评价内容	作品设计 作品实践 小组合作	功能完整性 拓展性	PPT 汇报 演讲 小组合作
评价主体	教师 学生评价	教师 学生评价	教师 学生评价
评价方式	观察	观察、使用 检测	观察
评价类型	形成性	总结性	总结性

由表 2 可以看出,课堂中学生的表情、动作、言语等均是文化,通过关联分析可以得出学生对教学内容、教学方法的适应程度,教师可以合理安排教学重难点,调整教学方法。

三、案例的研究价值

(一)激发信息技术学习兴趣,发挥自我评价的激励性

每次上课都不用担心问题解决不了,不光老师能够解决问题,还能够得到定向推送个性化的学习资料,见图 8、图 9。

图 8　学习资料二维码　　　　图 9　学生在线学习演示

学生通过扫描二维码,获得自己所需要的材料,不受时间、空间的限制,提升自主学习能力,让学生有学会知识的成就感,提升借助信息技术学习的能力,提高对信息技术课程的学习兴趣。[①]

(二)及时调节教学活动,促进教师评价的针对性

在大数据下的信息课程,统计分析功能可以提高学生的课堂参与度,能够通过收集到的数据促进学生自我完善相关评价。第一,帮助学生巩固学习,给予学生有针对性的反馈。第二,重点分析学生掌握的薄弱知识点,提高教师教学和评价的针对性和有效性。第三,要及时把握教学进度,巩固学习难点,拓展学习重点。[②]

(三)充分调动学生参与,体现课堂评价的过程性

系统分析个性化的材料,及时推送以及做好认真评价,激发学生的学习兴趣,大大提高师生互动和学生课堂参与的频率和效果。通过研究,提高各方面学生的学习能力。[③]

---

① 李冬梅.知识观念更新与学生能力培养[M].长春:东北师范大学出版社,2012.
② 钟洪彬.信息技术课程教学中对学生评价改革的尝试[J].小学时代(教师),2010(8).
③ 宋伟,谢长兴.优化课堂教学评价　促进学生全面发展[J].教育革新,2005(2).

(四)高效记录学生数据,注重课后评价的发展性

为每个学生建立一份完整、准确、详细的知识点掌握评价报告,完善学习情况的分析库。本数据不仅可以帮助教师了解情况,调整后续的教学行为,使家长能准确了解学生情况,还能让学生利用这些数据进行自我评价,记录统计数据,作为对这一学习阶段的发展性评价。①

(本文获 2020 年杭州市原下城区中小学教育评价研究案例评比一等奖)

为学生作文开专题研讨会并颁奖

——小组循环作文中的"慧眼识珠"多元作文评价

杭州市风华中学　蒋晓君

摘　要:该文以现实背景中作文修改的被动局面为背景,为了促进作文的有效修改,让学生重视评语,提升写作能力,提出为学生作文开专题研讨会并颁奖,探索在小组循环作文中进行"慧眼识珠"多元作文评价的模式。

关键词:作文修改;评语;多元;评价

一、案例缘起

在作文教学上,很长一段时间,我都是做"保姆式"的作文批改,精批详改,连错别字也包办代替给改了。然而,事实上,我发现,学生更重视的是分数。对于评语,有些学生会认真阅读,有些学生根本不看,连改好的错别字都不愿意多瞅一眼。如此一来,练习作文的效果可想而知。

怎样才能让学生重视评语,从另一个角度重新审视自己的文章,从而不断提高写作水平,完善写作能力呢?

二、案例描述

通过一段时间的思考,我认为:首先,要改革学习组。学习组是通过共同的有意义的学习活动,在民主评选并确定组长后,由组长和组员"双向选择",以自愿的原则组成学习组。

其次,明确学习小组的目标和任务。学习小组成立后,要结合各小组成员的实际,制订学习计划,确定学习组的共同目标以及各成员的分目标;同时,要求每次布置的作文作业(随笔除外),均由小组成员合作完成,老师组织全班同学一起评比,这样既调动了所有人的积极性,也能增强学习小组成员的集体荣誉感。

最后,规范建设小组循环作文及评价的秩序。在写作前,先由学习组长负责,根据写作水平从高到低安排好写作顺序,依次轮流写作,从而充分发挥那些认真写作的、基础较好的学生的示范引领作用。如果条件允许,还可以鼓励学生相互切磋,选取好的角度和题材写作;同时,最重要的是让每一名学生都可以看到老师的评语,可以互相比较作文页面、字体等,从而有效地激发其写作的积极性、主动性和创造性。

去年的一次作文,我说,"临近母亲节了,咱写写妈妈,好吗?"

---

①　李艺.中小学信息文化教育与信息技术教育问题观察报告(上)[J].中国电化教育,2002(5).

教室里一片叹息。孩子嘟着嘴："妈妈有什么可写的？太熟悉了！小学就写烦了！"

我说："就因为小学写过，所以才要写。你在长大，你看妈妈的视角也会发生变化，你能把这些变化写出来，才算是真正的成长呢！"

于是学生开始写了，这次是就同一话题写命题作文《母爱》。

作文写好了，开始开专题研讨会。在研讨会前，大约有 10 分钟时间，在每一个学习组里，学生静静地阅读欣赏着其他同学的作文。

借鉴"头脑风暴"的思路，所有组员在学习组内轮流向其他组员充当小老师，讲解他（她）的作文的亮点，并进行自我评价。在这一分享和交流的过程中，学生认真思考并记录作品中特别好的部分以及有待改进的地方。如果不明白，可提出问题，但不得取笑别人；然后，轮流对作者进行评价，一定要从积极的评价开始，作者仔细聆听并记录，以便在修改作品时参考。

然后，根据其讲解的作文质量，学习组评出最佳凤头、龙尾、立意、语言、书写等单项奖和最佳慧眼识珠奖，并撰写"颁奖词"。颁奖词就是在赏析的基础上概括甚至放大被推荐同学作文的优点。颁奖词写好了，进入激动人心的颁奖环节，学习组派代表宣读颁奖词。

小组循环作文还有第二种形式，就是就一个话题继续写下去，如《期中考试后的双休日》，先写的同学除写作外，还要圈画出美词佳句并写上自己的"评语"；后写的同学要先当读者，认真阅读前一个同学的作文，用不同颜色的笔符号圈画出美词佳句并写上自己的"评语"。圈画自己及他人作文的美词佳句并评价，从而引领学生睁大眼睛去发掘自己以及同学作文上的闪光点，使各层次的学生都能体验到成功的快乐。

学生评语：语句通顺，不要再想这件事情，我们要忘记过去，未来才是最重要的，我相信你一定会成功的。

评价人：周仙娇

学习组长评语：题目吸引读者，语句通顺。

评价人：毕艳

在学生评价的基础上，我是评语加打分，也即口头评价后组织学生进行投票评比。譬如，毕艳学习组的评价我是这么写的：

老师相信你们的未来一定不是梦，因为你们有对自己、对组员都那么负责的组长，除了能自己带头认真写好作文，还将组员的每一篇作文进行精改细评，十分的难能可贵！同时，组员也相当出色，能在文章中巧妙地借景抒真情。这，应该是你们组留给老师最深的印象。并且，大部分同学能在题目上下功夫。

第一篇文章，字迹清晰美观，把下雨想象成老天在为自己哭泣，心情如下雨的天空的颜色一般黑，使读者真切地感受到作者考试后苦闷的心情。而且，也提出了让父母、老师站在自己的角度评判问题的希望，感情真挚。只是，考试不是生活的全部；而且，身体发肤，受之父母。所以，真的没有必要发出考不好要怎样的毒誓，很让人心疼。

分数：95 分

第二篇文章，首尾呼应，并且能引用老师的话抒发内心的情感，引用同学的话谈出自己的感受，构思新颖，情感细腻。另外，与其怀疑自己的能力不如三省吾身，找找自己学习方法以及学习态度上的不足，这一点很值得我们借鉴。

分数：85 分

第三篇文章题目就让人眼前一亮。全文以考试后度日如年的心情为线索,借"漫长"一词巧妙地点出了考试后等待成绩揭晓的紧张以及苦闷的心情。尤其是面对揭晓的成绩,班上各色人等不同的表现的描写,体现了作者敏锐的观察力。

分数:95 分

第四篇文章,考试后的心理描写刻画得较细腻。例如,文中的考试后,自己反倒像被施了魔法的小鸟,生活只剩下单调的读书、吃饭、睡觉的内容,让人更真切地体会了作者的烦恼。只是,既然选择了烦恼为主旋律,那么,有些关系不大的词句,如放松就应删去或改成转折复句。另外,愤怒和烦恼也是两种不同的情绪,宜加以区分。

分数:85 分

根据心理学的皮克马利翁效应和"南风效应",诚于嘉许是激发学生潜能的良药。所以,师生评价都要善于发现写作者习作中的优点,并予以充分的肯定和赞许,让作者感受到成功的喜悦,从而增强写作的信心和兴趣。当然,作文存在的问题和缺点也不是避之不谈,而是要委婉地说。

三、案例的研究价值

(一)凸显了学生作文的阅读价值

在以往的作文教学中,作文从学生笔下诞生起就以接近密封的方式来到教师的笔下,经过教师对字词句的圈点回归到学生的手中。如果不是最佳习作,它便很难再有第三个阅读者。而"慧眼识珠"多元作文评价却让这些作品有了更多的机会亮相于全体同学面前,实现了作文被更多的人阅读的实用价值,唤起更多学生,尤其是作文水平暂时较差的学生写作的兴趣和自信,并帮助其养成良好的书写以及表达习惯。

(二)回归了学生自主学习的地位

新课程理念要求教师实现角色新的定位,即教师成为学生的促进者。在"慧眼识珠"多元作文评价中,学生既能在阅读中享受独特的情感体验,又能按照自己的喜好来评价同学的作品并自主投票,使学生自主学习的权利得以回归。

(三)提升了学生的欣赏评价能力

欣赏评价能力是学生应该具备的基本语文素养之一。在以往的作文讲评课中,往往是教师选一两篇典型作文进行讲评,学生的欣赏评价只是在教师大意见下展开的小争鸣。现在,学生通过领会同学习作中的妙处和发现其瑕疵,阅读评价能力得以提升。

(四)培养了学生的写作反思意识

多写多练能增强学生的作文能力,但学生在一次次不同题材的写作中经历的是一次次近乎类似的过程,很少有对自己写作活动进行反思的机会。在"慧眼识珠"多元作文评价后,学生开始自觉地考虑作文开头结尾的新颖,斟酌作文立意的奇巧,揣摩用词造句的精妙,从一定程度上,学生培养与发展了写作的反思意识。

总之,为学生作文开专题研讨会,并进行"慧眼识珠"多元作文评价,每一个成员都以自己的写作个性启发影响着伙伴,加上合作中确立的责任监督机制、互助原则,都会有效地帮助学生发现智能所长,促进各种智能的协调发展;同时,学生在建构与运用语言的同时,提升了欣赏评价能力,培养了写作反思意识,内化了语文核心素养。

(本文获 2021 年杭州市原下城区中小学教育评价研究案例评比一等奖)

基于核心素养培养的初中数学线上作业评价策略的实践和探索

——以疫情背景下"八下作业评价"为例

杭州市明珠实验学校　陈永华

摘　要:该文基于核心素养的培养,依据数学课程标准中对评价的建议,结合疫情下的数学作业评价案例,提出"互联网+"环境下初中数学线上作业评价方式的 6 种策略。

关键词:核心素养;作业评价;初中数学;线上

一、案例缘起

核心素养是指学生应该具备的适应终身发展和社会发展需要的必备品质和关键能力,但传统的作业评价主要停留在对错的评价上,不利于学生核心素养的培养,极大地削弱了评价的目的。[①]

《数学课程标准》指出,评价的主要目的是全面了解学生的过程和结果,激励学生学习和改进教师教学,全面评价学生在知识技能、数学思考、问题解决和情感态度等方面的表现。应采用多样化的评价方式,关注学生的个体差异。[②]

作业评价是培养学生核心素养的重要组成部分。在作业评价中,教师应关注学生数学学科核心素养的达成。"互联网+"环境向学生提供丰富的学习资源和有力工具。现笔者整合"互联网+"优势,结合疫情下的八下线上作业评价实践案例,探索基于核心素养的初中数学线上作业评价方式的策略。

二、案例描述

案例一　展示评价

该评价优点:(1)评价主体多元化,不停留在学生之间,而是拓展到老师、家长,甚至社会人士;(2)评价平台多样化,从班级到年级,到学校,再推广到社会,极大地增强了学生的参与感;(3)展示评价内容可以永久保存或实时更新,阅览者可以无限次回看;(4)评价者与被评价者互相促进,达到评价目的。

(一)课后知识巩固作业展示评价

评价关键点:(1)书写端正;(2)对于疑难点的解决有自己的总结反思。

操作方法:(1)教师选择要展示的内容;(2)教师推优;(3)在班级微信群或者 QQ 群网络

---

①　史白齐.基于核心素养培养的初中数学作业设计探研[J].基教与成长研究,2020(4):80.

②　数学课程标准[M].北京:北京师范大学出版社,2012:52-59.

平台每天进行展示。

注意点：(1)用多种颜色的笔区分各块内容；(2)选择具有示范作用的作业。

(二)课外拓展展示作业评价

1.图形设计创意大赛

评价关键点：(1)基本图形来源于书本；(2)图形设计要有创意,体现数学想象力；(3)体现数学与生活的联系。

操作方法：(1)教师选择基本图形；(2)学生运用基本图形设计创意图形；(3)师生共同推优；(4)发布到学校公众号。

注意点：(1)先用铅笔构图设计,再用彩色笔涂色；(2)可以是纸制的也可以是电子的。 如图 1 所示。

图 1　课外作业评价案例

2.数学小报

评价关键点：(1)数学知识的运用；(2)体现数学与生活的联系。

操作方法：(1)教师选择主题；(2)设计评价表；(3)学生设计作品；(4)开展自评、同学评、教师评、家长评；(5)班级展示优秀作品；(6)推优到年级；(7)家长用小程序参与投票；(8)推送年级优秀作品发布到学校公众号。

注意点：数学小报要体现数学知识的运用,不要脱离主题。如表1、图2所示。

表 1　数学小报评价表

评价内容	自评	同学评	师评	家长评
排版编辑(15分)：排版合理,整洁大方				
界面美观(15分)：书写工整,色彩和谐				
数据信息(20分)：数据清晰,来源真实				

评价内容	自评	同学评	师评	家长评
图形设计（20分）：统计图表无数学错误				
数据分析（15分）：准确分析背后的信息				
情感态度与价值观（15分）：是否体现数学价值				
总得分				

评语：

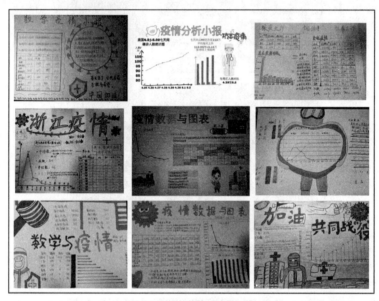

图 2　数学疫情小报展示

案例二　官网、App 或小程序检测评价

该评价优点：(1)可随时随地自我检测；(2)提交后生成个人及班级报告及相应等级评价；(3)系统会自动汇总一段时间的表现，绘制统计图；(4)系统会重组学生错题，整理成集；(5)教师可依据系统评价结果调整教学方案，也可以推送分层作业。

(一)云竞赛

评价关键点：(1)用数学知识解决问题的能力；(2)数学课外知识面。

操作方法：(1)选择题源；(2)用官网、App 或小程序组卷；(3)设置做卷时间；(4)分析生成的数据报告；(5)拟定表现优异名单，推送到班级、年级及学校微信公众号。

注意点：(1)题目设置要分层，让每个学生可以参与；(2)可按学生学情分层评价；(3)做题时开摄像头监测。

(二)课前预习

评价关键点:检测书本基础知识预习的掌握情况。

操作方法:(1)用 App 设置题目;(2)组卷、生成试卷;(3)设置做卷时间;(4)分析生成的数据报告;(5)根据报告,调整教学计划。

注意点:预习题题数设置不要太多。

案例三　录像自我评价

该评价优点:(1)评价学生在知识技能、数学思考、情感态度及价值观等方面的个性化表现;(2)检测了学生听课记笔记,课后落实情况;(3)来源于学生,以学生为主体,体现了生本理念;(4)评价过程中学生逐渐变得大气自信。

评价关键点:(1)清晰地表述知识点;(2)严谨有条理地讲述解题方法;(3)学生展示自我。

操作方法:(1)选择内容;(2)学生组织内容;(3)录视频。

注意点:(1)学生可以先写在纸上,边讲边划做标记;(2)内容形式不限,可以是文字描述、图片、表格、PPT 或视频相结合。

案例四　语音或视频通话口头评价

该评价优点:(1)评价生动有效,亲切自然;(2)评价学生作业中的问题,可多次回放;(3)学生能深切地感受到老师的用心。

评价关键点:(1)学生表述学习情况;(2)师生的情感交流。

操作方法:(1)教师先组织要讲的内容;(2)语音或视频沟通;(3)教师总结并提出要求。

注意点:(1)人多可以建群,一对多评价;(2)注意和学生沟通的语态。

案例五　推送课外知识和方法摘记评价

该评价优点:(1)推送的内容质量高,内容精辟;(2)时间短,可无限回看;(3)内容全面,资源丰富。

评价关键点:(1)记录课外拓展的知识点内容;(2)摘记与课堂中不一样的解题方法;(3)书写端正。

操作方法:(1)教师精选要推送的内容;(2)学生阅读或视听;(3)学生整理摘记;(4)采取积分制,可用积分兑换与数学有关的小愿望。

注意点:摘记时学生可以按自己的理解摘录。

案例六　用表情包、图片、创新符号或网络体语言评价

该评价优点:(1)评价方式接地气、生活化;(2)改变教师的严肃形象,拉近和学生之间的距离。

评价关键点:(1)学生作业问题反馈;(2)学生的小细节。

操作方法:收集比较有趣又能看懂的表情包、图片或和学生约定有意义的符号意义。

注意点:注意符号表情包、图片是否得体。

三、案例的研究价值

(一)借用平台,联手学生、家长、教师及社会人士,拓展展示评价

平台层出不穷,比如微信、官网、微博、QQ、学校的微信公众号、App 等成为与家长沟通的一个重要途径。可借用这些平台,联手学生、家长、教师及社会人士进行多主体共同评价,晒优秀成果。课后知识巩固和课外拓展作业展示评价等非常适用。

(二)巧用 App 或官网或小程序,实现自我检测,拓展检测评价

专业学习的 App 或官网或小程序越来越多,比如洋葱数学、一起中学、学科网作业通、智学网、班级小管家、问卷星等都可以对学生进行测试评价,系统可以自动批改,如果有解答题可以采取教师批改或同学互批评价模式。特别适合课前预习,课后巩固,错题重做,单元知识点复习及分层作业等。

(三)妙用多媒体制作软件,自制录像,拓展自我评价

评价学生的知识技能展示时,可以突破传统的纸媒模式借助多媒体进行评价。比如可以用 EV 或手机进行录屏,爱剪辑剪辑视频,PPT 或 Excel 生动形象地表述内容,Duck Capture 截图,Camtasia Studios 录微题。在课后知识复述、单元知识总结、错题讲解、例题方法评价时比较适用。

(四)善用通信功能,进行语音或视频通话,拓展口头评价

传统中面对面进行口头评价,互联网中可以善用一些 App 的通信功能。比如常见的微信、QQ、钉钉,不仅可以实现语音通话,还可以实现视频通话;不仅可以一对一进行评价,还可以一对多进行口头评价。

(五)运用网络资源,摘记知识和方法,拓展课外知识评价

网络平台有很多微课,可以共享这些资源向学生推送新课的拓展知识,评价课外知识。在新知识巩固拓展及能力提升方面特别有益。

(六)利用网络多元化背景,结合表情包、图片、创新符号或网络体语言,拓展语言评价

传统作业评价中,教师一般打"×""?""√"及等级,比较单一。网络多元化背景下,可以引入各种表情包、图片、自己创新的符号或网络体语言拓展语言评价。

(本文获 2021 年杭州市教育评价案例评比一等奖)

分层教评   异质提高   共同进步

——以体育引体向上教学为例

杭州市景成实验学校   黄淇伟

摘   要:该文基于体育中考训练中出现的实际情况,提出五大改进教学的策略,探讨评价研究中的三大核心问题:分层教学落实核心素养;三维评价助力异质提高;分层评价关注个体差异。

关键词:体育;教学;评价

一、案例缘起

体育中考关系到每一个学生的中考成绩,广受重视。如何高效地利用课堂提高学生的体育成绩是每个体育老师应该思考和努力的方向。

目前,杭州市的体育中考分为三大类:在实际教学中,力量类存在选考不同项目的考生。实心球需要开阔大场地,而引体向上一般在固定的器械区练习,两者距离较远。在课堂上,如何兼顾这两个项目的练习成为重中之重。

二、案例描述

2021 年我新接手初三体育课,对学生的成绩、体质、性格等情况都不太了解。在第一个月的教学中借鉴了之前教初三的经验,让引体向上的学生自主去器械区练习,由成绩满分同学指导监督其余同学。而我主要指导实心球同学,同时会抽取 3—5 分钟的时间过去了解指导引体向上的同学。但每次都发现器械区大多数同学聚众聊天,没有练习。经过多次教育还是没有明显改善。第一个月,引体向上同学没有显著进步。这可能是因为之前学生是初一带上来的,平时的思想教育与课堂要求渗透比较深入,师生间默契度、信任度都比较高,学生已经养成自主练习的习惯。而这是新接手的班级,学生在课堂要求、练习任务、自主练习习惯上比较欠缺,同时基础薄弱,体育自信心较差。因此,对于练习的积极性不高,同时觉得练习难度大。思考之后,我决定做以下改变。

(一)策略

1.思想教育,明确目标

初中阶段的学生已经逐渐形成了自己的人生观、价值观,有了自己对人、对事物的评判标准。在学习上他们能感受到老师的用心与真诚,因此老师坦诚地与学生交心,表达自己对学生的期望,同时说明实际情况的困难与不足。这样可以很好地得到学生的理解与支持,这为后面的分层教学做了铺垫与准备。

引体向上的学生有部分基础较好,可以采取帮扶形式练习。在这个项目练习上,相对于实心球项目技术要求没有那么高,主要是需要学生勤加练习,但是这个项目的分数也必须拿下。所以目前相对较弱的学生必须努力练习起来,满分学生要充当好"小老师"的角色,协助老师一起帮助其他同学。

2.结伴帮扶,分组竞赛

结伴帮扶,分组竞赛,可以很好地体现出体育学科的核心素养。在提升学生运动能力的同时,让学生互帮互助,团结有爱,使其逐渐形成锻炼习惯,掌握运动技能,表现出乐观开朗、善于交往合作的情感态度。

将选考引体向上的学生按目前成绩分组,每 4 人为一组,其中至少有一人现已满分,任命其为组长。每节课由组长监管组员练习,同时提供帮助指导。每两周进行小组 PK 赛。(检测小组成员所做引体向上数总和较上次增长情况)如表 1 所示。

表1 学生结对分组情况分布 （单位）

类别	组别				
	A组	B组	C组	D组	E组
一类	0	1	1	0	0
二类	4	5	2	4	3
三类	7	6	8	6	9
四类	11	10	12	11	10

3.明确内容，分层练习

◇初级阶段：（一类学生）

①挂臂悬垂 30″—60″×2 组。

②挂臂收腿 10—20 次×3 组。

③斜身引体 20—30 次×3 组，或帮扶斜身引体 10—20 次×3 组（帮助者将练习者双腿抬起于腰间）。

④引体向上试练。

（以上内容数量有困难者练习至力竭）

◇中级阶段：（二类学生）

①挂臂悬垂摆动 15—20 个×2 组。

②90°挂臂引体向上 10—15 个×3 组。

（以上内容数量有困难者练习至力竭）

③完整引体向上至力竭×3 组。

◇高级阶段：（三类、四类学生）

①悬垂引体向上＋放至 90°引体向上组合至力竭×3 组。

②完整引体向上至力竭×3 组。

4.教师指导，技术支持

①询问组长组员的练习情况，及时对训练的同学进行反馈评价。

②指出学生练习中存在的问题，针对学生出现的问题给予解释与指导。

③帮助困难学生，主要帮助指导学生摆动技巧以及辅助学生完成引体向上。

④加油鼓励，思想教育。

5.三维测评，层次进阶

充分发挥以学生为主体的教学理念，考核评价通过学生互评，组长评价与教师评价的方式，主要从课堂学练态度、团队合作意识、学练效果等方面进行评价。充分考虑到不同层次学生的情况，进行分层评价。

评价设置"理想""基本达标""待完善""待定"四个考核标准，具体量化如表2—4所示。

表 2　学生评价　　　　　　　　　　　　　　　　（分）

评价内容	评价等第			
	理想	基本达标	待完善	待定
课堂纪律	10	8	6	4
内容完成度	10	8	6	4
团队合作	10	8	6	4

表 3　组长评价　　　　　　　　　　　　　　　　（分）

评价内容	评价等第			
	理想	基本达标	待完善	待定
内容完成度	10	8	6	4
练习态度	10	8	6	4

表 4　教师评价　　　　　　　　　　　　　　　　（分）

评价内容	评价等第			
	理想	基本达标	待完善	待定
听讲态度	10	8	6	4
重难点掌握	10	8	6	4
进步效果	30	24	18	12

◇考核说明：若学生通过练习实现层次进阶，则进步效果评定为理想，其余酌情评分。综合评定，85 分以上者为理想，60—85 分为基本达标，51—60 分为待完善，50 分以下为待定。

（二）效果

1.教学效果差异性对比

教学策略实施前（见表 5）与实施后（表见 6）的学生成绩记录如下。

表 5　教学策略实施前学生成绩记录　　　　　　　　　　（个）

类别	组别				
	A 组	B 组	C 组	D 组	E 组
一类	0	1	1	0	0
二类	4	5	2	4	3
三类	7	6	8	6	9
四类	11	10	12	11	10
总计	22	22	23	21	22

表 6　教学策略实施后学生成绩记录　　　　　　　　　　　　（个）

类别	组别				
	A 组	B 组	C 组	D 组	E 组
一类	2	4	2	0	1
二类	6	6	4	7	5个
三类	10	8	11	8	12
四类	14	12	17	14	13
总计	32	30	34	28	31

以一个月为有效期,通过这种模式的练习,学生的引体向上成绩确实有所进步。从表中对比教学策略实施前后的成绩来看,处于二类、三类、四类学生的成绩均有明显提升,满分人数增加,进步显著;一类学生通过初级层次的练习进步尚可,有 3 名学生可以从初级层次提升至中级层次的练习。

2.教学效果显著性分析

如表 7—10 所示。

表 7　一类学生成绩独立样本检验

		方差方程的 Leven 检验		均值方程的 t 检验						
		F	Sig.	t	dt	Sig.（双侧）	均值差值	标准误差值	差分的 95% 置信区间	
									下限	上限
成绩	假设方差相等	1.823	0.214	−1.980	8	0.081	−1.400	0.707	−3.031	0.231
	假设方差不相等			−1.980	5.071	0.104	−1.400	0.707	−3.210	0.410

表 8　二类学生成绩独立样本检验

		方差方程的 Leven 检验		均值方程的 t 检验						
		F	Sig.	t	dt	Sig.（双侧）	均值差值	标准误差值	差分的 95% 置信区间	
									下限	上限
成绩	假设方差相等	0.000	1.000	−2.774	8	0.024	−2.000	0.721	−3.663	−0.337
	假设方差不相等			−2.774	8.000	0.024	−2.000	0.721	−3.663	−0.337

表 9　三类学生成绩独立样本检验

		方差方程的 Leven 检验		均值方程的 t 检验						
		F	Sig.	t	dt	Sig.（双侧）	均值差值	标准误差值	差分的 95% 置信区间	
									下限	上限
成绩	假设方差相等	0.837	0.387	−2.626	8	0.030	−2.600	0.999	−4.883	−0.317
	假设方差不相等			−2.626	7.315	0.033	−2.600	0.990	−4.921	−0.279

表 10 四类学生成绩独立样本检验

		方差方程的 Leven 检验		均值方程的 t 检验						
		F	Sig.	t	dt	Sig.（双侧）	均值差值	标准误差值	差分的 95% 置信区间	
									下限	上限
成绩	假设方差相等	0.831	0.389	−3.491	8	0.008	−3.200	0.917	−5.313	−1.087
	假设方差不相等			−3.491	5.538	0.015	−3.200	0.917	−5.489	−0.911

从表 5—6 中可以看出,每个层次的学生成绩都有进步。为了进一步更客观地分析教学策略对学生成绩影响的显著性,笔者采用 SPSS 软件对教学策略实施前后的各类学生成绩进行独立样本检验。

从表 7—10 中可以看出,一类学生成绩独立样本检验的 P 大于 0.05,这说明一类学生成绩虽有进步,但仍有上升空间;二类、三类、四类学生成绩独立样本检验的 P 均小于 0.05,说明二类、三类、四类学生在教学策略实施前后成绩差异明显,进步显著。

三、案例的研究价值

(一)分层教学落实核心素养

通过分层分项的练习,不同层次的学生都能参与到课堂中,都能完成能力范围内的运动项目,人人参与,人人进步。教师可以关注到每一个学生,让其得到个性化的辅导。基础较弱的学生可以在教师的关注下发展素质,基础较好的学生可以在教师的指导下提升素质,真正做到因材施教。学生增强运动能力,积极主动参与体育锻炼,掌握科学的锻炼方法,形成锻炼习惯,在体育运动中培养勇敢顽强、敢于挑战自我的品德,落实体育学科核心素养。

(二)三维评价助力异质提高

从学生互评、组长评价、教师评价 3 个维度对学生进行评价。在每个维度下设置"理想""基本达标""待完善""待定"4 种标准,不仅考虑到学生的学习成绩,更能客观地反映学生的课堂参与表现,看重学生的层次进步。

(三)分层评价关注个体差异

分层评价可以真正做到从实际情况出发,充分考虑到不同基础学生的特点,同时关注到每一个学生的努力与进步。不再像传统的应试教育只看最后的考评结果,更注重学生学练的过程,看重学生通过努力后的提升。

这种教学模式能够充分发挥学生的主体地位。学生能够自主学练,培养团队合作意识,符合体育学科的核心素养。在这样的课堂教学中,安全教育一定要重视,在帮助与保护方面一定要落实到位。同时结伴帮扶的模式可以渗透到课后,让组长带领组员利用课余时间锻炼提升,真正做到乐于运动,善于运动。

(本文获 2021 年杭州市教育评价案例评比三等奖)

二 小学真实性教育评价研究案例精选

第一学段数学学习发展性评价策略的实践案例

杭州市安吉路教育集团新天地实验学校 李 琰

摘 要: 在教学实践中建立多维度评价目标、多元化评价策略的评价体系,一是便于教师了解教学效果,加强对学生发展性学力、创造性学力的培养;二是促进学生了解自己知识、技能掌握情况,给予发展基本素质和个性的空间,开发潜能,激发兴趣。以日常—阶段—终结引领学习过程的实践案例,对数学学习发展性评价策略进行思考。

关键词: 第一学段;发展性评价;数学学习

一、案例缘起

(一)课程标准启示

在《数学课程标准》中指出:"小学数学教学评价目标应讲究多元度、评价方法应多样化。在数学学习评价时既关注数学学习水平,也重视在数学活动中养成的习惯、呈现的态度、表达的情感,以助于学生拥有数学自信。"①《基础教育课程改革纲要》中,则强调要注重学生核心素养的发展与提升,因此需要在探究数学学习方式多元变换的同时,建立促进学生核心素养全面发展的评价体系。把对学生学业成绩的关注点延伸到评价学生多维数学学习能力上,有效提高数学发展性评价的教育功效,真正促进学生获得必需的发展。

(二)评价现状反思

数学学习评价现状一:学生能力发展研究滞后于学习方式研究。评价内容缺少对学生创新能力、习惯态度、探究素养、意志品质的考查;评价标准屏蔽个性化发展空间和个体间差异资源;评价方法重量化结果,轻定性描述。现状二:缺乏有效的评价策略,淡化了激励与导向形成性评价缺失。因此,有必要对小学数学学习发展评价进行实践探究。

二、案例描述

(一)实践方案

笔者依据《数学课程标准》的目标要求,采取了学校评价与家庭评价相结合的形式,实行以日评月结、阶段检测和终结考查相结合的方法。每类评价各制定可操作的相关评价指标。②评价方式多样综合。每项评价均采用等级制,对于合格以下者暂缓评价,允许学生重新考核再评价。

---

① 数学课程标准[M].北京:北京师范大学出版社,2011:52-52.
② 数学课程标准[M].北京:北京师范大学出版社,2011:4-4.

（二）实践策略

1. 日常评价

（1）设计"人性化"评价载体

笔者根据学生的年龄特点，设计了不同形式的评价记录方式："知心信箱"激励评价——师生、生生、家校之间以书信形式，肯定与表扬学生在学习过程中的进步与成功；"小喜鹊情报站"肯定评价——家、校各从不同角度随时随地提供喜讯；"小蜜蜂采集卡"即时评价——学生自赏、生生互赏贴丰收果表达满意感。

［案例1］

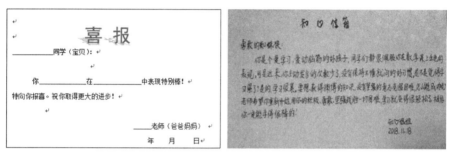

图1　案例

分析：家长与教师真诚的教育与客观的评价，用孩子易于接受的方式进行了评价与激励，给孩子指明了努力的方向，也增强了孩子学习的自信。

（2）运用"发展型"评价方式

1）随堂观察——教师对学生概念构建、实践思考、操作验证、态度习惯的发展目标进行观察记录和评定。以3个星级定量记录学生课堂表现，从而进行定性总评描述。

［案例2］

表1　学生教学课堂表现综合评价表（此表为学期期末汇总表）

班级_____　姓名_____　　　____年____月

评价指标	评价项目	★	★★	★★★	精彩表现
知识技能	数与代数				
	空间与图形				
	统计与概率				
数学思考	善于提出有价值的数学问题				
	能独立思考				
	能有条理表达自己的见解				
问题解决	实践操作有计划、有步骤				
	解决问题的方法有新意，过程清晰				
	能用不同的方法解决问题				

评价指标	评价项目	★	★★	★★★	精彩表现
情感态度	学习数学兴趣浓厚,求知欲强				
	意志力强,能克服困难				
	能认真听讲,作业高效率				
	能虚心友好地与人合作,讨论交流				

老师的话:	父母的话:

表 2　随堂观察记录表

学生姓名_____　　　　____年____月____日

评价指标	观察项目	★	★★	★★★
知识技能	基础知识			
	基本技能			
	拓展应用			
	操作实践			
数学思考	善于提出有价值的数学问题			
	能大胆表达自己的不同见解			
	能独立思考			
	思路清晰,有条理			
问题解决	积极讨论交流解决问题的方法			
	思考问题有计划、有步骤			
	能用不同的方法解决问题			
	善于创新			
情感态度	认真听讲			
	积极发言			
	善于合作交流			
	注意倾听别人的意见和建议			
	作业认真清楚			
	实践活动效率高			

分析:通过定性描述与定量评定让学生能正确评价自己学习状况,并通过具体的评价项目,有针对性地调整学习方法,提升学习品质。

2)成长档案——学生自主依据学习目标和近期需要突破的方面,将就近学习成果装入档案袋,用发展的眼光提升评价素养。①

---

① 　数学课程标准[M].北京:北京师范大学出版社,2011:9-10.

2.阶段评价

（1）架构多维评价网络——讲情理

"家校对对碰"阶段评价——家校书信互动，及时鼓励或提醒学生的纵向变化，关注学生的学习自信与动力。

（2）搭建展示评价舞台——增自信

"数学储蓄卡"阶段评价——组织学生将自己在现实生活中所见所闻所学的数学资讯、趣闻……以自己喜欢的方式存入"存折"，并将"存折"里的数学知识分类存储探究。

［案例3］

春假期间，学生设计了生活中的数学资料表，收入了数学储蓄卡。

表3　学生设计的表格

我的发现			
时　间	地　点	事　物	解决办法
4月27日	放学路上	马路上开过6辆公共汽车，7辆出租车。请问一共开过去几辆车？	$6+7=13$（辆）
4月30日	家中	这几天，我一共做了14张口算，有6张是加法。请问有几张是减法？	$14-6=8$（张）
5月1日	超市	今天，我帮妈妈买了一包8元6角钱的鸡精，我给收银员阿姨10元。请问阿姨要找我几元？	10元＝100角　8元6角＝86角 100角－86角＝14角＝1元4角
我觉得我的发现真棒！			

分析：尝试用学生感兴趣的方式进行过程性展示，不仅能促进教学实施，更有利于学生匹配相关知识技能，合理解决问题，将自己所学的数学现实与生活现实相关联，学有所值。

（3）组织合作评价团队——共发展

团队合作评价——在互动合作学习中点面整合评价。先由组员对每个学生在合作学习中的思路、方法等不同表现形成共识，再由组长用语言或数据反馈组员合作过程中的基础目标、思维目标、实践目标、情感态度方面的动态表现。

［案例4］

表4　学习小组合作评价记录表

姓　名	合作态度			解决问题方法			最出色的表现
	★	★★	★★★	★	★★	★★★	

分析：学生在合作中往往能展现出整体教学中限于时空未表达的数学思考、数学体验等。因此，通过小组合作评价，能相对客观地观察学生的团队学习意识、合作能力以及学习情感，也能对后续发展提供有效评价与建议。

[案例 5]

在教学"9+5"时,学生在组内交流算法,归纳优化,并进行了简单评价。

分析:从记录结果看,学生在充分体验多种算法后,进行了符号化评价。既是优化的过程,也对同伴的算法进行了直观评价。

```
1号: 从9往后数5个数          ○
2号: ① 和1号一样            ○
     ②9+1=10  10+4=14      ☆
3号: 5去掉1加9得14
     10+4=14               △
4号: 10+5=15 所以9+5=14     ☆
1号: 4+6=10   10+3=13       ○
```

3.终结评价

(1)多元评价激发兴趣

通过合作记录本、数学思辨卡、学习收获卡等进行评价内容多元化实践;改变以往试卷测查型评价,设计互动挑战型、游园活动型、擂台对抗型、收获展示型等多元化评价形式,不断激发学生学习数学的兴趣,获得有价值的学习体验。

(2)发展评价尊重个性

依据发展性评价理念引领,让学生充分反思自己的长处和短板,提出发展的自我建议。比如,创建课堂学习延伸评价——"我的收获卡"。

[案例 6]

我的收获

这学期,我学得_____。

☺   ☹   ☹

你知道了解决(   )问题有(   )种方法吗?你比较喜欢的是哪种?
写给大家瞧瞧:_____
_____

这学期的小组活动,我_____。

很喜欢 喜欢 一般 不喜欢

这学期中让我印象最深的是_____。

我还想知道_____。

我还要努力的是_____。

分析:学生主动参与评价活动,回忆数学学习过程,反思自己的得失也是数学学习的重要环节。以发展的眼光看自己,不仅是促进学生综合素养提升的评价方式,也充分体现数学学习的个性发展。

(3)开放评价促进生成

板块呈现期末综合评价内容,对学生进行多维度、多元化评价。调动学生学习数学的积极性,培养合作交往能力及交流反思能力。

[案例 7]

表5 爸妈眼中的我

姓名_____

评价项目	★★★	★★	★
喜欢学习数学			

续 表

评价项目	★★★	★★	★
自主学习活动			
独立思考分析			
倾听家人教导			
挑战实践活动			
创新尝试解答			
逻辑推理能力			
克服困难毅力			

爸妈的心里话：

表6 朋友眼中的我

姓名：_____ 朋友的姓名：_____

评价项目	★★★	★★	★
主动发表观点			
善于接受意见			
认真倾听意见			
经常求助同伴			
主动帮助他人			
愉快交流合作			
耐心独立思考			
经常发现规律			
问题解决多样			
学习毅力坚强			
学习成绩优异			
课外知识丰富			
学习轻松快乐			

朋友，我想对你说：

表7 老师眼中的我

学生：_____ 老师：_____

评价领域	评价目标	优秀	合格	
知识技能	计算能力			
	应用能力			
	操作能力			
	实践能力			

评价领域	评价目录	★★★	★★	★
数学思考	观察思考条理性			
	思考分析独立性			
	发表观点新颖性			
问题解决	问题解决严密性			
	问题解决多元性			
	问题解决综合性			
情感态度	适度愉悦感			
	情感投入度			
	自我调节力			
	信心成就感			
	接受建议倾听力			
	表达见解创新力			
	与人交往主动力			
	合作协调行动力			

老师的悄悄话：

表8 我眼中的自己（在相应的选项里画"√"）

班级：_____ 姓名：_____ 时间：_____

知识技能	课内作业	★★★		★★		★	
	计算能力	★★★		★★		★	
	操作能力	★★★		★★		★	
	实践能力	★★★		★★		★	
数学思考	独立思考	非常喜欢		一般		不喜欢	
	解决问题思考严密过程清楚	★★★		★★		★	
	数学知识与生活实际相联系	经常		有时		没有	

问题解决	根据情境选择方法解决问题	★★★	★★	★
	尝试运用不同方法解决问题	★★★	★★	★
	发现事物规律排列相关知识	★★★	★★	★
情感态度	学习兴趣	喜欢	还可以	不喜欢
	学习信心	我有天赋	我努力我能行	我学不好
	面对困难	想办法解决	请人帮忙解决	放弃不想
	认真听讲	很认真	一般	不认真
	积极发言	非常积极	一般	不发言
	讨论交流	非常积极	一般	不积极
	接受意见	很愿意	一般	不愿意

我告诉自己：

分析：以学生为评价主体，构建生生互动、师生引动、家校联动的交互评价网络。开放的评价方式，从现象描述到思考建议，学生在主动评价的同时也联动反思，提升数学思考素养，发展了自主辨析修正的能力，为人人获得必需的数学提供了有价值的数学发展依据。

三、案例的研究价值

(一)评价实践促进教学相长

1.发展思维激励学习

进行发展性评价的实践尝试，让学生在学习数学过程中体会尊重，学会欣赏；找准目标，建立信心。发展的评价思维促进学生反思学习过程中优胜劣汰的原因，激励学生克服新困难，乐于投入后续学习，在数学学习上得到各自的发展。

2.发展眼光引领教学

教师应善于用发展的眼光评价学生的学习现状，对学习过程的真诚鼓励与深入学习的合理建议，为学生构建愉悦的学习空间。依据发展性评价的定量评定反思教学方式与内容，有效调整教学思路，促进学生知识技能的形成，问题解决的多元化，教学成效的提升。[①]

(二)评价反思拓展教研空间

1.以点连线引领各学段评价体系

在第一学段教学实践中，从学生的学习体验过程和学习成果展示看，运用发展性评价学生前期学习过程，并对后续学习提出有价值、可操作的建议，在互动评价中提升多维核心素养。因此，我们可以尝试其他学段的相关评价策略调整与拓展，进一步培养学生推理归纳能力，提升创造交流能力，促进自主探究学习。

---

① 　数学课程标准[M].北京:北京师范大学出版社,2011:2-3.

2.以线带面辐射各学科评价网络

通过第一学段数学学习发展性评价策略的实践案例分析,我们从偏重学习结果的定量评分逐步关注到了数学核心素养发展过程的评价,加重了对学生思维拓展、技巧提升、情感体验等的动态变化,真正有效依据评价反思教学如何相长。因此,在各学科学习评价中有一定的借鉴作用,可以根据学科特点,迁移沟通相关评价策略,建立各学科发展性评价网络。

数学课程改革进程中,我们关注教与学的互动生成,在探究学习方式改善的同时,学业评价改革也需要同频共振,让数学教学改革锦上添花。当然,面向学生未来发展的数学学习评价探究需要不断尝试实践,及时反思总结,反复修改验证,从而渐渐完善。笔者在实践探究过程中,仅有一些粗浅的认识,尚需深化拓宽;探究数学学习发展性评价在各学段教学中的策略和运用价值,基于学生数学核心素养的提升,形成有效的数学学习评价方案,让学生在数学学习中各自获得必需的发展。

(本文获 2018 年杭州市教学评价与考试小学教育案例评比二等奖)

基于小学生优势成长的"三星"评价探索

杭州市青蓝小学　蔡　静

摘　要:该文以尊重差异、发现优势、个性成长为理念引领,着力构建基于学生优势成长的评价体系,初步探索形成"借'星愿激励卡',发现优势;借'星迹成长录',发展优势;借'星光互动台',展示优势"的"三星"评价系统,为学校教育评价的开展提供了借鉴。

关键词:"三星"评价系统;差异成长;评价革新

一、案例缘起

当前基础教育改革正迈向纵深发展,如何适应新课程改革发展需要,建立符合素质教育要求,促进学生成长的评价体系,已经成为新课程改革中的一项重要任务。然而当下学生的评价改革基本是"自上而下"的行政式推动,校本层面的鲜有。在考证现有评价成果的基础上,笔者通过多年实践,探索出一种基于优势成长的"三星"评价系统,以尊重差异、发掘优势、个性成长为理念引领,着力构建基于学生优势成长的评价体系,初步探索形成"借'星愿激励卡',发现优势;借'星迹成长录',发展优势;借'星光互动台',展示优势"的"三星"评价系统,试图让"差距教育"转变为"差异教育",让每个孩子成为最好的自己,同时为学校教育评价的开展提供借鉴。

二、案例描述

(一)借"星愿激励卡",发现优势

我们将评价理解为和教育过程并行且同等重要的一种持续过程。以"星愿激励卡"为载体,关注学生需求,尊重学生差异,促进优势发展。

1. 温情寄语的优势培育

最初的"星愿卡"由不同老师根据学生的年龄特点设计；但在实际操作中，我们认为应有全校通用卡，能对学生在校的学习和生活进行一致性的评价。因此，我们在每个学期初进行全员设计"星愿卡"活动，每个师生在卡片上写上最能激励自己和同学的一句话，用小小卡片传递美好心愿。

2. 点滴积累的优势激励

"星愿卡"让学生从关注学习成绩到关注学习过程，给学生不同的机遇和平台。小 A 是一个比较弱的孩子，一次练习，他仅差一分就可得到"良"。老师适时启发"这次你进步很大，再加一分就能有突破了！"遗憾的神情挂上小 A 的脸。"老师借你一张星愿卡，用它来换成良吧！"这以后，小 A 自觉多了。他表示，借了老师一张星愿卡，要努力还。

3. 丰富奖励的趣味兑换

学生获得"星愿卡"后可以使用奖励机制，用相应数额的"星愿卡"兑换不同的趣味卡。卡的种类繁多，满足学生不同需求，具体如表 1 所示。

表 1　趣味卡

一卡在手　嗨遍青蓝	
信息卡	午休时间去电脑房一次
科技卡	午休时间去科学教室看一本科普影片
抽奖卡	小朋友在贸易节捐赠的礼物基金：模型、娃娃、书……
旗手卡	当护旗手，参与升国旗，收国旗
……	

无论是物质奖励，还是心灵奖励，都源于教师对学生发展需要的理解，源于对学生评价意义的了解和理解。

（二）借"星迹成长录"，发展优势

"星迹成长录"不是简单的成绩单，它是对学生素养目标的反馈。学生可以根据个性特长和发展需求实时调整手册。

1. "成长手册＋个性素质单"反馈优势

成长手册分评价项目、评价主体、评价任务、评价次数等 7 个栏目。评价项目分劳动与技能、道德与素养、实践与探究、新学期的我、学期末的我、交流与合作、运动与健康、审美与艺术、个性发展、学业成就等 10 项分栏。个性素质单分"自评星""伙伴星""家庭星"三部分，每一颗星代表着这个阶段中学生的一点进步。

2. "游园护照＋优势作品袋"记录优势

每个学生在求学时代都会接受多次评价。通过评价我们可以了解其对知识的掌握情况，但很难评价他的综合素养。因此，我们推出了主题评价，以游园护照为载体进行记录。考试周，一年级的学生拿着游园护照，排队闯关，为护照加星。题目涉及学生遇事的观察能力、动手能力、处理能力等。

优势作品袋则用来收集反映学生成长的项目或作品等，这些作品可以是最满意的作业、书法作品等，也可以是能给学生启示、有待提高的作品。

(三)借"星光互动台",展示优势

基于学生差异成长的校本评价改革,是需要集学校、老师、家长、同伴合力的评价改革。为此,我们需要搭建互动平台,让学生有充分展示优势的机会。

1. 聚人气的校园互赞对话

我们优化校园网功能,增加主题学习、主题活动、主题评比、学习资源、在线擂台、学生作品等板块,学生可以根据自己的优势项目进行学习和展示,欢迎大家参与评论,在评价中学习,在评价中进步。

2. 乐分享的微信公众对话

微信已经成为日常使用率最高的网络交互平台。微信平台具有分享、即时的特点。大家可以在平台上进行及时的反馈、交流,越来越多的老师已经在日常教学和评价中运用到这一平台。

3. 集合力的家校沟通对话

家长教育理念的更新也是学生成长的保证。关注孩子的成长需要家长的支持。学校通过开设家长学校培训、家校主题沙龙等平台,逐步改变家长观念,放大孩子的优势,关心孩子的优势成长。

三、案例的研究价值

评价的过程是一个不断了解自己、分析自己、认识自己的过程。通过评价,学生应学会主动、合理构建和规划适合自己的学习模型,不断找出自己的长处,在长处中充分发挥和利用优势。基于优势成长的"三星"评价既是一种手段,更是一种教育方式。这项评价改革拓展多元的评价路径,以评价手段激励学生优势发展,让学生能充分发展自己的优势,同时丰富学校的评价体系,为学校评价的再创新奠定基础,提供借鉴。

(本文获 2018 年杭州市考试与评价案例评比二等奖)

基于思维导图的写作形成性评价探索

杭州市求知小学　余　捷

摘　要:写作评价是写作环节中的重要组成部分。以思维导图为工具,立足写作过程中的立意、选材、构思等环节,结合师评、他评和自评等评价方式,全面、即时评析学生个体在写作各环节中所反映出来的写作思维水平,并综合导图反映的各项数据对其写作思维出具一份诊断性报告。以此来提升教师对学生写作思维评价的准确性,并进一步提升学生在立意、选材、构思等方面的写作思维能力,同时激发学生自我评改的意愿与能力。

关键词:思维导图;写作评价;形成性评价

一、案例缘起

写作评改是写作教学中的一个重要环节,有效的评价和修改可以帮助学生提升写作思维、锻炼写作技能、激发写作兴趣。我国现有的写作评价体系过于重视终结性评价,关注结果而忽视过程,这使写作评价成为孤立于课堂的终结性活动。进一步分析原因,主要有以下

几点。

(1)总结评价笼统性的局限。当下的总结性评价太过笼统,忽视了对写作过程和个体的关注,有局限性。[1](2)习作修改滞后化的不足,教师评价与学生修改存在时间差,学生修改欲望低。(3)写作思维黑箱式的无奈,思维的内隐性让研究成为一个黑箱,缺少确切可考的评价数据。

二、案例描述

基于此,我们要探究一种基于思维导图的个性化的写作形成性评改教学策略。本文以五年级下册第三单元《父母之爱》单元作文为例,来谈谈基于思维导图的个性化写作形成性评改教学策略如何实施。

(一)发散选材,聚合主题,提升思维的广阔性

在写作初期,文章的立意与选材是写作计划的主要内容。根据文章的立意来选择材料,在选择材料的过程中不断深化文章的立意。所以,当学生拿到"父母之爱"这一立意关键词后,便要利用发散思维进行广泛性的思考。学生会想到很多自己和父母之间发生过的事情。利用思维导图,教师激发了学生的发散思维,将文章立意与生活素材进行横向关联,让学生搜索尽可能多的写作素材。所以根据学生写作之前的思维导图,我们可以对学生的思维广度、灵活度做一个评价。

在单元习作中,我们可以根据一级导图中的分支数量来评价学生思维的广阔性,分支数量越多,意味着这个学生的思维广度越广。该生的一级导图中有 5 个分支,说明该生在拿到核心词后进行了大量的搜索,有许多他认为值得写的素材:爸爸为我烧菜、爸爸在我生病的时候照顾我、下雨天爸爸为我撑一把伞、晚上爸爸给我盖被子……接着,我们还可以根据思维导图中的有效分支数,评价这个学生思维的灵活度。能够被采纳的有效分支数越多,也就意味着学生在文章立意之后的思考是灵活、多样的。通过对思维导图的分析,我们可以评价学生在写作计划的立意与选材中的思维水平,并根据学生的实际情况进行指导、调整。

(二)围绕中心,着眼细节,锻炼思维灵活性

在写作过程中,经常发现学生没有抓住核心情节与核心细节,导致在写作的过程中发生了偏差或无法突出重点。所以,我们可以依据学生写作的思维导图,对学生的写作过程进行监控,来对学生的写作思维深刻度、灵活度和写作的逻辑条理性进行一个评价。教师在写作过程中分析、发现思维导图中所反映出来的学生写作思维的优缺点,进一步帮助学生搭建起写作支架,加强在写作过程中的自我监控。

我们可以根据思维导图的有效分支下的子分支级数,来评价学生写作思维的条理性,分支级数越多,说明学生对这件事情的思考越细致、越有条理。首先,学生在事件"经过"这一分支下画出了 6 级导图,说明他对这件事情发生发展的过程十分清晰,并且能够梳理出有序的重要内容。与之相反,学生有效分支下面的级数较少,他只能聚焦到一件事,却不能把一件事情的每个不同环节讲述清楚。这反映了学生写作思维的条理性不足。其次,每一件事情从不同的角度看,可以有不同的解读。这需要学生写作思维的灵活性来作支持。只有当学生能够依照文章主旨,对文章的内容进行适当角度的灵活选择,这样写出来的才是文对题的好文章。

如父亲帮我捡树叶这件事,如果只是简单叙述父亲捡树叶的过程,那对塑造人物形象收

效甚微。但是学生从找不到银杏叶的失落,写到找到银杏叶的欣喜,再从蒙蒙细雨写到车来车往,他抓出这些能够描述核心事件的关键词,对塑造父亲的形象有很大的帮助。对于找不出文章核心事件,无法深入思考素材的学生来说,我们可以通过小组合作讨论的办法,由组员引导其做更为深入的思考和探索,找出核心事件,聚焦写作内容。

(三)反复推敲,照应文法,培养思维缜密性

作文忌讳的就是平淡无奇,没有波澜,这与学生写作的构思有着密不可分的关系。写作的思维导图就是习作构思的一种外在体现。构思与学生思维的缜密度,尤其是文章结构的缜密度有着密不可分的关系。绘制思维导图的过程,就是写作支架的搭建过程。支架搭得是否牢固,是否美观,影响着接下去的文章是否完整,是否有新意。所以根据学生材料组织是否严谨,结构是否顺理成章,结构是否匀称饱满、首尾圆合,结构形式是否统一和谐这 4 个维度在导图中的呈现,我们可以来考查学生写作思维的缜密性。

学生在构思本篇作文的时候,有意识地运用了环境衬托的方法,通过"下着淅淅沥沥的小雨"的自然环境描写,再附加"车来车往"的危险的社会环境的描写,侧面衬托出父亲高大的人物形象。在思维导图上,这一种不同有效分支间的前后联结,让文章材料的组织更加顺理成章。与此同时,针对这个描写,老师给出了这样一条修改建议:"是否可以将下雨这条线索贯穿始终,在文章的结尾补充一个雨天的描写。"这样,对于文章的结构来说更加的首尾圆合。教师根据学生在思维导图中呈现出来的结构特点寻找他的优势,发现其不足,并及时提出修改意见,以便其在文章中能够有所体现。

当学生将文章写成之后,他还可以将写完的作文与之前所画的思维导图进行比照,从中发现文章中存在的问题,如是否离题,重点是否突出等,并在此基础上加以修改、完善。通过此法,学生思维的缜密性得以培养。

(四)过程为据,形成评价,促进思维提升

综合以上 3 个策略,教师可以借助思维导图,在学生写作前、写作时和写作后的全过程中,组织人员进行师评、他评、自评等多元化的评价。这样的评价可以及时反馈写作教学的进程,明确写作过程中存在的问题和改进的方向,以帮助教师及时调整教学计划,改进教学策略。同时,这样个性化的诊断式评价,不仅能够激发学生写作的兴趣与课堂参与度,也能着眼于学生写作思维的诊断和后续提高的发展性评价,它能帮助学生分析自我在写作过程中的思维缺陷及其改进方向,让学生对自己的写作思维和写作技能有一个全面准确的认识。综合以上学生基于思维导图的写作过程,我们对其写作思维的广阔性、深刻性和灵活性、缜密性水平做出一系列的评估,并给学生一份写作思维的诊断书,以此来指导学生今后的写作。

三、案例的研究价值

基于思维导图的评价构建,如图 1 所示。

(一)指向思维评价,诊断面向核心

基于思维导图的写作形成性评价,将原本处于黑箱状态中的写作思维进行外显。同时,综合各个阶段学生写作思维的优缺点,习作评价可以让学生对自我的思维水平有一个全面准确的了解,以帮助其在今后的写作学习中取长补短,进行深入学习。

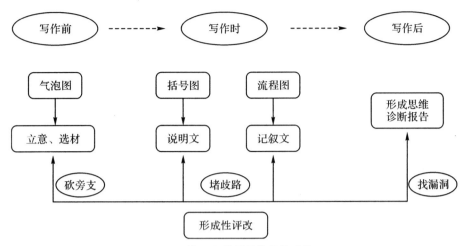

图1　基于思维导图的评价建构

(二)全程综合评价,关注动态写作

在形成性评价中,教师可以及时找出学生写作思维中所存在的缺陷,并以此为依据适当调整教学进程,让评价在写作过程中发生,以确保学生写作思维和写作能力能够得到及时的锻炼与提升。

(三)集合多元评价,形成内驱意识

教师教会学生找到思考评价的角度与方式;在小组,激发学生互评互改的兴趣;在自我反思中,增强学生写作的自我监控能力。

当然,指向写作思维的形成性评价还有很多思维维度需要探讨。对于思维不足,做出诊断之后还需要教师设计更多的写作教学指导策略。评价并不是单独的存在,而是与教、学密不可分的一种存在。我们要从更大的领域做再深入、再细致的探究。

(本文获 2019 年杭州市教育评价案例评比二等奖)

小学语文教科书课后作业系统的优化探索

杭州市安吉路教育集团新天地实验学校　刘璐君

摘　要:为了使课后作业系统对教师的教学和学生的学习起到更好的促进作用,该文从课后作业的补充、整合、修改和拓展 4 方面进行优化探索。

关键词:语文教科书;课后作业;优化探索

一、案例缘起

课后作业是指课文中的习题,方便教师找准教学目标和培养学生的语文核心素养。课后作业适用于全国学生,但每个学生都有特殊性,教师需因实际情况优化课后作业。

二、案例描述

(一)课后作业的补充

课后作业的补充是指在已有的课后作业题的基础上增加一些材料和因素,以便使学生更全面详细地认识问题。

1.针对作业难题的指导性补充

教师预测这类作业题对学生来说是有难度的,所以有层次地补充一些小问题,学生在解决小问题的过程中,大问题也解决了。

例如,《一个豆荚里的五粒豆》的课后作业题,是让学生交流伴随着豌豆苗的成长,为什么小女孩的病就慢慢好了呢。四年级学生的难点在于把答案说得完整和清楚。教师事先设计如表1所示,请学生分别复述每次豌豆苗生长和小女孩的心境变化,最后把整个过程叙述完整,进而把小女孩能痊愈的原因说完整和清楚。

表1　豌豆苗成长过程

豌豆苗的成长过程	小女孩的心路历程	小女孩病愈的表现
小女孩病愈的原因		

2.针对背景材料缺乏的丰富性补充

跟学生的生活和所知有较大距离的课文,教师应适时补充必要的背景材料。

比如,毛主席所作的《七律·长征》,课后作业题有一道是"读一读,说说诗句的意思和表达的情感"。"五岭逶迤腾细浪,乌蒙磅礴走泥丸。金沙水拍云崖暖,大渡桥横铁索寒。"面对这两句诗,如果学生没有了解红军长征的背景资料,在现在的学生眼里就是一次次惊险刺激的野外徒步旅行,学生如何能够发自肺腑地赞扬中国工农红军不畏艰难、英勇顽强的革命英雄主义和乐观主义精神?因此,教师应适当补充一些红军长征的历史。

(二)课后作业的整合

课后作业的整合是对有相同点的课文,把相似的作业题整合成一道题,使学生通过分析比较、整体了解同一事物的特点和发展过程。

1.同一作者不同课文的课后作业的整合

有作家、学者或诗人的作品至少有两篇文章入选小学语文教科书。同一作者的不同课文有着不同的课后作业题,极少出现因为作者相同而产生联系的作业题。例如,三年级下册课文《荷花》和四年级上册课文《爬山虎的脚》都是叶圣陶写的文章。这两篇课文都是写物的文章。因此两篇课文的课后习题都有对优美语句的画出或抄录,可以将其整合为叶圣陶的优美语录,并对叶圣陶的写作方式、风格及特点有一个整体的梳理。

2.同组课文中不同课文的课后作业的整合

部编本小学语文教科书围绕宽泛的人文主题和语文要素双线组织阅读单元。单元主题都是相同的,但不同课文的课后作业题是不相同的。因此,教师可以考虑以主题相同为切入点整合课后作业。《他像一棵挺脱的树》和《摔跤》都是人物习作单元的片段课文,作业题涉及人物特点是什么和怎么描写人物特点。由于作家处在不同的时空,描写人物形象的方式是不同的,对此进行比较分析,从而使学生通过整合能够在写人物形象时更加游刃有余。

3.同一文体不同课文的课后作业的整合

有些课文的文体是相同的,教师可以适当进行整合,使小学生对不同文体的特点有一个初步的印象。例如,小说的三要素是环境、情节和人物。《桥》和《穷人》都是小说,课后作业都涉及了这3个要素。因此可以把这两篇课文的课后作业整合起来,探讨小说三要素。

(三)课后作业的修改

课后作业的修改有以下两个方面。

1.作业要求的修改

教师根据学生的学习水平,实施分层作业。比如,三下《花钟》课后第4题是小练笔:仿照课文中表达鲜花开放的语句,写一写你喜欢的花。有教师做如下修改:

(1)抄写本课新学到的描写鲜花开放的语句。(1星)★

(2)我能用新学到的描写鲜花开放的语句,写一写自己喜欢的花。(2星)★★

(3)我能用新学到的描写鲜花开放的语句,写写更多其他的花,编成一首诗。(3星)★★★

2.作业的趣化修改

(1)让枯燥的成人化语言转化为亲切的儿童化语言

从儿童的视角来提问,并且有明确和具体的"抓手"。比如,《大象的耳朵》这课有一道题目是:"人家是人家,我是我。"结合生活实际,说说你是怎么理解这句话的。可以这样修改:这篇课文哪句话最让你受启发?联想一下你生活中有没有发生过像故事中的大象类似的事情?回头看看大象说的最后一句话"人家是人家,我是我",把你心里的感受和大家说一说。学生通过亲切的提示,联想到发生在自己身上的事情,解答问题也就水到渠成了。

(2)把抽象的提问式作业转化为情境式作业

情境式作业的优点是直观形象,表现形式有游戏作业、辩论作业、表演作业、情境再现等。教师对此可以做出必要的改动。例如,《爬山虎的脚》第2道题是根据课文内容,说一说爬山虎是怎样往上爬的。可以把这道提问式作业修改为情境式作业:我们来画一画爬山虎的脚,再说说爬山虎是怎样往上爬的。学生阅读课文后,让他们说爬山虎往上爬的过程,有些学生会遗落细节,但要是把它画下来再讲就更清晰完整了。

(四)课后作业的拓展

课后作业的拓展有以下两个方面。

1.在原有作业的基础上拓展出某些迁移性作业

在原有作业的基础上拓展出迁移性问题。《搭船的鸟》第2题是"读下面这段话,注意加点的词语,想象翠鸟捕鱼的情景"。在此基础上,请学生阅读其他有关动物的文章,找找动词。

2.在原有作业的基础上拓展出某些层次较高的作业

根据布鲁姆教育目标分类认知过程维度,将教科书课后作业系统划分为 6 个类型,即记忆类、理解类、应用类、分析类、评价类、创造类。比如,《普罗米修斯》课后阅读是《燧人钻木取火》,可以拓展为希腊神话与中国神话有什么不同点和相同点,从而把理解类作业拓展为分析评价类作业。

三、案例的研究价值

本文以部编小学语文教科书的课后作业系统作为优化探索的对象,以期促进学生语文学习和教师有效教学。

(一)精准教学,因材施教

教师根据学生水平,适当增加学习"支架"或者背景资料,甚至以此为基础,实施分层作业,使每个学生都有所收获。

(二)整合归纳,融会贯通

对有关联的作业题进行归纳整合,有助于学生系统地掌握知识。

(三)趣化作业,激发兴趣

作业的趣化,是把复杂的问题层层剥析变成一个个小问题,也可以是增强语言的趣味性,还可以增设情境或者联系生活,激发兴趣,积极动脑。

(四)作业为基,拓展延伸

课后的拓展延伸是学生对课堂所学知识的巩固和深化。

(本文获 2019 年杭州市考试与评价案例评比三等奖)

感统失调学生的学业评价探微

——以一年级学生书写练习为例

杭州市景成实验学校　诸伟芳

摘　要:书写能力是小学低年级学生必须掌握的一项重要能力。感统失调的学生在书写方面明显弱于同龄学生。教学实践中,充分发挥评价的诊断和指导作用,运用"分解任务,减少书写量;缩短完成任务的时间;教师及时反馈与评价"等策略,能有效帮助感统失调学生顺利完成书写练习,形成必备的书写能力。

关键词:感统失调;学业评价;书写练习

一、案例缘起

2018 年 8 月,在家访新一年级 42 名学生时,我发现 5 名学生有异常表现:不爱说话,不能和人对视;不能安静立正,谈话时剥手指甲,答话明显缺乏指向;不愿拉手;反向书写姓名等。一位家长告知老师,他的孩子属于注意力缺陷和感统失调,已在专业医院做针对性训练,并希望老师能够在班里予以关照。其余 4 名学生的家长表示,因家中老人教育不当导致表现异常。特殊学生占 12%,远远超过以往所带班级。其他各班也出现 3—4 名类似的学生。

二、案例描述

5 名学生在语文课堂上的表现是:识字学得慢忘得快,拼音 bpdq 和形近字无法准确区分,汉字书写的位置是随性的,在老师一对一指导的情况下也不能完成作业。

如果在教育教学过程中,教师不放慢指导学习的过程,那么他们可能将在一年级就跟丢大部队。一进入小学就失去学习乐趣,迷失学习方向,九年义务教育他们将怎样度过? 他们究竟是怎么了? 该如何帮助他们回归常态? 该如何在学习的过程中评价他们的学业?

专业心理辅导团队随班观察分析,本班 4 名学生有异常,经省、市级医院诊断,均患感统失调综合征。

通俗地讲,感统失调就是儿童大脑在发展的过程中出现很轻微的障碍,通过药物治疗配合康复训练才能纠正。也就是说,感统失调不是真正意义上的病症。感统失调的孩子智力都很正常,只是大脑和身体的协调出现了障碍,通常,12 岁之前通过训练很容易纠正,一旦超过12 岁就会定型而无法改变。

感统失调的学生对需较长时间才能完成的学习任务,更容易表现出烦躁、焦虑,甚至抵触。例如,书写一个词语就放下笔张望,或吃手指或剥指甲,等教师提醒,方拿笔继续书写。之后反复。普通学生完成一页作业练习需 10—15 分钟,但他们即使在教师单独陪伴下也可能需要 1 小时。

经过反复观察,提出解决问题的初步设想:分解任务,减少书写量,缩短完成任务的时间,教师及时反馈与评价。

我将一个学生的书写量从 5 行减至 2 行,书写完成,立即评改。当学生明确后,反复询问后面几行书写是否可以不做。我要求先完成这些练习,强化当下的学习目标。学生立即书写。完成 2 行书写时,学生未出现咬笔、吃手、张望等焦虑现象,所用时间与普通学生的差距明显缩短。我立即批改后,发现准确率上升。于是,我鼓励继续挑战,一口气再书写一行。学生又顺利完成,且书写工整。剩下最后两行,学生自由选择:可写一行,也可叹一口气书写两行。学生选后者。书写过程中,同桌需要经过他的桌位回到位置,他没有同意,一直书写。最终,书写速度竟超过了班上 4 名同学。这样的书写状态,之前未曾出现过。

三、案例的研究价值

(一)采用"短频快"评价策略有效缓解学习焦虑

这次尝试中,教师采用缩短完成时间,增加评价频率,即时评价,有效缓解这个统感失调学生的焦虑情绪,获得了 3 次成功完成学习任务的积极体验。[①] 具体是,运用"分解任务缩短完成时间"策略,有效缓解了学生的焦虑情绪;运用即时评价反馈策略,肯定成绩并鼓励挑战第二阶段任务;学生顺利完成第二阶段任务。"增加评价频率即时评价反馈"策略有效助推了

---

① 陈玉琨.教育评价学[M].北京:人民教育出版社,1999.

学生在两次成功体验后,让学生对完成后续任务充满信心。于是在自由选择环节,学生选择完成剩下的所有任务,不仅顺利完成,且没有出现异常行为表现和情绪反应。

(二)选择"三个多"评价方式有效提振学习信心

因感统失调出现的学习问题,不是智力原因,需要教师付出更多耐心。在学习评价内容上可以选择"三个多"评价方式,即多采用正向积极评价、纵向比较评价、假想描绘评价等,助其建立学习自信,促其步入学习正轨。

1.多采用正向积极评价,提振学习信心

学生分批量完成一页书写,教师采用正向评价的语言、符号、动作,使其生发并不断生长被老师肯定和信任的力量。"你已经一个比一个写得好看了,真不错!""你的这一横长长的,很有精神!""你写的比刚才快了 10 秒,真厉害!"这样的语言,肯定学生努力书写和肯定积极的变化。老师拍拍他的肩膀,竖个大拇指,盖一颗红印章,给家长打去一通报喜电话,都是对他极大的肯定。将一个正向评价细化为多个正向评价,让他们多次得到老师的肯定和关心,其学习信心就被提振起来。

2.多采用纵向比较评价,提振学习信心

感统失调学生是弱势的,采用横向比较对他们可能是一种伤害。教师应尽可能选择纵向比较,实施发展性评价。拿上一周和这一周的书写进行比较,上一个月和这一个月的作业质量进行比较,让学生看到自己的进步。这些进步,需要比其他孩子付出更多努力,克制更多诱惑,克服身体上诸多不利于学习的各种条件反射。纵向比较不仅有助于提振学习信心,也提升了学习幸福感。这样的评价方式,让他们清醒地意识到自己积极发展:愿意去完成可以接受的学习任务;对待新的学习任务,不抗拒、不焦虑,愿意尝试。这样的评价方式也是对教师教育教学的一种肯定。

3.多采用假想描绘评价,提振学习信心

人是活在希望中的。"抓反复,反复抓"策略用在感统失调学生身上是有效的。当这些学生做得实在不尽如人意的时候,教师以假想描绘的方式让他们看到努力的方向和美好的结果。"如果,你再写一遍,肯定就学会了。""假如认真听,你就不会闹笑话了。""我看着你,再来一次,大家肯定觉得你很勇敢!"这样的评价语言往往比直接批评或命令更能让他们接受。有时教师在学生作业本上画上哭脸、失望、疑问的表情,学生也能够迅速从这些画面中感受到老师期待他努力的样子,便会重振信心,再尝试一次。

(三)锁定"三个变"评价结果,实现共同成长

1.贴近内心,感受深幽的情绪变化

由于感统失调,学生在学习过程中频繁触碰发展"瓶颈"。教师除了耐心指导其掌握必要的学习方法外,还要用心触摸其深藏的情绪变化,化解心理抵触,扭转颓败的学习状态,为其缓慢的学习注入新的动力。多数时候,学习上的落败并不是学习内容的难度,而是学习的发展态势让教师的评价更多关注学生情绪变化,提振信心,甚至爱的融化。在这种源自教师真爱的教育评价,虽然带有诸多的主观色彩,但对于这些学生有效调整情绪,增强学习信心,是非常重要而有意义的。很多时候,学生因为喜欢老师、爱老师而战胜自己低迷的情绪,投入对他来说枯燥无趣的学习当中。

2.放慢脚步,感知缓慢的认知变化

感统失调的学生观察事物容易出现偏差。查阅文献资料了解到,不是学习态度不够端正,而是在眼睛看到后,反应到大脑,再传递到手指,中间出现了障碍。因此,他们的字就像吃了增肥药一样占满整个格子,或者是七扭八歪完全不像一个汉字而像一幅画。教师在评价和指导这些学生书写时,需要放慢脚步。如,"可以把字都放进田字格这个家里吗?""口共有 3笔,按照顺序再写给老师看看……""这个字好像喝醉酒了,东倒西歪,你来把竖的笔画写直了就好了。"放慢脚步,效率降低,但成效明显。看到经过调整后的汉字,教师就要肯定鼓励他们保持正确,注意不足之处。① 在即时评价这些学生的学习中,教师的心灵变得更加敏感,见到学生缓慢的变化,是这些学生为教师打开另一扇专业之门和心灵之窗。

3.积极陪伴,见证持久的态度变化

感统失调学生的自尊心尤为强烈,珍惜自己的进步。实践中发现,在书写汉字的过程中,感统失调学生观察汉字间架结构的能力比较薄弱,宽窄、高低、穿插、占格难以用语言清晰表达,也很难在书写时有所发现和觉察。因此,教师应多走近他们,提醒坐姿、握姿,保持良好状态。

感统失调学生学习的出错节点一般在起始阶段,纠正也有一定的难度。教师陪伴身旁,或者由同伴关注书写进程,则会努力做到一个比一个写得好。从情绪调整到认知态度转变的过程,虽然是缓慢的,甚至时有倒退,但教师必须直面。只有当学生的行为发生较为持久的变化时,才能取得阶段性的进步。

以书写练习为例,研究感统失调学生的教学与评价,让我更坚信,帮助感统失调学生是有方法的。其改变是可预期的,教师可以有所作为。

（本文获 2019 年杭州市原下城区考试与评价案例评比二等奖）

以"单"促"评",指引能力提升

——《美丽的冬天》教学评价例谈

杭州市江心岛小学　陈　佳

摘　要:教学评价是教学活动的重要组成部分,有效的教学评价有利于指引学生能力的提升,但以往的教学评价存在一些不足。该文尝试以"单"促"评",将 3 份学习评价单——课前学习评价单、课中交流评价单、课后综合评价单引入日常教学,以促进评价,充分发挥评价的导向与激励作用,促进学生的全面发展。

关键词:学习评价单;教学评价;学习能力

一、案例缘起

课程标准指出,评价的根本目的在于积极促进学生发展,帮助教师改进教育,提高教学的实效性。以往的学科评价一般放在期末统一进行,对学生往往凭主观印象进行等级评价,对学生的能力发展帮助不大。在教一年级上"道德与法治"《美丽的冬天》一课时,笔者尝试以

---

① 周培植.好的教育[M].北京:教育科学出版社,2012.

"单"促"评",将3份评价单——课前学习评价单、课中交流评价单、课后综合评价单引入日常教学,以促进评价,充分发挥评价的导向与激励作用。

二、案例描述

(一)设计评价内容,指引学习方法

小学"道德与法治"以学生生活为基础,生活性是其基本特征,这门学科的外延是广阔的生活,倡导用以往的生活丰富当下生活,引领未来生活。因此在教学前,常常需要设计"课前学习评价单",以了解学生的学习起点,积累学习素材。在没有进行正课学习前,如果能指引学习方法,精心设计评价内容,就能有效唤醒学生已有的生活经验,帮助学生更好地进行课堂学习。

【案例1】课前学习评价单——"寻找冬爷爷"

课前学习评价单如表1所示。

表1　寻找冬爷爷

寻找冬爷爷
冬爷爷已经悄悄来到了我们的身边,我在运河边找到了冬爷爷,我听见了呼呼的北风声,风刮在脸上又冷又疼。冬爷爷还藏在哪? 赶紧找一找吧! 我的发现:
温馨提示: 1.怎么找呢:小眼睛看一看、小耳朵听一听、小手摸一摸…… 2.地点加油站:屋檐下、大街上、日历上、小区公园、家里、自己身上…… 3.既可以用文字记录,也可以通过绘画、拍照的方式记录。 　　　　　　　　　　　　　　　一个发现,就可以得一颗五角星哦! 　　　　　　　　　　　　　　　一共得了(　　)颗星

一年级的学生思维具有局限性,认知往往简单、片面。因此在这张"学习评价单"中,笔者通过设计学习评价内容,指引了学生学习的方法。寻找冬爷爷,学生直接想到的可能就是用眼睛看。笔者在"温馨提示"中的"怎么找呢",提示学生可以从视觉、听觉、触觉等角度,发动多种感官进行寻找,拓宽了学生学习的方法。

"地点加油站"则提示了诸多寻找的地点,指引了学生学习的方向。

一年级的学生还没有规范学过写话,因此第三条"温馨提示"指引了多种形式的记录方法。

小女孩的话则是一个范例,从我们熟悉的地点——运河边出发,从耳朵听到的、身体感受到的方面找冬爷爷。当学生在课前寻找到了更多冬爷爷的足迹后,在课堂上才更愿意与大家分享,从而体会成功和收获的喜悦。

(二)活用评价主体,提高评价时效

课程标准提出,要倡导采用多主体、开放性的评价。这并不是意味着评价方法固定,每一课都要老师、家长、同伴、自己轮番上阵评价一回。教师要根据具体的课程灵活使用。在《美丽的冬天》一课中,笔者主要活用了自评和同伴评价,同时辅以老师的评价引导。

【案例2】课中交流评价单——"冬天在哪里"

冬天在哪里?			
冬天在哪里? 我去问_____。			
_____,_____。			
我给自己评一评		同伴给我评一评	
认真倾听	☆	认真倾听	☆
大胆说	☆	大胆说	☆
说清楚	☆	说清楚	☆
得到同伴的赞赏	☆	说得棒	☆
做得好就涂红一颗星,共得(　　)颗星		做得好就涂红一颗星,共得(　　)颗星	

课中,教材上出现了一首小诗:冬天在哪里,我去问河流,河流不回答,停下不再走;冬天在哪里,我去问青蛙,青蛙不见影,睡在洞里头;冬天在哪里,我去问妈妈,妈妈不说话,指指我衣袖。

笔者引导学生学着这首小诗的样子,自己也来说一句,先4人小组说一说,最后全班交流反馈。在自编小诗、交流反馈的过程中,笔者设计了课中交流评价单,活用评价主体,提高评价时效。

1. 教师评价定规范

在传统的教学理念下,学生、家长心目中的"首席评价员"一直是教师。在以"单"促"评"的学习模式中,笔者有意弱化教师的评价功能,教师只是担当一个无形的"引领者"角色。在《美丽的冬天》的课前学习评价、课中交流评价中,笔者将评价主体让位给学生,教师只是设计学习评价表,引导评价方向,明晰评价细则,指导评价方法。

2. 自我评价提自信

一年级的学生由于认知的简单、片面,往往会过分依赖成人对自身的评价,这非常不利于独立、自信人格的养成。学生才是学习的主人。一年级的学生虽然年纪小,但也有辨别、评价能力。教学中,笔者放手让学生担当评价小主人。

在交流评价单中,教师细化了评价内容,不仅关注"说",更将"听"放在首位,让学生明白学习的方向。学生有了自己也是评价主体的意识后,对照评价表,变身小老师,发现自身优点与不足。学生对自我的一次评价,其实也是一次自我的认知。在不断的自我评价、自我肯定中,不断提升自信。

3. 同伴评价促进步

课堂中的交流时间有限,因此课中笔者安排4人小组交流环节,让每个学生都有表达的机会,在交流中培养他们的表达能力。在小组交流的过程中,充分发挥同伴评价的指引能力提升功能。交流评价单指引了学习的方向，要从"认真倾听""大胆说""说清楚""说得棒"4个方面进行评价。

同伴评价弥补了自我评价可能带来的片面、盲目，有时同伴的评价比教师的评价更真切。单一的评价主体使学生学习的方向变得单一。充分发挥同伴的力量，互相监督，则可以让评价更加全面。同伴评价的过程也是学生互相学习、共同进步的过程。

（三）采用弹性评价，关注能力差异

一年级学生的学习能力差异往往比较大，这跟学生的月龄、性格、学前基础、生活家庭息息相关。笔者所任教的班级两极分化现象尤其严重。能干的学生自信开朗，能说会道，善听乐学；能力弱的学生自卑胆小，不善言辞，寡言少语，老师说的话明白不了也不敢提问，在课堂中常常当沉默的"小客人"。

因此在评价中，如果采用"一刀切"的评价标准，能力弱的孩子在学习中常常会产生挫败感，进而产生畏惧心理，不敢甚至放弃参与学习；对于那些能力强的学生，如果按"一刀切"的标准，那么学生容易满足于现状，能力提升缓慢。

【案例3】《美丽的冬天》课后综合评价单细则

A方案：

★★★到大自然中观察，至少用两种不同的方式，发现冬爷爷的5个足迹，用丰富的形式记录下来，课堂中主动积极地与同伴交流。
★★到大自然中观察，用两种不同的方式发现冬爷爷的3个足迹，并记录下来，课堂中愿意与同伴交流。
★到大自然中观察，发现冬爷爷的1—2个足迹，记录下来。

B方案：

★★★到大自然中观察，采用一种方式，发现冬爷爷的3个足迹，记录下来并愿意交流。
★★到大自然中观察，发现冬爷爷的2个足迹，画下来或者拍下来，愿意交流。
★到大自然中观察，发现冬爷爷的1个足迹，并口头表述出来。

A方案适用于能力一般及以上的学生，B方案是特别为班中那些能力弱的学生设计的。笔者根据不同学生的不同现状，关注差异，运用分层评价和弹性评价的方法，让弱的孩子"跳一跳，摘桃子"，让有能力的孩子可以最大限度地开发潜能。运用弹性评价，关注学生的进步，这易被学生接受，易激发后进生的积极性，帮助孩子建立自信，促进能力的提升。

（四）实施二次评价，给予进步空间

"二次评价"是指根据学生的具体情况，优化学习过程和方法，提高学习效率，促使能力提升所采取的延迟性评价或重新评价的评价策略。

教育部在《基础教育课程改革纲要》中明确指出：评价不仅要关注学生的学业成绩，而且要发现和发展学生多方面的潜能，了解学生发展中的需求，帮助学生认识自我，建立自信。"道德与法治"是一门有温度的课程，评价也应该是有温度的，教师应以发展的眼光评价学生，关注学生自身纵向的成长，因此笔者在设计课后综合评价单时，特别设计了"二次评价"这一栏，给每个孩子留有进步的空间，以挖掘学生发展潜力，关注能力提升。

【案例4】《美丽的冬天》课后综合评价单 A 版（完整）

行为习惯评价指标		自评	同伴评	师评	评价细则
感受冬天 发现冬天	一次 评价				★★★到大自然中观察，至少用两种不同的方式，发现冬爷爷的 5 个足迹，用丰富的形式记录下来，课堂中主动积极与同伴交流。
	二次 评价				★★到大自然中观察，用两种不同的方式发现冬爷爷的 3 个足迹，并记录下来，课堂中愿意与同伴交流。 ★到大自然中观察，发现冬爷爷的 1—2 个足迹，记录下来。

"道德与法治"这门课程的学习指向了孩子的生活经验的回望、实践智慧的生长、社会情感的根植，但这些能力、情感的习得绝非一朝一夕之事。因此笔者从每个学生的原有基础出发，实施"二次评价"。每一项指标的评价都不止一次，即使是后进生，也有机会得满星。能力强的学生"一次评价"后，获得了满星，增强了自信，继续保持。而能力弱的学生，虽然只得到一星、两星，但不用灰心，还有机会做得更好。同伴给他们树立了榜样、给予鼓励，老师提供建议与帮助，让他们找到努力的方向，这充分发挥了评价的激励、教育功能。

三、案例的研究价值

评价的目的并不是为了选拔优秀学生，而是为了促进教学，指引学生能力的提升。能力的提升是一个循序渐进的过程，不可操之过急。以"单"促"评"模式，相当于为学生能力的提升提供了一把扶梯。通过评价，学生的学习方向得以指明，学生的学习兴趣得到保护，学生学习的内驱力获得激励，学生从而享受学习带来的喜悦与成就感，进而指引能力获得提升。

（本文获 2019 年杭州市原下城区考试与评价案例评比二等奖）

个性化"一写评价"的操作策略

——以小学中段品社课程"动态书面评价"为例

杭州长江实验小学　李　晶

摘　要：该文在小学中段开展品德与社会课程"动态书面评价"相关设计与实施，实践"鼓励性引导"，促学生进步；实践"双向互动学习"，促教师提升；实践"发展学生的动态评价"，促课程发展。

关键词：中年级；品德与社会课程；个性化的动态书面评价；设计与实施

一、案例缘起

（一）为什么要开展个性化"一写评价"

笔者在教学中发现，针对展示性任务（"一秀"）、作品成果（"一袋"）、书本留白练习（"一填"）、行为习惯评价（"一评"）、纸笔测试（"一考"）的多种评价方式已受到重视，而相对传统的书面评语评价却被教师忽略，出现"没什么可写，不知道怎么写，写来写去每个学生差不多"的情况。

(二)什么是个性化"一写评价"

个性化"一写评价"(针对小学中段品社课程之"动态书面评价")是重点针对有"个体差异的绝不雷同"的中段学生个体,关注行为与习惯发展指标,在递进的品社学习各阶段中,用一到两句肯定、鼓励、期待的语言进行及时、有针对性的、提供策略、给予指导的书面描述性过程评价。该书面载体是杭州市教育局统发的《学生成长手册》(三、四年级分册)中,家校联系(每月评价)、心灵沟通(每学期评价)两个栏目。

二、案例描述

(一)如何开展个性化"一写评价"

1.个性化"一写评价"的对象与时间:细分人员,精确时间

(1)努力通过前期分析,摸清学情,确定评价对象。笔者使用亮星制,对上学期学生的"行为与习惯"进行"★★★、★★、★"评星。以四年级某班为例,该班35人中:获得★★★15人,获得★★16人,获得★4人。根据"每个学科评价率应占班级学生总数的30%"的"各学科评价比例"的规定,分别选择——获得★★★人数的30%共5人、获得★★人数的30%共5人、获得★人数的30%共1人,以上11人被确定为该班的评价对象。如图1所示。

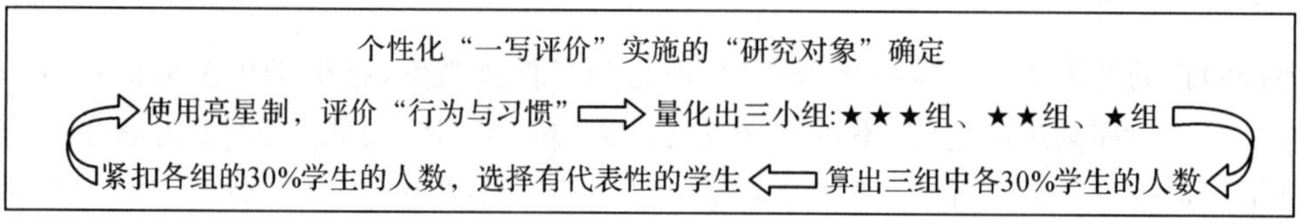

个性化"一写评价"实施的"研究对象"确定

使用亮星制,评价"行为与习惯" ⇒ 量化出三小组:★★★组、★★组、★组

紧扣各组的30%学生的人数,选择有代表性的学生 ⇐ 算出三组中各30%学生的人数

图1 个性化"一写评价"对象

(2)通过过程分析,感受学生的变化,确定评价时间。在平时老师忙于课务和其他学校工作的时候,会忽略学生的细小进步,这些细微的感受,往往像火花一闪就灭。因此,笔者认为只有对其"一评、一秀"两项评价方式的实际操作,强化对班中学生的观察,也就是特定地强化出一个时间段,才能发现评价点,找准评价时间,如表1所示。

表1 个性化"一写评价"实施设计

个性化"一写评价"实施的"研究时间"确定	
密切关注学生各方面发展,把握评价的第一时间:有情况就写,及时、不错过,有针对性地、不泛泛而谈	
基于"一评",侧重进行习惯评价	评价学生中,在一段时间内,获得星级最多的学生,获得星级进步最大的和获得星级最少的学生
基于"一秀",侧重展示性任务评价	评价学生中,在一段时间内,展示任务完成最棒的学生,完成进步最大的和完成情况不好的学生
一月一写——《成长手册》家校联系(每月评价):在以上2项中,选择该生一个月内最突出的一个方面做评价,不要求面面俱到	一学期一写——《成长手册》心灵沟通(每学期评价):以上2项中,选择该生一个学期最突出的一个方面评价,不要求面面俱到

2.个性化"一写评价"的操作框架与操作方向:搭建框架,明确方向

(1)明确分层分类评价,搭建操作框架。为引导改进学生现状,在个性化"一写评价"中,分为肯定性亮点评价与鼓励、期待性提高评价。前一类侧重肯定优点,根据学生做得进步的、

做得出色的、做得完美的方面评价,选取的评价点可小可大,适度就好。后两类侧重鼓励进步和提出期待性建议。第一,通过找进步给予鼓励,就是根据学生原有的缺点不足或者原有的情况发现最近的进步,给予鼓励;第二,通过找差距给予建议,又或是根据原有的劣势、优势提出突破现有情况的期待性建议。

(2)明确积极正向评价,确定评价方向。在评价中基于学生在行为与习惯指标的优点和缺点,教师给予的"肯定、鼓励、期待性评价"都为积极的正向评价。实践中,不批评,不使用语句详细描述做得欠缺的方面,如图 2 所示。

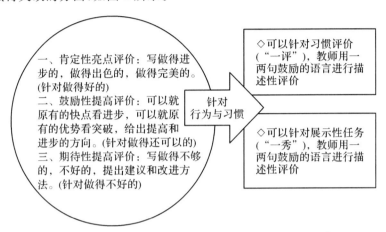

图 2　个性化"一写评价"实施的"操作框架与操作方向"

3. 个性化"一写评价"的撰写形式与呈现载体:动态记录、简化载体

(1)全面掌握研究时的动态,记录学生成长轨迹,用好撰写形式。真正在评价书写的时候,如果不给予比较明确的评价分层分类,很有可能会把肯定、鼓励、期待 3 种类别的评价混在一起。所以,是否将这 3 种"一写评价"用在学生一个学段的终结性评价中不是关键,关键在于教师写的是不是这个孩子这段时间最突出的表现,在于教师使用的评价是不是最有针对性的。因此,笔者对"一写评价"研究的撰写形式做成表格,以表格为载体的实践尝试,如表 2 所示。

表 2　个性化"一写评价"实施的"撰写形式"

研究对象	针对教材中"行为与习惯"评价指标	评价类型 类别一:肯定性亮点评价 类别二:鼓励性提高评价 类别三:期待性提高评价		评价着眼点 (两方面选一)	评价技巧	
					关键词 (及时记录)	详细的描述性评价
学生姓名	第(　)册第(　)单元第(　)课中的"行为与习惯"指标	肯定(表扬优点)	鼓励(找进步给予鼓励)	期待(找差距给予建议)	"一评"(行为与习惯的评价)、"一秀"(行为与习惯的展示性任务)	

(2)利用好已有的书面载体,简化评价材料,节约时间成本。以《成长手册》为载体,在"老师的话"栏目中就学生的品德学科学习做"有针对性地用一两句鼓励的语言进行描述性评价的终结性评价"。笔者认为,节约寻找书面载体的时间,用好已有的、原本就要填写的《成长手册》,就更为便捷与必要。

4.个性化"一写评价"的操作成效：有效增进师生、家长共成长

笔者设计了"心情脸谱"填涂表。请学生和家长在各自的栏目中选择看过教师《成长手册》老师的话中对德育和品德学习的评语后的感受。该班 35 名学生中,有 19 名选择"大笑脸谱",16 名选择"微笑脸谱"。该班 35 名家长中,21 名选择"大笑脸谱",14 名选择"微笑脸谱"。

在研究对象 11 人中,他们的"行为与习惯"总体提高。表现在四年级上册的 4 个单元教学的 8 个"行为与习惯"指标中,获得总评★★★和★★的学生共有 11 人,其中获得★★★为 9 人,获得★★为 2 人。班中学生个体"行为与习惯"改进。在上学期,班中研究对象中"行为与习惯"总评为★★和★的人数共有 6 人,本学期下降为 3 人。在"行为与习惯"指标上,做得相对较弱的学生正在减少,如图 3 所示。

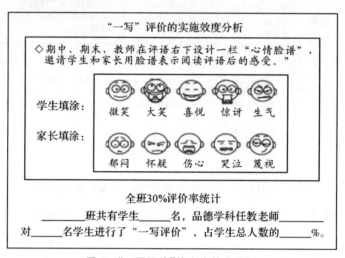

图 3 "一写评价"的实施效度分析

(二)"一写评价"的典型样本

给 A 组某同学的肯定性评语

笔者在《社区的公共设施》第二课时的教学中,组织同学课前绘制社区公共设施分布图,利用双休日实地调查公共设施的使用情况,并开展小组内"一评",肯定鼓励实地采访和做过一定公共设施安放和使用情况调查的同学。

对于某同学,笔者给予肯定性评语:你的社区公共设施图绘制得精确、美观、有趣,这一定与你的认真观察与仔细绘制分不开!当你向同学展示,并说出理发店附近邮政 E 邮箱(快递送放自助机)目前的使用情况和居民反映的因植物遮挡,第一次比较难找的情况,大家都为你的有效调查和能够向社区提出建议在岔路附近拐角设置一块指示牌,方便居民找到 E 邮箱,点赞!

给 B 组某同学的鼓励性评语

笔者在《腾飞的翅膀》第二课时的教学中,组织同学介绍了解到的家乡的主打行业,并开展全班"一评",肯定在反馈了解内容和宣传家乡主打行业上有进步的同学。

对于某同学,笔者给予鼓励性评语:在这次"电子商务:支付宝零小商户便捷支付"的调查与反馈中,你表现积极!课堂上,同学不仅被你亲手拍摄的照片(各种小饮食店支付宝支付条码,各种流动摊贩支付宝支付条码)所吸引,更为你大胆而响亮的介绍所吸引。你该为自己的进步自豪,祝贺你!

给 C 组某同学的期待性评语

笔者在《56 个民族是一家》第一课时的教学中,组织同学进入"民族长廊",结合自己对汉族的资料收集,进行交流,并开展小组内"一评",肯定鼓励完成搜集和参与交流的同学。

对于某同学,笔者给予期待性评语:在品德课的资料收集展示中,要是能看到你举起的小手就好了。如果是忘记完成,请告诉老师。建议你把品德小任务一起记录在"其他作业"一栏中,这样就不会忘记了! 请来悄悄告诉我收集资料时遇到的困难,因为靠自己的力量有时候不容易找到资料。你需要大人的帮忙! 如果爸爸妈妈没空,老师帮你! 加油!

三、案例的研究价值

(一)人文关注,给予"阳光与春风"

如仅限于纸笔测试,就少了品德学科这门社会性课程对每个学生在"行为与习惯"方面的个体关注,缺少了一种教师和学生、课程引导人和课程主体之间的互动和对话。实践操作得出:"一写评价"可以突破时间与空间的限制,用一两句鼓励性的语言达成师生之间的温暖沟通与互动,其能擦出学生心里的自尊自爱、自强自立和对品德学科喜爱的火花。

(二)客观操作,重视"缺点与优点"

如仅从展示角度来评价,就少了对学习过程中做得好的与做得不好的方面的关注,往往忽略中间的步骤,直接跳跃到对结果的看重。实践操作得出:"一写评价"可以就原有的缺点看进步,就原有的优势看突破,可以是一两句"点睛之笔或是金玉良言"。

(三)疏通难点,着力"化繁为简"

《全日制义务教育品德与生活(社会)课程标准》指出:"要通过全方位的评价,在全面了解学生发展的基础上,对学生进行有效的指导,真正使学生得到全面的发展。"实践操作得出:要根据学情和教学实际制订合理系统的评价方案实现全方位的评价,不能过分繁杂,应该简明有序。"一写评价"应以年龄为基础,易于学生接受;应以实事为依据,较有说服力;应以激励为目的,适当指出进步方向。

笔者深信,制造快乐与感动的学习过程和评价手段才是为师生所喜爱的,才是有真正存在价值和生命力的。

(本文获 2019 年杭州市原下城区教育评价研究案例评比二等奖)

谈马扎诺量规在小学中段作文评价中的应用

杭州市观成武林小学　吴良红

摘　要:现有的作文评价往往依据教师个人主观认知,笼统地进行评语评价,缺乏明晰而科学的标准,容易造成评价片面化或低效化。笔者借助马扎诺量规思想,依据作文教学自身特点,并根据我国中小学班级人数状况,分类开发作文量规评价表,包括读写结合量规评价表、作文课堂教学量规评价表、作文批阅反思量规表等,归纳出利用量规评价促进学生写作水平稳步提升的有效策略。

关键词:马扎诺量规;中段;作文评价

一、案例缘起

三年级是习作的起始阶段,应注重培养学生习作的兴趣。因此在平时教学中应加强对写话的练习。学了三上第一课后布置了仿写片段,教师给部分学生的写话只打了等级。课堂中,学生看到写话评价等级后,提出很多疑问,老师一下子很难一一答复。再回看我们平时的作文评价方式,基本以百分制、等级及评语方式为主,而现有的这些评价缺乏明晰的、科学的标准。具体存在以下问题。

(一)现用的评语评价方式存在问题

首先,评语评价片面化。有的评语一味表扬未提改进意见,笼统又降低表扬效果。其次,评语评价低效化。我们教师一直习惯用自己的思想和所谓的标准,用自己非常熟悉而学生又不完全理解甚至曲解、误解的评改语言,而学生根本不懂或无暇顾及或不屑一顾。

(二)百分制评价标准模糊

作文教学评价中的百分制,在实施中评价依据比较笼统。教师在判断学生写作程度时,以课程标准里提出的"主旨、内容、语言、结构、文面、创意"这几方面为评分类别,然后综合加之,但具体分数标准无严格依据,因此易受主观思想和情绪影响。

(三)学生评价不得其法

虽然平常的作文评价学生也作为评价者,但告知评价标准的是教师。而当下教师在作文教学评价上存在问题,并没有教给学生科学的评价方法。

二、案例描述

系统论所说,用数学方法定量地描述其功能,寻求并确立适用于一切系统的原理、原则和数学模型。作文量规评价就是用定量来评价学生作文,而量规研究中尤以马扎诺量规思想影响较大。[①]

我国作文教学具有以下特征,致使制定及实施量规时依据马扎诺量规思想要加以消化而非照搬照抄:首先,大班化班级,会一定程度影响量规实施效果和反响。其次,作文教学固有特点:(1)持续积累性,包括知识、技能、情感体验与文学素养等持续积累。(2)一定主观性倾向。作文评价主要考虑创意、布局谋篇、情感表诉等,因此评价中略带评价者个人喜好及作者与读者的情感碰撞等主观倾向。(3)读写的"孪生"性。阅读与写作学习的内容一致,只是呈现方式不同,给学生提供知识迁移的基点。

(一)设计简化作文量规评价总表

有学者认为,"量规是用于评价、指导、管控和改善学习行为而设计的某种标准或一套标准"。可见,量规有评价、反馈作用。[②] 马扎诺简化的评价量规形式,见表1。[③]

---

① 刘森.国外作文评价指标研究及其启示[J].学科教育,2000(3):48-49.
② 钟志贤,王觅,林安琪.量规:一种现代教学评价的方法[J].中国远程教育,2007(10):43.
③ [美]罗伯特·J.马扎诺.有效的课堂评价手册[J].邓妍妍,彭春艳,译.教育科学出版,2009(6):5.

表 1　马扎诺简化的评价量规

分值	对量规的描述
4.0	在 3.0 分的基础上,能超越课堂上教师所教的内容进行更深入的推断和应用
3.0	能掌握直接教给的信息与过程(简单的和复杂的),没有大的错误或纰漏
2.0	在相对简单的细节和过程上没有大的错漏,但在更加复杂的观点和过程上出现错漏
1.0	有了别人的帮助,在相对简单的和更加复杂的细节、观点和过程上有部分正确的理解
0.0	即使有了帮助,也一无所获

它具有明确的评价标准、客观的评价规则、灵活的评价方式和有效的评价结果等特质,这些特质在一定程度上能弥补当前百分制评价体系的缺陷。

(二)分类开发作文量规评价表

笔者前期对班级作文现状进行调查,分析"量规评价"设计的所有活动,首先考虑是否能激发学生兴趣,是否对学生发展有利,是否能让学生从活动中不仅分享到参与的愉悦,而且能促进学生在认知和情意方面有所成长。为此,笔者认真规划,精心设计量规评价表。[①]

基于马式量规的具体作文量规应用分类,分别开发 3 种教学量规表,详见表 2、表 3和表 4。

表 2　作文课堂教学量规评价

分值	对量规的描述	教师反思(注:对某部分学生未达成、已达成目标的原因反思及总结)
	(注:该课堂上,学生需要学习的作文方面具体的技能、技巧、概念、策略、修辞等较为显性的可操作内容)	
	以比喻修辞方法为例	
4.0	在 3.0 分的基础上,学生能够理解比喻修辞方法,并可以自己造成各种比喻句子	
3.0	学生能够直接辨别出比喻修辞的各种表达方式,没有出现纰漏	
2.0	学生能够辨别带有比喻词的句子运用了比喻修辞方法,但语言组织方式出现问题	
1.0	在他人帮助下,学生能够知道比喻的概念,知道比喻修辞在句子中用的关键词"像""如""似"等	
0.0	即使在他人帮助下,学生对比喻概念完全不清楚	

表 3　语文读写整合课堂教学的写作量规评价

分值	对量规的描述
	(注:量规描述起点定位在对表 2 的技能、技巧的"迁移和应用,以及读写的共性上")
	以比喻修辞方法为例
4.0	在 3.0 分的基础上,学生能够将写作中学习的比喻修辞自如地与阅读文章相互迁移,并可在原文应用的具体方式上有所改变

---

① 唐玉霞,马兰.教学评估量规的编制及应用[J].远程教育杂志,2011(6):88.

分值	对量规的描述
	(注:量规描述起点定位在对表2的技能、技巧的"迁移和应用,以及读写的共性上")
	以比喻修辞方法为例
3.0	学生能够联想到写作教学的比喻修辞在阅读文章中有运用,并可将写作学习的比喻修辞做类似阅读文章出现的情境来仿写迁移
2.0	学生能够直接联想到阅读中的比喻修辞就是写作学习中的内容,并知道在写作中学习的比喻修辞如何运用到文章中
1.0	在他人帮助下,学生能够联想到在阅读中有应用到写作学习中的比喻修辞,但无法清楚该文章中是如何运用比喻修辞的问题
0.0	即使有他人帮助下,学生也无法联想到阅读中有与写作课相关的比喻修辞

表4 作文批阅反思量规

分值	对量规的描述				
	审题立意(注:以"爱妈妈"为例)	组织结构	语言应用	写作素材	汉字书写
4.0	在3.0分的基础上,学生能够将主题升华,如感悟出母爱的可贵与伟大				
3.0	学生不仅对题意掌握准确、中心突出,而且内容饱满,情感表达流畅、真实。如描写妈妈时具体实例重点描写,结合生活,情感自然流露				
2.0	学生对题意理解很明确,所表达中心较为突出,感情表达很真实。如可针对某方面具体写,感悟到妈妈的好来爱妈妈,并且结合现实生活写				
1.0	学生能基本理解题意,但描写中心不够明确且感情表达欠真实。如写妈妈很多面,但没具体写妈妈某一面让我很爱她,比较空洞				
0.0	学生不能够理解写作要求,跑题甚远且感情表达很不真实,如爱妈妈写成妈妈唠叨				
学生/教师反思	(注:学生对某一阶段的某学习内容进行相对系统、阶段性的终结性评价反思/教师对学生整体写作上的具体应用的反思)				

前两种课堂教学量规,逐渐过渡到第三种具有自组织性的量规运用,并将3种量规因时而异、融会贯通,有步骤、分阶段系统运用。

3.借读写结合量规评价表提升写作兴趣

以语文课堂教学说写结合量规评价为切入点(根据我们学校使用惯例,为方便起见,将四分制同理改为四星级)。

简化量规评价表格(见表5)。

表5 平时读写片段练习

小练笔名称	量规评价	情况反馈
《大青树下的小学》仿写	能用上新鲜感的句子写自己的学校	20个四星,10个三星,5个二星
《花的学校》仿写	能用上比喻句和拟人句来进行仿写	20个四星,10个三星,5个二星
……	……	……

4.借作文课堂教学量规评价表提升课堂教学效率

第一次利用量规表进行作文课堂教学,学生运用量规表进行构思习作,但效果并不是很明显,因为量规表中的要求并不是很明确。因此我们根据单元作文要求进行了修改、细化,详见表6。

表6　第一单元习作《猜猜他是谁》量规表

量规	分值			
	4星	3星	2星	1星
基础	书写正确,字体工整字数达标,分段表述,会使用标点,注意断句	字迹不清,错字明显但不多,会使用标点,能断句	字句太少,不合规定,不用标点,没有分段	完全不符合要求
选材	体现校园生活,能用上有新鲜感的句子。创新性指标:能把平时积累下来的有新鲜感的句子灵活运用	体现校园生活,能用上有新鲜感的句子,可以是书中积累下来的句子	内容不实,要素不全,选材不够;内容单薄	离题;抄袭雷同;与标题不符
情感	体验真切,感情真挚,从外貌、性格、品质、爱好等角度进行介绍,写出同学的特点。创新性指标:构思新巧,合乎逻辑	体验真切,感情较真挚,能够选择一点或者两点特别的地方,能比较清楚地介绍同学的特点	体验不深,没有感悟,题意不明,感情不真	条理不清,首尾不全,重点不明
语言	词语生动,句子新美,语句通顺	文通句顺,用词贴切,语病在两句以内	语句不够通顺,语病句子较多	明显语病,空话连篇,词不达意
评价	自评	他评	教师评	总评

5.借作文批阅反思量规表提升学生作文水平

根据学生写作水平还处于起始阶段,以及老师提出的建议,让量规表更具有操作性。因此进行了修改,见表7。

表7　第一单元习作《猜猜他是谁》修改后量规表

分值	量规			
	审题立意(注:以"猜猜他是谁"为例)	自己评	同伴评	教师评
4.0	在3.0分的基础上,学生能够从外貌、性格、品质、爱好等方面将同学特别的地方,与单元主题"学校生活"紧密联系,用上有新鲜感的句子,写一段话介绍自己的同学,字迹端正地写出同学的特点			
3.0	学生不仅对题意掌握准确、中心突出,能够选择一两点同学特别的地方,结合单元主题,写几句话介绍自己的同学,能比较清楚地说出同学的特点			
2.0	学生对题意理解很明确,选择一两点同学特别的地方,结合单元主题,通过几句话能够用比较通顺的语言进行介绍			
1.0	学生能基本理解题意,但描写中心不够明确且感情表达欠真实。如写同学很多面,但没明确写出同学的特点,比较空洞			
0.0	学生不能够理解写作要求,跑题甚远且感情表达很不真实			

三、案例的研究价值

(一)提升写作兴趣

三年级学生刚进入写作阶段,对写作存在恐惧心理,不知道写什么,该怎么写。在使用量规评价表进行仿写练习成功后,学生自信了。在课堂上进行多次尝试后,孩子写作的兴趣越来越浓厚。

(二)提高写作能力

作文评价量规是一个真实性评价工具,是对学生作文水平或等级进行评定的一套标准。它也是一个科学、有效的教学工具。我们对作文量规的创建与应用,可以有效测量和稳步提升学生的作文能力水平,减轻学生因作文努力目标不清而带来的课业负担。

(三)促进教师成长

常言道:"巧妇难为无米之炊",再好的量规予以实现也需要"胸有成竹"之人。因此,教师要注意提升自身文学素养,进行系统的语文学习,做到有米下锅,否则在读写整合教学中的作文量规无法发挥其效。此外,提升教师写作能力,才会更利于作文教学 3 种量规实施,提高量规使用的有效性。

(本文获 2020 年杭州市中小学教学评价与考试案例评比一等奖)

运用多元评价,助力习作教学

——以统编教材语文三年级上册习作教学为例

杭州市青蓝青华实验小学　李　节

摘　要:统编教材构建了相对独立的作文教学体系,提出了更精准的评价要求。围绕教学要求,教师对作文教学评价的认知亟待提高,评价多元化是统编教材编排思路的必然要求,评价的革新也符合当前学习方式的发展。教师要贴合学生主体,把握核心要素,在实践中真正将评价嵌于习作教学各环节,将学生置于课堂中央,充分发挥学生的主观能动性,有系统、有层次地学习习作的知识与方法,促进写作思维的真正发展。

关键词:评价多元化;评价方式革新;主动评价;制定标准;激励表达

一、案例缘起

(一)统编教材中的评价导向更积极

在习作教学方面,统编教材构建了相对独立的作文教学体系,编排独立习作单元。此创新之举,旨在改变多年来语文教学中重阅读轻习作的状况。每单元语文要素都从"读"和"写"两方面来设置学习目标,更注重习作活动的有效开展,增强习作的实践性、生活性。

落实语文要素,提升表达能力,需要有效评价。统编教材重视习作评价。习作任务中,都给予评价活动方面的指导,设计同学、家长等不同主体参与评价,体现多元化评价。

（二）作文教学中的现行评价意识需要改进

厘清习作训练要素，引导学生实现习作能力的螺旋式上升并非易事。教师对于习作教学的有效评价还存在较大提升空间，对"课堂评价"的认知缺失：在习作评价策略上，教师倾向于终结性评价，学生难以获得自主写作能力的提升；在评价方式上，多样化的评价方式几无用武之地；在评价主体上，教师习惯以自己为准绳，漠视学生的评价主体地位，学生被动接受，缺乏主体意识。

因此，习作评价亟需多元化方式更新，让学生真正学有所得。

二、案例描述

（一）多元评价方式运用的基本原则关注点

1.评价要贴合学生主体

统编教材习作教学编排内容细致，增强了活动性和指导性。如果教师无法脱离窠臼，依旧以应试模式进行评价，就会与编写意图背道而驰。

教师在作文教学中进行的评价，应是形成性评价。如，三年级上册第一单元习作《猜猜他是谁》，如果教师在"猜猜他是谁"的游戏环节，过度关注语言会导致学生兴趣下降。此时应让学生大胆说、尽情猜，鼓励学生多说特点，甚至教师自己也可以加入，增强情景真实性，让学生在真实场景中学习。

2.评价要把握核心要素

统编教材中习作单元编排是有组织、有序列的，根据学生的年龄特点，同一类作文的教学目标有着螺旋上升、不断演变的特点，教师在遇到同一类作文时，可以从容地根据该年段学生特点和单元语文要素进行教学，不必通过某一次对某一类作文的教学做到尽善尽美。

（二）习作教学中运用多元评价的实践探索

统编教材对习作作了更加细致的要求，以三年级上册习作为例，共 8 次习作练习，涉及写人、状物、写景等。从评价要求来看，提及"交流分享"类的评价目标出现 6 次之多，教材已经引导教师关注"读者意识"对写作的作用。

教师可以从教学设计、新授课、修改和小结环节分别应用多元化评价方式，让评价真正作用于学生的习作学习。

1.在习作教学设计环节预设形成性评价

改变评价方式，首先要改变的是教师的备课模式。教师在制定教学目标时，应能够清晰地落实学生为主体的概念。在习作前的备课环节，教师首先要有针对性地提出可以检测的学习目标，依据目标设置评价方案，如表 1 所示。

表 1　统编教材三年级上册习作要求分类梳理

单元题目	分项目标	具体要求
第一单元：猜猜他是谁	内容要求	1.用几句话或一段话写写他 2.特别的地方用一两点写下来
	格式要求	开头空两格
	评价要求	读给同学听，看看他们能不能猜出你写的是谁。也可以把全班同学的习作贴在墙报上，大家一起来猜一猜

单元题目	分项目标	具体要求
第二单元:写日记	内容要求	(根据例文发现)日记内容源自生活,记录所思、所闻、所感
	格式要求	日记的一般格式
	评价要求	坚持写下去,你一定会大有收获
第三单元:我来编童话	内容要求	1.看了上面这些词语,你的脑海里浮现出怎样的画面? 你想到了怎么样的故事? 发挥想象,把故事写下来 2.提示:关注人物、地点、时间和故事情节
	格式要求	题目位置要居中
	评价要求	小声读一读,看看句子是否通顺
第四单元:续写故事	内容要求	看图,讲了什么事情? 接下来可能会发生什么
	格式要求	用学过的修改符号把有明显错误的地方改过来
	评价要求	和同学交流习作之后,说说你更喜欢谁写的故事
第五单元:我们眼中的缤纷世界	内容要求	把最近观察时印象最深的一种事物或一处场景写下来
	格式要求	无
	评价要求	把你认为写得好的部分读给小组同学听,展示你的观察所得
第六单元:这儿真美	内容要求	让我们把身边的美景介绍给别人吧
	格式要求	写的时候,试着运用总分等结构方法,围绕一个意思写
	评价要求	1.写好后自己读一读,改正错别字 2.读给同学听,和同学分享你发现的美景
第七单元:我有个想法	内容要求	生活中有许多需要改进的问题。如果我们积极表达自己的想法,提出改进建议和解决办法,就能使生活变得更加美好
	格式要求	写的时候,要把这种现象和你的想法写清楚。如果有改进的办法或建议,也可以写下来
	评价要求	写好以后读给同学听,看看他是否明白你的想法,再问问他对这个问题有什么看法
第八单元:那次玩得真高兴	内容要求	把玩的过程像放电影一样在脑海里回想一遍,然后写下来
	格式要求	写的时候注意正确使用标点符号
	评价要求	1.写好以后大声读一读,看看你写的内容有没有表达出当时快乐的心情 2.和同学交流习作,跟他们分享你的快乐。如果有让同学看不明白的地方,可以试着修改一下,让别人更明白

以三年级上册第一单元习作为例,教材以"用几句话或一段话写写他,特别的地方用一两点写下来"为要求。新授课环节时,首先,组织学生游戏表达,课堂评价引导学生选择描写对象的独特特点,落实"选材"要求。其次,给予学生思维导图方法,用显性的方式整理表达逻辑,达成目标,详见表2。

表 2 编编教材语文三年级上册第一单元习作《猜猜他是谁》评价方案

教学阶段	学习目标	评价方式
新授课	1. 准确选择描写对象的特点 2. 厘清作文结构脉络	1. 根据发言,学生猜测人物,教师语言评价引导 2. 完成多种形式的提纲
初稿修改	1. 讲清楚同学的特点 2. 连级成文,合乎逻辑	1. 阅读习作,猜测人物 2. 小组协作,发现问题,修改描写,互相学习 3. 班级协作,制定修改稿的评价标准
终稿评价	1. 人物特点鲜明有趣 2. 文章通畅连贯,正确分段	1. 根据评价标准自评、小组评定等级 2. 展示作品,班级合作评价作品,学习优秀作品中的方式方法 3. 个人小结:评价自己掌握的写作知识

修改阶段充分发挥读者意识,出示多篇初稿,请全班学生根据初稿猜测人物。再分组阅读组员作品,从读者角度评价作品得失,给出修改意见,落实"介绍人物"要求。最后集体讨论,整理出修改稿的评价标准。

最后的终稿评价,依据学生的评价标准展开自评、他评,更清晰地展示学生的进步。对于优秀作品的展示是习作教学必不可少的环节,发表意识的建立与成功,是读者意识的"催化剂"。

2. 在习作新授环节嵌入真实性评价

巧妙设计习作教学环节,注重生本和学生自己的学习体会,让学生的学习和作品在课堂上发光,是形成性评价的应有之义。

以三年级上册第五单元观察作文为例,在教学观察作文前,首先给每个小组各一盆绿萝,仔细观察,积累素材;接着就是重头戏——现场片段写作与竞赛。请学生描写,并进行当堂作文竞赛。一名女生的作品很优秀:

> 绿萝的根牢牢地扎进泥土里,还有一点儿灰色的根露了出来。茎上会有像竹子一样的分节,而分节的茎变成了两半:一半长出了一片翠绿的叶子,另一半则继续生长。绿萝就是这样的一节一节地长大。绿萝的叶子有大有小,有强壮的也有枯黄的。刚长出的叶子卷在一起,等待舒展开来的一天,像是要发现这世界是多么的美丽。正处在青年时代的叶子,颜色是深绿色的。但是,要是跟新叶子一比的话,还是后者更胜一筹:那淡淡的绿色,看起来还有一些光泽,美极了! 而枯黄的叶子虽然不能返老还童,但它落下时还能为这个大家庭做出贡献——当作肥料。

我原以为这优美的文笔足以拔得头筹,学习效果已然达成;却没想到一个顽皮的男生描写得更具灵性:

> 仔细看看它的叶子,刚刚长出来的嫩叶儿打着卷儿,像个害羞的小姑娘,过不了几天它就展开了嫩绿色的小叶儿,显得小巧玲珑,和老叶儿比起来,它还真是可爱! 嫩叶儿是小姑娘,那老叶就是一名青年,它的正面是深绿色的,反面是浅绿色的,看起来更加成熟稳重了。绿萝的根深深地扎进泥土里,时不时地还会冒出白色的小尖儿来,像伸出了调皮的小手一样。如果仔细看绿萝的茎,其实过一段时间就会脱下一层棕色的皮,这层皮脱下去以后,就会长出新的叶子来。

习作学习的效果因为学生的生成而更加圆满、深厚。在描写绿萝的真实性情境中，整体性的评价助力于每个学生的个性生成，习作成果因而更加鲜活。

3.在习作修改环节结合表现性评价

面对习作初稿，教师往往倾向于寻找整体性错误，进行"一刀切"，或者是细碎的面批。但是过多的教师主体评价，也极大地湮灭学生习作的主观能动性。与学生一起讨论制定新的习作评价标准，能提高学生的习作参与性，使他们有意识、有目标地精准修改习作。

以三年级上册第三单元《童话故事》为例，教师展示多篇学生初稿，学生分别说一说阅读体验。根据体验，将初稿的问题归因为三类。根据不同的错误原因，讨论如何进行有效的修改，分类指导修改。学生积极参与评价和讨论，评价标准根据学生真实生活展开，因而易于达成修改目标，详见表3。

表3 《童话故事》的修改标准和方法举例

初评等级	评价标准	修改方法
A	关键情节不够详细精彩	1.对话分段写，读得更清楚 2.主人公重点写，故事更有趣
B	语言、标点不够规范	1.自己读一读句子，改通顺 2.按照讨论中同学指出的问题，修改句子、标点
C	不是童话故事	重写，可以参考读过的童话故事、课文里的故事

4.在习作小结环节采用激励评价

三年级上册习作中明确提出了要让学生"有兴趣写"的习作要求。在评价方式上，多次要求学生"读给同学听""和同学交流习作"，这正是关注了习作的表达功能。基于此，终结性评价应从老师的单一评语过渡到集体评价中去。班级范围内的作文小报，就是一种能为评价学生作文提供强大助力的好方式。

三、案例研究价值

（一）评价方式多元化是教材的必然要求

统编教材中的《口语交际》《习作》两大板块安排，体现了学与用相结合。学生的表达内容增多，表达自由读增加，给教师的教学与评价带来了挑战：既要处理好教材与学情的关系，让学生发挥他们的想象力，又要有清晰的目标，精准评价，多元评价，助力学生表达能力的进步和习作能力的发展。

（二）评价方式必须与学习方式相匹配

诚如佐藤学教授在《静悄悄的革命》中所言，学习革命已然到来，以学生为中心的教学方式正逐步替代以教师为中心的教学方式。当下，作文教学如果仍然走在以教师为主体的单一评价道路上，就会对学生的整体学习态势形成阻碍，终至淘汰。作文教学评价方式的革新，就如同统编教材对作文教学所作的革新一样，是顺应学习方式变革的时代趋势，势在必行。

1.真实性评价：唤醒读者意识

统编教材习作教学的编排，提高了习作的实践性，鼓励学生利用生活经验进行丰富的表达，给予学生更加充裕的表达空间和内容。因此，在作文教学中采用真实性评价，将学生作品置于真实的生活评价场景,让学生读者群体来阅读文章,通过猜一猜、比一比、交流展示、真实情境交流等活动方式,可以逐步唤醒学生的读者意识,使学生认识到写作的核心功能是表达,对自己的作文进行表达意义层面的优化。

2.表现性评价:触发主动学习

在习作教学中对学生进行表现性评价,要求评价者定期观察和评价学生的写作能力进步情况,让评价作用于学生学习。学生必须知道对他们进行评价的标准是什么。明确的评价标准不仅可以让学生了解关键信息,而且可以为学生确立一个奋斗的目标。学生需要利用评价机会来了解自己的进步有多大、判断自己的学习策略是否需要调整。在习作评价中合理应用表现性评价,与学生共同评价作文,制定习作评价标准,更可以被学生接受和理解,促进学生主动学习习作知识与方法。

(本文获 2020 年杭州市教育评价研究优秀案例评比三等奖)

从知道到理解:说出来的精彩

——疫情之下五年级数学"说题型"作业的设计与实施

杭州市青蓝青华实验小学　邵　宇

摘　要: 学习是由学习者积极主动建构的过程。针对疫情下网络教学中作业面临的困境,提出"说题"探究作业的必要性与价值取向,围绕后置式、错例式、开放式"说题"探究三个维度设计作业内容,促使学生发展高阶思维,聚焦自我评价,促进多元表征,激发探究潜力。引导学生"再创造"的学习过程,"再理解"的思维过程,为学生的创造力、思维力、评价力的发展提供生长的沃土,发展学生数学核心素养。

关键词:"说题"探究作业;思维评价;作业设计与实施

一、案例缘起

在不能面对面教学交流的时间里,教师和学生在"云端"学习中开始了一场摸着石头过河的"旅程"。在慢慢摸索中,河里的"石头"渐渐出现。

第一块"石头"就是网课学习变成了老师讲、学生听,再借助作业了解学生学习情况的单一化过程。于是当老师遇到"满目疮痍"的作业时,会陷入"自我怀疑式"崩溃;当学生遇到"不知所谓"的作业时,会沉于"迷茫无助式"困境。不能及时地管理、反馈与交流,教师对于学生的作业过程和思维状态的了解存在很多盲区。如何突破盲区、有效评价成为首要任务。

第二块"石头"源于孩子这样的体验:听的时候觉得自己都懂,一旦独立做就不会了,甚至无从下手。究其原因,学生已经习惯于听老师的讲解,缺乏自我思考的能力和批判性学习的态度,尤其居家学习期间,学生的积极性、主动性大打折扣,作业也慢慢成了敷衍的任务。而作业是综合培养学生学习习惯、态度和心理品质的载体,是学习思考过程的延续,学生对作业的"投入"应当比"完成"和"正确"更为重要。如何让学生全情"投入"开展创造性学习,是云端教学的难点。①

基于这样两块"石头",笔者结合学生问卷调查与交流,借助互联网建立一个既能有效激发学生的"投入感",又能将思维过程可视化,还能打破空间进行互动、评价的学习载体——"说题"探究作业。

二、案例描述

以五年级作业内容设计为例,可以先考虑五年级学生的认知发展规律与已有的知识结构,再分析五年级教学目标与教材内容,学生的学习重难点与需求,以此确定作业内容设计的方向。为了更好地发挥"说题"探究作业的学习价值,笔者在内容设计时遵循 3 个原则:真实展现学生的思维过程,拓宽学生的数学学习空间,提升同伴互动、互学、互评的合作意识。基于此,"说题"探究作业的内容主要从以下 3 个维度进行设计。

(一)后置式"说题",发展高阶思维

在学习了新知后,为延续课堂教学的生命力,站在发展学生高阶思维的角度,采用以过程性目标为支架,设计和推进后置式"说题"探究作业,引导学生在"说"的过程中进行相应的"观察、发现、分析、探究、质疑、联结"等思维活动,促进学习不断递进性的延伸。在学习五年级数学下册《观察物体》一课后,延续网络课堂"从 3 个方向看到的图形摆出相应的几何组合体,从中体会有些摆法的确定性"的思路,进行了如表 1 所示设计。②

表 1 《观察物体》的后置式"说题"

学习内容	五年级数学下册第一单元《观察物体》
过程性目标	经历观察、操作、想象、猜测、分析和推理等过程,能有条理、有序、清晰地描述不同摆法,在真实的活动经验中提升空间想象和推理能力
作业设计	用 4 个同样大的正方体摆成一个立体图形。从右面看到的形状是▨,从前面看到的形状是▭▭▭,一共有几种不同的摆法?
学生作品分析评价	学生通过编号清晰描述 4 个正方体的不同位置。第一层次是 3-1 模型,第二层次是 2-2 模型,各有 6 种不同的摆法。在分层次描述中体现了学生有序思维方法与空间推理能力

---

① 陈琴.自媒体说题:从被动作业转向主动作业[J].星教师,2020(2):38-41.
② 刘善娜.探究性作业:发展高阶思维的路径[J].小学数学教师,2018(2):9-16.

学生在课后经历进一步的思维加工过程中,教师需要关注学习者在表达中呈现出的高阶思维,学生在思维输出中更进一步促进有效学习的发生。

(二)错例式"说题",聚焦自我评价

在网络学习过程中,学生经常会出现各种各样的错误。由于缺少即时反馈与同伴讨论,学生的错题往往反复纠正而不知所解,在耗时费力的同时也挫伤学生的学习积极性。在对错例进行回顾、梳理、分析的"说题"过程中,学生会更容易发现思维的断层与矛盾,更能激发学生对自我的反思评价。"说"完之后再对自己的说题视频进行观看,对错题再觉知,探究错误本质原因是什么;对思考问题的方法再审视,寻找更合理的策略;对自我学习状态再评价,挖掘更真实的自己,详见表2。①

表 2　"因数和倍数"中的错例式"说题"

学习内容	错例反思与评价
五年级数学下册第二单元因数和倍数	学生在学习时通过寻找2,3的倍数特征进行分析,并采用算式、列举法的方式解读思考的过程,由此对错误原因进行反思

(三)开放式"说题",促进多元表征

每个学生的思维层次和结构存在个体差异,在对某一知识领域表达想法、理解时会有不一样的方式。设计开放性的问题情境,学生会使用多种方式来表达自己的理解过程,阐述探究答案的思考角度。在"云端"分享"说题"时,学生在多元理解的基础上,完善某一知识系统,更进一步探寻数学本质。

比如,在学习了五年级数学下册第四单元分数的基本性质和分数大小比较后,学生在遇到"取值范围"这一类问题时,不同于以往只需要正确结果的方式,更关注学生的表征方式。我们知道求取值范围即推理,分母为什么是这些自然数?不同的学生使用不同的方式进行数学推理,详见表3。

表 3　"取值问题"的开放式"说题"

说题内容	如果 $\frac{1}{2} < \frac{7}{(\quad)} < \frac{4}{5}$,那么(　　　)里可以填哪些自然数?	
	表征方式	分析与评价
学生思维多元表征	方法1 列举法	学生1在通分后,找到分母的最大取值要小于14,再按照从大到小的方法依次排列、代入检验,得到正确的取值
	方法2 排除法	结合分数基本性质,找到分母最大为13,因为都是真分数将自然数1—7排除。在8—13的范围内有序选择分母进行分数大小比较,检验后获得合适的自然数
	方法3 分数转化	将分子都转化为7,再依据同分子大小比较的方法,找到分母的取值范围是8.75—14之间
	方法4 逆向推理	找到3个分子的最小公倍数,结合分数基本性质和分数比较大小的方法推导出:$35 <$(　　　)$\times 4 < 56$,于是转化为两数之积的取值范围,进而找到合适的自然数
	方法5 方程求解	运用方程思想,将要求的分母设为未知数x,顺向思维将分数通分化为同分子分数,推导出x的取值范围

① 刘善娜.后置性探究作业展高阶思维,反刍课堂[J].小学数学教师,2018(2):20-24.

在经历数学理解的过程中,学生能够更灵活地使用所学知识表征解决问题,这样的多元表征对学生个体更富有意义,有利于避免学生过于追求答案而简化思维过程,更能让学生自我感知掌握、理解的层次,提升学生元认知能力。

三、案例的研究价值

(一)"说题"是一个"再创造"的学习过程

"说题"作为一个载体,在学生准备"说题"材料、录制"说题"视频、评价"说题"作品中,以"小老师"的角色进行"再创造",是一个有效学习的过程。学生需要收集、分析信息,探寻、思考解决问题的方法,反思、评价自我学习掌握情况。在"说题"探究中,学生更关注数学探究过程和真实学习体验,更关注作品呈现的质量与老师、同伴的评价。

(二)"说题"是一种"再理解"的思维过程

思维过程的表征不单单是静态的,更应该是结合语言逻辑进行多角度、多方位的表达。在学生常规作业中暴露出的最严重的问题就是逻辑思维混乱,所以"说题"探究作业就需要学生以"小老师"的角色对概念进行"再理解",然后对题目的分析以及对某项任务的操作过程进行充分表达,让学生随时感知到自我思维的逻辑性,并不断对新理解进行调整。

(本文获 2020 年杭州市教育评价研究优秀案例评比二等奖)

基于疫情背景下小学英语线上教学多维度云评价的设计与实施

杭州市文龙巷小学　陈　鑫

摘　要:疫情停课不停学期间,该文借助互联网 App 多种网络平台等媒介,对学生在线学习的情况进行英语笔头作业和口语作业的布置与评价。在线上教学的过程中,既注重学生自主学习、探究学习的能力培养,又注重形成性评价和终结性评价相结合。教师设计多元化的云评价,使学生从客观的评价中认识自己的进步或不足,从而帮助学生形成一定的识别能力和价值取向,促进其智能发展,挖掘其学习潜能。多元化云评价既关注结果又关注过程,体现学生的主体地位。

关键词:疫情;线上教学;多元化云评价

一、案例缘起

新冠肺炎疫情突发,超长寒假使全国的在校学生"停课不停学",改变了原有的面授学习方式。线上教学,与传统的授课形式相比,更关注学生自主学习能力的培养,强调学生自主学习习惯的养成。

评价是为了更好地改进教学手段和提高学生的作业质量。疫情特殊时期,线上教学多维度、多元化的云评价是最为有效、直观的评价方式。

二、案例描述

本文以小学英语 PEP 教材六年级下册 Unit 4　Then and now 为例,以学校的变化和主人公成长过程中的变化为情境,学习谈论事物和人物的今昔变化情况。本单元重点为巩固复习一般过去时、一般现在时的时态,以及回顾本学期第一单元形容词比较级的相关知识。能够运用重点句型 There was/were ... 描述某地过去的状况,及句型 Before,I/he/she/it was/wasn't ... . Now,I/he/she/it am/is (not)... 描述人物的变化。

(一)多元化的线上课堂教学评价

1.多维度的口头激励评价

教师在线上教学要关注优等生、中等生和后进生,对于不同层次的学生做出不同的评价。口头评价也要有层次感,D 等级的可以对他说"try again,come on"等;C 等级的可以对他说"not bad,it's OK"等;B 等级的可以对他说"very good,nice"等;A 等级的可以对他说"excellent,good job,super,fantastic"等。

2.荣誉制的过程性积分评价

对学生课前、课中、课后推行积分评价模式,激励学生在网课期间从家长监督、老师监督、同伴监督到自我监督的管理过程。线上学习和作业每一项环节都设置积分项,把考勤突出、积极回答问题、作业笔记优秀这几方面列为重点积分项,通过家、校、生合作的形式落实积分评价,生成记录。

(1)积分评价制度细化

上课考勤:通过每一节线上课到课时间是否准时来评价,提前 2 分钟进入课堂＋5 分,准时进入课堂＋3 分。积极回答问题:每节课超过 2 次＋3 分。作业加分:及时上交作业不拖拉＋3 分,被老师评为优秀作业展示＋5 分,口头作业视频在钉钉班级圈中获得点赞超过 5 个＋3 分。

(2)积分评价效果显著

通过推行积分评价模式,在疫情期间开设线上教学的两个月,从提交作业人数的情况来看,提交率以 80%—100% 的幅度逐步上升,课堂签到率从缺勤到全勤,从迟到到提早等待老师;学生上课状态从闲聊转变为互动;学生行为态度从懒散、被动转变为守时、有礼和奋进。"云端"评价正成为教师教学管理的利器,发挥着正面导向作用,教人向善、向美、向勤,详见见图 1。

2月18日		3月22日		4月11日	
六年级3班	已提交:25/35 >	六年级3班	已提交:33/35 >	六年级3班	已提交:35/35 >
六年级2班	已提交:28/34 >	六年级1班	已提交:35/36 >	六年级2班	已提交:34/34 >
六年级1班	已提交:31/36 >	六年级2班	已提交:33/34 >	六年级1班	已提交:36/36 >

图 1　作业按时提交率对比

(二)多元化的线上课后作业评价

《新课程标准》中指出:"对学生的评价应从甄别式的评价转向发展性评价,既要关注学生的学习结果,更要关注他们的学习过程。"[①]

过程性评价体现于多元化主体评价,通过自我评价、同伴评价、教师评价、家长评价,把组

---

① 胡栾英.多元化评价在高中语文教学中的应用[J].课程教育研究,2015(13):36.

间互评与小组个人评价结合起来，把学校评价、社会评价和家长评价结合起来。评价方式不再是评价者对被评价者的单向刺激反应，而是评价者与被评价者之间互动过程。学生在评价时进行对照和比较，起到互相帮助、互相促进的作用。①

1.以信任为前提进行自我评价

PEP 小学英语教材中 Let's learn 板块的"听默单词作业"，需要学生在家自行默写单词，在没有老师监督的前提下，需要学生自觉默写并完成后自行打开书本校对批改。对于自己的听写或默写作业的满意度情况，需要学生为自己点评，比如哪些单词没有背熟还要加强记忆，单词词义是否与单词吻合、是否有根据自然拼读法去记忆，给自己的听写作业做一个小结评价。自我评价可以达到自我管控、自我监督、自我要求的目的。

2.以相互学习为目的进行同伴评价

同伴之间的评价要关注同学的独特见解、同伴间的交流及认同过程中发现的问题和优点。

学生在学习本单元后，会运用一些动词的过去式来表达已经发生的事情。往常的拓展作业是让学生写一写小短文，用过去式来描述前几天去了哪里，和谁一起去的，做了什么事情等，以此来巩固和运用所学过去式的知识。如今信息技术如此发达，我们可以利用"微信朋友圈"功能让学生来完成此项作业。学生饶有兴致地描写了自己昨天去了哪里，做了什么事，并附上精美的照片。每一条朋友圈获得了同伴的点赞和评论，从而达到英语语言学习的目的，即真实的表达与交流。与枯燥的在白纸上写作文的作业相比，发朋友圈动态的作业让学生对英语学习激起了更浓厚的兴趣。最后通过学生投票选出你最喜欢的朋友圈，见图 2。

图 2 朋友圈作业投票

3.利用评价量表进行教师评价

根据 PEP 小学英语教材中 A Let's talk 与 B Let's talk 板块"对话背诵作业"，教师设计评价量表，对口语作业设置 A,B,C,D,E 5 个等级，每个等级都有准确度和流利度的打分，通

---

① 李雪娇.优化学生多元化体系的实践与研究[J].考试与评价,2017(9):37.

过相对应的评价语言描述得到相对应的等级，以此来考量学生口语作业的成绩。学生也可得知自己在哪方面比较薄弱，方便进行相应的练习与提高，详见表1。

表1　背诵课文视频作业评价标准表

等级		A级	B级	C级	D级	E级
准确度	语言语调	清晰、自然，接近本族语(6—7分)	有口音，但清楚，没有明显的错误(4—5分)	有口音，有错误，但不影响他人理解(2—3分)	有口音，有明显比较严重的错误，但经他人努力，可理解大概内容(1分)	有口音，有严重的错误，虽经他人努力，但仍难以理解其讲话内容(0分)
	语法	语法和词汇基本正确(7—8分)	语法和词汇有一些错误，但未严重影响交流(5—6分)	有少数严重语法错误，但经他人努力，可理解讲话内容(3—4分)	有较多语法错误，虽经他人努力，仍只能大概理解其讲话内容(1—2分)	语法基本不正确，严重影响他人的理解(0分)
流利度		基本流畅，无不必要的停顿(5分)	有少数不必要的犹豫或停顿，但对交流无影响(4分)	犹豫或停顿的次数较多，但基本上对交流没有影响(3分)	常犹豫或停顿，时而影响交流(2分)	讲话速度极慢，犹豫或停顿的频率太高，严重影响交流(0—1分)

教师通过学生提交的作业还可评选出"优秀作业"，将其展示给全班同学，欣赏、学习同伴的优秀之处，以便自己加强与改进。

4.为提升家校合力进行家长评价

家庭的学习氛围影响着孩子的学习习得，家长评价能使家庭教育在学生学习中变得积极主动。家长参与英语微信语音作业评价有利于家校合力，充分发挥家长的监督作用，解决了老师无法检查学生在家是否坚持听读的难题。家长对孩子的评价还可以激发学生的学习热情，使他们在原有的基础上有所提高。

(三)多元化的线上单元考试评价

在教授完新课后，教师会进行一次单元练习，主要是检测学生是否掌握本单元关于过去式的语法规则和用法。因此教师以设计思维导图和成长名片的作业，形式将传统的被动式考试评价转为主动性。

1.利用"思维导图"复习整理语法

教师设计思维导图的单元复习作业，它有助于激活学生的背景知识、发散思维，为学生提供自主学习、自我归纳、自主复习的机会，使其通过教师分层的教学和作业设计，将自己所学的知识清晰、有条理、有逻辑地绘制出来。增强思维训练，最终达到提升阅读理解能力和写作水平的目的。

2.绘制"成长名片"综合所学知识

学生在经过单元整体的思维导图绘制后，能够自行提炼出一般过去时态的知识重难点及用法。在此基础上，教师可以要求学生进行写句练习，运用"Before, I was/wasn't ... . Now, I am(not)..."的句型来描述自己的变化，写几句话组成小短篇，并附上过去和现在的照片来制作自己的成长名片。

3.利用网络平台进行云投票

云评价的内容方式多样,教师设计思维导图、成长名片等作业后,通过"QQ投票"功能进行表现性的云评价,使学生得到的评价结果更客观更全面,最后将评价结果通过年级评选出一、二、三等奖来表彰学生。

三、案例的研究价值

本案例借助互联网App多种网络平台等媒介,对学生在线学习进行作业的布置与评价。在教学的过程中,既注重学生自主学习、探究学习的能力培养,又注重形成性评价和终结性评价相结合。教师设计多元化的云评价,使学生从客观的评价中认识自己的进步或不足,从而帮助学生形成一定的识别能力和价值取向,促进其智能发展,挖掘其学习潜能,体现学生的主体地位。

云评价离不开学生的自主管理、家长的密切配合、教师的设计策略与监管。家长、教师和学生三位一体,家校同行,与生共进。特殊的在线教学时期,我们一起评价,在云端守护莘莘学子成长的同时,也实现教师自我成长。

(本文获2020年杭州市原下城区考试与评价案例评比一等奖)

疫情下小学英语主题作业设计与评价的实践研究

——以人教版PEP英语五年级下册单元作业为例

杭州市天水小学　方　莉

摘　要:疫情期间,线上教学与作业批改让广大一线"主播"焦头烂额。针对隔屏"撒网"式的线上作业,如何提高"收网"时的作业效率?该文结合英语教学经验和学生兴趣特长,从学科核心素养及个性发展出发,设计个性化的英语单元主题作业,同时辅以及时有效的评价反馈,激发学生的学习兴趣,实现学生综合能力素养的全面提升。

关键词:疫情下;小学英语;主题作业设计与评价

一、案例缘起

2020年年初的一场新冠肺炎疫情,让广大师生经历了一个不同寻常的新学期。"互联网+"的线上教学让被迫上岗的"主播"焦头烂额,尤其是线上批改,犹如隔靴搔痒,让老师在头昏眼花的同时大呼"受不了"。那么,设计怎样的作业才能吸引学生、调动兴趣、培养能力? 又是怎样的评价,能激励学生的持续学习? 通过实践,笔者从设计个性化的单元主题作业出发,帮助学生及时巩固,综合运用,并通过激励性的评价及时反馈、激发兴趣,展现学生的能力特长,提升学生的综合素养。

二、案例描述

英语作为一门人文学科,最终目标不仅仅是让学生掌握知识和技能,更注重学生核心素养的培养。因此,结合单元学习后的阶段性复习,设计有创意、多元化的主题作业,基于网络开展分层激励、多元交互的作业评价,对于激发学生线上学习兴趣、促进作业完成效率将起到有效作用。

(一)注重核心素养,个性作业育能力

1.知识梳理型:制作思维导图

思维导图,又叫心智图,是表达发散性思维的有效图形思维工具,简单且有效。指导学生用思维导图的形式去梳理单元知识,厘清思路重点,是一种很好的复习巩固方法,详见图1。

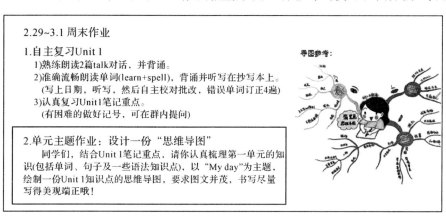

图1　思维导图作业

设计思考:

这是 PEP 五下 Unit 1 的单元主题作业。刚开始线上学习,教师有意识地引导学生在滚动复习原有知识的同时加以延伸,拓展思维同时指导笔记的整理和记录。第一单元学习结束后,让学生自主复习,设计制作"思维导图",通过导图的绘制对一个单元的知识进行再梳理、再回顾,归类整理,加深印象,培养学生自主学习的能力。思维导图作为一种学习的策略,有利于培养学生的思维能力,在创作过程中找到学习的乐趣,培养发散性思维。将导图运用于单元知识的梳理和复习中是一种非常好的尝试,在其他复习中都可以使用,帮助学生厘清脉络,巩固知识。

2.主题运用型:创编个性小报

英语学习不是孤立的单学科学习,而是多学科的知识融合,培养学生多方面综合能力。创编小报既可以增长知识、增强动手能力,还可以培养学生的创造能力及书写、绘画、审美、艺术等多方面的综合运用能力,详见图2。

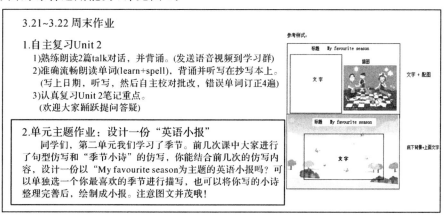

图2　个性小报作业

设计思考：

这是 PEP 五下 Unit 2 的单元拓展作业。在前几课学习中，我们多次引导学生运用新学知识进行句型仿写，并指导学生创作"季节小诗"，有了一定的书写基础。在单元作业时，设计学生感兴趣的"英语小报"，写画设计相结合，既可以巩固单元知识，综合运用已学词句，提高写作能力，还可以培养学生的绘画和创造能力，培养艺术审美，展现个性特长。

思考延伸：

这是一项综合性的学习活动，在整理资料、编写文本、设计版面、绘画誊写的过程中，能激发学生学习兴趣，锻炼动手能力，提升综合素养。这样的综合性学习，在小学英语 PEP 教材各个单元的话题中都适用。

3.生活实践型：设计 party 邀请函

语言学习要贴近学生生活，作业形式也可以更体现实践性和应用性。如设计喜欢的邀请函、给老师发 E-mail、设计节日祝福卡、绘制菜单等，详见图 2。

图 3　设计邀请函作业

设计思考：

这是 PEP 五下 Unit 3 的单元拓展作业。本单元 Read and write 读写部分是一封邀请函，通过学习了解英语邀请函的基本格式及内容，课后布置设计邀请函的作业，让学生在仿写和创作邀请函的同时，加深对"When? Why? Where? What?"等特殊疑问词的理解，同时回顾复习与节日相关的习俗、活动等，综合运用已学知识，提高写作能力。这是一次非常成功的作业，各种邀请函有创意、有想法，精彩纷呈。首先，邀请函的内容很丰富，种类繁多；其次，邀请函的设计有创意，造型别致。学生的想象是无穷的，教师在设计作业时要避免千篇一律，过于死板，要给孩子多一点空间，多一点自由创造的机会。

4.时事育人型：手绘抗疫宣传海报

生活处处有课堂，此次疫情就是一本生动的教科书。结合疫情开展学习，感悟生命教育，手绘海报，传递正能量，培养爱国情怀，详见图 4。

2.15~2.16周末作业	3.7~3.8周末作业
收看英语微课"About the Novel Coronavirus"	设计一张"抗疫海报",为中国加油,为武汉加油!
同学们,浙江省基础教育课程改革专业指导委员会小学英语学科组核心成员,杭州市福山外国语小学的夏想力Summer老师,为大家录制了四堂关于新冠疫情的英语微课"About the NovelCoronavirus",请大家利用课余时间收看学习。 第一课时:http://v.hzgsedu.cn/albumhtml#/video/373/32 第二课时:http://v.hzgsedu.cn/albumhtml#/video/374/32 第三课时:http://v.hzgsedu.cn/albumhtml#/video/375/32 第四课时:http://v.hzgsedu.cn/albumhtml#/video/376/32 自主学习建议: 1. 收看微课,你可以跟着老师朗读单词。 2. 收看微课,你可以记录一些重点单词或句子,做好笔记。 3. 收看微课,你可以截屏一些感兴趣的画面。	同学们,英语微课"Aboutthe Novel Coronavirus"都看完了吗?现在,你对新冠疫情有了新的认识吗?在中国,有着一群伟大的逆行者,他们前往武汉这座疫情最严重的城市,奋斗在抗疫第一线。你们能利用学到的知识,绘制一张"抗疫海报",为武汉加油,为中国加油,为那些英雄们加油吗?建议图文并茂,格式不限。

图 4 宣传海报作业

设计思考:

结合疫情,Summer 老师录制了精彩的英语微课,生动有趣,推荐给学生观看学习。之后,她让学生绘制"抗疫海报",通过自己的方式为武汉加油,为中国加油,为在一线抗疫的英雄加油。学生通过各种途径收集资源,绘制宣传海报,既引导学生了解疫情防控知识,提升防控意识,增强防控信心,又锻炼了能力,培养了爱国精神。教学中,可以结合各种重大新闻、时事,开展人文教育,提升核心素养。

(二)关注个性特长,及时评价促发展

1.分层评价,关注学生差异

在线上作业设计和评价时,要充分考虑学生的实际情况,预设困难,做好准备。如,布置作业时提供必需的教材资源;关注学生个体差异,尽可能把作业要求讲细致、讲清楚。根据学生需求,利用家校群对重难点进行指导和帮助。作业评价时考虑学生的差异性和实际水平,尽可能体现分层性和多样性。从 3 个层面设置评分标准,1 颗星为合格,2 颗星为良好,3 颗星为优秀,使不同能力的学生都有机会得到星星。

例如:Unit 2 的"个性小报"分层评分标准。

	☆	☆☆	☆☆☆
文本编写	能简单利用课上所学词句表述喜欢的季节,语句基本正确。书写端正	能利用所学词句完整表述喜欢的季节,语言通顺有条理。书写端正,无明显拼写错误	能完整表述喜欢的季节及原因,语言流畅,有拓展和创新。书写美观,无拼写错误
版面设计	版面设计合理	版面设计美观大方,布局合理	版面设计美观大方,新颖有创意
整体效果	主题鲜明,图文并茂	主题鲜明,图文并茂,色彩搭配合理	主题鲜明,图文并茂,色彩布局美观,效果好

2.交互评价,促进同伴成长

线上作业缺少了师生面对面批改的制约,有些学生会偷懒不做,有些学生会应付了事。因此,及时且有效的作业评价和反馈至关重要。优秀生完成作业认真且主动,教师在群里及时点赞和表扬可以起到激励作用;同伴互评、小组互评、评优激励等线上评价方式,可以起到交互促进的作用。

3.多元评价,激发学生兴趣

除了教师评价外,还可以发挥学生和家长的多元评价作用,多方互动,激发学生学习兴趣。

例如:作品上传到班级群,让同学在线欣赏,每人推荐 10—15 个"最佳设计奖";教师利用"彩视""美篇"等 App 将优秀作品编辑成"优秀作品集",分享到家长群,让家长和学生一起欣赏;邀请家长和学生参与作品打分,评选"最佳设计奖""优秀作品奖"等。学生和家长共同参与,能更大程度地激发学生的兴趣和动力,调动积极性。

4.激励评价,持续学习动力

疫情后期,返校复学后,教师要做好线上线下教学衔接,帮助孩子调整状态,做好线上总结,衔接线下跟进,激发学生学习的持续动力。

开学后,对线上教学的各项学习活动进行总结反馈,并对同学线上单元优秀作业进行现场展示,制作成 PPT 进行播放欣赏。课上,对评选出的"最佳设计奖""优秀作品奖"等进行颁奖,让学生感受到成功的喜悦。将收集起来的优秀作品布置"优秀作品展",在校园内展示。同时,线下学习还可以结合单元主题,继续落实和完善单元特色作业,通过综合性、拓展性的各种主题活动,培养学生的综合能力和素养。采取多样化的激励评价手段,为学生的英语学习持续加码,增添动力。

三、案例的研究价值

人教版 PEP 小学英语教材的编排单元即话题,针对单元话题设计趣味性的课时的主题作业和单元整合的主题作业,都是一线英语教师在积极尝试和探索的。线上教学期间,面对异于线下的授课方式和作业批改方式,给师生批改、反馈、互动带来不小的阻力。然而无论是线上还是线下,不同的教学方式,改变不了相同的教学目的。我们的英语教学,主体是学生,关键是满足学生的发展需要,核心是培养学生的综合能力和素养。因此,基于话题,整合教材,拓展资源,设计学生喜欢的、多元化的,有利于发展学生能力的趣味性、科学性、创新性单元主题作业,并给予及时的、分层的、有效的评价反馈,将更好地激发学生的学习兴趣,展现学生的能力特长,为学生的持续学习续航。在疫情后期的线下教学实践中,笔者仍将继续研究,总结经验,反思不足,探索更科学、更多样的主题化作业设计,完善评价的多元性,让学生爱上作业、爱上学习。

(本文获 2020 年杭州市原下城区中小学教育评价案例评比一等奖)

以作业促学习,以评价助成长

——疫情背景下巧用网络优化小学英语在线作业及评价的实践案例

杭州市大成实验学校　冯晓丽

摘　要:一场突发的疫情加快了远程网络教学的发展步伐,同时也暴露了网络教学所存在的缺乏互动、效率低下和效果不佳等问题。在为期两个月的网络教学实践中,该文尝试利用各种网络资源,通过改进评价手段,提升学生在线学习的积极性和自信心,促进了学生在线学习效率和质量的提升。

关键词:疫情背景;网络教学;作业评价

一、案例缘起

2020年年初,因一场突如其来的疫情,全国各级学校及教育机构都延迟开学,教育部明确提出了"停课不停学,停课不停教"的教学要求,一时间网络教学、远程教育开展得如火如荼。

网络学习打破了时空的限制,却缺乏师生直面的沟通和互动,教师无法及时了解和掌握学生的学习需求、学习状态和学习程度,也无法根据学生的学习情况及时调整自己的教学,在线学习的问题层出不穷。学生缺乏时间观念和规律作息,学习、作业出现了较为严重的拖延。同时,学生对教师布置的在线作业敷衍了事,错误百出,质量低下,对教师在作业中指出的错误不及时订正或置之不理。

二、案例描述

教师对学生作业的评价是帮助教师走近学生、了解学生的桥梁,也是对学生学习的指导和学习行为的促进,不仅能帮助学生完善学习,更能帮助其保持学习兴趣、树立学习自信、激发学习动力。

网课期间,笔者利用钉钉,从增加评价主体、深挖评价内容、丰富评价手段等几个方面入手,改进了对学生网课期间的作业评价形式,形成了网课学习的系统评价体系。

(一)多维度增加评价主体,从单一主体到多个主体

传统的作业评价中,评价主体往往只有教师一人,其受众面狭窄,给出的评价也不够全面、客观。网课期间,笔者利用钉钉,将学生作业的评价主体进行多维度拓展,将学生、家长甚至社会群体纳入学生作业的评价主体中来,让更多的人参与作业评价,提升学生的学习自信。

1.钉钉自我评价——培养学生自主学习

教育的目的是唤醒、激发和保持学生的学习动力。通过对自己学习情况进行评价,学生应养成自主学习的习惯。网课期间,笔者为学生制定了英语作业小达人学习自检表,利用钉钉定时推送,督促学生如实填写、按时上交,并及时统计和反馈。每天坚持按时完成作业的同学将会被评选为英语作业小达人,并对其进行表彰。

从图1、图2所示数据统计图中可以看出:从第1周到第10周的网课,学生按时交作业和订正作业的人数呈递增趋势。可见,自我评价方式对提高学生学习自觉性起到了促进作用。

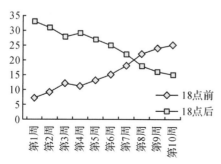

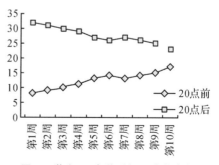

图1　学生18点前后上交作业人数变化　　　**图2　学生20点前后订正人数变化**

2.在线家庭问卷——指导家长关注学习

家长在学生成长过程中扮演着重要的角色。网课期间,许多家长对学生学习习惯、态度和成效虽有不满,却缺乏恰当的教育手段和沟通技巧,亲子关系紧张,冲突不断。网课期间,笔者通过钉钉将英语学习家长评价表推送给家长,引导家长有意识地关注学生的英语学习状态,正向评价学生学习,帮助其更好地与孩子沟通和交流,详见表1。

表1 英语网课学习家长评价表

从学生的网课、作业和阅读三个方面,家长客观观察孩子的英语网课学习情况,给予评价,并能适时与孩子进行沟通,及时肯定孩子的进步,并积极鼓励孩子更好成长。

时间	内容	评价		
		好	一般	差
第( )周	网课:认真听课,勤做笔记,积极跟读,认真思考			
	作业:自觉、独立、及时完成作业及作业订正			
	阅读:自觉、认真、坚持阅读,并做摘记和朗读			

3.公众号作品展示——协同社会综合评价

随着信息技术的发展,尤其是网络的普及,学生作业的展示平台变得更加多样。网课期间,笔者利用钉钉校园网,将学生的配音作业、绘本创作、小作文等作业制作在校园网上进行展示,并推送给全校师生和家长。家长、学生可随时随地地阅读和分享。同时,利用平台发起投票,邀请各界参与评价。通过这种方式,学生拥有了更广阔的展示平台,获得了社会各界更真实、更全面的评价。

(二)多方位深挖评价内容,从只评学业到兼评情感

学习不仅包含学业知识、学习技能掌握的情况,还包括学习策略、情感态度、习惯品质、人生观、价值观等。

1.利用日常作业,评价学生的情感态度

学生的作业反映学生的情感态度。有些学生学习能力较低,但态度认真,重视作业。对于这些学生,虽然课业成绩可能没得到高等级,但会在学习态度上得到高等级。笔者对他们的学习行为给予充分的肯定和鼓励,勉励他们保持学习信心和热情,见表2。

表2 学生作业反馈表

作业内容	课作10	课作11	课作12	课作13	思维导图	故事配音	小作文
学业成绩	A	B	B	C	B	B	B
学习态度	A	A	A	A	A	A	A
订正是否	是	是	是	是	是	是	是

2.通过打卡数据,评价学生的习惯品质

除了情感态度外,学生的习惯品质也是影响学生学习的重要因素。良好的学习习惯,如坚持阅读、勤做笔记、善于整理等,能促进语言学习。为培养学生良好的学习习惯,我制定了

如"朗读小能手、阅读小明星、特色作业档案袋"等评价表,定期采集学生学习情况,表扬坚持得很好的学生,鼓励其养成良好的学习品质。

(三)多形式丰富评价手段,从文字批注评价到语音、图片个性评价

多角度、多形式创造性地进行作业评价,既帮助学生理解教师的评价建议,也促进学生更好地继续学习和进步。

1. 钉钉一对一作业评语——养成作业习惯

网课前期,我对学生在书写、朗读和背诵过程中的问题逐个指出,用翔实的文字进行一对一点评。网课后期,为提高在线作业批改效率,我开始采用一对一的语音点评。这样的评价方式比文字评价更加方便、快捷。语音评价中除了点评学生的作业外,还会询问学生近况、答疑解惑。总之,这种一对一的语音点评增进了师生的交流,也有利于家长更好地了解孩子的学习情况,并帮助自己准确掌握学生的学习情况,提高网课效率。

2. 钉钉个性表情包评价——激发作业兴趣

六年级学生正处于青春期早期。网课期间,我在与他们沟通的过程中发现他们非常热衷使用各种网络流行表情包。于是我开始下载各种网络表情包,并将这些表情包恰如其分地运用到在线作业批改中,这些风趣幽默的表情包拉近了我和学生之间的距离,有效地激发了学生做作业的兴趣和热情。

(四)多渠道展示评价成果,树立榜样养成学风

无论什么评价,都要注意评价的积极导向作用,让学生看到正向的、积极的学习榜样。

1. 多渠道推送优秀作业

汇总优秀学生、英语学习达人、朗读阅读明星,以及学生中的优秀作业,利用钉钉校园公告、微信公众号以推送校园新闻的形式表彰优秀学习者。为同学树立学习榜样,并形成良好的学习氛围和学习风气。

2. 课前光荣榜和点歌权

直播课前,在屏幕上打出上次网课获得优秀作业、作业小达人和朗读小明星的名单。给学习积极分子特权,如直播课课前 5 分钟的点歌权。把直播间的候课 5 分钟,改成歌曲点播时间,让那些表现好的学生点歌,放给全班同学听。

三、案例的研究价值

因疫情而造就的网课学习是空前但非绝后的。目前,网课学习仍存在各种各样的问题,但正是因为有问题存在,才促使我们对学生的在线学习评价进行全新的思考和设计,也让我们看到作业和评价的创新和变革已迫在眉睫。时代的脚步不停歇,培养学生利用网络进行自学,发展其自主学习的能力,让学生成为学习的主人,是今后教学改革的方向和趋势。

(本文获 2020 年杭州市原下城区考试与评价案例评比一等奖)

线上自选菜单式作业的设计与评价

——以《原创皮影》为例

杭州长江实验小学　　陈　颖

摘　要：疫情期间，笔者选用"杭州教育"App，进行美术云作业的收集、批改和评价等工作。学生根据作业难易程度自主选择作业菜单，作业内容设计有弹性，激发了学习兴趣。作业评价设计有灵活性。学生根据量表了解不同作业的评价标准，结合自己的实际情况进行评价，充分培养了自主评价的能力。通过作业评价，教师和家长对学生的学习有了更深刻的认识。

关键词：云作业；菜单式；评价

一、案例缘起

2020年，新冠肺炎疫情来袭，线上教学成为全国院校的主流，"云课堂""云作业""云端批"成了新模式。

"云端批"是怎么操作的？

主要通过"杭州教育"App进行云作业的收集、批改和评价等工作。它是一款面向全日制学校的家长、老师和学校管理方，提供包括家校沟通、缴费服务、考勤管理等在内的家校服务平台，支持通讯录功能，支持文字、图片、语音等多种形式内容的发送，可以完成疫情期间作业的收集、批改和评价工作。

二、案例描述

（一）云课堂内容安排

我将五年级美术下册第7课《电影的始祖——皮影》，与学校"原创皮影"课程整合，充实教材内容，开拓学生思维，凸显皮影艺术在疫情中的作用，设计一堂"抗击疫情系列·皮影作品欣赏"网课。

先播放"京西皮影"传承人王熙，以抗疫为主题的皮影戏，为抗疫一线医护人员、病人和宅家的人们带去战疫的勇气，展现非遗传承人的使命担当。

（二）云作业设计构思以及实施

皮影是非遗课程，以动手为主。疫情期间，改以看戏为主的欣赏课。

作业的设计初衷是，通过布置自选式、分层探究式的作业，鼓励学生就地取材，创新和尝试皮影制作的材料和方法。

布置可选择的作业内容。

1. 学生根据难易程度自主选择，作业形式多样

从多元化、多角度、多层次等方面优化作业内容，有选做、必做或多做的选项，形式多样，不拘一格，大大降低了作业难度，但鼓励学生尝试难度大的作业，详见图1。

> 学习建议：（自选一个或多个项目完成，分值可以叠加）
>
> 1.写感受（10分）
>
> 2.编剧本（20分）
>
> 3.思做法（30分）
> ①基于疫情宅家期间，家中哪些材料可以替代制作影人的材料？（10分）
> ②用什么方法连接影人身体的每个部件，让其联动起来？（10分）
> ③用什么材料替代操纵杆，将手、脖子或脚与其连接固定操纵影人？（10分）

图 1　作业内容建议

作业一：写感受（10 分）

说明：看"抗疫"为主题的皮影戏，写观后感（字数不限）。

五年级学生要求清楚表达真实感受，字数不限，难度不大。

小齐同学观看皮影戏《我就要妈妈》后写道："我想告诉他'加油，要坚强'，我也是和你一样的小孩子，我们不能拖累父母，要给他们加油！"他的爸爸妈妈也加入抗疫一线中，住在农村外婆家的他只能"写感受"。这份作业字虽不多，但有真情实感。

作业二：编剧本（20 分）

说明：以身边发生的趣事作为素材，大胆创想，编写剧本。

"编剧本"目的是鼓励学生寻找素材，发挥想象力，提升写作能力和表达能力。对于被评为"经典"的剧本，回校后可以设计制作影人造型，一起表演。

剧本展现了学生丰富的想象力。如，剧本《军师联合大战病毒》，学生把小说人物诸葛亮、关羽等加入剧情，协助钟南山一起抗击病毒，表达了学生对战胜疫情的坚定信心。

作业三：思做法（30 分）

说明：完成作业的方式提倡多样化，可以采用图片、视频、音频、思维导图等形式。

这个作业难度最大，重点在"思"的过程。为降低难度，作业分 3 个小项目。

基于疫情防控的需要，鼓励学生就地取材，只做影人某部件的连接即可。

"思做法"作业，展现了学生的创新和动手能力。如：用厚纸板、透明文件夹等做材料；用回形针、蘑菇钉做连接；用吸管、筷子、纸杆等做操纵杆。

可见学生多奇思妙想，既锻炼动手能力，又培养了探索精神。

2.尊重个体差异，给予宽松的创作时间

作业时间为两周，给足时间寻找材料，不断思考，大胆实践，提高质量。

(三)借助"杭州教育"App 实现云作业评价

1.云作业产生"1＋1≥2"的评价效果

老师通过"杭州教育"App 与学生沟通，了解学生作业情况，与家长一起对孩子进行评价。沟通中，发现部分学生表现非常好。

【案例】

五年级男生小默平时很调皮，这次表现出乎意料：完成了全部作业。通过照片，他感受到用心编写剧本的成功，有自己的想法；提前上交作业。

家长评价："打字工作是小默自己完成的。态度挺积极🙏。看到他认真的样子，备感欣

慰。"

2.作业评价采用积分叠加奖励机制

(1)从完成情况和按时上交来评价态度

为激发学生的学习兴趣,采用积分奖励机制评价学生在家表现,每项作业设定不同分值,多选就多得分。

在"杭州教育"App中,部分家长在规定时间内提交了孩子作业并且质量较高,我就根据每项作业的最高分值打了60分满分。

学习态度评价包括用具、听讲、交作业、发言、卫生这5个方面,通过每月自评、同伴评、老师评获得基础分。疫情期间主要从按时上网课、按时完成作业两方面,以自评和家长评的方式体现,详见表1。

表1 疫情期间网课云作业学习态度评价

评价内容	评价标准	自评	家长评	总评
按时上网课(10分) (在家表现)	按时观看网课内容(2分)			
	能与家人交流(3分)			
	能回看网课内容(5分)			
按时交作业(10分)	两周内上传云作业(10分)			

(2)师生共同参照评价标准评价作业

每项作业根据内容的难易程度制定了相应的评价标准,老师和学生根据标准进行评价,详见表2。

表2 网课云作业评价

评价内容		评价标准	自评	家长评	教师评
写感受(10分)		能理解视频的主题思想(4分) 能延伸联想到身边的人和事(10分)			
编剧本(20分)		参照视频故事仿写(10分) 以新闻中的抗疫故事或宅家趣事、身边事为素材进行编写(20分)			
思做法 30分	制作材料 (10分)	纸类材料(5分) 透明材料(10分)			
	方法 (10分)	棉线类材料连接方法:缝、打结(5分) 金属材料连接方法(如回形针、螺丝钉、细铁丝等)(10分) 综合材料连接(如牙签或皮筋等)(10分)			
	操纵杆材料 (10分)	木棒类材料(如筷子、雪糕棒等)(5分) 非木质材料(如塑料管、吸管、自行车发条等)(10分)			

(3)总结及综合评价

复学后,对学生在家的学习及作业情况进行了综合评价,设立了个性奖项,有最佳创意奖、最佳编剧奖、最佳取材奖、最佳技艺奖、最佳制作奖、最佳表演奖、最佳自律奖,肯定其学习成果,对网课的学习生活做个小结。

三、案例的研究价值

(一)实践中的优点

1.作业内容设计有弹性

疫情期间,老师更尊重学生个体差异,关注其身心发展,采用分层作业,设计学生能胜任、喜欢做的作业,努力挖掘学生亮点,激发学生兴趣和创作欲望。

2.作业评价设计有灵活性

作业评价根据疫情网课的特殊性、学生个体差异性进行修改,设有得分细则,根据量表了解作业评价标准进行自我评价,老师也客观评价学生作业,提高学生学习兴趣,培养学生自主学习和自主评价的能力。

3.通过作业评价,学生有了更深刻的认识

评价更多关注学生学习过程、情感与态度,帮助学生认识自我,建立自信及情感交流。

4.基于对学生个体差异的尊重和保护,采用点对点方式,通过杭州教育 App 与家长、学生进行交流

(二)实施中的不足及改进措施

对学生作业的评价主体是家长与老师,缺少了同伴的评价。

改进举措:

评价方式可更多元化,让更多的人参与评价活动。

(1)线上云作业以自评、家长评、教师评为主,线下以同伴互评为辅,进行有机衔接,将有特色、有想法的作业进行展示,请全班同学一起评价。

(2)创设展示平台,在学校一楼大厅举办云作品展,提高学生荣誉感、成就感,激发学生的学习热情和学习动力。

通过网课教学,在评价实施上,发现评价对提升孩子兴趣、技能等方面有很大的促进作用。今后,我将融入更多元化的评价方式和评价元素,以生为本,结合学生实际情况调整评价标准和评价方式,将评价工作做得更细致、更精准、更个性化、更有情感,在评价研究的路上继续前行。

(本文获 2020 年杭州市原下城区中小学教育评价研究案例评比一等奖)

App 在作业设计与评价中的运用

杭州市明珠实验学校　　魏　珺

摘　要:App 是当下社会智能生活不可缺少的部分,在疫情下的"停课不停学"中发挥着重要作用。笔者借疫情期间利用各种 App 进行学科作业间的联动设计和评价,以 App 在疫情下的教育现代化操作模式的应用加以佐证。通过"分层选择作业,互动点赞评价""生活纳入作业,口语交流评价""兴趣导向作业,投票公开评价"的方式,将各 App 应用于现代化教学的作业设计与评价之中,从而传递现代化作业设计与评价理念。

关键词:作业设计与评价;运用;App

一、案例缘起

现代化是人类社会发展的共同追求,教育现代化是国家或区域现代化的重要组成部分和基础支撑。[①] App已经广泛应用于人类生活的各种智能设备之中,它也是人类生活现代化进程的一个重要标志。疫情期间学校借助不同App的优势功能,进行线上教学与线下作业,有效辅助学生与教师疫情期间学习和工作的展开。

本案例通过疫情期间教师借助各类App的优势功能,补足教育现代化在疫情期间显现出来的网络功能互动性不强、实践性不佳、操作性不足等弊端,探索一条以App为联动媒介的现代化教育教学作业设计与评价新路径,为教育现代化提供思考,详见表1。

表1 各类辅助教学App的适用范围

分类	适用App			适用功能
直播教学	小鱼易连	希沃	钉钉	直播教学,教学中有答题版选择、连线、移动等功能,教师可当堂进行反馈,增加课堂趣味性
作业设计	一起学生	一起老师	班级小管家	作业设计的主要方式,一起小学有配套的课堂练习,班级小管家可根据实际教学进行设定
作业评价	微信群	QQ群	班级小管家	师生直接交流、互动、评价、反馈可在微信群和QQ群进行,或在班级小管家评论、点赞、送花

二、案例描述

(一)分层选择作业,互动点赞评价

1.作业设计

学生是学习发展的主体,教师不论在教学或作业设计中,都应尊重学生个体发展的差异性。教师应根据不同学生的知识储备、接受程度、实际情况等进行分层设计,力求作业设计的多样化、分层化,以求学生根据自身情况选择性地完成作业。

【案例1】

以四年级《道德与法治》下册第三单元"我们的衣食之源"一课为例,本课的教学目的是让学生了解农业生产者在农作物的种植和生产过程中付出的辛勤劳动,从而树立节约粮食的良好道德意识。针对学校农村生源实情,通过班级小管家App进行分层设计,详见表2。

---

① 袁晶,张珏.基于理念现代化引领下的国家教育现代化发展研究[J].现代教育管理,2017(10):1-5.

表 2 "我们的衣食之源"班级小管家 App 作业设计

APP	设计	分层作业	具体要求	上传
班级小管家	基础设计	活动一（难度等级★）	用大米为主要食材,在爸爸妈妈的帮助下,制作一种美食	视频
	提高设计	活动二（难度等级★★）	时值春耕,去田野看看农民如何播种,或将大米的成长过程画出来	照片
	拓展设计	活动三（难度等级★★★）	找找以大米为原材料的食物或用大米加工的零食,结合食物营养食谱谈发现	语音视频

（1）基础设计:降低难度,全面铺开

该项设计的目的是降低作业完成、提交、反馈的难度,从而提高作业完成率,切勿因作业完成的各种困难而导致学生和家长畏于配合。

（2）提高设计:利用资源,发挥优势

挖掘学生在课堂之外的知识收获程度和应用能力,以视频为提交方式,以便作业反馈评价之时能够更清楚地知晓学生的能力水平。

（3）拓展设计:主动探索,积极参与

教师应激发学生主动学习的兴趣,培养学生主动思考、走进生活、深入探索的能力。以非纸笔设计为主,不限提交方式,释放学生天性,感受作业乐趣。

2.作业评价

上述 3 类作业设计的评价如表 3 所示,这些评价全部互相可见。学生或家长的评价留言被老师征用,则可获得"点评专家"的相应奖励,从而让学生和家长一起参与到学习中来,更直观、便捷、公正地看到学生作业反馈情况。

表 3 "我们的衣食之源"班级小管家 App 作业评价

App	基础设计	提高设计	拓展设计
教师评价			
	一键点赞	良好✿优秀✿✿	电子奖状
学生家长评价			

（二）生活纳入作业，口语交流评价

1. 作业设计

人的成长离不开生活。在分数主义诱导下，孩子生活能力薄弱。针对孩子浪费现象，从教师端进行 21 天的习惯打卡设定，学生端进行每日打卡反馈，将节约粮食的光盘行动真正实践于生活之中。

【案例 2】

一起学习 App 中的教育资源十分丰富。以"我们的衣食之源"一课为例。该 App 有相应的"德育课堂"，进入课堂后有相关的教材同步视频资源包帮助巩固课堂内容，教师可通过设置自定义打卡任务，落实教学目标，详见表 4。

表 4 "我们的衣食之源"一起作业 App 德育课堂作业设计

App	步骤一	步骤二	步骤三	步骤四
 一起作业老师  一起作业学生				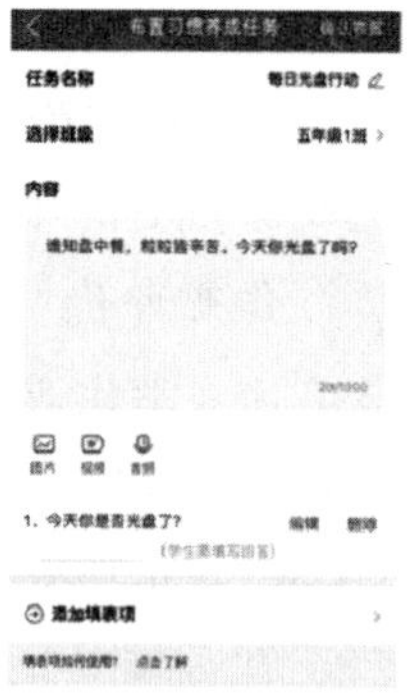
	德育课堂	德育课程 选择相应年段	设定 习惯养成任务	发布打卡 生活实践

2. 作业评价

结合上一节课的实践，教师在下一节课的网络直播教学 App 平台中进行口语交流评价。此评价可以包括自身作业问题反思、同学互评可行性分析、教师随机点播引导等，以线上对话交流将评价和总结的话语权交还给学生。

【案例 3】

以案例一活动三中的作业评价为例，借助不同的 App 平台进行线上口语交流评价时，就不同的 App 会存在不同的评价效果。表 5 列举了 3 种 App 在线交流的利弊。

表 5 "我们的衣食之源"App 在线作业评价

App	交流评价截图	App 优点	App 缺点
小鱼易连™ 小鱼易连		通过在线摄像头看到所有学生上课情况,有效把握课堂	授权发言只能一人或所有人,全体交流声音嘈杂
EN 希沃白板5 为互动教学而生 希沃		教学互动软件较多,如答题版、笔、信息交流框、奖杯等	每次连麦只能授权一人,无图像显示,监测不到其他学生
钉钉 钉钉		网络视频图像、音频效果较稳定,教学直播可投屏到电视	功能倾向于办公软件,非专业的教学类 App,可利用教学资源少

(三)兴趣导向作业,投票公开评价

1.作业设计

兴趣是学生最好的老师。源自兴趣的作业会让学生做得更认真,更具创造力。通过各类 App 的声音记录、视频记录、文字记录,发散学生作业提交的创造性。

2.作业评价

根据兴趣导向的不同作业设计方式,进行不同的评价反馈。语音口语类、视频拍摄类、绘图剪贴类作业都可利用 App 进行上传,再以班级为单位形成一个专门的系列,是一种资料的记录、保存、分享、传播的好方法。

【案例 4】

语音口语类,通过喜马拉雅录制后上传链接到班级 QQ 群;视频拍摄类,将拍摄的作业短视频上传班级小管家;绘图剪贴,用照片进行记录。继而借助问卷星、班级小管家的投票功能进行公开公正的投票评价反馈(见表6)。

表 6 不同兴趣形式的作业设计和评价方式

作业设计	兴趣激发	App 反馈	App 评价平台及截图
少先队作业: 用歌声为武汉加油	语音 口语类	QQ 喜马拉雅	

作业设计	兴趣激发	App 反馈	App 评价平台及截图
《道德与法治》学科作业：用大米做美食	视频拍摄类	小管家 全民 K 歌 抖音 美图秀秀	制作视频4 寿司（徐绍阳）　制作视频5 蛋炒饭（吴婉琦）　制作视频6 品尝　制作视频1 炒米（随易馨）　制作视频2 蛋炒饭（毛益淋）　制作视频3 竹筒（王组一）
拓展性课程作业：设计法治社团 Logo	绘图剪贴类	微信 手机拍照 问卷星	

问卷星拓展性课程作业公开投票评选截图

三、案例的研究价值

疫情期间，各类 App 的辅助教学契合了信息化时代的要求，并取得一定成效。

第一，激发学生乐于完成作业的兴趣，提高学生课堂参与度和有效性。区别于传统的笔头作业而言，App 视觉、听觉的记录，更能提高学生积极进行作业的兴趣。

第二，挖掘学生个体综合实践的潜能，把握学生理解难易度和侧重性。App 作业的多样性、分层化、弹性化，有效激发学生的学习潜能，利于教师因材施教。

第三，方便学生作业提交订正的流程，实现学生学习差异度和个体性。利用 App 进行作业提交具有很强的即时性和互动性，师生可及时沟通反馈。

作业设计与评价不仅是一种教育的过程，也是一种学习的过程。随着新课程标准的修改，转变传统课堂教学作业设计与评价方式，应用 App 让作业设计与评价成为学生完成作业的一种现代化学习方式，成为家校共同参与学生学习的一种互动式生活态度，这是疫情之下带给作业设计与评价的新思路、新探索。

（本文获 2020 年杭州市原下城区考试与评价案例评比一等奖）

真实情境　整合学科　等级评价

——基于主题场馆的非纸笔测评探索

杭州市长寿桥小学　金　颖　楼　磊

摘　要：面对非纸笔测评实施中出现的评价取向片面、评价内容单一、评价过程低效等问题，着重从真实情境、整合学科、等级评价等视角出发，推进基于主题场馆的项目式学评探索。从基于素养制定目标到基于整合设计项目，再从基于自主丰富过程到基于课标研发量规，再到基于合作多元评价，项目学评层层推进，让学生在情境中体验，在合作中提升，在生活中运用，有效促进学生更加主动、积极和愉悦地学习。

关键词：教育评价；项目式学评；主题场馆

一、案例缘起

2015 年 3 月，浙教基〔2015〕36 号《浙江省教育厅关于深化义务教育课程改革的指导意见》中提出：要深化浙江省义务教育学校的评价改革、规范校内考试评价，倡导一、二年级期末考试和考查推广非纸笔测试形式。于是全省掀起了一股"游园"风，相关评价的问题也纷纷而来：为什么要评价？评价些什么？怎么样评价？

（一）非纸笔测评面临的尴尬

尴尬一：表面上搞得轰轰烈烈的期末游园活动，但实质上教师关注点还是学习知识和技能，换汤不换药，只是把书面试题变成了另一种口答试题。

尴尬二：在日常生活中，如果我们要解决一个实际问题，单靠一门学科的知识肯定是不行的。在"游园式"评价中我们看到测评分板块进行，各学科各为一个板块，有多少学科就有多少板块。各学科是各自为政，被人为割裂的，而不是一个整体。

尴尬三：低年级的非纸笔测评没有明确的标准。在评价过程中，测评者根据学生的完成情况，结合自己的主观印象而进行评价，缺乏依据和科学性。

（二）非纸笔测评活动的审思

面对在实际操作过程中，遇到的许多尴尬境地，我们开始审思非纸笔测评活动实施中面临的评价内容、方式等问题。

【思考一】如何从"真实情境"的角度去思考评价？

一是通过任务解决的情境驱动唤醒学生已有的经验，主动提取已有技能；二是在学以致用的过程中提高问题解决的本领，凸显学科的本质。

【思考二】如何从"整合学科"的角度去思考评价？

一是打通学科自身纵向的知识体系，指向综合的知识运用能力；二是打破学科界限，打通学科间横向的结构联系。

【思考三】如何从"分项等级"的角度去思考评价？

一是严格按照课程标准提出测评内容以及水平要求制定评价标准。二是严格按照"评价建议"的评价理念撰写评语。

二、案例描述

基于以上的思考，我们采用项目式学评，以"博物馆奇妙之旅"为主题，让学生在情境中体验，在合作中提升，在生活中运用，有效促进学生更加主动、积极和愉悦地学习。

(一)基于素养，制定目标

各学科的培养目标，并不能以一次评价而全部完成，我们需对其进行进一步的梳理。一是将部分纯粹的知识技能目标分离出来，通过分模块过关的形式帮助孩子逐个过关；二是根据学科培养目标，以提高学生的综合素养为指导思想，指向学生的核心素养的发展来制定评价目标。

这次"奇妙博物馆"的整套评价方案，考查学生在真实情境下运用核心素养来解决问题的能力。在设计过程中，我们解读核心素养、依据课程标准，各学科结合具体活动设计出体现本学科素养的任务目标。这些任务作为学科素养的具体化，指向纸笔考试难以考查的学生的高阶能力，详见表1。

表1 《奇妙的博物馆之旅》测评指向表

序号	环节	测评内容	测评指向
1	我与奇妙博物馆有约	到底有多远？	3个测评点:空间观念、推理能力、运算能力
2	畅游奇妙博物馆（自主参观学习）	小小操作员	2个测评点:文明礼仪、应用意识
		小小讲解员	1个测评点:口语交际
		专属金名片	1个测评点:综合应用
		奇思妙想的童话世界	2个测评点:创新意识、团队合作

(二)基于整合，设计项目

通过学科纵线梳理，进行知识点的整合，将其融合在一起。作为一个项目学习，更要打破学科间的界限，将各个学科以及综合素养进行整合，横向间寻找交集，找到整合的有效契合点，合并同类项的方式综合开发设计项目。经过多次讨论和修改，我们确定了"我们怎么去那儿""奇思妙想的童话世界""DIY专属金名片""小小操作员""小小讲解员"这5个任务。比如，"我们怎么去那儿"任务，让学生以小队为单位选择任意交通工具独立前往博物馆。在这个任务中，学生需要记录出发时间和到达时间，需要估算从出发点到目的地之间的距离有多少，还要考虑成本等。

(三)基于自主，丰富过程

学生是学习的主体，是积极主动的建构者，自主学习的特征之一是选择性。首先体现在学生选择权上。学生可以选择相对喜欢的学习内容，选择更适合自己的学习方法。研究发现，比起"没有选择"及完全"自由选择"的学生，"有一定选择"的学生在任务完成、课程学习以及实际问题解决上表现最好。因此,我们将任务设置分为两部分:必选和自选。到达博物馆之前,学生是需要共同经历的,考查学生在活动中的合作意识和公共空间意识,设置了必选任务"我们怎么去那儿"。到达博物馆后不再是以往环环相扣的强制任务,而是进行任务选择,在"奇思妙想的童话世界""DIY专属金名片""小小操作员""小小讲解员"这4个任务中任选一个或多个完成。如果学生对这些任务还是不感兴趣,我们在《活动手册》上设计了自主任务学习单,学生可以设计专属挑战。学生自主选择的程度提升了,更能激发他们的学习兴趣,体现他们的创造力。

(四)基于课标,研发量规

根据指导思想、培养目标、各学科教学目标和学生身心的实际发展水平,从知识与技能、过程和方法、情感态度与价值观3个维度制定每项任务的评价标准(一星是低于标准,三星是达到标准,五星是高于标准),分项等级评价见表2。

表 2 《奇妙的博物馆之旅》之 DIY 专属金名片评价量表

测评项目	评价量表		
	★★★★★	★★★	★
信息收集	善于观察,收集的信息符合实际,具有科学性,能充分体现动植物的特点	信息符合实际,能体现动植物的基本特点,但不够全面	收集的信息出现科学性错误
金名片制作	名片精致、美观,内容充实,图文并茂,作品别具一格	名片符合要求,但文字或图片比较简单	制作的名片出现文字和图片不匹配的情况

(五)基于合作,多元评价

根据评价主体的多元性,开展以学生、教师为主体的交互性评价。这次"主题场馆学评"较之以往不同的是,我们把每一个测评项目及评价标准事先就清楚地呈现在《活动手册》中。最终学生的研究过程和成果是利用视频的方式记录下来。每一小队的成果视频先在班级中进行分享,然后任课教师和学生集体参与评分,最后师生之间、学生同伴之间对视频的内容进行评定、鉴赏。

评价的最终目的是帮助学生学会学习。学生的收获来自两方面:一方面,是来自其他同学的评价。学生根据评价提供的信息,发现自身问题所在,从而对症下药,积极改正。另一方面,发生在学生对其他同学展开评价的过程中。学生根据评价标准,反思自己的活动,从而了解自己的学习状态,完成"学即评,评即学"螺旋上升的过程。

三、案例的研究价值

教师层面:首先,理念的更新,认识到非纸笔测评作为一种表现性评价尤其关注学生高阶思维的培养。其次,专业的进步。教师要根据学生年龄、身心发展规律来科学地制定目标、设计项目、研发标准等,就需要对课程目标、学科核心素养等进行系统的研究,自身的专业素养得到了极大的提高。最后,教学能力的提升。通过对学生测评结果的分析,可以明晰学生的优势在哪里或问题在哪里,为教师改进调整教学行为提供依据。学生层面:在这样的主题场馆项目学评中,学生在情境中体验,在合作中提升,在生活中运用,促使学生更加主动、积极和愉悦地学习。

(本文获 2020 年杭州市原下城区考试与评价案例评比一等奖)

基于项目式学习的一年级语文期末测评案例

杭州市东园小学　　王梅琳

摘　要：时代背景需要培养出具备"核心素养"的共产主义接班人，这向教师提出了改变教学观念、深化评价改革的迫切要求。该文设想基于项目式学习构建理论，在"基于问题的学习"基础上设计"基于问题的测评"，用来评估检测学习成果，提出诊断性和发展性的改进建议。该文选取一年级语文期末测评进行案例应用，并且考虑新冠疫情形势变化，设置最大以班级为单位甚至能远程开展的方案。真实的问题情境能激发学习者学习乐趣，采用"小组协作"加强学习者的团队合作能力，通过"自评他评"培养学习者批判反思能力，发展创新性高阶思维，使学习者主动进行迁移运用，达到深度学习的高层次目标。运用量表记录测评中的数据，并分析数据，用于诊断群体与个体，改变教学方式，提升学习者能力。

关键词：项目式学习；过程评价；班级为单位；测评方式

一、案例缘起

2020年10月中共中央、国务院印发了《深化新时代教育评价改革总体方案》。小学一年级处于义务教育初始学段，评价要适应学生身心发展水平，要改进结果评价，强化过程评价。笔者所在的杭州市原下城区一直走在深化教学评价改革的前沿，关于低年级期末非纸笔测评实践与研究已开展多年。各校有不少非纸笔测评方式实施并推广，如"游园会式"期末测评、"实地研学式"期末测评。2020年年初新冠疫情暴发，"游园会式""实地研学式"等测评方式，因为需要群体聚集或者群体外出，实施操作就有了一定的局限性，急需有更小活动单位且尊重低年级儿童特点的测评方式。

为了顺应新时代育人要求与目前的防疫常态化形式，笔者进行了一系列探索。目前形成了最大以班级为单位，基于项目式学习的一年级语文期末测评新模式。

二、案例描述

(一)基于项目式学习的测评方式

要把一年级语文测评的方法进行翻转和改革，使其更适应时代变革、落实核心素养、全面育人的要求，笔者设想基于项目式学习构建理论来设计测评项目。项目式学习英文（Project-Based Learning，PBL），以解决某个特定项目需求为目标，去学习知识，从而获得能力。①

(二)测评项目与测评过程

因为是第一学期的期末测评，时间正好为元旦到春节前，是最富节日气氛、辞旧迎新的时节。因此笔者设计的测评主题围绕春节传统习俗来进行。一年级主项目为"欢欢喜喜过新年"。通过围绕主题的"剪窗花承传统""集福字送祝福""着红装说传统"等子项目，设计不同

---

① 昂.面向深学习的PBL教学设计研究[D].长春:吉林大学,2018:16-17.

的驱动问题,让学生在完成项目的过程中串联已有知识,生成新知识,迁移运用知识,形成能力,达成测评,同时感受新年的热闹氛围和中华民族文化的魅力。

1.项目设计与驱动性问题(见图书)

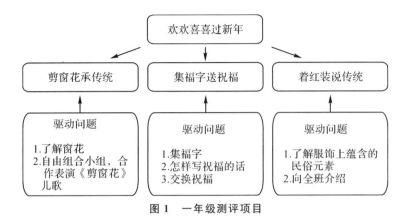

图1　一年级测评项目

通过子项目的驱动性问题,引导学生从问题入手,应用已有的知识和能力去解决问题,过程中需要教师、家长、同伴的帮助与支持。实施项目、展示学习成果的过程,既是完成测评的过程,也是学习新知识、培养能力的过程。

2.子项目设计依据

"剪窗花承传统"设计源自《剪窗花》儿歌,这是部编版语文一年级上册"和大人一起读"的内容。教参中明确要求正确朗读,感受传统文化的魅力。儿歌朗朗上口,学生爱读,正确朗读不成问题。可对于南方的小学生来说,他们认知中的窗花图案多是"雪花"形式,难以体会传统剪纸艺术的魅力。因此通过设计亲子剪窗花的活动项目,融入动手的元素,促进亲子交流,在实践中积累传承传统民俗文化,增强节日仪式感。合作表演则检测学习者的合作度和创造性。

"集福字送祝福"依据《语文课程标准2011年版》中指出第一学段(1—2年级)识字与写字学段目标:"1.喜欢学习汉字,有主动识字、写字的愿望。"设计测评子项目为去课外寻找剪贴"福"字或词,是对课外主动识字的引导。写新年祝福,落实了一年级的写话要求:用学过的字或拼音写一句话。交换福卡,能增进学生的交流。这样的项目驱动型活动,能综合检测学生的语文素养。

"着红装说传统"中学生事先了解服饰上蕴含的民俗元素,是学习者语文综合实践能力的延伸。向别人介绍自己服饰上蕴含的民俗元素,是口语交际能力的检测,落实以上口语交际中用多大的声音、说话看着对方的眼睛等目标。师生共穿红色,既能感受到喜气洋洋的新年氛围,又创设了真实的表达情境,学生乐于表达,乐于倾听。

3.测评方案及实施(见表1)

表1　测评项目实施方案

	剪窗花承传统	集福字送祝福	着红装说传统
测评内容	以家庭为单位,和爸爸妈妈一起完成一份个性窗花,带来布置教室。自由组合,和同学表演背诵《剪窗花》儿歌。	收集有"福"字或词语,剪贴在贺卡上,在父母的帮助下,写上一句新年祝福,带来交换。 句式参考: 1.我祝福(谁),(　　　)。 2.2021年,我希望(谁)(　　　)。	测评当天,师生服饰以红色为主(红领巾除外),突出民族风俗元素。如红色的外衣(唐装、汉服、现代服饰都可)、头饰(红色簪花)、腰佩(中国结)、围巾等。学生事先了解服饰上的民俗元素,能向大家介绍。

	剪窗花承传统	集福字送祝福	着红装说传统
测评形式	以自由组合的小组为单位,表演朗诵《剪窗花》。展示窗花,布置教室	在家制作好福卡,写上新年祝福带来交换	个人上台向大家介绍服饰上蕴含的民俗元素
测评人	各班语文老师与家长、同学	各班语文老师与同学	各班语文老师与同学
测评时间	元旦到春节期间	元旦到春节期间	元旦到春节期间

考虑到目前新冠疫肺炎情常态化管控的形势,要实行人员少聚集、不聚集的活动原则,以上项目不用聚集全年级的学习者一起测评,也不用选择同一时间进行测评,是可以分项独立测评的,还能以班级为最大单位开展,甚至微调后能用远程的方式以个人为单位开展。可调整、可操控性强,这就打破了之前"游园会式""外出研学式"非纸笔测评的局限性。

4. 测评量表及评价单

设计合适的量表,既能科学客观评价,又能作为下一阶段教育教学的依据。量表依据学生在测评中展现的能力,给予1星到4星不等的评价值。允许学生多次尝试,直到取得自己满意的星级。在争星过程中,注意及时反馈与适当建议,进一步落实评价的过程性和增值性,详见表2。

表 2　项目量表

项目	剪窗花承传统							
背诵	不看书完成	1星	不看书,流畅完成	2星	不看书,流畅完成,有感情	3星	不看书,流畅完成,有感情,有感染力	4星
表演合作度	两人及以上合作完成	1星	两人及以上合作完成,有动作	2星	两人及以上合作完成,有动作,有分工	3星	两人及以上合作完成,有动作,有分工,表演效果好	4星
项目	集福字送祝福							
识字	找到有"福"字或词语贴在贺卡上	1星	找到有"福"字或词语贴在贺卡上,贴得整齐美观	2星	找到有"福"字或词语贴在贺卡上,贴得整齐美观,设计巧妙有创意	3星		
写话	写下一句话	1星	写下一句话,字正确规范	2星	写下一句话,字正确规范,书写美观	3星		
项目	着红装说传统							
口语交际	上台交流	1星	说话声音响亮,内容合适,能讲出一个民俗元素	2星	说话声音响亮,内容合适,能讲出一个民俗元素。讲话时看着大家的眼睛,举止大方得体	3星	说话声音响亮,内容丰富,能讲出几个民俗元素。讲话时看着大家的眼睛,举止大方得体	4星

在评价表单中,评价人也不是单一的教师评价学生,而是加入了同伴、家长等不同的评价对象,落实了评价对象的多元性。自我评价和他人评价相结合,改变了以往仅仅教师评价学习者的单一、单向评价现象,突出了评价过程中双向互动性,帮助学习者悦纳测评结果,促进不断自我认知和批判反思等高阶思维,详见图2。

图 2　评价表单

在图 2 中,除了子项目对应的朗诵、识字、写话、口语交际这些能力外,还特别列出了合作与创新能力。合作和创新能力正是核心素养的重要组成部分。我们要重视并有意识地培养既会合作又有独创性的人才。

三、案例的研究价值

3 个子项目不是传统意义的考试,而是让儿童完成类似游戏化,基于真实问题情境的项目,进而测试语文能力,学生乐于在类似游戏的项目中测试。测评容许出错,也允许学生多次尝试争星,因为出错也是学习的过程,都是能力发展的过程。此类测评充分尊重了学生的学习过程,真正落实了过程性评价。

在学生测试之后,我们能取得自我评价、他人评价和老师评价这 3 组数据。要及时记录这些原始数据,尊重数据并运用数据进行分析、诊断。

综上所述,基于问题驱动创设真实情境的一年级语文期末测评方式,改变了以往注重考试的单一评价,改善了"游园会式""外出研学式"非纸笔测评方式。但测评对象是起始阶段的小学一年级学生,其能力有隐藏性、可变性等不可控的特性。因此在实际操作中,还要以促进学生身心健康,多鼓励、多肯定的原则进行。不断积累分析变量,在迭代使用中,继续优化此模式。

（本文获 2021 年杭州市原下城区考试与评价案例评比一等奖）

四步回环:指向小学语文项目式学习过程的评价研究

杭州市青蓝小学　谢晨辰

摘　要:小学语文项目式学习指向深度学习,具有较强的整合性、开放性,但项目式学习的评价面临诸多挑战。该文针对困境,建构了"营造评价情境—深研评价内容—精设评价载体—实施评价反馈"四步回环的过程性评价范式,聚焦典型案例,呈现多元评价方法,让小学语文项目式学习的评价从实然走向应然。

关键词:四步回环;小学语文项目式学习;过程性评价

一、案例缘起

项目式学习指向深度学习,是课程改革和学习方式变革绕不开的关键步骤,近几年在语文学科的教与学中不断延伸和推进。它以教材内容为载体,以真实情境中的问题解决为驱动,以完成项目为导向,是一种持续性探究。项目式学习在评价的过程中往往出现以下几个困点。

(一)评价倾向重结果轻过程

项目式学习的过程相对较长,学生通过完成环环相扣的子任务,从而生成学习成果。在实际操作中,评价往往以最终的成果展示为唯一评价指标,忽视了每一个子项目的达成作用。

(二)评价内容重知识轻素养

小学语文项目式学习是融合学科知识与能力素养的综合性学习活动,而评价时常常以知识的掌握程度为主要评价内容,很少将必备能力作为评价依据或者占比较低。这样的评价模式往往带给学生重知识轻素养的错误导向。

(三)评价载体操作烦琐且形式单一

语文项目式学习的评价内容相对繁杂,而评价的形式却显得单一,或者设计复杂,操作步骤烦琐,耗时费力,最终难以坚持,起不到评价助推项目学习的作用。

因此,笔者结合教学实践,关注项目式学习过程,从评价情境、评价载体、评价内容和评价反馈四个方面入手,建构"四步回环"评价范式。

二、案例描述

项目学习评价要先创设评价情境,让评价与项目的探究过程融为一体;再深度解读评价内容,为学生提供明确的任务和标准;然后根据内容设计操作性强、趣味性强、实用性强的评价载体;评价反馈是教学评价活动的最后环节,是综合了评价信息后进行分析归纳,再传递给教学主体和客体的过程,从而促进学生的反思和迁移,也让教师能够根据需求和不足修改项目内容,来完善评价情境的营造,进入新的循环设计,让科学有效的评价范式从实然走向应然,如图1所示。

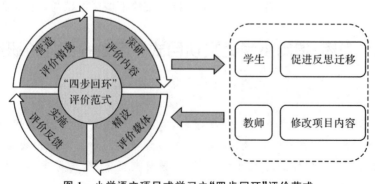

图1 小学语文项目式学习之"四步回环"评价范式

(一)营造评价情境:情趣与挑战并存,获得浸润感

1.模拟真实场景,让情境中的评价有体验感

为增添评价的趣味性,教师紧扣每一个项目活动的主题,从场景布置、穿着打扮等方面创造评价情境。活动前,师生将教室布置成富有大自然气息的活动现场,松软的沙发、芳香的花束、舒缓的音乐……烂漫又诗意的氛围,让全班化身为处于自然界中的享受者,通过实时对话和现场评分,获得评价的浸润感。

2.构建情境任务,让情境中的评价有整体感

语文项目式学习具有统整性,评价任务也可以是项目化的,以驱动性的评价任务架构起零散评价间的关联。"二十四节气"是统编二年级上册语文教材中的教学内容,笔者设计了"走进非物质文化遗产——二十四节气"的项目学习,包含了"什么是节气""节气从哪儿来""节气时间表""节气对生活的影响有多大""节气谚语""节气诗词"这 6 个子活动,因此建构了"探宝式"的情境任务。笔者将所有活动的评价设计成一张藏宝图,学生每完成一项,便在寻宝图中打卡,从而边学边评,检验阶段性的学习效果。

(二)深研评价内容:知识与能力互通,关注发展性

1.指向语文要素,让有效学习看得见

"四步回环"范式的评价内容归根结底依托语文知识或语文能力来设计,扎根于语文本身的学习和运用。阅读四大名著是统编语文五年级下册"快乐读书吧"的主题内容。笔者结合教材,设计了学生感兴趣的项目主题——四大名著中的侠义人物。"写信劝说老师或者父母在世界读书日当天扮演你最爱的侠义任务"是其中一个子项目,通过探究任务来促进语言的实践和发展,详见表1。

表1 "四大名著中的侠义人物"评价内容列表

评价维度	具体内容	评价指数
事	1.语言简洁凝练、通顺流畅	♥♥♥
	2.侠义人物形象特征概括准确	♥♥♥
	3.选取的故事具有典型性,描述生动	♥♥♥
理	1.条理清晰、逻辑性强	♥♥♥
	2.有充分的理据让老师或父母明白自己与侠义人物的紧密联系	♥♥♥
	3.这位侠义英雄身上的精神在当今世界有何存在的合理性?让扮演者明白自己扮演该角色的重要意义	♥♥♥
情	1.语言得体,使用尊称、问候语等	♥♥♥
	2.以情动人,令老师或父母被该人物侠义精神所打动	♥♥♥

2.指向合作交流,让关键能力有发展

活动设计的价值除了培养学生学科素养以外,还要发展学生在团队合作中的各项能力,将关键能力的形成过程可视化。该部分评价内容有机地将个人的成长置于团队之中,以团队

的成长作为个人成长的重要组成,突出了个人的自我比较和对团队的贡献,真正实现了个人和团队的成长"双赢"。

(三)精设评价载体:丰富与实用兼得,呈现多元化

1. 内省式"评价表单",促进内化反思

"评价表单"出现在项目初期。教师通过"评价表单"的呈现,为学生提供明确的任务和标准。活动中,运用"评价表单"进行自评、互评。学生可以根据表单中的每一条标准来分析对比自己或他人的行为,从而反思不足,继而改进。

"评价表单"是一种根据评价重点,将评价内容分解成若干条评价细则,并予以客观、准确、清晰描述的量表。它主要由评价维度、评价标准、评价等级等要素组成,每一维度分别列出具体的任务指标。"评价表单"既可由教师制定,也可由学生自己设计和修改。

2. 通关式"评价护照",记录个性成长

"评价护照"是一种融多维评价目标、多元评价主体、多项评价任务于一体的评价载体。在该项目式学习中,每一位"代言人"都拥有一本"专属护照",用于每阶段的记录和评价,也可"打卡"他人的"代言景点",是学评一致的体现。

图 2 "我为景点代言——评价护照"选页

"评价护照"深受学生喜爱,它不仅面向项目式学习的过程,而且融合了多项评价任务,定期进行回顾与反思;"评价护照"指向个性发展,它既注重对学生的统一要求,也关注个体间的差异。同时,它还兼顾到每个学生的学习起点,促进不同程度的发展。学生是"评价护照"的使用者和评价主体,教师、同伴、家长可以根据评价要求,行使各自的评价权。

3. 沙龙式"评价圆桌",达成多维互动

"评价圆桌"以现场访谈和互动为主要形式,以思维的碰撞和行动探究为指向。这种评价载体以评价来反思探究的过程,来推动学习的进展。它具有较强的灵活性,既可以根据进度安排定期召开,也可以根据各组项目学习的需求临时组织。

"评价圆桌"分为"组内"和"组间"两种形式,对应不同的需求和目的。组内的圆桌评价往往以讨论已经发生的学习表现和未发生的学习方向为目的。"评价圆桌"中所产生的评价既直接又间接。

4.联赛式"评价勋章",实现分层进阶

"评价勋章"是具有奖励性质的评价载体,往往运用于项目结束后的成果展示。不同的是,过程性评价中的"评价勋章"呈联赛式。联赛式的"评价勋章"是分层分类的,即根据评价内容的不同指向,从多个维度为每个组别、每种类型的学生设置不同的激励性奖章,促进学生继续参与项目式学习的极大热情,激活内驱力。联赛式的"评价勋章"是层层串联的,意在不断进阶,即不同阶段的评价是相互衔接的。教师需要对评价勋章进行细化分解,通过不同阶段子任务的积分累计,到达一定层级标准就可以实现进阶,获得"勋章"。

(四)实施评价反馈:经验与技术共融,提高精准度

1.基于互动的经验反馈,让主观评价有张力

学习者个体,以及同伴、教师、家长等群体往往是项目式学习中主要的评价主体,他们从多角度共同对学习者的探究过程进行评价,再通过对话交流、表单呈现、语言记录等互动形式,将评价后的结果传递给学习者的过程,即基于互动的主观反馈。

这类反馈交互性强,重视评价者与被评价者的互动,重评价过程的民主化和人性化;这类反馈经验性丰富,反馈的同时夹杂着评价者的主观经验和情感;这类反馈及时性高,伴随着项目式学习的进程,学习者能够立即接收到评价信息,做出调整或反思。这类反馈的优势在于具体且有张力,让被评价者明确什么是"好","好"在哪儿,怎样可以更"好"。

2.基于技术的数据反馈,让客观评价有价值

随着信息技术与教学的进一步融合,评价反馈也由原先的经验型判断逐步走向与数据支持相结合,通过数据平台、智慧软件的跟踪录入,生成学生个性化的学习轨迹。这类反馈客观准确,由信息技术作为支撑,对学生的知识应用、思维变化、情感态度等信息进行收录、加工和整理,将生成的数据详情传递给学习者。通过数据比对,可以直击短板,及时做出调整;这类反馈全时段、全方位、多模态,教师可以更好地对学生的项目学习过程做出科学诊断与建议。

三、案例的研究价值

"四步回环"式评价的实施,让教师教得更精准,更聚焦于学生现有知识和未来发展的潜力,了解学生发展中的困境和需求,提供指导。学生学得更精深,更着眼于语文学科的整体性知识系统,注重自己在学习过程中的发展与收获。小学语文项目式学习的过程性评价,在实践过程中依旧存在重重困难。笔者将继续研究并突破难点,以期建立更全面、更科学的评价体系,助力学生在项目式学习中获得不同程度的提升。

(本文获 2021 年杭州市原下城区考试与评价案例评比一等奖)

疫情下小学英语线上作业设计与评价

杭州市现代实验小学 岑尔雅

摘 要:该文以 PEP 五下为例,探究疫情背景下小学英语线上教学中作业的设计和评价,通过形式创新增强居家英语学习趣味性,通过 1＋4＋X 导学案驱动作业自主能力,通过多样化作业提升学生综合语用能力,"英语疫站"系列作业让英语学习更具人文性。总结疫情期

间线上教学经验,初探返校后实施混合式英语作业的可行性。

关键词:线上作业;小学英语;作业设计与评价

一、案例缘起

在疫情背景下,全国开展了线上教学。英语线上教学应该聚焦学生自主学习能力和学习策略的培养,教师应从教学转向导学。[①] 杭州市现代实验小学五年级英语线上教学利用微信群、小程序开展,但初期线上活动形式存在单一枯燥,缺乏趣味性、真实性、互动性等问题。

本文以 PEP 五下为例,探究在 1+4+X 导学式线上教学中,X 多样化作业菜单的设计与评价,旨在加强学生的自主能力,增强线上英语学习趣味性,提高学生综合语用能力;同时让疫情背景下的线上英语教学紧密联系现实生活,有利于培养学生民族情怀、拓展国际视野。[②]

二、案例描述

(一)1+4+X 导学式英语线上教学模式

1+4+X 模式是注重导学的异步在线学习模式,让学生在线上英语学习中"自主安排、积极参与、落实基础、提升技能、激发情感"。异步在线学习是指学生和老师的交流,不是通过在线会议或直播等,而是通过邮件或在线论坛。[③] 在目前网络背景下,异步在线学习可以利用微课录播、网络社交云平台、微信小程序等开展。

该模式通过 3 个载体实施导学,如图 1 所示。"1"是指 1 周学案,指向学习目标和学习策略;"4"是指 4 节语用微课堂,是导学式线上教学的具体实施,指向教学有效性;"X"是指多样化作业菜单,融入疫情活动,拓展学习方式,指向学习效果。

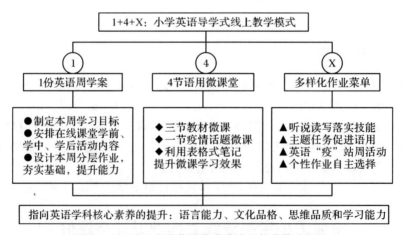

图1 1+4+X 小学英语导学式线上教学模式框架

---

① 迈克尔·霍恩,希瑟·斯特克.混合式学习[M].北京:机械工业出版社,2018:162-167.

② 李文萱.聚焦学科核心素养的课堂教学[M].上海:华东师范大学出版社,2018:57-92.

③ 迈克尔·霍恩,希瑟·斯特克.混合式学习[M].北京:机械工业出版社,2018:162-167.

（二）X多样化线上作业菜单的设计和实施

如图2所示，线上教学作业包含基础作业、语用作业和英语"疫"站3类，形式多样，有笔头、语音、视频、小报等，并充分利用作业提交程序的批改、交互、评优功能，优化评价方式，及时有效地反馈学习效果。

图2　第四、五周多元化作业设计与评价方法图解

1. 依托导学案发布一周多样化作业

一周导学案的设计原则是"建立沟通、目标分层、任务清晰"。每周一教师将一周导学案和一周学习资料发送至班级QQ群。导学案中包括学习导语、学习目标、学习内容和作业。学习导语向学生家长分享教学方法，建立沟通桥梁。学习目标的设计原则是"降低学习要求，保证基础目标，围绕疫情适度拓展"，分层目标促进个性学习。学习内容中预告周一到周四的微课学习内容和作业要求。英语"疫"站的活动也在导学案中提前公布和说明。

2. 围绕教材设计分层多样化基础作业

具体的学习策略和方法，教师会每天通过小程序发布，每一节微课学习任务中包含学习笔记要求、基础作业要求、语用作业要求、优秀作业名单等。

微课学习笔记是线上学习的重要方法，教师结合笔记范例指导学生做笔记，包括思维导图笔记、表格式笔记、图文型笔记等。学生逐步掌握了笔记方法，既有利于知识点的总结和内化，也养成了良好的学习习惯。

针对听写默写背诵等作业，教师会发布详细的要求，让学生和家长知悉具体内容以及学习步骤。对于作业本的反馈，教师会录制知识讲解小视频。在小视频的指导下，学生记笔记和订正。

3. 围绕生活实际设计综合语用作业

教师利用居家学习特点设计了结合教材联系生活的综合语用任务，且方式多样，旨在提升真实的语言表达技能。例如，在第二单元学习中开展了采访家人最喜欢的季节、Chant-King绕口令、朗诵四季英语小诗、我和春天的掠影、故事表演视频等学习。

4. 围绕疫情设计"英语'疫'站，每周一展"系列作业

该作业旨在引导学生了解关于新冠病毒及其防护的英语知识，让英语学习紧密结合现实生活和社会实际，有利于培养学生的民族情怀，形成地球公民意识，拓宽国际视野。在活动实施

前,教师发布主题海报,营造活动氛围,预告活动内容,激发学生积极性。其具体作业要求如下:

第一站 2 月 28 日 英语小报 About the Novel Coronavirus. 我们学习了一系列关于新型冠状病毒的微课,请你运用这些知识制作主题小报,包括病毒的特征、来源、传播途径、疫情介绍等。纸张 A4 大小,图文并茂。

第二站 3 月 6 日 英语视频 How do we protect ourselves? 这一周我们会学习疫情自我防护英语微课,学习后请你拍摄相关的英语视频。例如,如何洗手、佩戴口罩、外出注意事项等。音频或视频时间 2 分钟以内。

第三站 3 月 13 日 全球疫情 Global Outbreak. 请了解新冠病毒疫情的全球情况,制作一张简单的英文统计图,既可以统计各国的实时疫情,也可以统计某些国家的疫情发展。纸张 A4 大小,图文并茂。

第四站 3 月 20 日 英语祝福 I wish ... 新冠病毒疫情已成为全人类要共同面对的问题,全球携手共克疫情。让我们用英语写下祝福语,说出我们的心声。请设计精致的小卡片,字数 20—50 个单词。

5. X 多样化线上作业的实施办法

以第四周 Unit 2 My Favourite Season 线上教学为例,围绕 X 线上作业的具体操作办法,如图 3 所示,以一周学案为导向,以 QQ 群和每日交作业小程序为载体,以微课为媒介,一周教学形成循环模式,给教师、学生和家长都搭建了自主作业的平台,让线上教学更轻松,让线上作业更有交互性和人文性。

图 3　1＋4＋X 小学英语导学式线上教学一周操作流程图解

(三)X 多样化线上作业评价策略

1.利用小程序师生互评批注、展示班级优秀名单

每日交作业小程序里的点对点评价功能,包括评优、订正、打分(等级)、批改、留言、通过等。在该小程序里,教师与学生可以留言交流,还能一键评优,自动生成优秀名单,十分便捷。教师充分利用该功能,激励学生学习。针对难题或普遍存在的问题,教师会利用小程序讲解录制功能录制题目讲解小视频,在小视频的指导下,学生记笔记和订正。

2.在小程序和微信群公布年级优秀榜单

教师将小程序中的学生作业设为全体可见,鼓励学生互评互学,并利用小程序生成优秀作业榜,搭建了展示和交流的平台。英语"疫"站则用海报的形式公示全年级优秀作品名单,每期一次,学生的参与积极性非常高,有利于激发学习内动力。

3.在学校公众号平台展示优秀作业

微信公众号是学校主要媒体宣传平台。五年级英语线上教学中各项学生作业、作品、表演视频、音频等都通过学校公众号进行网络展示,面向更大的群体展示学生学习成果。

4.开展后进生个别化在线支持指导

线上教学初期,教师对 15 名后进学生进行了线上家访,发现有的学生没有及时下载微课、有的背诵默写是"读抄"、有的无法完成较难的作业等。因此后期每周开展在线背诵、朗读课文、英语对话、学情沟通等个别在线指导活动,让后进学生能积极参与线上学习,完成教师布置的个性化作业。

5.基于过程评价开展总结性评价

线上教学期间,教师提出五年级英语线上学习评价机制。基础作业评价分为完成奖和优秀奖,按时完成小程序上每一项作业可以获得线上作业完成奖,被评为优秀作业 15 次及以上获得作业优秀奖。拓展作业包括语用活动和英语"疫"站活动,设英语小达人奖,统计优秀作品榜单上榜次数,上榜 3 次及以上的学生获得英语线上学习小达人奖。返校后的总结性评价为学生线上学习画上圆满的句号,也是学生今后继续参与各项英语作业和英语活动的动力。

三、案例的研究价值

X 多样化线上作业提升了疫情居家背景下英语线上教学的实效性,驱动学生作业自主能力,提升学生综合语用能力,让英语学习更有人文性,也为英语学科混合式教学的探究提供了前期经验。因此返校复学后,该模式的导学功能在后进生辅导中得以延续。教师组建后进学生微信群,向学生家长发布近期学习计划,为个别学生提供在线指导和展示平台,搭建了后进生家校协作辅导的渠道。

(本文获 2021 年杭州市原下城区考试与评价案例评比一等奖)

小口罩大学问

杭州市长寿桥小学　许　蓉

摘　要：为引导学生关注公共卫生安全,自觉养成科学防疫习惯,该文通过组织学生观看口罩科普视频,引导学生自行制作口罩,在实践中普及科学防疫知识,锻炼学生的动手能力和创新能力,培养学生严谨的科学思维。

关键词：制作口罩;设计;改进;学习评价

一、案例缘起

一场突如其来、态势凶猛的新型冠状肺炎疫情袭击荆楚大地,蔓延波及全国。口罩作为重要的防护用品,在疫情暴发期间,变成了影响健康,甚至生死的刚需品。[1] 那么,口罩是如何预防病毒的? 不同口罩有什么区别? 如何科学佩戴? 废弃口罩应如何处理? 因时因地因情制宜,开展以"小口罩,大学问"为主题的 STEAM 项目化学习,让学生了解口罩的科学常识,探寻口罩的制作过程,掌握正确佩戴口罩的方法,培养学生严谨的科学思维、逻辑表达能力,体验分享的快乐。

二、案例描述

为引导学生关注公共卫生安全,自觉养成科学防疫习惯,通过组织学生观看口罩常识科普视频,引导学生自行制作、设计不同功能的口罩,在实践中普及科学防疫知识,锻炼学生的动手能力和设计创新能力,培养学生严谨的科学思维。

(一)教学目标

1. 科学(S)

了解防疫知识,掌握口罩的类型、结构和过滤原理等,学会正确的佩戴方法,探寻口罩的制作过程。

2. 技术(T)

培养学生归纳知识、设计构思、分析绘图并能借助合适的工具,根据设计方案高效地制作防护口罩。

3. 工程(E)

引导学生经历自主设计、制作、优化、展示等工程实践过程,培养他们的动手能力和创造能力。[2]

---

[1]　李晋,朱晓燕,巨书田,汪浩,王永波,张孟琦,Zou Yanjie.面对新型冠状病毒肺炎疫情需了解的口罩知识[J].药物不良反应杂志,2020,22(3):E003-E003.

[2]　李琳,陈京京,王杰.面向卓越工程人才培养的产学研深度合作模式[J].高等工程教育研究,2013(1):66-70.

4.艺术(A)

能够运用文字、图片、声音等多种方式,灵活地表达想法、创意和研究成果,并对其进行美化。

5.数学(M)

能通过对口罩的外形设计、尺寸大小和结构比例的计算和分析,了解数据的信息。

(二)教学重难点

1.教学重点

了解新冠病毒防疫知识,学会正确佩戴口罩的方法,探寻口罩的制作过程。

2.教学难点

引导学生根据设计方案高效地制作防护口罩。

(三)教学准备

(1)不同种类的口罩。
(2)一支笔和一张白纸。
(3)一块棉布及针线包、纱布和保鲜膜(保鲜袋)等材料。

(四)教学过程

1.聚焦(认识口罩)

(1)通过新冠疫情蔓延短片的引入,学生认识传染病传播过程和原理,从而引出戴口罩的目的在于阻挡空气中的病原体或者病毒,进而中断传播途径。通过视频示范,学生学会正确佩戴口罩及处理废弃口罩的方法。

(2)让学生观察一次性医用口罩,再通过观看《功能型口罩的认识、设计与制作》微视频https://dwz.cn/3dYI4x4H,认识不同种类口罩、结构和功能,学会不同场合选用合适的口罩。

(3)提问:常见的口罩是怎样分类的?请学生完成常见的口罩分类表,见表1。

表1　常见口罩分类

口罩名称	口罩外形	口罩层数	主要用途	可以用多久	存在缺陷
棉布口罩					
海绵口罩					
KN95口罩					

口罩名称	口罩外形	口罩层数	主要用途	可以用多久	存在缺陷
3M 口罩					
医用外科口罩					
N95 口罩					

（4）直接引入：如何制作一只口罩呢？

2.如何制作口罩

（1）设计口罩

1）提问：制作一只口罩需要几步？

2）学生小组讨论口罩的制作步骤。

3）让学生自行绘制口罩初步设计图，请几个学生进行展示。

4）教师和学生对展示的设计图作出评价，详见表 2。

表 2　口罩设计图评价量表

维度	5分	3分	1分	评分
设计要素	图文要素完整	图文不完整或缺少必要的文字说明	图文不完整且没有必要的文字说明	
设计内容	科学合理	较为科学	科学性差	
设计方案	可行性高	可行性一般	可行性差	
成本控制	有效控制成本	成本较高	成本高	

（2）改进口罩设计图

1）提问：同学的口罩设计图存在哪些问题？

2）请学生通过小组讨论修改口罩初步设计图。

3）引导：口罩设计图应注意图形比例协调、标注尺寸数据，可适当涂色。

4）请同学绘制最终的口罩设计图。

（3）制作口罩

1）在布料上按照比例绘制好裁剪线。

2）按照绘制好的裁剪线进行裁剪。

3）使用针线等工具进行缝制。

3.如何改进口罩

(1)学生分组展示自己制作的口罩。

(2)组内同学互相提出改进意见,并选出小组设计最优的口罩。

(3)引导:对口罩的防护效果、舒适度、美观度等方面进行改进。

(4)让学生对口罩进行改进并完成学习任务单,详见表3。

表3 学习任务单

班级		姓名	
设计要求	1.贴合使用者的鼻梁、侧脸和下巴 2.有明确适用群体		
问题分解 (请写出设计、制作过程中,你所考虑的问题)	1.适用人群: 2.改进的方法: 3.我增加的功能: 4.……		
创新点			
绘制口罩设计图			

4.成果展示

(1)每个小组的最优口罩设计者进行成果展示。

1)口罩是用什么材料做的?

2)制作过程中遇到了什么困难?有没有解决?

3)最满意口罩的哪个方面?

4)通过口罩制作,我有哪些收获?

(2)教师评价总结并给出建议。

5.自我评价总结

(1)提问:大家有哪些收获呢?我们自己制作的口罩可以用来防疫吗?

(2)让学生完成自我学习评价表,详见表4。

(3)引导:口罩的专用性,防疫必须使用医用口罩。

表4 自我学习评价表

1.哪种口罩适合疫情时期的医护人员(多选)	□KN95	□N95	□医用外科口罩
2.怎样正确佩戴口罩	□深色面朝内,浅色面朝外	□为了节约使用,两面轮流戴	□将折面完全展开,完全包住嘴、鼻、下颌,使口罩与面部完全贴合
3.目前确定的新冠病毒的传播方式	□飞沫传播	□接触传播	□空气传播
4.你改进口罩的创意来源于	□本课学习	□电视网络报道	□我发现口罩佩戴的问题

5.设计时,我分析口罩的结构、材料等问题的能力有进步了	□是的	□一部分	□不是
6.制作口罩时遇到的困惑	□无	□有,但已经解决	□有,还未解决(具体阐述)
7.你还对哪些方面感兴趣?	□口罩的美化设计	□智能化可循环使用的口罩	□其他
8.课后你会继续探索制作防疫用品吗?	□会,很感兴趣	□不会,没兴趣	□其他

(五)板书设计

小口罩,大学问

1.认识与佩戴

2.设计与制作

3.改进优化

4.成果展示

(六)对本节课的反思

课后我让学生思考了几个问题:

(1)我们佩戴的一次性医用外科口罩有杀毒作用吗?

(2)我们佩戴的一次性口罩,能保证空气不从口罩的四周进来吗?

(3)戴上保鲜膜还能呼吸吗?

问完这 3 个问题,本来兴奋的同学顿时像泄了气的皮球,说做了半天竟然戴不了! 于是我顺势温馨提示:这只适应于特殊时期非医用人员的临时佩戴,课后我们可以继续查找资料,看是否有其他更合适的材料替代。

课前我亲自制作中间夹有保鲜膜的 3 层口罩,戴上之后发现呼吸困难,但是一个专业的医用口罩要满足拒水性、透气性、能过滤病毒等条件。很显然,这个口罩制作方案只满足了拒水性,但完全不透气,所以想用保鲜膜来阻断飞沫传染是不可取的。[①] 这节口罩制作课经不起科学推敲可怎么办? 还有必要让孩子制作口罩吗……经过一番思想斗争后,我还是决定放手让孩子自己发现问题,解决问题。

课后经查阅相关资料,发现医用口罩中最关键的材料熔喷布主要应用在口罩、尿片、卫生巾上,详见图 1。

图 2 是卫生巾的结构图,撕掉其外密封层之后的外层就是熔喷布。熔喷布的主要特性是防水透气。(尿不湿的结构和卫生巾相似,制作时尽量选尿不湿,比较大好操作。)

另外我发现学生做的口罩贴合度较低,没有鼻梁夹的设计,建议使用一节捆扎线来做鼻梁夹,一般新买的电子设备里的电话线、网线、耳机线之类会使用到,找不到的话用铜线、细铁丝之类的材料替代。

---

① 林建锋.防疫科学课程——功能型口罩的认识、佩戴(设计)和制作[EB/OL].[2020-02-11]https://mp.weixin.qq.com/s/JJBX9tyOGaAmHCpsPeWMiw。

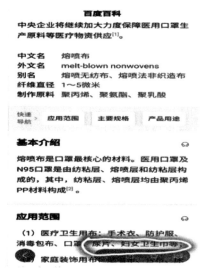

图 1　熔喷布简介

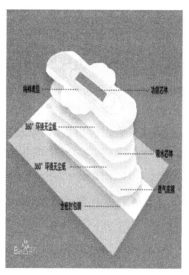

图 2　卫生巾结构

三、案例的研究价值

(一)贴近学生生活

课程主题紧跟时事又贴近生活,建立了理论知识和生活实际之间的联系,有效激发学生求知欲和主观能动性。

(二)创新课堂形式

课程充分考虑了学生的年龄特点,以及疫情期间学生的学习环境和条件。学习内容丰富,学习方式灵活,能高效提升学生自主学习和实践能力。

(本文获 2021 年杭州市原下城区中小学教育评价案例评比一等奖)

评学相融:以项目式学评为载体探索德育新路径

杭州市长寿桥小学　金　鑫　楼　磊

摘　要:在"评学相融"理念的指引下,从知识至上到素养为重,从单一学科到学科融合,从诊断为先到立体多元,创新性地以项目式学评为载体不断探索德育新路径。先后开展了从模拟活动到情境卷入,从静态学习到乐趣游玩,从校园生活到社会生活,从形式学习到真实成长,从人工测评到智能慧评的一系列形式更加新颖、内容更加丰富、过程更加完善的项目式学评活动,进一步夯实立德树人评价机制。

关键词:德育;项目式学评;评学相融

一、案例缘起

随着课程改革的层层推进,小学德育测评成为创新德育方式、优化教学评价的重要手段。自 2017 年以来,在"评学相融"理念的指引下,杭州市长寿桥小学从知识至上到素养为重,从单一学科到学科融合,从诊断为先到立体多元,创新性地以项目式学评为载体不断探索德育新路径,[①]有效推动了学生素质、教师素养及学校办学水平的共同发展。

(一)从知识至上到素养为重的项目式学评活动

无论是纸笔测评还是非纸笔测评,重知识考查、轻能力发展与情感培育的情况还是存在的,未能体现出以学评促进学生主动发展的应有价值。立体多元的项目式学评通过深入解读素养,依据课标等过程确定评价内容,从横纵两方面将评价指标进一步细化分解,精心设计面向全体学生的综合性学评活动,促进学生在学评活动中实现核心素养的发展。同时,为教师提供了每一个学生完整、丰富、多元的学习信息。

(二)从单一学科到学科融合的项目式学评活动

在日常生活中,如果我们要解决一个实际问题,单靠一门学科知识肯定是行不通的,需要运用多学科知识与技能。在"游园式"评价中,我们看到测评分板块展开,每门学科各为一个板块,有多少学科就有多少板块。各学科是被人为割裂的,而不是一个互通的整体。这样的测评缺失对学生跨学科能力的考查,更会影响学生在复杂情境下的问题解决能力的发展。项目式学评以"学科融合"的角度去确定评价内容、标准和活动。在测评板块设计上,从不同学科领域与学科内在体系两方面进行统整,打通学科自身纵向的知识体系和学科间横向的结构联系。

(三)从诊断为先到立体多元的项目式学评活动

核心素养指向的项目式学评正是由全过程与全要素纵横编织而成的,目的正是破除"五唯",建立立德树人评价机制,落实立德树人根本任务。[②] 立体多元式项目学评面向的是完整的每一个学生个体,在时间纵向上把过程评价与增值评价有机统一;在空间横向上,涵盖德智体美劳全要素,完善德育评价,强化体育评价,改进美育评价,加强劳动教育评价,把结果评价和综合评价统一在横向评价之中。

二、案例描述

在"评学相融"理念指导下,学校形成了完整的德育取向项目式学评实施路径,进行了一系列形式更加新颖、内容更加丰富、过程更加完善的项目式学评活动的探索与实践。

(一)主题情境:从模拟活动到情境卷入的爱国文化教育

项目式学评活动关注的重心应从学生的"心智学习"转向"身心一体",强调学习是"情境卷入"与"身体参与"的过程。

我们在三年级开展"学习真善美精神 展现红领巾风采"项目式学评活动,分为"美美与共尚劳动""求真务实传红心""团结合作求真知""潜心向善悟匠心"4 个篇章,引导少先队员在实践活动中树立"求真""向善""尚美"的思想道德观念,让"真善美"的种子在少先队员心中生根发芽,活动形式包括红旗设计、口语交际、动手实践、劳动整理、体能挑战、团队合作等。

---

① 金颖.项目式学评:小学低年级非纸笔评价方式的实践与思考[J].教学月刊小学版(综合),2019(12):7-9+13.

② 张楠,宋乃庆,申仁洪.新时代教育评价改革的价值意蕴与实践路径[J].中国考试,2020(8):6-10.

(二)以游代考:从静态学习到乐趣游玩的主题场馆教育

在"游园式"评价中,我们看到测评分板块,各学科为一个板块,有多少学科就有多少板块。为改变这种割裂的静态学习现状,以主题场馆教育为载体,在真实、趣味、开放的现实情境中以趣味游戏、游玩游学等形式,通过任务解决的情境驱动,唤醒学生已有的经验,主动习得知识与技能,凸显学科本质,培育积极向上的价值观念。

在"博物馆奇妙之旅"项目式学评活动中,前期学生通过分组讨论、设计活动,后期实践操作、调查研究、撰写研究小报告等方式,在情境中体验,在合作中提升,在生活中运用。到达博物馆前,设置了必选任务"我们怎么去那儿"。在"奇思妙想的童话世界""DIY专属金名片""小小操作员""小小讲解员"这4个任务中任选一个或多个完成。

(三)阶梯体验:从校园生活到社会生活的职业生涯教育

对于三年级的孩子来说,让他们准确介绍父母的职业是一个难题。在这样的情况下,匆忙地让孩子去体验父母的工作是草率的。综合各方面的情况,《一颗劳动心一份感恩情》项目式学评几个测评项目之间环环相扣,以"阶梯行进"的方式层层深入,引领孩子去探索。

我们把学生社会参与能力纳入评价体系中,以"职业体验四部曲"的方式展开。走进基于真实情境的社会场景,让每个孩子尝试走入社会,跟着爸爸妈妈上一天班,进行一次非凡的职业体验,同时在过程中融入公民教育、劳动教育。孩子在职业体验中深度学习,在职业劳动中感悟生活,培育他们的社会适应力,发展他们的生活知识与技能,为他们今后的发展奠定基石。

(四)赛学共进:从形式学习到真实成长的劳动习惯教育

培养学生动手、动脑和生活实践能力,让学生树立"自己的事自己做"的自主意识,营造文明健康的校园活动氛围,以竞赛的方式开展"我是劳动小达人"项目式学评活动,激发学生参与劳动的积极性,增长学生劳动知识与技能,帮助学生树立正确的劳动价值观念。

"我是劳动小达人"项目式学评活动分为校园吉尼斯挑战赛和创意赛,包括劳动技能闯关和劳动小窍门视频投票评选两项活动。挑战赛上,各年级有独特的挑战项目,一、二年级学生穿衣服、系鞋带、整理书包,中段队员系红领巾、扫地、整理桌椅等,六年级队员还要挑战穿针线、缝纽扣,可谓难度层层攀升。

(五)技术支撑:从人工测评到智能慧评的个性养成教育

依托智能技术,项目式学评是建立在大数据及其符号运算的基础之上,通过评价创新有力地推进了学校从基于经验和小数据的评价向基于大数据的智能化评价转变。将学校正在推进的智慧学习笔、智能手环、智能垃圾桶等终端进行有效整合,从学业水平、品德表现、体育锻炼、劳动实践、个性培养等多方面,完成全面、常态化、持续性的评价实践,详见图1。

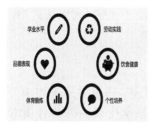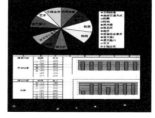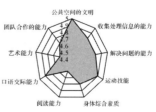

图1　基于AI画像系统的个性化多维评价

三、案例的研究价值

(一)夯实根基:有助于建立立德树人评价机制

项目式学评正是贯穿于学生学习全过程与全要素,纵横编织而成的,目的正是破除"五唯",建立立德树人评价机制,落实立德树人根本任务,促进学生全面发展、引领教师专业发展、提升教育教学水平。

(二)统筹贯通:有助于学生全面而个性化发展

项目式学评是纸笔测评的重要补充,可以通过评价活动培养学生适应终身发展和社会发展需要的正确价值观、必备品格和关键能力。学评活动面向的是完整的每一个学生个体,从整体到部分,注重个性评价,从点到线再合成面,促进每一个学生全面而个性化发展。

(三)凝聚活力:有助于提升教师育人工作效能

基于大数据的评价分析,一方面关注到学生个体的微观表现,分析个体在学评活动中表现出的优势和问题,为学生和家长指明努力方向;另一方面,教师基于教学大数据分析,实现实时性追踪评价,使教师因材施教,实现精准育人。

在新时代教育改革背景下,以项目式学评为抓手,坚持德育为先,面向全体学生,重在过程表现,促进全面发展,持续努力探索与实践"学评相融"理念指导下的德育新路径,培育和践行社会主义核心价值观。

(本文获 2021 年杭州市原下城区考试与评价案例评比一等奖)

让 PBL 课程评价去"约略"留"精严"

——基于 UMU 优化项目学习评价的实践研究

杭州市东园小学　俞童悦

一、案例缘起

在一次小组项目学习活动汇报课上,笔者听闻同一组的几个学生为了评分的事而争吵,究其原因是同一小组的几个人认为有个同学在这次项目汇报中没有"好好出力",却得了和他们一样的分数,而被指责的那个同学委屈地认为是他帮他们小组找来了几张图片资料,这也算出了力……笔者发现在项目式学习中,特别是有小组合作方式参与的评分特别容易出现上述学生互相"扯皮"的矛盾,能力强者包揽 90% 的任务,能力弱者完成一部分,甚至依靠人脉关系不做任何事,也得到了一样的分数,引起其他组员的不满。除了上述"大锅饭式"评分的缺点,我们来分析下传统评价方式在 PBL 学习中存在的其他问题。

(一)记录繁重,评价模糊靠直觉

一般信息技术教师周课时在 15 节左右,普遍存在跨年级上课,每班学生平均 40 人左右。在开展项目活动后,不管使用哪种评价方式,每节课要详细记录学生课内外的各项学习活动的参与情况,都是巨大的工作量。教师仅仅做到只记录学生的项目成果是否完成,通过课堂的观察和传统的记录手段,无法了解学生的课前预习如阅读背景资料、观看微课、收集信息等活动的具体完成情况,也无法准确评价小组活动每个学生的参与贡献。因此,对于学生在项目活动中的表现只能依靠自己对学生的"模糊记忆"给个评定成绩。长此以往,学生也很明白老师对他们并不熟悉,学习热情逐渐减退。

(二)反馈性弱,数据记录过程不完整

因任课班级多,每一次项目活动学习结束后,有将近 400 件项目作品需要批改,一般学校的信息技术教师同时还要兼电教网管的工作,并不能及时批改给出反馈。即使批改是在成绩登记本上打上一个等级,也只能挑出一部分尖子学生作业进行展示汇报,详见图 1。

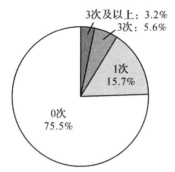

图1　学期学生项目活动作品展示次数(数据来源:期末 15 个班级问卷星调查)

从图 1 可以看出,一个学期有将近 75％的学生作业静静地躺在硬盘里,渐渐被雪藏遗忘。学生不清楚还有哪些改进空间,从而对后面的作业敷衍了事。

(三)只凭结果,忽略阶段性过程评价

用传统的教学评价来给项目式学习成果打分,最大的不足就在于它一般是给学生一个项目最终成果的成绩评定。这种评价方式比较单一,它的目的是把少数成功者选拔出来,导致了评价的片面性,既忽视了学生多元能力的发展潜力,也忽视了学生在学习过程中付出的努力,伤害了学生的自尊心和学习的积极性,更缺乏以评价促进学生多元发展的功能。

二、案例描述

(一)UMU 互动平台带来的契机

本学科最大的特点就是能够通过技术改变现状,UMU 互动平台的出现同样带来了评价变革的契机。

UMU 移动互动学习平台是建立在"互联网＋教育"基础上的一种创新的混合式交互网络教学平台。允许对每个教学环节添加如签到、微课、图文、提问、讨论、作业、考试等教学活动,教师可以及时掌握学生的学习情况,详见图 2。

图 2　笔者的 UMU 平台本学期课程开展统计界面

(二)让项目学习评价走向"精严"

在项目式学习中,如何把学生的参与学习项目活动量化是首要的关键问题。笔者从平台自身以具体记录每个学生获得的具体活动积分出发,提出了"前期预习:获取积极积分,中期记录作业节点数据:获得基本积分,后期展示考核:获取认可积分"的基于 UMU 的信息技术学科项目学习评价策略。教师可以通过这个积分清晰地了解到学生在预习阶段、课堂学习、课后作业等各项活动的具体表现,对学生的评价就更具数据依据,详见图 3。

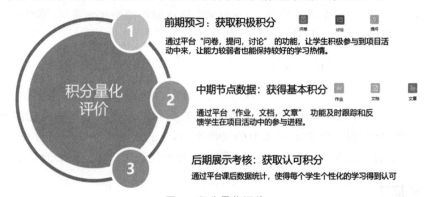

图 3　积分量化评价

1.前期预习:获取积极积分

(1)依托 UMU 提问、讨论功能,创设项目前期预习摸底

UMU 平台支持提问、讨论并可以看见其他的回复和发言。教师在进行项目活动前,需要将与活动主题相关的前导问题设置好,学生可以在课后通过平台进行回答讨论,也可以在课堂上一起填写。完成后,后台会自动实时生成数据。

【案例1】六年级上册信息技术第8课:走近人工智能(见图4)

图4 走近人工智能

(2)借助 UMU 互动打分和一键上墙,鼓励学生积极参与项目活动

在 UMU 中,学生不仅能互相看到讨论的结果,还能为他人评价点赞,同时系统还给予"积极学习奖励"。UMU 的讨论功能把学生的讨论结果逐条呈现在大屏幕上。后台会统计讨论过程中出现最多的关键词,生成词云,直击讨论重点。如图5、图6所示,我们能得出学生发言中和本次主题相关的热点词汇小爱音响、扫地机器人、百度翻译等。在大屏幕上能看到每个人的名字以及对应的发言,激发学生在项目初期参与的热情。

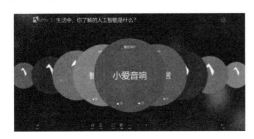

图5 大屏幕词云

图6 讨论积极榜

2.中期记录作业节点数据:获得基本积分

(1)根据活动框架,设置选修和必修评分节点

在 UMU 平台上,教师可以按照项目活动展开的教学设计、教学需求和评价需求创建相应的项目活动节点。

【案例2】六上信息技术第8课《走近人工智能》项目活动选修节点和必修节点(见图7)

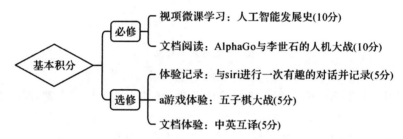

图7　六上信息技术第8课《走近人工智能》节点积分设置

学生从中期节点得到积分,看到自己在项目活动中的付出与收获,感觉自己得到了关注和认可。教师通过后台积分统计了解学生在学习进程中的学习态度、学习积极性和项目活动的参与度,就算是小组合作,能在个人数据中看出谁在吃"大锅饭"了。

(2)根据技能测试考核设置评分节点

除此之外,教师在每一个节点后都能借助 UMU 安排一个小测试,可以用自带功能添加单选题、多选题、开放式问题,以观测学生在活动中是否掌握活动初期教师设置好的技能知识点。

【案例3】六下信息技术第15课《编制毕业留念册》解决图片素材技能测试节点(见图8)

图8　解决图片素材技能测试节点

3.后期展示考核:获取认可积分

(1)设置额外认可积分,鼓励学生坚持到底

UMU平台的积分由基本积分和全部达成奖励组成。学生在参与活动时,只有通过持续的课程小节的完成才能获得积分,且全部达成会获得额外积分奖励。

除了根据老师的设置外,不同小节的基本积分(完成必修小节:+10分;选修小节+5分;参与学习群:+10分)外,当学生完成课程下全部小节时,会获得"全部达成奖励",详见图9。

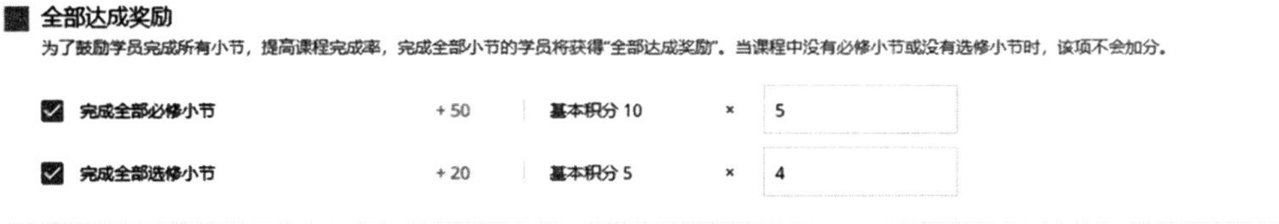

图9　达成奖励得分情况

这极大地刺激了不同学习程度的学生在项目活动中追求自身的发展和提高。

(2)观看自身学习大数据,回顾整理,再次出发

在项目活动结束后,学生还能回顾自己在本次项目活动中的表现,如图10所示。

你学完了 6% 的课程小节
在 138 位学习者中
你超越了 80% 的学习者

小节	1/16
文章	1/6
视频	0/5
考试	0/4
微课	0/1

图10　项目活动表现

学生通过平台可以查看系统自动给出的课堂学习情况报告,包括预习和练习得分,错误的地方和需要加强的地方,以及老师给出的学习建议。学生根据全面及时的报告可以调整自己的学习方法,采取必要的措施进行复习或强化练习,为下一次的项目学习做好准备。

同时,平台会对同学的积分进行排行。课程中通过大屏幕投屏展示积分排行榜,同学每完成一次任务将获得对应的学习证书和徽章。

三、案例的研究价值

在新时代背景下,UMU 互动学习平台融入 PBL 项目活动教学中,改变了学习方式、课堂结构和评价手段。

第一,随着教师的教学内容更加契合学生的学情,互动的使用让学生更有参与感。在调查中显示,绝大多数学生更喜欢使用 UMU 平台的信息课堂,并且表示有趣的内容能让他们在参与项目活动中长期保持热情,教师穿插的各类多媒体互动游戏让他们非常期待,对于课堂的喜爱程度空前高涨。

第二,根据 UMU 互动学习平台构建的新的课堂教学模式,教师前期要对项目进行整体规划设计。为保证评价体系有更好的效果,需要在课前设计制作对应课程的积分设置等教学资源(案例 4),及时监督学生的课前学习和反馈,给予学生引导和鼓励,达到你追我赶的学习效果。

【案例 4】六上信息技术第 8 课《走近人工智能》项目活动积分总体设计(见图 11)

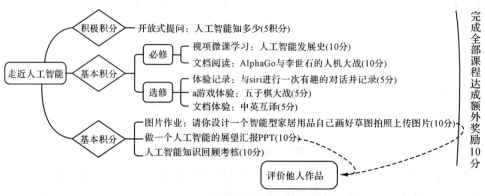

图 11　项目活动积分总体设计

第三,UMU 需要学生熟悉平台的使用,适应新的学习模式,积极参与课程学习。教师还要注意学生自制能力的培养。在网络环境下,笔者发现有部分学生滥用搜索引擎,"复制粘贴提交"的过程不加思考不择对错,丢弃了辨别、思考、提炼和总结的学习过程,知其然而不知其所以然。对此,教师必须及时甄别和教导。

(本文获 2021 年杭州市原下城区考试与评价案例评比一等奖)

三　学前教育真实性评价研究的案例精选

"卡、码、图、表"的多元评价

——基于讲述核心经验的大班语言区观察评价表的研究

杭州市三塘实验幼托园　周筱岚

摘　要:该案例主要以区域观察评价表为研究载体,以大班语言区为研究阵地,在信息技术的支持下,以语言核心经验点为依据,不断研修评价表的有效设计、开拓评价辅助工具、探究巧用评价表的方法等,以突破教师"评价难,难评价"的困境,让评价变得更科学、更适宜。

关键词:讲述核心经验;区域观察评价表

一、案例缘起

(一)区域观察评价表之"价值审视"

"区域观察评价表"是教师开展区域游戏组织的基本方法,也是教师记录幼儿游戏过程的重要手段,同时还能帮助教师对幼儿行为进行正确的剖析,对游戏是否促进了孩子的发展进行评价。因此,"区域观察评价表"作为幼儿形成性评价的一种方法,它把观察、记录、评价 3 种功能融为一体。正确运用区域观察记录表在区域游戏组织与开展中发挥着不可估量的作用,见图 1。

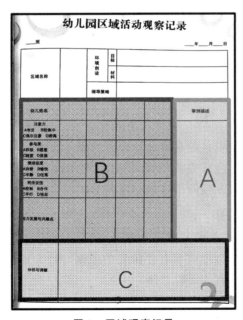

图 1　区域观察记录

价值一：帮助教师对幼儿学情的收集与评价。区域观察评价表的使用,有利于教师清晰地观察与了解幼儿的发展情况。表中"事例描述"板块帮助教师获取幼儿在游戏中典型意义的行为表现(图 1:A);表中"幼儿态度、能力发展与兴趣点"板块,帮助教师正确理解幼儿在游戏中的学习行为,并对幼儿的学习状态进行分析与评价(图 1:B)。

价值二：提升教师对幼儿游戏的思考与推动。在记录区域观察评价表的过程中,也是教师自我成长的途径。表中"分析与调整"板块帮助教师运用专业知识审视游戏活动中幼儿行为现象的分析,通过发现、分析、研究等不断反思自己的理念,思考发展建议与支持性策略,让教师对比教育实践,将观察与思考、理论与实践有机结合,从而提高教师的自我反思能力(图 1:C)。

(二)区域观察评价表之"寻求突破"

长期以来,游戏评价成了教师的薄弱环节,"评价难、难评价"的问题一直困扰着教师。于是,我们进行思考后,觉得可以从以下 3 方面寻求突破。

1.评价表内容更具针对性——评价表与幼儿年龄特点相吻合

目前教师使用的区域观察评价表中的内容适用小、中、大班所有年龄段的幼儿。教师观察评价时,很难凸显本班幼儿的年龄发展特点。

2.评价角度聚焦核心——评价表与语言核心经验相链接

针对不同区域的游戏内容,教师观察和评价的角度与侧重点是不同的。目前观察评价表中评价内容比较雷同,很难聚焦观察评价的核心。

3.评价方法体现实用性——评价表与教师常态运用相关联

通常教师在记录幼儿游戏行为事件中,常常出现"来不及"和"记不清"的现象。在区域观察记录表中,"事例描述"的撰写空间比较大,而对幼儿游戏行为的分析及发展建议的撰写空间比较小,局限了教师展开评价的空间。

因此,我们以大班语言区观察评价表为突破口,围绕对评价表的重构与运用、反思与调整开展一系列研究活动。

二、案例描述

(一)研究总设计

1.研究重点

大班语言区观察评价表:以区域观察评价表作为研究载体,以大班语言区为研究阵地,以信息技术为依托,以语言核心经验点为依据,通过设定多种评价内容、丰富评价形式等,提升教师评价的能力,同时帮助幼儿提高语言核心素养水平。

2.研究目标

(1)重构评价表内容,帮助教师掌握评价方法

引导教师以小组合作方式,打破原有评价表的条框,对"大班语言区观察评价表"的几个区块进行设计调整,形成更适宜的评价载体。

(2)拓展评价表形式,激发教师研究评价兴趣

鼓励教师将"文字描述"之外的各种形式与评价相结合,拓展评价记录形式,激发教师记录与评价兴趣,提升教师的综合能力。

（3）提升评价能力，发展幼儿语言核心素养

构建多种"支架"，帮助打开教师的评价思维，掌握科学的评价方法，以多元的评价角度分析幼儿语言核心经验发展水平，提出可能性发展建议，提升教师评价能力。

3.研究历程

"大班语言区观察评价表"的研究主要从有效设计评价内容、开拓丰富评价形式以及逐步提升评价能力3个阶段展开，详见图2。

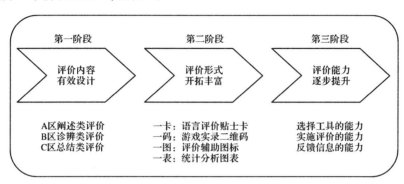

图2　大班语言区评价表的研修历程

(二)研究新设计

1.语言区观察评价表"新"设计——科学灵活并举，三层流程推进

（1）A，B，C区块重构——评价表的有效设计

通过学习研讨，我们重新挖掘3个区块的评价价值，打破原来表格的框架，对"语言区观察评价表"进行重构，见表2。

表2　评价表区块价值说明

评价类型	关注幼儿	教师能力体现
A区阐述类	游戏语言与游戏行为	提取具体字词 ——分析用词是否准确　行为理解能力
B区诊辨类	语言核心经验发展水平	依托核心经验点 ——分析阶段性表现　分析探究能力
C区总结类	持续发展的方向和需求	聚焦问题发生 ——分析教师支持策略　反思调整能力

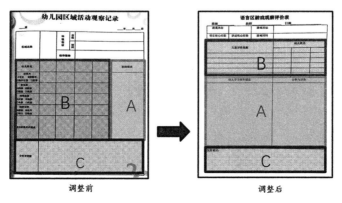

调整前　　　　　　　　调整后

211

2.评价辅助工具丰富开拓——"一卡"又"一码"

在评价表中借助一卡、一码等形式作为评价辅助工具,理论依据和行为表现依据,利用信息化等多种途径,探索多种记录方法,让评价变得更便捷,见表2。

表2 "评价表"辅助工具价值说明

形式	评价功能	意义
一卡:语言评价帖士卡	理论依据	评价幼儿核心发展之基
一码:游戏实录二维码	行为依据	反复观察幼儿行为变化之桥

(1)一卡:语言评价贴士卡

语言评价贴士卡是帮助教师进行幼儿语言评价的理论依据,是评价幼儿核心发展之基。我们将《学前儿童语言学习与发展核心经验》《浙江省3—6岁儿童学习与发展指南》中相关大班幼儿语言能力的内容进行梳理,以小卡片的形式附在评价表后,方便教师在制定评价标准时进行参照,见图3。

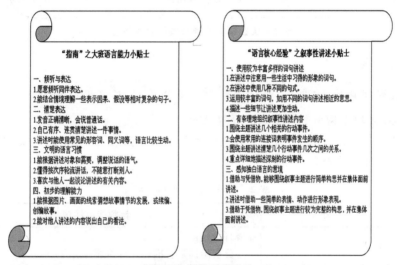

图3 语言评价贴士卡

(2)一码:游戏实录二维码

游戏实录二维码是用视频拍摄幼儿的游戏行为并将其转换成二维码。后续教师在描写和分析的过程中,可以通过扫码将幼儿的游戏行为再现,见图4。

图4 游戏实录二维码

3.评价表"巧"运用——案例《有趣的"故事骰子"》

本次"语言区观察评价表"的研修以叙事性讲述为主要核心,以大班《厉害了,我的国》主题下语言区"故事骰子"游戏为背景,引导教师通过评价表对幼儿区域游戏的表现进行观察与记录。

（1）区域观察评价表的灵活运用

案例1："图示标志"的灵活运用

幼儿《有趣的"故事骰子"》游戏后的分析研修中,老师针对图示法的运用进行了讨论。

曾:喜箴对于图片的细节观察非常到位,她讲述内容以这几幅画面顺序进行串联,插入照片这样可以更清楚比对讲述语言进行分析。重点分析的词句,我还进行了标注……

分析与评价
A幼儿语言表达能力比较强,在讲述故事中,能将骰子上的四个画面内容,根据时间、地点、人物、事件顺序进行讲述。

图5

　　幼儿知道"踩石头路"和"道路维修"都是危险的行为,说明在平时生活中,因为成人的提醒或者安全活动的教育已经有一定的安全意识,并将生活经验加入想象的情节融入自己的讲述中。

曾老师的"分析与评价"

　　分析:在新的评价表中,教师采用图片呈现补充说明幼儿的游戏行为,使分析具体描述的内容更贴切、生动。记录时标注重点词句,便于教师进行进一步的深入挖掘。教师采用夹叙夹议的方式进行评价,事例描述与分析评价板块内容相对应,方便老师进行有针对性的分析。

案例2："统计图表"的科学运用

　　在研讨中,朱老师提出她主要跟踪记录游戏中几个孩子讲述的次数,并做成统计图表,从图表上可以对比分析幼儿语言表达的积极性变化,分析孩子语言组织与运用的熟练程度和自信程度,如图6。

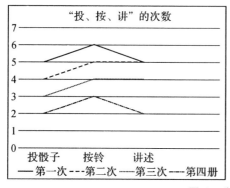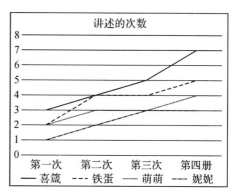

图6　分析与评价

　　针对喜箴4次游戏中讲述次数的记录,10分钟内,从第一次游戏2次到第四次游戏6次,逐步上行的趋势,说明幼儿游戏的熟悉程度及参与程度都有明显的提升。另外,按铃频率是3种动作中最高的,说明孩子很喜欢这个形式。

老师撰写的分析与评价

分析：统计分析图表是教师根据几次游戏的观察记录，从数据上分析幼儿的动态变化情况，通过图表能帮助教师对幼儿多次游戏中的"量变"提供评价依据。统计图的方式可以作为教师下一步工作的依据，检查游戏是否促进了孩子的发展。

案例3："发展建议"的多元提出

研讨活动中，教师针对幼儿的游戏行为和能力发展进行分析，然后提出发展建议。余："对的，我觉得可以逐步增加'骰子'的个数和面，设置不同难度……"任："我觉得游戏中幼儿创编内容、词汇量都不够丰富。教师可以通过绘本讲述等活动，帮助幼儿获得更多的词汇经验。"

> 发展建议：
> 　幼儿发展：帮助幼儿回顾和了解一家人出去游玩的旅行经历，丰富经验。
> 　材料调整：
> 　教师支持：教师可以提供日常生活中交流的平台和机会，在与同伴、教师的交流中增加自己的词汇量。

> 发展建议：
> 　幼儿发展：教师可以多给幼儿讲一些绘本、儿歌，丰富幼儿的认知能力。
> 　材料调整：在材料上，可以将骰子上的画面改编得更清晰些。
> 　教师支持：鼓励肯定幼儿的进步和完整语言的讲述。

经过梳理，教师不仅仅从游戏角度对材料调整、教师指导提出建议，更多要站在幼儿发展的角度对主题经验拓展、经验积累讲述等方面提出发展的可能性。

分析：评价的内容更加多元化，从环境创设、材料提供、游戏互动等多种角度进行评价，拓展评价的思路，让教师的评价更全面、更细致。

（2）评价辅助工具的便捷运用

案例4："语言评价贴士卡"的运用

在设计B区块内容时，老师们针对"如何制定评价指标"进行了讨论。

曾："我结合游戏中幼儿表现，以'语言能力贴士卡'中幼儿语言能力的发展方向作为评价依据，绿色是摘录部分，蓝色是我修改后补充的……"

表3　语言评价贴士卡

主要评价依据	幼儿姓名		
	喜篆A	铁蛋B	萌萌C
能在集体活动中注意同伴讲话。【修改】	√		√
能有序、连贯、清楚地讲述一件事情。【摘录】	√		
讲述时能使用常见的形容词、同义词，语言比较生动。【摘录】	√	√	
能根据讲述对象需要，调整说话的语气。【摘录】	√		
能按次序轮流讲话，不随意打断别人。【摘录】	√	√	√

曾老师撰写的评价指标

分析:结合幼儿游戏,教师根据自己的需求选择"语言评价贴士卡"中的内容进行摘录、修改和整合,并用不同颜色进行标注,例如:绿色表示摘录、蓝色表示修改,最后填写在"主要评价依据"中供观察分析使用。在分析和评价时,教师可以对比参照"语言评价贴士卡"对幼儿在游戏中语句语汇的使用、语言表达的水平进行有针对性的评价。

案例 5:"游戏实录二维码"的运用

在研讨中,老师交流二维码的运用。杨:"我截取了前 2 分钟视频制作成二维码,因为这一段游戏中幼儿轮流讲述比较频繁,便于观察和评价。"……主持人在大屏幕上呈现出三张"幼儿游戏二维码",老师纷纷拿出手机扫"二维码",对比发现幼儿几次游戏中的语言和行为表现。

表 4　"游戏实录二维码"的运用

幼儿学习事件描述	分析与评价
游戏二维码:	幼儿 A:能用一句话完整创想情节,有具体的情景,有逻辑性,发现自己的语句讲得不通顺时会重复进行自我修正。 幼儿 B:能够认真倾听同伴的说话,并且发现同伴语句中的错误并指出。连贯性较强,讲述语句较短,精练,有语气性。 幼儿 C:女孩会与同伴进行交流,然后发现同伴语句中例如时间元素的适宜性,女孩 A 说是上午 2 点,C 女孩就会进行时间的矫正,有时间概念,对不同时间点做哪些适宜的事件比较清楚。

杨老师的评价表

分析:游戏实录二维码能将几次游戏巧妙对比呈现,成了老师在反复分析和研讨过程中的一种便捷方式。

三、案例的研究价值

(一)教师评价观念的转变,让评价变得有意义

帮助教师转变评价观念,了解幼儿的发展是一个持续、渐进的过程,要用发展的眼光看待幼儿语言的学习,关注幼儿自身水平上的发展与提升。同时,教师发现幼儿的学习与发展表现出一定的阶段性特征,明确大班现阶段幼儿的讲述核心经验发展特点,打开教师的评价思维。

(二)教师评价策略的优化,让评价变得更科学

教师学会从语言发展评价要素、幼儿原有经验水平等多角度去评价,对幼儿学习过程进行分析,从幼儿经验拓展、材料运用、支持策略等方面提出有效的发展建议,从而推动幼儿的游戏。

(三)教师创新能力的突破,让评价变得更便捷

通过观察记录评价表的重构,教师把以往相对统一的表格进行自主设计,形成现在灵活可变的创新版本,评价手段更恰当、更科学。同时,教师运用"二维码形成器""讯飞语记"等新策略,记录方式更优化、更便捷。

(四)教师评价能力的提升,让评价变得更适宜

将语言区观察评价表的研修感悟和成效延伸到区域游戏评价中去,作为目前教师开展主题审议中游戏审议的一种常态教研方式。教师在对评价表不断地实践运用中,将理论知识和评价原则进行调整内化,融会贯通,持续推动教师评价能力的提升,让评价变得更适宜。

(本文获 2021 年杭州市原下城区幼儿园教育评价案例评比一等奖)

会玩慧评:基于多元例证的"城市幼儿欢乐定向"项目的评价实施

杭州市朝晖幼儿园　吴秋赟

摘　要:融合幼儿生活、游戏、学习开展"城市幼儿欢乐定向"项目的评价研究,尝试通过"影像视频再现""游戏日记描绘""动态学习故事""定向故事手札""现代技术手段"等五类评价方式的运用,不断推进幼儿定向能力的发展。更以多元例证来体现过程性评价的意义,持续推进"城市幼儿欢乐定向"项目的深入实施,以促进幼儿多元成长。

关键词:多元例证;幼儿;欢乐定向;评价

一、案例缘起

"城市幼儿欢乐定向"项目是"绿·藤"课程实施的新生点,以"基于儿童、关注过程、多元融合"为导向,探索适宜"城市幼儿欢乐定向"项目的评价方式。如何从多元主体、多元视角来评价幼儿定向行为表现,以多元例证来体现评价的实施意义,是语文需重点突破的问题。不断推进"城市幼儿欢乐定向"项目的深入实施,促进幼儿定向能力的提升。

二、案例描述

(一)评价设计

从评价内容、评价目标、评价主体、评价原则四方面架构"城市幼儿欢乐定向"项目的评价体系,如图 1 所示。

(二)评价实施

1."影像视频再现"——还原现场,定格评价

用手机、iPAD、照相机等电子设备,拍摄记录幼儿的定向游戏,以回放和截屏的方式,定格研究游戏过程进行评价。影像视

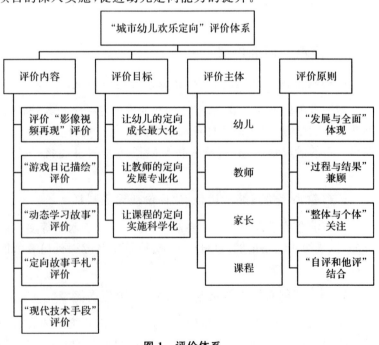

图 1　评价体系

频能及时捕捉幼儿真实的定向游戏行为。

（1）聚焦早操定向，自主建构评价

在早操中融入定向建构，并兼顾不同年龄阶段幼儿的兴趣和水平。

案例1：孩子为了早操游戏器械摆放而引发争吵，游戏后引导幼儿观看视频，通过讨论达成共识：可以设计定向障碍物图，每天按学号轮流摆放；鼓励幼儿自主设计地图，不仅解决了争吵，又提升了幼儿定向建构能力。

（2）再现庭院定向，定格问题评价

融合庭院环境，鼓励幼儿自主生成定向玩法，如交通空间"送快递"、沙水空间"挖沙寻宝"、定向空间"欢乐酷跑"等，教师主动捕捉价值点，拍摄视频。

案例2：宝宝说，他想搭一个十字路口。还没搭好笑笑就来拆了，把路封住。笑笑解释她是为考虑安全。这个问题引发了孩子的积极讨论，大家都觉得安全最重要。

微视频聚焦"发现问题—引发讨论—合作设想—解决问题"的过程，更好地解读幼儿定向行为，推进定向游戏开展，形成一种自评、互评、师评模式。

2．"游戏日记描绘"——个性表征，自我评价

鼓励幼儿利用多元表征进行"日记"记录，不断推进幼儿自我评价，能为老师解读幼儿定向行为提供丰富信息。

（1）定向游戏日记，个性表征评价

每个幼儿都有"游戏日记本"，在游戏前进行计划，游戏后记录日记，体现着幼儿个性的评价方式。

案例3：孩子会用图示、数字等来表示天气和日期，会自主设计定向计划："我想插数字牌进行寻宝游戏"，"我想给乌龟挖一条旅行的路"……；主动记录定向故事："我想挖个大圆圈，可是藏宝地图不会画"……通过"日记"了解孩子，从而提供更有力的支持，如图2所示。

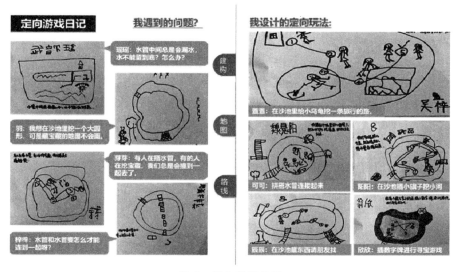

图2　定向游记日记

自我"哇时刻"的游戏日记，便于让幼儿感受在定向游戏中遇到的问题及想法，大胆分享交流，体验"我的定向我做主"。

（2）偶发游戏日记，助推递进评价

发现生活偶发事件的教育价值，鼓励幼儿用个性表征表达对游戏设想、实施及感受的呈现，从而层层推进定向游戏开展。

案例4：因"逃家乌龟"引发了幼儿"日记"评价："便签日记、寻龟地图、龟园设计图"等。孩子通过2次"便签日记"和6次"寻龟地图"进行记录，并用符号做相应标记；从日常记录延伸到合作设计，可以看出定向地图、点标等元素在游戏中巧妙融合运用，如图3所示。

图3　游戏日记图

借助游戏日记载体，通过教师适当介入，多种材料、多种策略给予支持，让幼儿的"识图阅图""点标设计""规划路线"等定向能力不断晋级。

3."动态学习故事"——多方参与，叙事评价

将儿童视为"有能力的学习者"，给予儿童更多的是发现、鼓励、支持与启发，为深入解读幼儿定向水平提供有效信息。

（1）聚焦魔法瞬间，鼓励欣赏评价

魔法瞬间这种建立在观察之上的叙事记录，帮助教师树立起一种正向评价观，以更加积极心态去欣赏幼儿，发现幼儿。

案例5：你和琪琪在盒子里画"迷宫"，一开始为了"起点"有了争执，不过通过协商都认同了位置；你主动邀请贝贝一起来设计难度大的"迷宫"，迷宫图顺利完成，可是太小不好走；这时，你突然说："拿记号笔摆在桌子上不就有大迷宫了？"于是大家加入了摆笔行列，没一会儿就成功copy了迷宫路线！

（2）聚焦学习过程，科学识别回应

如何准确识别、回应将影响到幼儿的定向能力发展。聚焦于"迷宫"游戏，对幼儿的回应是："今天，你能和同伴一起合作画迷宫，也乐于接受同伴意见。你能主动挑战难度高的迷宫设计，对自己又多了一点自信。期待你可以搭建更有创意的迷宫哦。"

（3）聚焦家长回应，多元主体参与

"学习故事"除了师生还有家长的回应参与。乐妈回应道："感谢老师对乐乐的关注和鼓励。这个迷宫设计让乐乐获得了自信，也让我们明白了孩子的定向不仅需要奔跑，还需要智慧。"不难看出，家长的积极回应，既是孩子定向成长的"助推剂"，也是欢乐定向项目深入推进的"催化剂"。

"学习故事"是老师、家人解读、理解幼儿学习的正向评价方式，能让幼儿感受到来自教师和家长的温暖、来自成长的自信。

4.“定向故事手札”——故事呈现，可视评价

“定向故事手札”是师生以手绘、文字、照片、前书写等形式组合呈现在手账本上，有清晰的故事脉络，记录着幼儿的定向成长故事。

案例6：从“秋游去哪儿？”“路线怎么去？”“地图是什么？”等方面引导幼儿认识秋游的地点，规划秋游路线，带着地图逛公园，玩好玩的定向游戏等。幼儿在记录、制作过程中感受体验，交流分享定向的快乐。

只有经历了丰富多彩的定向活动，才能呈现多元生动的定向故事手札。

5.“现代技术手段”——定向设备，科学评价

“现代技术手段”是指运用指北针、打卡器、运动手环、实时追踪定向监测等现代化工具参加定向运动，通过数据分析进行科学评价，为幼儿个体定向发展做指导。

案例7：大班定向项目《动物园定向之旅》，第一次：分组出游，出行打卡计时。第二次：问题驱动，尝试运用指光针。第三次：任务学习，按动物园地图上的点标打卡。三次动物园之旅均使用现代化工具进行定向评价，有利于直观分析；幼儿初步定向技能得到运用，并提高了幼儿识图阅图、辨别方位等定向能力。

将现代化工具与定向项目相结合，利用数据体现出定向活动评价的科学性，便于教师清晰了解幼儿的定向能力，对幼儿提供科学有效的定向指导。

三、案例的研究价值

“城市幼儿欢乐定向”项目评价研究，有效克服了评价主体单一、幼儿被动参与等问题，转而向多元、开放的良性发展状态推进。

（一）多元主体，交织多元评价

提出评价主体多元化，“五类评价”策略改变了过去单一的教师为主的评价模式，能更好地从幼儿、家长和教师的多元角度呈现欢乐定向项目评价中的问题，从而助推定向项目的有效实施，促进幼儿定向能力的提升。

（二）动态呈现，持续过程评价

评价渗透于整个定向活动过程之中，通过五类评价“看见”每个儿童的个体差异，对儿童在定向游戏中的行为表现进行观察、分析、支持，再观察……从而形成从持续性观察到持续性支持的进阶式过程评价模式。

（三）课程闭环，互动循环评价

各班教师针对幼儿定向评价的建议，融合学期计划、班级周计划等，增加有针对性的幼儿定向教育目标及改进措施，使后期定向课程更趋合理、科学，同时形成了良性“闭环”评价模式。

定向评价不是为了定性而评价，而是为了让幼儿的定向能力发展“有迹可循”，让教师的定向策略指导“有章可依”。

（本文获2021年杭州市原下城区幼儿园教育评价案例评比一等奖）

望、闻、问、切：四阶式"学习故事"评价研修新路径

杭州市大成实验幼儿园　陈　敏

摘　要：近几年，国内幼儿园纷纷热衷于用学习故事的方式开展评价。该文通过撰写"学习故事"评价研修，挖掘"望、闻、问、切"四阶式策略。通过"望""闻""问""切"的方式帮助教师梳理学习故事评价方法，提升教师专业素养，也为其他幼儿园提供具有推广价值的实践范例。

关键词：望、闻、问、切；四阶式；"学习故事"评价

一、案例缘起

（一）"学习故事"评价现状

1. 重抽象主观·轻细节客观

老师在撰写"注意"部分的时候，对幼儿学习行为的描述不够客观，经常会依据主观想法用评价性语言给幼儿"贴标签""加定语"。

2. 多含糊分析·少科学解读

在撰写"识别"部分时，教师对幼儿学习行为的分析和评价不够准确，缺乏对幼儿学习经验的理解，不够细致和准确，缺乏专业性和科学性。

3. 存模糊笼统·缺有效具体

在撰写"回应"部分时，教师对幼儿提供的支持策略缺乏针对性和有效性。

（二）开展"学习故事"评价教研的价值和意义

首先，通过学习故事相关理论，转变教师教育理念，重构儿童观。其次，通过厘清"学习故事"评价方法，学会运用新的评价方式。最后，观察幼儿行为，分析行为背后的原因，采用适宜的方法回应幼儿，支持幼儿的发展，从而提升教师专业成长。

二、案例描述

以下为"望、闻、问、切"四阶式"学习故事"评价教研设计，详见图1。

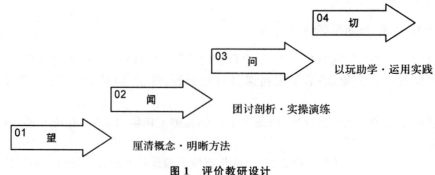

图1　评价教研设计

(一)望:链接理论·夯实根基

一望:指阅读、学习如何开展"学习故事"评价的相关理论。一"望"研修流程见图2所示。

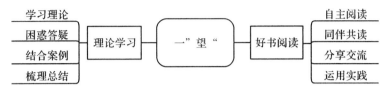

图2　一"望"研修流程图

1.以"1·2·3·4"的方式开展研修,教师通过自主阅读—同伴共读—分享交流—运用实践的模式展开。以下为"学习故事"评价读书会研修流程,见图3。

图3　评价读书会研修流程

2.通过收集学习故事相关资料,提出撰写困惑、案例分析、梳理总结的方式展开现场教研。理论学习见图4所示。

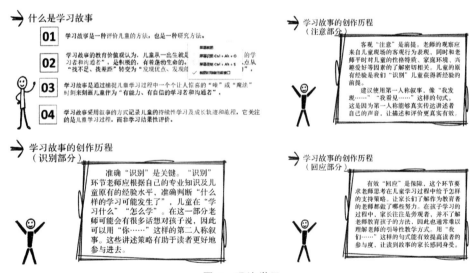

图4　理论学习

分析:通过对理论知识的学习,教师理解学习故事的教育理念,初步掌握了学习故事评价注意的要点以及学习故事写作的多样性,夯实了教师的理论根基。

(二)闻:厘清概念·明晰方法

二闻:指对"学习故事"评价中的注意、识别、回应3部分的具体理论学习和解读。

二"闻"研修流程见图5。

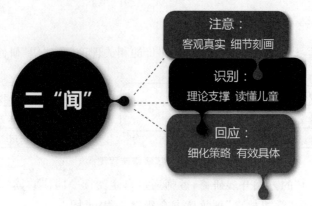

图5　二"闻"研修流程图

1.注意：客观真实·细节刻画

通过注意部分的研修，老师了解到注意的意义在于要关注幼儿在活动和游戏中发生的事，及时进行记录，并对幼儿的学习行为进行客观、详细的描述。

2.识别：理论支撑·读懂儿童

教研通过了解识别含义、明确识别问题、撰写识别内容、识别案例解析等4部分内容进行研讨。以下为具体案例。

（1）了解含义·理解分析

教师分析幼儿在情境中学习的行为，并进行观察分析，构建一个学习者的形象。

（2）明确问题·寻找策略

通过识别部分的理论学习明确撰写上的问题，找到了有效的策略。

（3）结合理论·链接《指南》

在识别内容撰写方面，我们了解到可以通过五大线索来撰写。以下为学习故事识别框架表1。

表1　学习故事识别框架

编制课程 五大领域	学习品质	行为表现
归属感	找到兴趣点的勇气和好奇心	主动形成兴趣
健康幸福	关于"这是一个可以参与的安全环境"的信任、"通常可以深度投入"的愉悦	参与投入
积极探究	面对困难、挑战、不确定性的坚毅	坚持不懈
社会交往	表达观点或意见的自信心	勇敢表达
价值贡献	有关公平正义和倾向于采取另一种观点时的责任	责任担当

识别还可以从学习动机、知识技能、学习策略、心智倾向、情绪情感以及3个不同层次的维度——准备好、很愿意、有能力去撰写。图6为心智倾向的三维度图。

心智倾向的三个维度

有助于学习的心智倾向的领域	准备好 儿童在发展	很愿意 儿童在发展	有能力 儿童在发展
感兴趣	兴趣；期望人物、地点和事情会很有趣；视自己为有趣的并对事物感兴趣的人	准备好在所置身的学习场中识别、选择或建构兴趣，在不同学习场中将人工制品、活动和社会身份联系起来	能够支持他们探究自己感兴趣事物的各种能力以及相关的知识储备
在参与	准备好持续参与，持续关注；视自己为能够参与的人	对自己所置身的本地环境的安全性和可靠性做出有依据的合理判断	有助于参与活动和保持专注的策略
遇到困难或不确定情境时能坚持	在遇到困难或不确定情境时坚持不懈的热情；对学习中的风险和犯错的作用形成自己的假设；视自己为遇到困难或不确定情境时坚持不懈的人	对学习场和场合保持敏感，认为在这个场合和学习场克服困难或应对不确定情境以及抵制旧有成规是有价值的	发现问题和解决问题的知识与技能；将犯错视为解决问题过程中的一部分的经验
与他人沟通	希望用"一百种语言"（Edwards, Gandini and Forman, 1993)中的一种或多种语言与他人沟通，表达想法和感受，视自己为沟通者	对学习环境的回应，在这种环境中儿童有发言权，也会被倾听	一种或多种语言（广义上的）；熟悉一些与情境相关的"体裁"；有关熟悉事件的脚本知识
承担责任	以多种方式承担责任，从另一个角度思考问题，支持公正反对不公；视自己为有权利和有责任的公民	识别或创造承担责任的机会	承担责任、做出决定和被请教的经历；对公平和公正的理解；承担责任的策略

图 6 心智倾向的三维度图

（4）案例解析·模式分享

通过案例《搭建一座黏糊糊的大桥》和《剪窗花》分享识别的不同撰写模式：最经济实用模式、多人识别模式、多层次分块模式以下为模式图 7。

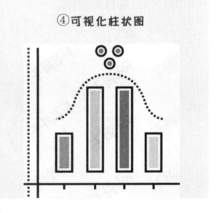

图 7 模式图

分析：通过识别部分的研修，教师进行有针对性的评析，读懂儿童游戏背后所隐藏的学习与发展价值。教师依照《指南》中各领域目标和典型结合幼儿的日常表现，进行全面把握、准确识别。

3.回应：细化策略·有效具体

通过回应要求、案例分析、三步骤关系、有效回应策略开展回应部分的研讨。

以下为回应部分教研图 8。

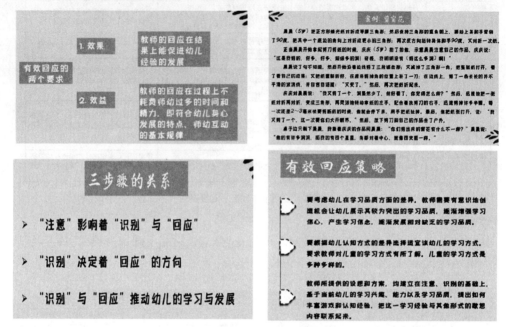

图 8　心智倾向的三维度图

分析：通过教研，教师了解到回应均建立在注意、识别的基础上，应基于幼儿的学习兴趣、能力以及学习品质，提出丰富游戏和认知经验的方法。

(三)问：团讨剖析·实操演练

三问：指对在"闻"的基础上进一步对"学习故事"评价中的注意、识别、回应三部分深入研究，提出疑问，并结合案例进行解读分析的实际撰写操作。

图 9 为三"问"研修流程图。

1　注意：互助解析·取长补短

2　识别：草根引领·助力识别

3　回应：探讨分享·经验碰撞

图 9　三"问"研修流程图

1.注意：互助解析·取长补短

开展案例中"注意"的研讨，链接注意部分理论知识，汲取同伴好的建议再进行修改。图 10 为注意部分研修图。

火箭制造记

餐前活动，你和小伙伴们围在了制作火箭的桌子边上，你看了看桌上放着火箭制作的步骤书，于是拿起了一张长方形的纸卷了起来，你将纸卷成了圆柱形，用胶水开始固定火箭的"身体"。你们的活动吸引了在吃水果的小黑。小黑一直站在旁边看。"这是什么呀，你们在做……"小胖首先发问。蓝蓝回答道："火箭呀！"你小声地说道："火箭呀！做好可以带回家。"小黑说："我也想去做。"你继续做着手上的火箭"身体"，说："你想做的话就按着书上的步骤来做。"小黑一直看着你，问："你可以帮我做一个火箭筒吗？"你说："自己的事自己做，别人的事你帮着做，老师的事情抢着做。"小黑听到你的回答，哈哈哈地笑了起来。你继续看着手上"未完成"的火箭，再看了看步骤图。小黑突然说："乔一博的事情帮着做。"你拿起了胶水，开始组合火箭。

第一次，你将火箭头和身体进行组合，用手用力地在涂胶水的地方按了按，暂停了几秒钟。看着对面小女生正在画火箭头，你突然大声地说道："需要的是里面小，外面大。"讲完后，你发现"火箭头"并没有黏在"火箭身体"上，你看了看步骤图，然后低头做自己的事情，嘴里又喃喃自语了一遍："里面有个小，外面有个大。"

乌龟好朋友

"头怎么不（伸）出来"，"它怕难为情啦"，"它的头怎么还不（伸）出来呀？"……孩子们叽叽喳喳的说着，你（哥哥）也不例外，和小朋友一起在和小乌龟玩"游戏"，你一会儿用小手挠挠它的背，一会儿用手指轻轻地戳戳小乌龟的脚……，不知是小乌龟害怕了还是害羞了，将自己躲在硬壳里一动也不动。突然，你大声地说道："它在睡觉"！其他小朋友听了你这么一说，也忙说道："它也在睡觉""它们都在睡觉"……接着你又将两只乌角并排放在一起，左边看看，右边看看，手指点着大乌龟说："（这只）大"，又点着小乌龟说："（这只）小"。孩子们听了你这么一说也纷纷伸出了手指一边摸摸乌龟一边将乌龟比较起大小来……

走"小桥"

《指南》指出在体育活动的实施中要利用多种方式发展幼儿身体平衡和协调能力。如：走平衡木、沿着地面直线行走等。我们今天利用幼儿最熟悉的小椅子当作游戏材料，游戏"走小桥"开始了，幼儿根据椅子的摆放依次通过。让我们跟随镜头，来看看幼儿在游戏中表现出了哪些优秀的品质吧？发生了什么？

镜头一：勇往直前的你

老师将小椅子相对面放，椅背朝外，摆成两列之后引导幼儿顺次走过。你小心翼翼的踩在椅子上，脸颊的红红的，似乎有些紧张。你小手扶着椅背，弯下腰慢慢地探出脚放到侧前方的椅子上，然后慢慢的移动重心，再把小手伸过去抓住椅背，确定站稳之后慢慢站起来。你每走一步，都会用双手扶住椅背来寻找支撑，这时前方的小胖非常敏捷的已经通过小桥。当你走到第三个椅子时，向旁边的老师伸出手，寻求帮助。老师指着侧前面的椅子鼓励你继续前进。你犹豫了一下，最终还是迈了出去，并一步步慢慢往前探索，最终独立完成了走小桥练习。

"注意"部分主要描述"发生了什么"，回答"是什么"的问题。教师要把视线聚焦在每个孩子身上，重点关注儿童能做的、感兴趣的事情。

注意的意义在于教师要关注幼儿的自发学习关注幼儿在活动中和游戏中发生的事，在观察中教师还要及时的记录下幼儿能做什么，而非不能做什么，并对幼儿的学习行为进行客观详细描述的一种方式。

图 10　部分研修图

分析：通过互助式的案例解析，帮助教师取长补短。教师在思维中不断辨析，寻找理论依据，实际上就是教师思维深度参与的过程。

2.识别：草根引领·助力识别

骨干教师借他山之石学习了可视化的方式来进行评价，并通过自己的钻研运用在学习故事中。图 11 为识别部分研修图。

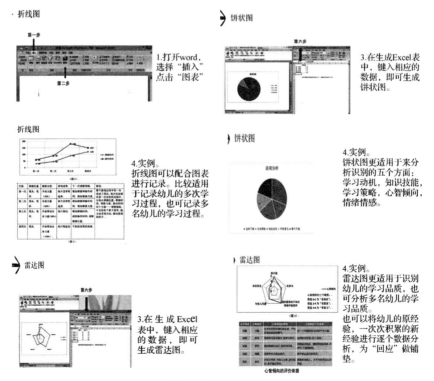

图 11　部分教研图

（1）团体实操·认真钻研

每组教师根据之前撰写过的案例识别部分进行二次修改，用可视化的方式对幼儿的学习进行识别。图 12 为识别部分研修图。

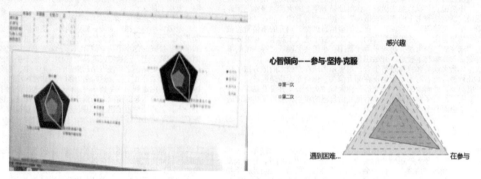

图 12　识别部分研修图

（2）分享交流·各显神通

教师共同商讨进行结果分享，同伴寻找亮点、提出建议。图 13 为识别部分研修图。

图 13　识别部分研修图

分析：通过草根骨干的引领，教师学习运用可视化图表对幼儿的经验和成长点有更深入的分析，并为"回应"做好准备。

3.回应：探讨分享·经验碰撞

在识别的基础上，对各自的案例进行回应，同伴对分享回应的年级组提出修改建议。图 14 为回应部分研修现场。

图 14　回应部分研修现场

分析:通过分享与互助,教师了解到要基于该幼儿的学习兴趣、能力和学习品质,从幼儿的原有经验、家园沟通、环境创设和课程内容等方面进行回应。

(四)切:以玩助学·运用实践

四切:指提供幼儿一日活动中的新鲜案例,利用接龙撰写式、游戏答题式、情境表演式的方式让教师在玩中学,巩固知识,并能将学会的撰写方法运用于实践。图 15 为四"切"研修流程图。

图 15 四"切"研修流程图

1. 接龙撰写式

教师以团队形式分别撰写案例中的注意、识别、回应,撰写好后进行分享和交流,再进行二次修改。

2. 游戏答题式

教师根据前期注意、识别、回应三部分的理论知识,以游戏的方式设计必答题、抢答题和实操题三大类型题目。

3. 情景表演式

结合案例,用情景表演的方式对注意与回应部分进行表演,同伴通过表演解析具体的策略。

分析:通过鲜活的案例,以不同的形式,让教师在游戏中巩固知识,并能将所学到的理论和方法运用到实际工作中。

三、案例的研究价值

(一)转变教师理念·体悟"评价"精髓

1. 转变理念:从关注表象到挖掘本质

通过"学习故事"评价,教师不断挖掘儿童观、课程观、学习和发展观。这种评价方式,让教师能深入活动现场细致地观察幼儿活动中的行为,以最大限度地发现幼儿的正能量。

2. 感悟精髓:感悟"三·一"

(1)一个关注过程的评价。

(2)一抹欣赏儿童的眼光。

(3)一种链接家园的方式。

(二)翻转研修方式·提升"评价"水平

1.翻转形式:从被动倾听到主动体验

运用轮流主持的方式,将教师被动的教研状态变为主动积极的学习和研修。不仅增加了老师的专业知识,同时也增强了他们组织教研活动的能力。

2.改进方式:从"授之以鱼"到"授之以渔"

运用"授之以渔"的方法,让教师主动地进行梳理、建构以及大胆地组织和开展教研活动。这不仅增强了教师的教研积极性,同时也在不断地磨炼成长中提升专业水平。

(三)链接园本课程·推动"评价"发展

我们以"学习故事"评价为研修主题,帮助教师发现内隐教育观,进一步建构儿童视角。落实"看见每一个·看见每一刻"的儿童观,用学习故事的评价方式,完善了园本课程中的评价体系。

(本文获 2021 年杭州市原下城区幼儿园教育评价案例评比一等奖)

比赛结束以后

——运用"故事三人行"方法进行幼儿评价的个案研究

杭州市凤栖幼儿园　高　磊

摘　要:该案聚焦一场晨间锻炼时随机发生的小比赛,教师通过"故事三人行"方法,多方视角共融,关注比赛中的每个细节,探析幼儿发展的特点和表征。在此过程中践行解读故事、反思故事、反馈实践的研修机制,提升教师理解幼儿的专业性和敏感性,获得尽可能详尽和全面的评价结果,并反馈到师幼互动的过程中,促进幼儿的自我认知建构,实现自我成长。

关键词:"故事三人行";评价;个案研究

一、案例缘起

(一)新的儿童形象催生出新的儿童评价方法

每个幼儿都是有故事的人。在新时代教育评价改革的背景下,教师对幼儿的认识在发生着深刻的转变:幼儿不再是他人塑造、规训的对象,而是自身发展的主人。[①]

随着幼儿学习者形象的深入人心,针对幼儿的评价观念、评价方式也随之发生相应的转变。对幼儿评价的转变基于 3 个基础事实:一是幼儿教师对师幼生活的高度卷入;二是教师与幼儿、同事、家长、管理者、服务者等各种角色的碰撞激荡;三是幼儿依赖直接感受、需要信息高度交融等学习特点。这 3 个特点决定了"学习故事"是评价幼儿的良好工具。

---

① 刘庆龙.两种规训观及其教育意蕴[J].全球教育展望,2020,49(3):27-35.

（二）新的实践框架激发出园本实践中的尝试与创新

"故事三人行"吸收了"学习故事"的评价法中"幼儿是有能力的学习者"和"师幼共同建构故事"的评价精神，关注幼儿故事，并将其与杭州市凤栖幼儿园自发形成的"三人行"研修机制结合起来，以幼儿故事为评价对象，进行精细的分析解读，挖掘故事情节的意义，并科学地赋予其发展意义，生成一种由明确价值观引领、以叙事为基本方式、帮助儿童完成自我建构的评价体系。

（三）新的评价思想培养出新的评价实践之花

在实践"故事三人行"的过程中，关注孩子的故事，挖掘故事的意义，探析幼儿发展的特点和表征，建构解读故事、反思故事、反馈实践的研修机制，提升教师理解幼儿的专业性和敏感性，并反馈到师幼互动的过程中，促进幼儿的自我认知建构，实现自我成长。同时通过参与式、协作式的行动研究方法，从幼儿生活和游戏活动观察指导入手开展行动研究，探析基于学习共同体情境下的"三人行"评价体系的生成过程。

二、案例描述

（一）研究思路

本文以"理解儿童、发现儿童"为研究主旨，以故事研修为抓手，以"三人行"行动研究为路径，主要通过班级三人行、园级三人行和视角三人行 3 个层次对幼儿故事进行理解、解读，以达到理解和评价的目的。

整体研究思路如图 1 所示。

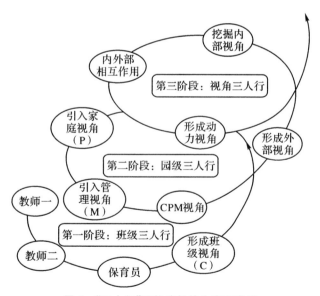

图 1　"三人行"研修路径的生成和发展

（二）案例剖析

1.原始故事：跳格子比赛

时间：早上 8 点 25 分。

地点：木地板锻炼区域。

人物：故事主角淘淘，参与人小红、小明，主班周老师、配班楼老师，园长丁老师。

故事过程：

　　早晨，大一班的幼儿正在木地板上和两位老师（周老师、楼老师）一起进行一个"跳格子"的比赛。精彩的比赛吸引了园长丁老师也来参与，小红幸运地成为园长丁老师的对手。这让淘淘很气恼。同时老师请了小明做裁判，淘淘更加沮丧和生气，再一次紧锁眉头、鼓起腮帮子生闷气。这时周老师请淘淘来担任发令员，淘淘的不满和气恼一下子消失了，很认真地投入新的角色中。

　　随着淘淘的一声令下，比赛开始了。小红和园长丁老师的四只脚飞快地在格子上踩进踩出，两人的速度不相上下。25秒后，两人同时到达终点！就在裁判要宣布比赛打平的结果时，淘淘大声说："结果不是打平。应该是园长丁老师赢了，因为小红有一个犯规动作！"

　　接着淘淘给大家解释了小红犯规的过程：她在第9个格子上是单脚跳过的。所以尽管两人同时到达终点，但是没有犯规的园长丁老师应该获胜！淘淘的陈述随后得到了小红的确认，也获得了同伴的认可和钦佩。

2.班级三人行

（1）内涵和特征

班级三人行来源于师幼生活中老师自发的"谈谈说说"，这些对话中蕴含着丰富的故事细节和评价信息。工作方式为：每天选择固定时间进行3人的小型会谈，主题是白天发生的日常事件，3位老师自由地叙说自己的观点和看法，全程进行录音并留档，结构见图2。

图2　"班级三人行"结构图

（2）案例分析

每天下班以后的10分钟，是班级的"三人行时间"。在整理早上跳格子比赛的3人对话时，能够很容易从字里行间感受到老师的"评价"：提ът出3位老师话语背后的评价信息。从中可以看出这是一个稳定的班级视角，他们的评价角度统一地聚焦在幼儿自身的即时状态上：动作发展和性格养成，详见表1。

表1　"班级三人行"的评价角度

评价人	话语内容（句子、词汇等）	评价角度
周老师	动作又快又稳；胖胖的；爱生气	动作发展、身体发育、性格养成
楼老师	体育向来很好；太爱生气	动作发展、性格养成

续　表

评价人	话语内容(句子、词汇等)	评价角度
谢老师	动作比西瓜快;比哥哥爱生气;运动能力比哥哥强;保护哥哥	动作发展、性格养成

3.园级三人行

(1)内涵和特征

在班级三人行的推进过程中,有两个班级之外的视角也完成了自然融入:家庭视角(P)和管理视角(M),详见图3。

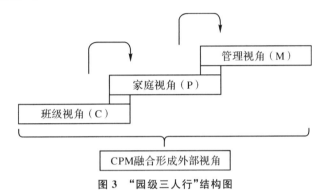

图3　"园级三人行"结构图

CPM三者的融合,为教师理解和解读故事搭建了一个包容性更强、信息更丰富的平台。工作方式为利用幼儿园的公共学习时间,如集体培训、集体学习时间,就某一故事展开讨论,并整理讨论过程,录音留档。

(2)案例分析

第二天中午园长丁老师和周、楼两位老师进行了"三人行"的研讨。家庭视角(妈妈)和管理视角(园长)的引入,帮助老师突破了狭窄的物理视域,不再只盯着肉眼可以看见的动作和行为来思考与评价,而把眼光和视角放到更开阔、更宏大的发展视域上。在本例中,园级三人行所引入的评价点更为丰富和多元,详见表2。

表2　"园级三人行"的评价角度

评价人	话语内容(句子、词汇等)	评价角度
周老师(C、P)	用正确的方式;提供替代机会;好胜心;频发冲突;守护规则;妈妈认为性子急	原因分析、干预策略、家庭评价
楼老师(C、P)	观察力;稳定的维持秩序的正义感;近期进步很大	游戏品质、动态发展、行为之间的联系
丁老师(M)	老师的临场处理和干预能力;观察力和专注力;领导力;方式方法	教师策略评价、游戏品质、不足与改进

4.视角三人行

(1)内涵和特征

"CPM视角融合"共同构成了对故事的外部视角。与之相对的是孩子本身的内部视角。这两大视角不是互相割裂的,而是在或合力、或冲突的相互作用中,形成推动儿童发展、启发教师思考、撬动教研实践的强大动力。这就是内外部相互作用下的"动力视角",详见图4。

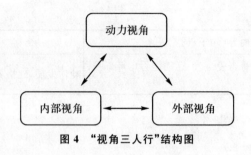

图 4 "视角三人行"结构图

（2）案例分析

在"跳格子比赛"的故事结束后，周老师把故事读给淘淘听。在一段淘淘听完故事后两人的对话中，通过分析内容，我们可以对内部、外部和动力 3 个视角下的故事进行如下解读，详见表 3。

表 3 "视角三人行"的评价角度

视角	话语内容（句子、词汇等）	评价角度
外部视角	善于观察；有进步；耐心很重要；改进的方法；未来的样子；以及班级、园级三人行中的所有内容	个体天赋体质、个体注意力特点、气质禀赋、自我认知、教师干预
内部视角	妈妈说我性子急；我能看见；没耐心的坏处；苦恼和自责	对自我的不满、渴望进步、渴望未来、自我认知、自我评价
动力视角	渴望得到妈妈的认可；想要改掉性子急的缺点；想做有耐心的幼儿	自我进步的内因充沛、自我认识局限、自我评价较低

5. 案例小结

比赛结束以后，经过"故事三人行"的探讨识别出的意义是广泛、多元的。这让幼儿对自己的行为有更全面的审视，丰富了自我认知和看待生活的方式。淘淘看到这些故事，也一定会反思：原来我不只是性子急，我还是一个有责任感的人、会观察的人、关心别人的人。

三、案例的研究价值

（一）对于理解幼儿：全面理解幼儿发展的细节

"故事三人行"借鉴了学习故事"儿童中心、共同参与"的理念，最终指向儿童的发展，它帮助教师用开阔的视野看待孩子的发展状态，并在评价中能够更多采撷发展过程中的亮点，以开启良好的师幼互动。它强调尽可能关注故事中的每一个环节和侧面，在链接、对话中与儿童建立尊重、平等、友爱的关系。这种关系又反馈到孩子自身，使他们在关注中体验成长、体验进步。

（二）对于教师成长：建立和谐互补的研讨氛围

在评价过程中，教师、家长和管理者之间也建立了相互学习、共享视野、共同推动故事研修的良好氛围，确立了"每一个人的观点都有价值"的基本认知。"班级三人行"源于教师对幼儿行为的好奇心和研究兴趣，源于自身动力而非外部压力。随着三人行推进到园级，老师发现了每个幼儿的独特之处，增强了教师参与讨论的兴趣和信心，体验到观察和评价幼儿的乐趣。把评价融入日常交谈和对话中，用平和的、自然的方式完成评价。

（三）对于家庭教育：改善家长的日常评价习惯

引入家庭视角，让家长在幼儿评价中占据其应有的地位，提供了班级层面和管理层面无法触及的信息源。"故事三人行"作为一种过程性评价方式，有利于启发家长把目光转移到幼儿在学习过程中的闪光点。教师把儿童在园的故事念给家长听，与家长分享经验、讨论幼儿园课程和儿童的学习，家长也会主动为幼儿记录故事、参与研讨、回馈反思，形成以幼儿为中心的评价体系，更好地利用家庭和幼儿园的教育合力，共同促进幼儿成长。

（本文获 2021 年杭州市原下城区幼儿园教育评价案例评比一等奖）

"星动力"评价：助推大班幼儿叙事性讲述能力发展的评价策略研究

——以大班项目活动"生日 party"为例

杭州市西园实验幼儿园　宋　芳，张雨倩

摘　要：该本依托可视化理念，探索助推大班幼儿叙事性讲述能力发展的评价策略，形成核心成果——"星动力"评价。借助直观星图和个性化诊断单，"星动力"评价打破传统局限，用可视化策略支持教师看见幼儿；创新评价思路，开拓一线教师评价设计实施新视野。

关键词：叙事；叙事性讲述核心经验；"星动力"评价

一、案例缘起

（一）活动背景

开学第一天，幼儿发现教室换了，幼儿园变样啦。自己和小伙伴都长高了。他们对"成长"话题有着浓厚的兴趣，于是收集小时候的物件，启动"成长博物馆"项目；回忆小、中班点点滴滴，做起"时间胶囊"项目，更兴致勃勃地办成了一个"生日 party"过集体生日。成果展上，大三班小朋友向大伙儿意犹未尽地介绍生日会故事。我们思考游戏环境对儿童语言发展的意义。尝试采用科学、适恰的评价手段，观察并解读儿童在游戏活动中语言学习与发展的进程，为针对性地跟进支持提供客观依据。

我们将观察场域定在生日 party 游戏活动中，聚焦叙事性讲述核心经验，解读幼儿小蓝在游戏中的叙事性讲述水平，运用"星动力"评价支持其发展。

（二）概念界定

1. 叙事

叙事，又称说故事，是一种脱离语境进行有组织表达的语言能力。

2. 叙事性讲述核心经验

叙事性讲述核心经验，是使用较为丰富多样的词句有条理地组织叙事性讲述的内容。

3. "星动力"评价

"星动力"评价灵感来自雷达图。雷达图又称星图，可用作多维度数量比较和描述或用于描述学习者的成长状况。本案例的"星动力"评价是指运用星图和个性化诊断单实施过程性评价。

(三)评价设计

确定"生日 party"游戏观察场域后,我们预设了基本研究路径,见图1。

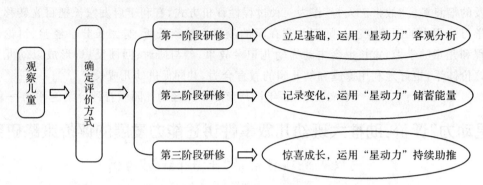

图1 大班"生日 party"游戏中幼儿叙事性讲述核心经验发展研究路径

1.参照评估表绘制"星图"

根据《学前儿童语言学习与发展核心经验》中学前儿童叙事性讲述核心经验的内涵及发展阶段,研讨设计含 6 个维度的横向指标轴:以由内向外扩展的方式设定纵向发展轴,详见表1。

表1 学前儿童叙事性讲述核心经验的发展阶段

核心经验	学习与发展目标		
概念	初始阶段	稳定阶段	拓展阶段
使用丰富多样的词句讲述	在讲述中说出事件中相关的人、事、物的名称。使用常见的动物讲述人、事、物之间的简单关系	在讲述中注意运用一些生活习得的形象语句。在讲述中使用几种不同的句式	运用较丰富的词句,如用不同的词句讲述相近的意思。描述一些细节让讲述更生动
有条理地组织讲述的内容	围绕主题讲述一些相关的内容,可能包含一两个行动事件	围绕主题讲述几个相关的行动事件。会使用常用的连接词表明事件发生的顺序	围绕主题讲述清楚几个行动事件及其之间的关系。重点详细地描述印象最深刻的行动事件

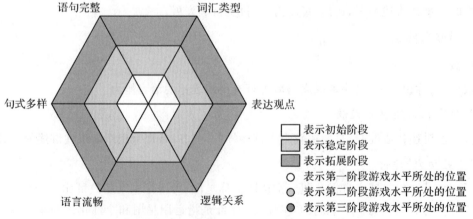

图2 基于学前儿童叙事性讲述核心经验的发展阶段星图

2.生成个性化诊断报告单

观察小蓝游戏中的表现,对其叙事性讲述发展水平进行全面、客观的评价,深入剖析其优势所在、发展空间及支持策略。

二、案例描述

(一)第一阶段:立足基础,运用"星动力"评价客观分析(见表2)

表 2　运用"星动力"评价客观分析

游戏实录	运用语言类型	解读与分析
蓝:"这是我们做的班级'时间胶囊',这是我们小班的时候,这是在家长会,然后呢,这个呢,在做母亲节的时候的,这个也是开家长会。" 秦:"这个也是小三班。" 蓝:"对,这个也是小班。然后呢这个是中班的时候,然后呢,这里呢,在玩车子,这个是在表演。" 蓝:"生日会开始的时候,我们就是先走进去,然后开始我们的动漫人物环节,然后呢切蛋糕,最后我们庆祝我们大班了。" 秦:"为什么要拿一个签到本?" 蓝:"这本签到,是关于生日会的签到。"	动词:"走""切""做""开""玩""表演""庆祝""拿"等 名词:收音机、鞋子、值日生、蛋糕、家长会、母亲节、签到本等 连接词:然后、最后等 不准确用词:在家长会、做母亲节	解读: 1.回答提问时,能讲述游戏中的人、事、物。 2.叙事语言是碎片化的,包含不准确用词。如以"在家长会"来表达"开家长会"。 3.叙事性讲述处于初始阶段向稳定阶段的过渡期。如出现连接词"然后",叙事逻辑较清晰。 4.讲述具有一定的随意性,想到哪讲到哪。 分析: 大部分语句较完整;名词和动词居多;没有明显的观点;逻辑关系较清晰,语言较流畅;句式只运用了陈述句
绘制"星图"		

235

游戏实录	运用语言类型	解读与分析
星动力评价	 星动力评价（第一阶段） 幼儿姓名：小蓝　　　教师：星动力研修团队 团队研修诊断单　　　个性化诊断汇总表	
支持策略	丰富游戏体验，开展与叙事性讲述相关的游戏。 可视化支持，提供与讲述相关的视频，实现讲述内容可视化。 发挥同伴作用，把讲述视频分享给共同游戏的小伙伴，寻求同伴建议	

（二）第二阶段：记录变化，运用"星动力"评价积蓄能量（见表 3）

表 3　运用"星动力"评价

游戏实录	运用语言类型	解读与分析
蓝："然后这是我们去筹钱，这是我们赚的钱，这个是我们去买水果，这是买回来的东西，这是我们在生日的时候，家长扮演的人物，然后我们一起拍了照。" 秦："你们在哪里买的水果？" 蓝："我们在水果店买的水果。" 秦："哪个水果店？" 蓝："就是离我们灯塔小区不远的地方才有。" 秦："这是你们不要的玩具吗？" 蓝："对。" 秦："那怎么看起来很新呀？" 蓝："看起来很新，就是我们小时候很爱惜，所以才很新。" 秦："这是你们一起去卖的吗？" 蓝："是的，我们一起去的。"	动词："赚""买""扮演""拍"等 名词：钱、水果店、人物、玩具等 连接词：就是……，所以…… 不准确用句：无	解读： 1. 围绕"生日 party"讲述了筹钱、买水果、家长扮演人物、合影等事件。 2. 使用了新句式。"离……不远""所以……" 3. 主动运用新习得词句。如刚从同伴处听到"看起来"，就立即使用。 4. 空间方位清晰。 分析： 语句完整；名词、动词、连接词比较丰富；表达自己的观点；逻辑关系中有方位关系，语言流畅；句式运用到达稳定阶段

续　表

游戏实录	运用语言类型	解读与分析
绘制"星图"		
星动力评价		
支持策略		1.丰富句式。开展句式转换游戏,感受并发现几种句式的差异。 2.创作口袋书。鼓励小蓝参与设计并使用口袋书进行讲述。 3.组织故事会。通过故事会积累词汇,以提问引导幼儿描述细节

(三)第三阶段:惊喜成长,运用"星动力"评价持续助推(见表4)

表4 运用"星动力"评价

游戏实录	运用语言类型	解读与分析
小蓝:"这个是嘟嘟妈妈的,就是郭潇然妈妈。这个是乐乐爸爸。" 小蓝:"那天霸王龙他们回去的时候呢,霸王龙啊,霸王龙都走不好路了。" 小蓝:"我们还打了球球爸爸的怪兽。皮卡丘呢是我妈妈买的,不过我妈妈没时间,就让周佳蓉妈妈来代替了。"	动词:"回去""走""打""买""代替" 名词:霸王龙、怪兽、时间 连接词:就是……还……,不过……就…… 祈使句:让…… 不准确用句:无	解读: 1.能将角色细节讲述得较清楚。 2.出现了转折关系,逻辑关系超出了拓展阶段。 3.讲述有画面感,如"霸王龙回去的时候走啊走不好路了",叙事性讲述较生动。 分析: 叙事性语句较完整;能够清晰表达观点;词汇类型较前两次多了,词汇量需要再丰富;有明显观点;逻辑关系已经到达拓展阶段顶峰,语言流畅;出现了祈使句
绘制"星图"		
星动力评价		
支持策略	1.巧妙"垒":在生活中积累词汇,增加阅读量。 2.多重"变":运用多种直观工具开展讲述活动,锻炼句式。 3.游戏"玩":玩拼图游戏讲述活动;高级词汇上墙,结合区域活动	

三、案例的研究价值

(一)"星动力"评价助推幼儿叙事性讲述能力发展

1.快乐小蓝秀出语言魅力

人的语言能力并非与生俱来,评价是很重要的助推语言发展的手段。我们从 6 个维度观测小蓝的叙事性语言发展水平,通过针对性支持和循环式评价助推其发展。

2.幸福小蓝梯度经验小步走

(1)"星图"记录观察对象阶段发展(见图 3)

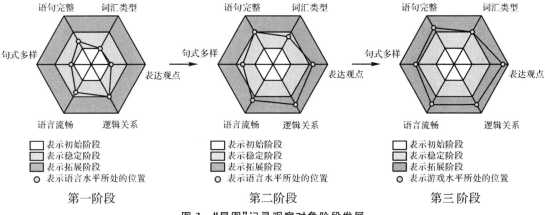

图 3　"星图"记录观察对象阶段发展

从左到右 3 份"星动力"评价图可以看出小蓝叙事性语言的 6 项指标都有了不同程度的发展。到第三阶段,"词汇类型""句式多样""语句完整"达到拓展阶段中间水平,与前两个阶段相比有了很大进步;"表达观点"和"语言流畅"度也达到拓展阶段中高水平,而一直发展比较好的逻辑关系已经超出拓展阶段,向更高水平发展。

(2)"星图"叠加让变化清晰可见(见图 4)

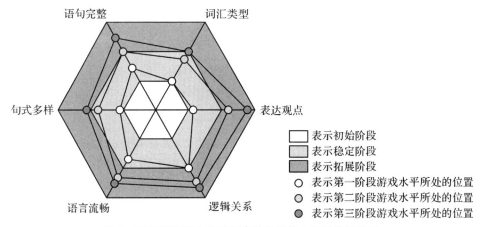

图 4　观察研究期内小蓝叙事性讲述核心经验发展阶段

(二)"星动力"评价拓展教师评价新视野

通过"星动力"评价研究,老师认识到评价幼儿不是模糊、随意的,要有科学、客观的分析,有针对性地追踪幼儿进行发展性评价。下阶段我们想尝试将"星动力"评价运用到幼儿发展的其他领域,与五大领域核心经验、《指南》《纲要》有机结合,让评价从模糊走向清晰,从感性走向理性。

(本文获 2021 年杭州市原下城区幼儿园教育评价案例评比一等奖)

整体设计·四方"主体"

——以评价促进大班幼儿户外水墨"谈话"能力提升的案例研究

杭州市大成实验幼儿园　　骆晓媛

摘　要:该园将"艺游学"①方法论与传统水墨相结合,幼儿在户外水墨游戏中出现谈话性语言频率较高,以此为载体,针对大班幼儿"谈话"语言能力,运用整体设计:链接"宝典"、细化量表、"可视"数据;四方"主体":幼儿自评、同伴助评、教师推评、家长共评的策略,来提升大班幼儿谈话语言能力。

关键词:可视;谈话;评价

一、研究缘起

《幼儿园教育指导纲要》指出:"教育评价的过程是教师运用专业知识审视教育实践,发现、分析、研究、解决问题的过程,也是自我成长的重要途径。"②可见,对幼儿发展进行科学评价是新时期教师必须具备的技能。现阶段在评价环节的情况如下。

(一)存传统评价模式、缺科学评价体系

目前评价模式基本以主题活动、游戏活动完成后教师评价为主,主要关注幼儿的游戏内容和过程成果,对语言关注比较少。一线教师对评价存在主观性、片面性,缺少数据化的整理,这也是我们要研究更科学、更客观、有理论依据来支持评价幼儿游戏中的语言的原因。

(二)重教师为主评价、轻多元主体评价

主要以教师充当评价的主角,幼儿处于被动状态,对幼儿的下一次学习与发展没有实质性的提升和帮助。教师主观单一的评价,无法从多方面真正解读幼儿语言。

(三)重技能导向评价、轻过程体验评价

幼儿园在对幼儿评价上重视是否"掌握"知识和能力,关注知识技能缺乏的问题,忽略了儿童作为主体在其中的经历和感受。幼儿表现出参与意识不强、积极性不高的情况,影响幼儿评价结果的可靠性和准确性。

---

①　郑江梅子,易晓明.A/r/tography:一种新的基于艺术的教育研究方法[J].美育学刊,2015(1):99-105.

②　教育部基础教育司.幼儿园教育指导纲要(试行)[M].南京:江苏教育出版社,2011:255-276.

二、案例描述

案例1：户外水墨游戏中杰杰拿了毛线画笔，君君拿了羽毛画笔，他俩在同张画纸上创作。杰杰介绍自己的作品是一个包，而君君则对"包"开启了一连串的对话。结合已有经验，提到了春游和秋游，并对杰杰的作品进行了点评，见图1。

杭州市大成实验幼儿园将"艺游学"方法论与传统水墨相结合，在户外水墨游戏活动中，幼儿游戏场景更广泛，材料使用更多元，幼儿在活动中的语言更丰富。案例1中，幼儿交流谈话的语言频频发生，我们持续观察了其他两组游戏中大班幼儿的语言情况，进行了数据整理。发现幼儿在户外水墨游戏中谈话语言比其他语言类型出现次数更高，详见图2。谈话语言有利于培养幼儿的倾听习惯和表达能力，帮助幼儿掌握倾听和表达规则，促进幼儿社会性发展。因此，我们将把谈话语言作为研究重点。

图1　对比图

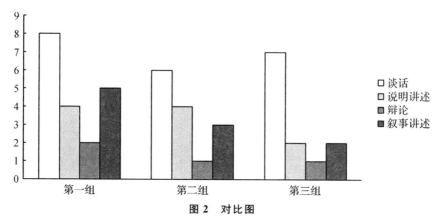

图2　对比图

本文研究是在户外水墨游戏中，针对大班幼儿谈话语言的学习与发展评价。研究内容通过"可视化"图表评价和"多元"评价主体两个维度，开展了一系列系统式的案例研究。

（一）整体设计显评价：链接"宝典"、细化量表、"可视"数据

1.链接指南、结合"经验"、解析目标

现阶段对于幼儿的语言评价存在主观性，教师也缺乏理论依据的支持。我们选择了《3—6岁儿童学习与发展指南》①和《学前儿童语言学习与发展核心经验》②两本宝典作为我们评价的基础，结合幼儿园户外水墨游戏的目标，筛选和微调能够更科学适恰的评价。

2.细化内容、制定量表、识别"谈话"

有了评价的基础和数据库的支持，还要设计适合观察记录幼儿谈话语言的量表，详见表1，更方便、精准地来记录，更具有客观性、准确性、科学性。

---

① 李季湄，冯晓霞.3—6岁儿童学习与发展指南[M].北京：人民教育出版社，2013：1-274.

② 周兢.学前儿童语言学习与发展核心经验[M].南京：南京师范大学出版社，2016：58-126.

表 1　量表案例

幼儿姓名	谈话时长	良好倾听习惯			围绕主题谈话			遵守谈话规则			听懂谈话内容			使用礼貌用语			多种谈话策略		
		初始阶段	稳定阶段	拓展阶段	初始阶段	稳定阶段	拓展阶段	初始阶段	稳定阶段	拓展阶段	初始阶段	稳定阶段	拓展阶段	初始阶段	稳定阶段	拓展阶段	初始阶段	稳定阶段	拓展阶段

户外水墨游戏中幼儿"谈话"语言实录（教师版）

3.转化数据、巧用图表、支持学习

将幼儿的谈话语言转变成数据，以雷达图表现对幼儿的语言评价。图 3 中白色区域表示幼儿处于谈话语言学习与发展的初始阶段，浅色表示处于稳定阶段，深色表示处于拓展阶段。显性图表可帮助教师清楚地看见幼儿谈话语言处于什么阶段，利用数据科学化地对幼儿进行可视化的分析评价。

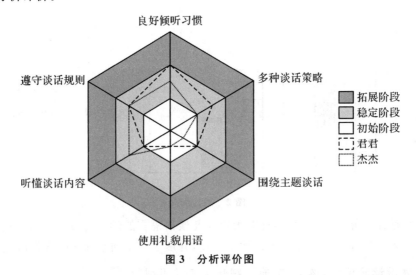

图 3　分析评价图

(二)四方主体促评价:自评、助评、推评、共评

1.幼儿自评、以点带面、聚焦"谈话"

案例 2：今天当聪聪完成水墨作品后，向大家介绍自己的作品,听众不断地向你提问,你详细地进行解答,你还主动向同伴提问,让其他小朋友也介绍自己的作品,见图 4。

在同伴感兴趣的话题上,双方会有互动式的谈话。聪聪有良好的倾听习惯和能力,能及时回应同伴的提问。通过双方谈话,幼儿谈话语言能力得到提升,同伴在谈话过程中提出自己的建议,帮助他人更完整、更具体地回答。

图 4

2.同伴助评、以强带弱、互动交流

（1）互动评价——户外水墨分享会

同伴之间进行交流，无形中让幼儿在介绍过程中内容更加丰富，谈话的形式更多样化，运用多种谈话策略来进行有主题式的谈话。我们发现同伴互动式评价，恰恰可以帮助幼儿直接提升语言表达能力。选择有趣的谈话主题，运用丰富的谈话策略，增加适当的辅助动作，更主动、持续地与同伴进行谈话交流。

（2）比心评价——户外水墨小主播

幼儿通过日常活动中开展的新闻播报活动、链接户外水墨游戏，以小主播的形式进行分享，同伴比心评比，帮助幼儿了解到自己在谈话过程中需要注意的方面，例如声音把控、语句完整、内容选择等。通过同伴提出建议来帮助幼儿提升，让幼儿在轻松的氛围中逐渐学会谈话性语言技巧，获得良性情感体验，更自信、更乐于表达。

3.教师推评、问题导向、整合梳理

（1）观察分析评价——视频解析

组成谈话语言研修团队，共享分析在户外水墨活动中谈话语言的追踪记录。多次观察视频，填写个性化观察记录表，录数据制图表提出适宜发展的策略。

（2）梳理归纳评价——思维导图

思维导图能帮助教师整理思绪，教研团队也运用这一方法来厘清研修方向。将零碎、片断的内容进行整合、梳理、归纳，形成最后的幼儿谈话语言评价。

4.家园共评、多元融合、共同成长

（1）点赞评价——扫一扫二维码

目前我们处于"扫描时代"，二维码技术得到广泛运用。家长通过扫一扫二维码，可以了解幼儿在园的游戏情况，关注到幼儿对作品的介绍，为孩子点赞鼓励，不但加强了亲子沟通，还能帮助幼儿发展语言表达能力，进一步感受语言表达的魅力。

（2）故事评价——撰写学习故事

学习故事不仅让自己、同伴、老师看到幼儿身上的"哇时刻"，也让家长看到了幼儿在园中的"高光时刻"。家长尝试用欣赏的眼光来观察幼儿的学习过程，相信他们是有能力、有自信的学习者和沟通者。

三、案例的研究价值

(一)建立"可视"评价，确定"谈话"指标

重新制定"谈话"指标，作为观察幼儿在户外水墨游戏中谈话语言的评价依据，再进行数据整理，通过数据可视化转变，看到幼儿在谈话不同方面的曲线变化。"可视化"图表让教师更客观地分析幼儿的原有经验和新经验的联系，有助于教师针对幼儿薄弱点开展相应的活动，从而培养幼儿的谈话能力。

(二)拓展评价主体，多维解读儿童

我们从单一的评价主体，拓展成"四方"评价主体——幼儿、同伴、教师、家长，让参与评价的主体更多元化。"四方"主体参与评价谈话语言过程，从多方面、多角度地对幼儿的谈话语言进行解读，更能体现评价的多维度、多视角。

（三）转化评价模式，看见儿童成长

将结果性评价逐渐转化为过程性评价，利用周边环境、图文视频、"可视"图表等方式来记录幼儿对自己谈话语言的评价，激发幼儿主动参与到评价的过程中，让评价的结果更具可靠性和准确性。教师将对幼儿游戏过程中的谈话语言进行逐一分析记录，这也是对幼儿的一种过程性评价。

我们坚信儿童是有能力、有自信的学习者和沟通者，追随儿童，珍视幼儿的学习过程，用发现的眼睛，及时捕捉幼儿的兴趣，抓住幼儿在游戏中谈话交流的亮点，从幼儿的游戏中发现并解读幼儿谈话语言发展的水平。多元主体、多重视角、多种方式和多样内容的过程性评价，将成为今后教育评价的一种主导有效的评价方式。

（本文获 2021 年杭州市原下城区幼儿园教育评价案例评比一等奖）

游戏墙，看见游戏中的儿童

杭州市景成实验幼儿园　　王旭玲

摘　要：游戏墙是在景成实验幼儿园材料开放、场地开放全园混龄的大风车自主游戏模式中，教师为了看见儿童的学习与发展，而形成的班本评价方式。游戏墙成为儿童与儿童之间、教师与儿童之间的彩虹桥。通过倾听儿童的声音，拓展教师的视角、发现儿童的视角，勾画出儿童形象的立体图，提供了儿童发展的评价依据。

关键词：游戏墙；看见；儿童

一、案例缘起

大风车自主游戏是幼儿园游戏课程的主要形式，也是园本"爱赏"课程的重要组成部分，材料开放、场地开放，以全园混龄的模式开展游戏，在看似"无为"的游戏课程中，幼儿到底获得了怎样的经验？教师又该给予怎样的支持？关于游戏中的儿童发展评价的思考显得尤为重要。

如何"倾听儿童"，成为教师一个不小的挑战。

瑞吉欧教育创始人马拉古奇说过：儿童有一百种语言，一百种思考、游戏、说话的方式。[1]马赛克方法将儿童视为他们自身生活的专家、熟练的交流者、权利的持有者和意义的创造者。[2] 在大风车游戏的实践中，我们得益于马赛克方法研究的启发，运用多种游戏评价方式，构建出游戏中儿童的形象。

从儿童交流模式的多元化特点出发，用多种方式来聆听"儿童的一百种语言"，以更全面地描绘儿童及其生活世界的完整图景，并将其作为优化儿童发展与教育环境的出发点。

---

① ［美］甘第尼，福尔曼，爱德华兹.儿童的一百种语言［M］.罗雅芬，连英式，金乃琪，译.南京：南京师范大学出版社，1995.

② ［英］艾莉森·克拉克.倾听儿童——马赛克方法［M］刘宇，译.北京：中国轻工业出版社，2020：6.

二、案例描述

(一)班级游戏墙的操作

为了"看见每一个,看到每一刻",我们在创设游戏环境和多元追踪手段等方面进行探索,尝试各种不一样的评价方式,如图1所示。

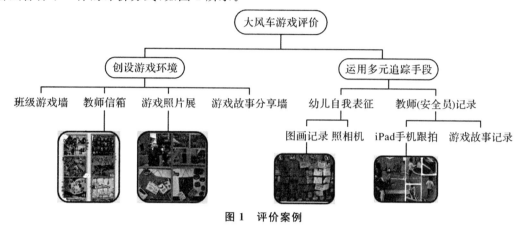

图 1　评价案例

在运用多种评价法进行观察的过程中,虽然我们收集到了大量关于儿童游戏的信息,但也发现其中有待改进的地方,特别是思考如何体现儿童的评价主体性以及评价的"可视化"。

1.班级游戏墙的设计

班级游戏墙与园本爱赏课程目标链接,是幼儿园自主游戏在班本化评价中的一种主要形式,是我们研究多元追踪评价法的一种拓展与补充。

(1)班级游戏墙的概念定义

班级游戏墙是班级呼应儿童游戏需要、回顾儿童游戏表现、回应儿童游戏期待而提供的游戏环境支持。主要呈现游戏前的计划、游戏中的体验和游戏后的评价。

(2)班级游戏墙与园本爱赏课程目标链接

大风车游戏评价与园本爱赏目标紧密链接,课程目标渗透于确立"三个一"游戏目标的游戏评价中。

1)爱赏自己:自理、自立、自信。能在游戏中完成一次计划。

2)爱赏同伴:共处、共商、共享。在游戏中认识一个新朋友。

3)爱赏自然:爱环境、乐探究、会思考。在游戏中完成一次挑战。

2.游戏墙记录的方法

(1)色标记录法:基于儿童对色彩的特别偏好与情绪记忆,链接游戏目标,给每种色彩赋予特定的目标含义。在此基础上运用文字、图画等书写符号来记录,见图2。

(2)其他记录方法:作为游戏记录的补充,记录方式呈现多元化,有连续记录法、符号模糊记录法等。

色标记录法

图 2 游戏墙

(二)游戏墙上的故事与思考

1.儿童与颜色的故事

暖暖的"红色"

大风车游戏结束后,小歆拉着我说:"王老师,我今天好开心啊!"我马上回应:"是吗?遇到了特别的事情了吧?"小歆连连点头,小脸蛋红红的,"是的,今天我在桂花树下玩的时候,有一个男孩子来和我一起烧饭,我们一起烧了好多菜"。那个男孩子还问我:"你是大班的吗?"我说:"当然是啊!"他说:"我也是大班的,我们明天还可以一起玩。"我问她:"今天你会选哪种颜色的纸记录今天的事情呢?"小歆说:"嗯,我要选红色,我感觉我现在的心是热乎乎的,跟红色一模一样。"我有些惊讶,同时也更加相信,在幼儿眼里,颜色确实是有感情的。

教师的思考:

游戏墙,记录着幼儿游戏的多样体验,是一面绽放幼儿情绪情感的墙,丰富而灵动。随着儿童情绪的发展和成熟,他的情绪也更多地与记忆的经验、想象的后果,以及对环境的认知评价等符合因素相联系。[1] 颜色与幼儿有着天然的联系,他们从很小的时候开始就有自己喜好的颜色。随着儿童年龄的增长,他们会把关于颜色的认知、情感经验进行迁移。以上案例中幼儿的"我选红色,我感觉我现在的心是热乎乎的"表述,就很好地说明了班级游戏墙是幼儿情绪情感的表达。在多次的讨论中,我们班逐渐选择了"红、黄、绿"三种彩色纸作为我们的特有色标记录,呈现了一面印刻着幼儿感情的色标游戏墙。红色代表交往,记录自己与同伴的故事;黄色代表挑战,记录儿童的自我超越;绿色代表计划,记录儿童对游戏的计划及实施行为。

2.教师"视野"的拓展

我需要朋友

一次,我们在翻看移动摄像机时,发现晨的影像特别模糊且跳动,她的行动轨迹几乎遍布了游戏场地的每一个角落。此时,也许我们会对晨形成一个热情但注意力

---

① 陈帼眉.学前心理学[M].北京:北京师范大学影像出版社,2000:275.

不够集中的印象。这令我们感到意外,这与平时专注稳定的晨形成了反差,这是什么原因呢?

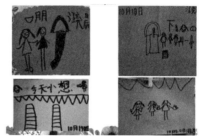

　　我与晨交流想法。晨告诉我:因为我在找我的好朋友茉莉,我想先找到她,然后一起滑滑梯。听了晨的回答,我们恍然大悟。我们查看游戏墙上晨的游戏记录,她确实用了红色的记录纸,记录着两个小朋友滑滑梯。

　　第二天,晨还是选择红色记录纸,增加了一个计划:他想和茉莉去大舞台跳舞。

图 3　晨的计划表

教师的思考:

马斯洛关于人的需求层次理论为本案例中的儿童行为提供了理论上的支持。① 在一个陌生的开放的游戏环境里,幼儿表现出对同伴朋友的需求,恰恰印证了马斯洛的需求层次理论之说。幼儿只有获得安全感之后,才能产生更深层次的实施计划、实现挑战的愿望和行动。

　　游戏墙连续、动态地呈现幼儿游戏过程,勾画出幼儿在一段时间内的游戏轨迹。通过幼儿的表达与教师的解读,在教师与幼儿之间建立了链接,是连接教师与幼儿之间的桥梁。这个案例拓展了老师的"视野",师生之间彼此关联,这是游戏墙在链接师生之间所做的贡献。

3. 儿童"视角"的发现

　　饭后,子墨与若伊在游戏墙前交谈着。子墨:我看见你的计划单上写,今天要和我一起当舞台设计师,可是你没有来呀! 你记录了玩沙游戏。若伊:计划是今天想好明天的事情,我是说我明天去大舞台啊!

　　子墨:哦,原来这样啊。我以为你说话不算话呢!

教师的思考:

班级游戏墙作为班级环境的重要组成部分,幼儿每天在墙上自主操作,呈现自己的游戏体验、分享自己的游戏计划、共同回顾游戏情节。自然而然地参与其中的分享与评价,产生评价联动,即以儿童的"视角"来评价同伴的游戏行为,游戏的驱动力自然生成。这种源于儿童真实的需要,主动生成的学习力尤为可贵。

三、案例的研究价值

(一)提供发展评价的依据

班级游戏墙:呈现了幼儿连续性游戏活动的形态,用儿童理解的语言还原幼儿以及事件。还原的是儿童视角下的游戏状态,具有客观、真实、连续等特点。游戏进行一段时间后,我们运用数据进行统计,如图 4 所示。检验学期"三个一"目标的达成情况,呈现每一个儿童的游戏发展趣事,让教师和家长对幼儿做出科学的发展评价。

图 4　统计图

***

①　胡佩诚. 医学心理学[M]. 北京:北京医科大学出版社,2000:47.

(二)提升学习兴趣,完成实践编织课程

班级游戏墙,描述着儿童喜欢并认可的游戏行为。从中能捕捉到幼儿真正的学习兴趣,他们的问题、学习方式、交往方式等,为实践课程提供了生长点,进而实现师生共同完成课程编织,满足幼儿的学习需要,提升学习经验。

(三)塑造有安全感和归属感的健康儿童

班级游戏墙是促成教师与幼儿之间、幼儿与幼儿之间沟通的桥梁,为教师打开了看见儿童的一扇窗,看到幼儿世界的精彩与不同,也成为幼儿向家长、教师展示自己的舞台,获得被看见、被关注的安全感。

班级游戏墙,让我们更能思孩子所思。我们分享、识别孩子的这些图画、语言符号,最终使幼儿有机会进行"我在场""我对话"这样一种真正符合现阶段师幼关系的互动。

(本文获 2021 年杭州市原下城区幼儿园教育评价案例一等奖)

倾听,为我们打开一扇通向儿童的门

——"圆桌会"支持教师反思性实践的一点探索

杭州观成幼托园　施林红　杨　蓉

摘　要:"圆桌会"是由课程协调员和班级教师共同参加,基于班本课程实施的评价研讨,为生成性课程提供了支持,也为教师追随儿童的弹性计划提供了参考。参会教师在基于儿童视角的思考下对如何回应儿童做出选择,以推进与调整课程的实施,真正做到"跳出教材、回归真实的儿童和生活"。

关键词:倾听;"圆桌会";反思性实践

一、案例缘起

杭州观成幼托园的多特课程是一种基于瑞吉欧理念的生成性课程,以追随儿童兴趣和需要的弹性计划让课程回归儿童的真实生活。要真正实现"跳出教材、回归真实的儿童和生活",对于大多数年轻教师而言,说起来容易,做起来还是很有挑战性的。教研要如何支持年轻教师的反思性实践?我们在集体教研基础上推出了每日"圆桌会",帮助教师开展生成性课程建构。"圆桌会"取名自圆桌会议,是由课程协调员和班级教师共同参加的一种课程评价研讨形式。以"圆桌"表示参加研讨的所有成员不分教龄、不分职称、不分岗位,人人平等,意在营造一种平等对话、和谐融洽的研讨氛围,每个成员以"没有权威、公平讨论、包容倾听"的心态参加研讨,共同努力寻求问题解决的方法。通常情况下,每天下午幼儿离园之后,班级教师就会围坐在一起,将自己在课程实施中遇到的困惑和问题带到"圆桌会"上讨论,大家畅所欲言,集思广益,在和同事的共同反思中调整与推进课程的实施。

二、案例描述

中班上学期,在开展"船"的项目过程中,幼儿的"造船"行动不断升级,在依次制作了纸船、泡沫船、塑料瓶船后,大家决定要到幼儿园的鲁班馆自己动手造一艘坚固的木船。

（一）"圆桌会"：胶枪能不能出现在鲁班馆？

造木船的第二天，沐沐在鲁班馆发现了胶枪，她用胶枪很快就完成了木船的制作。第一个完成木船制作的沐沐很高兴，一边跟老师说"我做好啦"，一边拿着自己的木船给正在"锯、钉"的小伙伴看……不一会儿，胶枪区排起了长队。

Z老师在圆桌会上提出了自己的困惑：能用胶枪吗？用胶枪就没办法达成"手的动作灵活协调性、力量和耐力提高"的目标了，怎么办？

L老师说：当然不能用胶枪，鲁班馆的最大价值就应该是探索和使用锤子、锯子这些工具的，胶枪是个干扰，把它撤了吧。这样可以让幼儿安心回到木工操作中。

P老师说：这时候由老师撤掉胶枪不太合适吧？大家有没有想过，选木船不适合用胶枪真正的原因是什么？

S老师说：胶怕水，而船要在水里航行的，用胶枪造的木船很快就会散架的，所以不能用胶枪。但是要怎么让幼儿自己来发现呢？

Z老师说：我们可以用大水盆在鲁班馆模拟一个微型"月亮湾"，让孩子自己试一试，通过观察来发现。

于是，老师用一个大水盆在鲁班馆里模拟了一个微型"月亮湾"，邀请先完成的小朋友以"试航"的方式来检验"木船"的牢固度。第二天，小朋友依次把自己的小船拿出来，结果发现：沐沐、开心、悟空的船散架了……准准用钉子钉的船没有散……胶枪做的船不牢固。他们分析道：胶枪粘的时候是热的，水是冷的，热的和冷的碰到了就脱开了；胶怕水，船要在水里开，不能用胶枪；船要用钉子钉才能牢固，胶不能碰水；不能全部用胶枪，有的地方可以用……

教师的思考："儿童是有能力有自信的学习者和沟通者"的口号是否真正得以落地，在"胶枪"这个意外事件引起了我们的思考。儿童真正参与自己的学习了吗？儿童从中可以学习到什么？儿童的思维如何与科学精神建立联系？教师在倾听和反思中将学习的自主权、选择权还给了儿童，真正让儿童成为自己学习的主人。

（二）"圆桌会"：我们都完成了，亮亮才做好围栏，怎么办？

小朋友陆续完成了自己的船，下一次活动时装饰好就可以去月亮湾"航行"了。可是亮亮的大船才做好围栏，还要好几次才能完成，怎么办，是让亮亮继续一个人完成？还是抓住这个机会去促进幼儿间的合作和互助呢（见图1）？

图1 亮亮的大船

P老师说："造船的进度不一为互助合作提供了很好的机会，同时，考虑到亮亮是这个学期的插班生，朋友很少，我们是不是可以趁此机会引导动作快的小朋友加入亮亮的造船行动。通过合作来改善伙伴关系，同时也能够让亮亮感受到新集体的温暖和友好？"

Z老师说："中班孩子已经有了比较强的自我意识，之前我曾建议亮亮是不是可以把大船变成小一点的船，这样能和大家保持差不多的进度；可是亮亮拒绝了，坚持要做一艘大船。我想这得看亮亮本人是否需要帮助吧。"

S老师说："'大船、不同步'固然为接纳同伴、互惠合作创造了新的学习机会，但这也许是我们成人的一厢情愿，我们不要把'合作'视作亮亮的需要，或对亮亮而言是最有成长价值的。我认为就木船而言，不论是和同伴合作还是自己一个人坚持完成，都具有不相上下的发展价值。亮亮才是这艘大船的主人，他一定有自己的考虑，我们应该去听听亮亮的想法。"

L老师说："也不是一味听幼儿本人的意愿吧，我们是不是可以回顾下亮亮这段时间的工作，一是找找速度慢的原因，二是找找亮亮是否需要帮助的依据，然后再来做出我们的支持。"

S老师说："我关注到亮亮在鲁班馆的工作状态跟在班级里是不一样的。在班级里，亮亮的注意力很容易分散，而在鲁班馆，亮亮一直都很投入在自己的造船行动中。我甚至感觉，他挺享受在鲁班馆的工作。"

L老师说："我观察过亮亮，在钉和锯的技能上，他比其他小朋友都要娴熟一些，这可能跟他的力气大有关；速度慢主要还是在于船太大，他的船比其他小朋友要大好几倍呢。我们应该给他更多一些时间。"

老师就此征询了亮亮的意见。亮亮说："我想自己做，我可以自己做完。"他完全有把握自己完成这艘船。于是在老师的建议下，亮亮利用早上和饭后的自主时间坚持完成了自己的大船。

教师的思考：如何权衡、协调好"成人视角"和"儿童视角"，在对幼儿做下一步回应前，不同视角的观察提供了分析、解释和讨论的依据。彼此之间的倾听和对话，让我们有机会去深入思考和探寻学习的本质与意义。

三、案例的研究价值

(一)"圆桌会"是经济、有效的园本教研形式

每个人的思维和经验都有其局限性，在回应、支持儿童时会出现"想当然、模式化"的现象。"圆桌会"以真实的看见和倾听支持教师开展反思性实践。教师在彼此倾听和对话中，不断扩展想法，不断透过现象去深入思考"课程、儿童、经验、学习"之间的关系，从而对如何回应当下儿童的需求做出更适宜的判断和选择。

(二)"圆桌会"是对班级教师的信任和友好

我们相信每一位教师都是有独立思考能力的，特别是幼儿班教师，他们最了解本班幼儿兴趣爱好、经验水平以及他们当下最需要什么。"圆桌会"传递着"平等对话"的理念，鼓励每一位成员放下教龄、职称、岗位等顾虑，在和谐融洽的研讨氛围中畅所欲言、各抒己见，深入讨论，甚至辩论。年轻教师感受到了信任，开展生成性课程实践更有信心和力量了。

(三)"圆桌会"助推着教师的专业成长

每天的"圆桌会"为教师拟订弹性计划提供了参考，支持教师以动态化的备课实践"跳出教材、回归真实的儿童和生活"的课程愿景。整个论证思辨的过程，实际上是教师不断和自己的儿童观、课程观对话的过程，成长的不仅是教育技术，更重要的是基于教育伦理和教育哲学的思考，帮助教师成长为一名"眼中有儿童、心中有目标"的教育工作者。

（本文获2021年杭州市原下城区幼儿园教育评价案例评比一等奖）

OBE 理念下的幼儿园项目活动评价表的创新设计与实践

杭州市东园婴幼园　戴丽丽　陈　婧

摘　要:评价是幼儿园课程建设过程中的重要环节,而评价表是评价最常见的手段之一。该文尝试借助"OBE"理念,结合项目活动目标,以幼儿自己、教师、他人三元主体对幼儿项目活动过程中的学习品质、探索发现等开展多维评价,同时选取与项目活动目标具有高链接度的分支活动,探索项目活动评价表的设计与实践。该表具有操作性强、目标清晰、主体多元、一项一表等特征。最后,通过分块评析、整体融合的方式,为教师科学评价和支持幼儿深度学习提供依据。

关键词:OBE 理念;项目活动评价表;创新转变

一、案例缘起

(一)OBE 理念简介及其评价依据

OBE(Out-come Based Education)是以预期学习产生为中心来组织、实施和评价教育的结构模式。[①] 简要地说,即依据开始的目标,通过儿童所发展的成果导出的教育,指向目标导向。

阿查亚指出,OBE 教育的途径分为四步:定义学习产生—实现学习产出—评估学习产出—使用学习产出。[②] 我国学者将 OBE 理念带回国内共享时,发现这种理念下的评价适宜解决幼儿园课程评价现实问题。如李克建教授指出,OBE 理念下教育者需要依据课程目标,制定课程途径并实施,筛选出与目标有高链接度的活动进行评价,判定每个幼儿是否得到发展,最终判定课程目标是否达成。因此,从这个意义上来说,OBE 教育理念下的评价可被认为是一种教育评价范式的革新。

(二)园项目活动评价的弊端及启示

项目活动结束后,我们仍以 5 大领域指标作为儿童发展的评价依据,这与项目活动的目标、幼儿个性的发展相悖。因此,我们开始探索基于 OBE 理念开展项目活动评价表的设计与实践。我们认为,评价表是评价最常见的一种手段,可以此为突破口进行尝试。

二、案例描述

(一)评价表设计常见模式(见图 1)

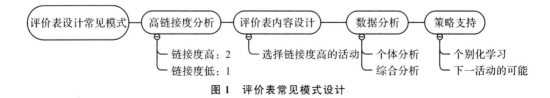

图 1　评价表常见模式设计

---

①　宋歌.OBE 教育模式下的学习成果评价[J].中国现代教育装备,2018(289):56.

②　孙洋子.基于"学习产出"(OBE)教育模式的英语读写课程课堂活动设计研究[J].教育现代化,2018(5):246.

1.分析筛选高链接度活动

筛选每个活动与项目活动总目标具有高链接度的分支活动内容。若链接度高则评出 2 分,链接度低评出 1 分。

2.设计独特个性评价表

根据前一段筛选出的高链接度的活动,进行相应的评价表设计。

3.数据分析整理

对该幼儿在项目活动中相应的活动表现进行记录,对记录结果进行数据分析(既可个体分析,也可班级幼儿综合分析)。

4.拟定可能的策略支持

依据数据分析进而开展个别化学习,以及作为下一活动进行的依据。

(二)案例实践——以"课间十分钟"项目活动为例

1.高链接度分析

5 月初参观小学后,大 X 班开展了"课间十分钟"项目活动。

如何筛选具有高链接度的项目分支活动,我们依据本项目的总体目标"学习管理自己时间,合理安排课间十分钟",筛选出评分为"2"的内容,如表 1 所示。

表 1　项目活动链接度分析

项目名称:课间十分钟				
活动一:什么是课间十分钟	活动二:学习时钟里的十分钟	活动三:哥哥姐姐的课间十分钟经验分享	活动四:我的课间计划单	活动五:课间十分钟体验模拟日
1	2	1	2	2

2.评价表内容设计

评价本身是一种客观判断的存在,不同主体对同样人、事、物的评价判断是不一样的。因此,预设的"项目活动评价表"具体分为老师眼中的我、小朋友眼中的我、我眼中的我三大主体板块,分别呈现师评、他评、自评的多元主体评价,如图 2 所示。

3.数据分析

大 X 班幼儿在进行"课间十分钟"项目活动评价表的使用中,总体填画评价完成率 97%,基本顺利实现开启幼儿互评、自评的多元评价模式。

(1)分块评析

1)聚焦幼儿自评板块

首先,在此板块统计中发现,幼儿自评达成率最高的是活动"我的课间计划单"。全班 30 名幼儿,有 21 名幼儿对自己做出的计划给出了五星。达成率最低的却是活动"课间十分钟模拟",说明幼儿普遍对自己"计划单"的设计能力较满意,但实际可操作性不强。

其次,从统计"我的探索心情""我最喜爱的活动"等中发现,幼儿在"课间十分钟"的项目探索学习中心情非常好,尤其是"课间十分钟模拟体验"活动,被 53% 的幼儿填画为最喜欢的活动,如图 3 所示。

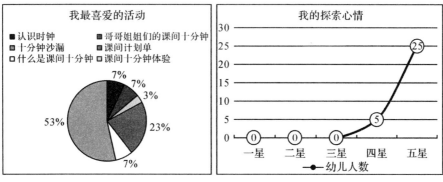

图 2　课间十分钟评价表

图 3　幼儿自评

再聚焦评价表的自主计划留白板块,根据幼儿绘画制订的计划单及实施体验结果,我们还可以得到以下数据分析:

a.有 36% 幼儿完成了自己所有的计划:能很好地计划自己的课间十分钟,并在模拟体验中成功把握时间完成了计划。他们对时间概念清晰,自我管理能力相对较强,能合理安排自己的时间。学习目标基本达成。

b.其中 33% 幼儿未完成计划单中的全部计划,如安排内容过多导致无法完成,没有把握好时间。

c.有 23% 幼儿计划了一些无法在学校内完成的内容,与课间活动的内容预想有偏差。如,计划单中全为游戏活动,没有考虑动静结合等。

d.剩下 2 名幼儿计划虽已完成,但计划太单一,浪费了大部分时间。如,十分钟只计划了一项喝水的内容。

在"我的问题"自评总结板块中,有 60% 幼儿能根据前半段表格中的评价内容有所思考,并提出自己遇到的问题,甚至解决办法。

2)聚焦幼儿他评板块

在此板块中,幼儿从探索学习、友好合作两大维度进行互评。在"友好合作"方面,有 83%

的五星率，说明班级交往氛围相对良好。在"探索学习"方面，有 36％幼儿认为对方仍有较大的进步空间。

3）聚焦教师评价板块

在师评板块，教师通过多维角度来展开对项目活动中幼儿的评价，分析个别幼儿或集体幼儿的学习发展现状（图 4 为大 X 班集体幼儿的评价雷达图）。我们可以直观地分析出班级幼儿的学习品质、学习能力、社会交往等。

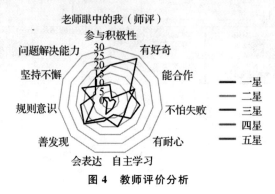

图 4　教师评价分析

（2）整体融合

综合分析以上"课间十分钟"项目活动评价表中的数据，我们可以得出以下结论：

a.幼儿对于"十分钟"课间时长，学习不够深入，较难很好地把握。

b.幼儿对自己的"课间十分钟"有一定规划意识，能友好合作并且有积极良好的学习品质。

c.幼儿对计划表单中的活动内容选择缺乏梳理归类，活动内容安排缺乏适宜性。

通过项目表中多元、多维度的有效评价，我们更能看见幼儿真实的经验水平，灵敏捕捉数据，及时调整我们的项目学习方向。

4.策略支持

教师利用从中得到的经验评估与数据分析，在班级中针对上面 a 与 c 的两条不足，采取了对应的策略支持。

策略一：在班级区域中投放了时钟、沙漏、闹钟、秒表等关于时间的学习材料，使幼儿能随时通过自主操作学习时间，感受"十分钟"的长短，引导幼儿学习更精准地把握"十分钟"课间时长。

策略二：我们就如何合理安排课间活动内容，在班级中展开了学习，梳理归纳适宜课间十分钟开展的活动，总结幼儿的活动经验，列出班级计划单大纲，并继续在班级中开展"课间十分钟模拟体验"活动。

三、案例的研究价值

（一）收获

1.助推幼儿自我评价

表格中"关键活动"的评价，能引导幼儿了解自我的经验水平及不足，帮助链接学习经验，反思回顾学习中的自我。通过"他评"板块，更多维更客观地看待自己。逐渐学会如何学习，并通过自我评价总结归因，促进发展。如，大 X 班幼儿经项目活动后明显对"时间"概念有了更清晰的了解和把握，计划表单有效度从 36％直线上升至 86％。

2.提升教师"靶式"评价

老师能通过"项目评价表"的使用,更具象地观察、评价幼儿。从表格的评价中,不断聚焦调整自己的教育教学方向,挖掘项目中儿童学习的价值。这种"靶向式"的精准指向,使教师评价能力不断提升。

(二)反思

1.始终遵循评价为儿童发展服务的原则

在本项目评价表的不断调整与重新预设中,我们需要评定的重要指标为:它能否更好地促动儿童发展?评价目的是更好地学与教。我们应时刻把握这一初衷。

2.多维多元评价呈现完整儿童

在我们的项目评价表中,利用多元主体板块搭建起了多维评价的视角。希望通过多维多元评价,发现儿童、看见儿童、走进儿童的视角,同儿童一起描绘出真正属于儿童自己的完整形象。

OBE 理念带给教师的,不仅是项目活动评价表的创新转变设计,还有教师观念上的"蜕变":心中有目标,处处有教育。

(本文获 2021 年杭州市原下城区幼儿园教育评价案例评比一等奖)

表现性评价在幼儿园项目活动中的应用
——以大班项目活动"最爱的宇宙滑梯"为例

杭州市大成实验幼儿园　李超群

摘　要:当前,幼儿园需要多元的、系统的、兼顾过程和结果综合取向的评价方法来促进幼儿的发展,提高教育质量。幼儿园项目活动质量的提高同样亟待优化评价方法。表现性评价作为一种系统的,同时关注幼儿过程中表现和结果的评价方法,已有许多学者阐述了其对教育的重要性。该文采用行动研究法对表现性评价在大班项目活动"最爱的宇宙滑梯"中的应用进行研究,通过收集研究资料,分析应用过程,提出应用建议,以期为教师在幼儿园项目活动中应用表现性评价提供参考。

关键词:表现性评价;幼儿园项目活动;宇宙滑梯

一、案例缘起

近年来,"问题驱动,任务导向",培养幼儿发现、分析和解决问题能力的"项目活动"逐步成为幼儿园课程改革的热点和重点。项目的生成具有一定的随机性,项目活动的开展没有固定的蓝本可以照搬,在这样高度生成、灵活的模式下,如何在项目活动过程中评估幼儿的发展及项目活动的有效性,成为我们需要思考的方向。

表现性评价是依据一定的评价标准,对幼儿在真实环境或模拟现实生活情境中完成表现性任务的过程和结果进行的观察诊断与价值判断活动。[①] 综观表现性评价和幼儿园项目活动,两者之前存在一些共性。

---

①　[美]Grant Wiggins.教育性评价[M].国家基础教育课程改革"促进教师发展与学生成长的评价研究"项目组,译.北京:中国轻工业出版社,2005:123-125.

（一）共同的基础——注重真实情境的创设

项目活动基于幼儿真实生活，融认知发展、技能学习、个性特质与心理情感于一体，通过在真实情境中学习，让幼儿带着问题主动探索。[①] 表现性评价要求为幼儿创设一个真实或接近真实的情境，让幼儿带着任务进行表现，是对幼儿完成表现性任务的过程与结果进行诊断，这一点和幼儿园项目活动开展的基础是契合的。

（二）共同关注点——重过程而不仅仅是结果

幼儿园项目活动注重的不仅仅是"项目的呈现"，更重要的是幼儿在过程中发现问题、解决问题的能力、学习品质的养成等。表现性评价是通过对幼儿完成任务的过程和结果做出诊断，从而间接促进幼儿能力的发展，达到评价促发展的结果。两者在关注点上有共性。

（三）共同的价值取向——促进幼儿多元发展

幼儿园项目活动是一种综合化的课程形态，以内容丰富的互动和交流满足幼儿的兴趣和发展需求，让幼儿深入探索，促进多元发展；表现性评价则把幼儿完成任务的过程和结果都纳入评价内容，并进行诊断，这其中包含了幼儿从知识到技能再到精神多个方面的内容，其对幼儿发展的促进作用也体现在综合性上。两者的价值取向有共同之处，这让表现性评价在幼儿园项目活动中的应用成为可能。

二、案例描述

（一）表现性评价在幼儿园大班项目活动"最爱的宇宙滑梯"中的应用分析

"宇宙滑梯"承载着幼儿园里许多老师和孩子的回忆。2020新学期开学的时候，幼儿园由于设备检修，拆除了宇宙滑梯。当发现"宇宙滑梯"不见了，他们很失落。它去哪了？它为什么会不见？带着这些疑问，我们开启了"最爱的宇宙滑梯"项目活动。

我们在项目活动实践的过程中，尝试把驱动问题设计为表现性任务，把班级内20名幼儿随机分为小组A和小组B，每组10人，以"最爱的宇宙滑梯"项目活动推行过程中的一个驱动问题转化的表现性任务为例进行分析，根据如下流程进行操作，见图1。

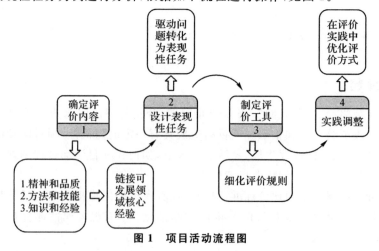

图1　项目活动流程图

① ［美］Judy Harris Helm，Lilian Katz. 小小探索家——幼儿教育中的项目课程教学［M］. 林育玮，洪尧群，陈淑娟，彭欣怡，译. 南京：南京师范大学出版社，2004：217-248.

1.确定评价内容

《3—6岁儿童学习与发展指南》强调关注幼儿学习与发展的整体性,因此我们在界定表现性评价内容时,不局限于幼儿的某一技能,而是综合精神和品质、方法和技能、知识和经验三方面评价内容,根据幼儿的思维水平,链接项目活动"最爱的宇宙滑梯"中的发展目标来确定评价内容。

评价内容如表1所示。

表1　儿童学习与发展评价

精神和品质	探究兴趣、合作性、坚持性、创造性
方法和技能	观察、猜想、工具操作、筛选分类、表达交流、记录
知识和经验	斜坡的特性、斜坡的用途

2.设计表现性任务

我们以"最爱的宇宙滑梯"项目活动中项目制作阶段的驱动问题"你能和小伙伴一起制作一个可以滑下来的滑梯吗"为例,把其转化为表现性任务。故表现性任务设置如下:请你选择合适的材料,和同伴一起制作一个可以滑下来的滑梯。

3.制定评分工具

我们参考《3—6岁儿童学习与发展指南》,对评价内容做了不同等级的划分,并且用具体的语言将每个水平层次描述出来,用以反映幼儿在活动过程中不同能力的不同程度体现,形成评分规则,使教师能较为清晰地对幼儿多方面的能力进行评价,详见表2和表3所示。

表2　评价规则

评价内容		标准等级			
精神与品质	探究兴趣	对制作滑梯没有表达出一定的兴趣或探究比较被动	在教师引领下对制作滑梯产生兴趣	对制作滑梯有好奇心和探究欲望,并积极主动进行探究	对制作滑梯有强烈的好奇心和探究欲望,积极主动地探究,并在探究中有所发现时感到兴奋与满足
	合作性	只是与其他人一起工作	可以和同伴谈论自己的想法	能和平地与意见不同的人相处	能相互支持、提供建议并互相鼓励
	坚持性	没有对制作滑梯表现出投入的样子	能全神贯注地投入制作滑梯的工作中	能全神贯注制作滑梯并且对制作过程感到满足和喜悦	全神贯注制作滑梯并发展出解决问题、了解想法或概念的偏好
	创造性	模仿其他孩子的搭建方式	自己探索出一种成功的优化方式	自己探索出多种优化搭建的方式	自己探索出多种优化搭建的方式且能迁移经验
方法与技能	观察	观察消极或基本没在观察	观察积极但盲目,不能随便进行观察	观察积极,并且有一定的方法,能在教师提示下进行比较观察	观察积极,有一定的方法并且能主动对事物进行比较观察
	猜想	对于问题没有猜想	在教师的要求下进行了猜想	主动积极猜想但是结果不一定正确	主动积极猜想且结果正确
	工具操作	工具选择时犹豫不决,不知道怎么选择和使用工具	工具操作方法不正确,需要多次尝试才能正确操作	能正确选择并且操作工具	能正确选择操作工具并且有所发现

续　表

评价内容		标准等级			
方法与技能	分类筛选	不能发现材料之间的区别，无法进行分类筛选材料	能发现材料之间的区别，但不能进行分类筛选自己需要的材料	能发现材料之间的区别，能对材料进行分类但筛选的材料适用性不强	能发现材料之间的区别，并且能对材料进行准确的分类和筛选
	表达交流	不愿分享描述自己的发现	在教师的要求下分享描述自己的调查发现，但描述没有逻辑，表达零碎不完整	能主动分享描述自己的发现，但描述没有逻辑，表达零碎不完整	能主动分享描述自己的发现，且描述有逻辑，表达完整
	记录	不能用简单的图画表达搭建滑梯的结果	能用简单的图画表示搭建滑梯的结构	能用简单的图画表示搭建滑梯的结构，且能表现出明显的特征	能用简单的图画表示搭建滑梯的结构，且能表现出一些细致的特征
知识与经验	斜坡的特点	对斜坡的特点一知半解	对斜坡的特点熟悉，但不能与实际操作联系起来	对斜坡的特点熟悉，在教师的讲解下，可以把它与实际操作联系起来	对斜坡的特点熟悉，并且可以主动与实际操作联系起来
	斜坡的用途	不知道斜坡的用途	只知道斜坡可以用在滑梯中	除制作滑梯外，还知道其他一种斜坡的用途	除制作滑梯外，还知道其他多种斜坡的用途

表 3　评价标准

评价内容		评价标准	幼儿表现水平							
			幼儿 1	幼儿 2	幼儿 3	幼儿 4	幼儿 5	幼儿 6	幼儿 7	幼儿 8
精神与品质	探究兴趣	对制作滑梯有好奇心和探究欲望，积极主动地探究，并在探究中有所发现时感到兴奋与满足								
	合作性	能相互支持、提供建议并互相鼓励								
	坚持性	全神贯注制作滑梯并发展出解决问题、了解想法或概念的偏好								
	创造性	自己探索多种优化搭建的方式且能迁移经验								
方法与技能	观察	观察积极，有一定的方法并且能主动对事物进行比较观察								
	猜想	主动积极猜想且结果正确								
	工作操作	能正确选择操作工具并且有所发现								
	比较	能发现原因的不同，并且按照一定的标准进行分类								
	表达交流	能主动分享描述自己的调查发现，且描述有逻辑，表达完整								
	记录	能用简单的图画表示滑梯拆除的原因，且能表现出一些细致的特征								

评价内容		评价标准	幼儿表现水平							
			幼儿1	幼儿2	幼儿3	幼儿4	幼儿5	幼儿6	幼儿7	幼儿8
知识与经验		对斜坡的特点熟悉,并且可以主动与实际操作联系起来								
		除制作滑梯外,还知道其他多种斜坡的用途								

注:幼儿表现水平一栏中根据幼儿的具体表现进行评价,评价结果用数字1—4来填写,表示表现水平的4个维度。

(二)表现性评价在幼儿园大班项目活动"最爱的宇宙滑梯"中的分析调整

在第一次评价开展过程中,我们选取本项目活动中的8名幼儿作为评价对象,教师帮助幼儿明确任务,然后观察幼儿在完成任务中的表现并做出评价。

1.分析与思考

(1)分析

1)评分规则中的一些表现水平描述与幼儿活动中的表现不相符,主要体现在"表达交流"这一维度时出现了评价标准以外的情况,所有孩子主动或非主动地进行了表达,虽然有些孩子是非主动表达,但是表达完整且有逻辑性。

2)评价维度中"记录"这一项目孩子在搭建的过程中并没有停下来记录,教师也没有相关引导,所以使这一评价项目价值不大。

3)教师无法完成8名幼儿的评价,只完成了6名幼儿的评价。

(2)思考

1)符合性思考:第一次评价中评分规则维度"表达交流"的表现水平描述与幼儿表现不符,是因为幼儿发展特点存在差异,幼儿发展水平呈现多样性,笔者在整理表现描述时不全面。

2)匹配性思考:"记录"这一评价维度在任务中受到幼儿经验和年龄特点的局限,没有办法一边搭建一边记录,目前在这一活动中价值不大。

3)兼顾性思考:由于教师既是组织者又是评价者,要同时兼顾组织活动和对8名幼儿进行评价的任务,难度有点大,教师会在某些情况下为了组织活动或与幼儿进行互动而错过对一部分幼儿的评价。因此评价人需更换,单次进行的评价人数需减少。

2.调整与反思

(1)调整优化

第一轮评价后,综合各方面因素,我们做出如下调整:首先由一位教师组织活动,由另一位教师担任评价人,并且把评价人数调整为6名幼儿。然后删掉"记录"这一评分项目,并对"表达交流"这一维度的评价标准做出修改。修改后如表4和表5所示。

表4

评价内容		标准等级			
		I	II	III	IV
精神与品质	探究兴趣	对制作滑梯没有表达出一定的兴趣或探究比较被动	在教师引领下对制作滑梯产生兴趣	对制作滑梯有好奇心和探究欲望,并积极主动进行探究	对制作滑梯有强烈的好奇心和探究欲望,积极主动地探究,并在探究中有所发现时感到兴奋与满足

评价内容		标准等级			
		Ⅰ	Ⅱ	Ⅲ	Ⅳ
精神与品质	合作性	只是与其他孩子一起工作	可以和同伴谈论自己的想法	能和平地与意见不同的人相处	能相互支持、提供建议并互相鼓励
	坚持性	没有对制作滑梯表现出投入的样子	能全神贯注地投入制作滑梯的工作中	能全神贯注地投入制作滑梯，并且对制作过程感到满足和喜悦	全神贯注制作滑梯并发展出解决问题、了解想法或概念的偏好
	创造性	模仿其他孩子的搭建方式	自己探索出一种成功的优化方式	自己探索出多种优化搭建的方式	自己探索出多种优化搭建的方式且能迁移经验
方法与技能	观察	观察消极或基本没在观察	观察积极但盲目，不能随便进行观察	观察积极，并且有一定的方法，能在教师提示下进行比较观察	观察积极，有一定的方法并且能主动对事物进行比较观察
	猜想	对于问题没有猜想	在教师的要求下进行了猜想	主动积极猜想但是结果不一定正确	主动积极猜想且结果正确
	工具操作	工具选择时犹豫不决，不知道怎么选择和使用工具	工具操作方法不正确，需要多次尝试才能正确操作	能正确选择并且操作工具	能正确选择操作工具并且有所发现
	分类筛选	不能够发现材料之间的区别，无法进行分类筛选材料	能发现材料之间的区别，但不能进行分类筛选自己需要的材料	能发现材料之间的区别，能对材料进行分类但筛选的材料适用性不强	能发现材料之间的区别，并且对材料进行准确的分类和筛选
	表达交流	在教师要求下分享描述自己的发现，但描述没有逻辑，表达零碎不完整	能主动分享描述自己的调查发现，但描述没有逻辑，表达零碎不完整	在教师要求下分享描述自己的发现，但描述没有逻辑，表达完整	能主动分享描述自己的调查发现，且描述没有逻辑，表达完整
知识与经验	斜坡的特点	对斜坡的特点一知半解	对斜坡的特点熟悉，但不能与实际操作联系起来	对斜坡的特点熟悉，在教师的讲解下，可以把它与实际操作联系起来	对斜坡的特点熟悉，并且可以主动与实际操作联系起来
	斜坡的用途	不知道斜坡的用途	只知道斜坡可以用在滑梯中	除制作滑梯外，还知道其他一种斜坡的用途	除制作滑梯外，还知道其他多种斜坡的用途

表 5

评价内容		评价标准	幼儿表现水平					
			幼儿 1	幼儿 2	幼儿 3	幼儿 4	幼儿 5	幼儿 6
精神与品质	探究兴趣	对制作滑梯有强烈的好奇心和探究欲望，积极主动地探究，并在探究中有所发现时感到兴奋与满足						
	创造性	自己探索多种优化搭建的方式且能迁移经验						
	合作性	能相互支持、提供建议并互相鼓励						
	坚持性	全神贯注进行制作，发展出解决问题、了解想法或概念的偏好						

评价内容		评价标准	幼儿表现水平					
			幼儿 1	幼儿 2	幼儿 3	幼儿 4	幼儿 5	幼儿 6
方法与技能	观察	观察积极,有一定的方法并且能主动对事物进行比较观察						
	猜想	主动积极猜想且结果正确						
	工具操作	能正确选择操作工具并且有所发现						
	分类筛选	能发现原因的不同,并按照一定的标准进行分类						
	表达交流	能主动分享描述自己的调查发现,且描述有逻辑,表达完整						
知识与经验	斜坡的特点	对斜坡的特点熟悉,并且可以主动与实际操作联系起来						
	斜坡的用途	除制作滑梯外,还知道其他多种斜坡的用途						

注:幼儿表现水平一栏中根据幼儿的具体表现进行评价,评价结果用数字 1—4 来填写,来表示表现水平的 4 个维度。

（2）反思

基于实践,我们发现表现性评价在大班项目活动中的有效应用,取决于以下几方面。

1）评价内容的科学性

评价的内容要有理论做支撑,应链接项目活动目标及环节的实际情况做出优化。

2）评价任务的实用性

表现性任务来源于驱动问题,非常符合幼儿的兴趣导向,促使评价顺利开展,从侧面反映表现性评价在项目活动中的价值。

3）评价工具的可操作性

评价工具的制定必须结合实际情况,才能保证制定出的评价工具适合评价对象,且具有一定的科学性和准确性。

4）评价人数的适宜性

由另一位配班老师担任评价人并且调整评价人数,很好地缓解了评价比例失调的问题。

三、案例的研究价值

通过本次研究,我们认为表现性评价在幼儿园项目活动中的应用是具有可行性的。它有助于教师优化对项目活动质量的评价,同时提高了分析幼儿学情的能力。通过不同层面的剖析,帮助教师明确幼儿在项目活动中的优势以及发展的空间。更重要的是,它改善了目前以成果导向评价为主的项目活动评价方式,丰富了项目活动的评价策略和方法,实现了项目活动评价主体、评价指标的多元化。同时,表现性评价在项目活动中也存在一定的困难:对教师的专业能力有较高要求,而且评价过程比较耗时、耗力。这需要我们继续通过多方面的合作努力去进一步研究。同时,让我们关注每个生命个体的健康成长,让他们的个性之花得以绽放。

（本文获 2021 年杭州市原下城区幼儿园教育评价案例评比一等奖）

基于学习品质发展的幼儿园项目化学习评价的案例分析

杭州市西园实验幼儿园　金　川　朱婷婷

摘　要：在课改大背景下，该园尝试以项目化学习为核心建设园本课程，并探索相应的评价体系。从传统的只关注幼儿技能掌握的结果性评价，到转向关注幼儿一日生活中的行为习惯养成的过程性评价，再到关注幼儿在真实学习情境中学习品质形成的表现性评价，即以项目活动为载体，以"雷达图"为可视化工具，运用"1＋1＋X"评价体系——"1"：聚焦幼儿学习特点，确定一个评估场域；"1"：链接学习品质，形成一个评估重点；"X"：关注动态发展，呈现了园评价维度多元化、评价主体全面化、评价情境自然化、评价类型多样化、评价手段可操作化的发展态势，逐渐形成园本课程下项目化学习评价体系的新样态，为幼儿的发展助力。

关键词：学习品质；项目化学习；评价

一、案例缘起

(一)探寻项目化学习的评价

在西园实验幼儿园的项目化学习园本课程中，我们改变师幼互动模式、改变儿童的学习方式，支持幼儿以小组讨论、实际操作、直接感知等方式学习，实现从传统的灌输式被动学习到探究式的主动学习。对此，我们尝试探寻适宜项目化学习的评价新样态。

(二)项目化学习评价改革的三阶段

【第一阶段：传统评价——形式化】

◆评价关注点：五大领域中某一领域的技能掌握

◆评价形式：结果性评价

早期，"教师说、幼儿听"的教育方式是我们最熟悉的，同时这种灌输式的集体教学评价选取《指南》中某一个领域的内容为测查点，如针对大班幼儿的测查，见表1所示。

表1　大班期末测查评价

测查领域	健康领域		
测查内容	跳绳		
测查目的	1.了解幼儿是否掌握跳绳的技能。 2.了解幼儿是否手脚协调。		
幼儿姓名	评估指标		
	掌握跳绳的技能，能手脚协调连续跳绳 ★★★	基本掌握跳绳的技能 ★★★	还没有掌握跳绳的技能 ★★★
×××			

◆传统评价带来的思考

该评价对幼儿做出总结性评定。它最终得出的评价结论是判决式、总结式的,甚至是简单的等级标定。

主体被动参与,评价方式数量化。忽视定性评价和幼儿的主体性自我评价,每个幼儿丰富而鲜活的个性被整齐划一的标准所压制,且无视个体差异,与当前的儿童观、教育理念相悖。

【第二阶段:尝试突破——视角的转变】

●评价关注点:一日生活中行为习惯的养成

●评价形式:转向过程性评价

●评价改革:

本着一日生活皆课程的原则,教师开始转向关注幼儿的生活,以此将评价重点引向过程性评价,关注幼儿的全面发展,如图1所示。

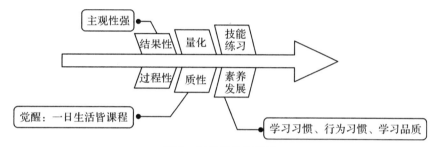

图1　评价视角的转变

西园实验幼儿园针对幼儿的餐点环节——"自助餐"进行评价,从幼儿的健康认知、自我服务与责任意识、礼仪发展等为切入点,评价的维度根据年龄特点,是否在餐前、活动后、手脏了以后会有及时洗手的意识,会正确的七步洗手法等,根据幼儿的个性差异有不同的评价要求。

●尝试突破的评价带来的思考:

评价视角的转变。关注幼儿的真实生活情境,体现了教育评价在幼儿园课程改革起步阶段的进步和自上而下的评价视角的转移。

评价效度的思考。忽视原本在生活中潜移默化形成的习惯,教师为了达到所谓好的结果,侧重"教师示范演示、幼儿模仿操作"进行生活习惯的培养,学习留存率有多少?

评价工具的局限。评价工具仍以打星星的形式给予幼儿一个简单的等级排定的回馈,并非给予幼儿具有实效性和针对性的支持与帮助。

【第三阶段:评价改革——看见每一个】

★评价关注点:学习品质

★评价形式:表现性评价

(一)契合项目化学习园本课程架构,形成评价体系

首先,我们将评价关注点转向儿童的学习素养,尝试运用"表现性评价",进行"三个确定"(如图2所示)。

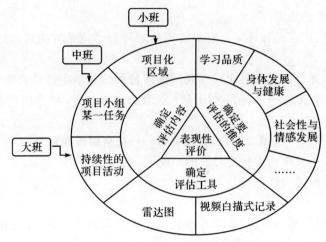

图2 项目化学习中的表现性评价体系

(二)借鉴"四D法",明确评价工具

借鉴新西兰学习故事"四D法"(描述、记录、讨论和决定),运用视频白描式记录、雷达图呈现的方式(如表2所示),对儿童的学习行为进行结构性的叙述观察和连续性记录,并采用质的解释方式进行整体而全面的评价。[①]

表2 评价工具——视频白描式记录+雷达图

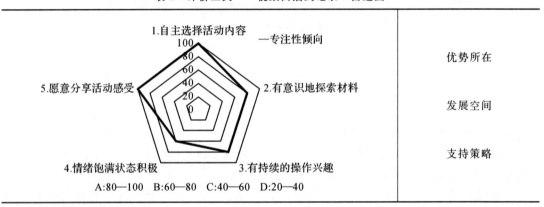

二、案例描述

本案例以小班项目化区域为例进行阐述。

(一)1——聚焦小班幼儿学习特点,确定一个评估场域

我们将评价场域定位于小班项目化区域活动。

(二)1——链接学习品质,形成一个评估重点

以幼儿是否持续参加一项感兴趣的项目化区域中所表现出来的"活动兴趣及专注度"作为评估重点。

---

① 谢芬莲.学习故事:新西兰儿童发展评价模式及其启示[D].兰州:西北师范大学,2014:30-38.

(三)X——关注动态发展,呈现多个评价维度

将"专注性"学习品质分为五个维度的行为倾向表现,如图 3 所示。

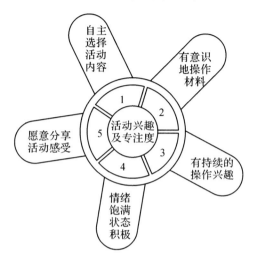

图 3 "活动兴趣及专注度"5 个评价维度

评价对象:睿睿,小班男孩

观察时间:15 分钟

1.评价维度 1——自主选择活动内容

表 3 案例

案例白描	可视化解决
区域的选择——自助点心后,睿睿来到益智区,将地上已放在"小爱心"(该班级用爱心作为进区标志,如地上贴有 2 颗爱心则表示该区域可容纳 2 个人)上的鞋子挪开。这时老师走来:"睿睿,你看她(佳佳)的鞋子是摆在小爱心上的",边说边把被睿睿挪开的鞋子放回到小爱心上。睿睿说:"我也想到这里玩……"老师说:"班里还有其他的区域,这里已经(人)满了,你下次早一点吃完就可以来这里了,好吗?你可以去选一选其他的区角,好吗?你看看还有其他什么想玩的。"说着,老师牵着他的小手,他站了起来,转头离开该区域,环视教室,边走边说:"我喜欢娃娃家。"这时,旁边小朋友说:"可以,你去玩吧,睿睿。"	自主选择活动内容——睿睿在选择区域时表现出了充分的主动性,他能自主选择活动内容,并且对于班级区域规则很明确

评价识别:		
活动持续时间	幼儿的可能性表现	雷达图指向
☐ 1—3 分钟 ☑ 3—5 分钟 ☐ 5—8 分钟 ☐ 8—15 分钟	☑ 能主动选择	☑ A(80—100)
	☐ 需老师指导	☐ B(60—80)
	☐ 需老师陪伴	☐ C(40—60)
	☐ 不愿意参加	☐ D(20—40)

2.评价维度2——有意识地探索材料

表4

案例白描	可视化解决
同伴交流、摆弄脸盆——他来到娃娃家贴着"小爱心"的区域,脱鞋并摆好,径直跑到"厨房",搜寻着地上摆放的一筐装满"好吃的"玩具,又转身打开"煤气灶"下的柜子。这时,来了一个男孩,他对着男孩说:"我的家都变成食物家了。"说着,他走到旁边,一手拿起一个塑料脸盆,用脚踩着,并跳着:"看我的。"示意旁边的小伙伴看他表演。表演了两遍,躺在地上笑着,女孩问他:"他是故意摔倒的吗?"他没回答,继续一只手拿着脸盆套在脚上,另外一只脚跳着,随后倒在地上。这时,旁边区域传来一声尖叫,他随着声音看了过去,边看边继续拿着脸盆重复刚才的动作	有意识地操作材料,进行多种尝试——睿睿善于探索材料,用脸盆与身体互相进行游戏——用脸盆套住自己的一只脚,用另外一只脚单脚跳跃的过程中,表现出灵活性和平衡感

	评价识别:	
活动持续时间	幼儿的可能性表现	雷达图指向
☑ 1—3分钟	☑ 有多种尝试	☑ A(80—100)
☐ 3—5分钟	☐ 愿意尝试	☐ B(60—80)
☐ 5—8分钟	☐ 需老师引导	☐ C(40—60)
☐ 8—15分钟	☐ 不愿意尝试	☐ D(20—40)

3.评价维度3——有持续性的操作

表5

案例白描	可视化解决
洗袜子、晾袜子、晒袜子、穿袜子——睿睿走到"卧室"晾晒袜子的地方,把脸盆放在柜子上,将一双袜子从夹子上拿下来放在脸盆里。这时,他端着脸盆走到厨房里的"水槽"边,放在水龙头下,又端着脸盆回头对班级老师说:"老师,我要给我的宝宝洗袜子!"老师说:"好的呀!"他马上将脸盆放在水龙头下,打开水龙头,嘴上念着:"bong bong bong,洗袜子洗袜子,洗好袜子了……"洗了一会儿,他一手拿着袜子,一手将脸盆放回原处:"好了,脸盆放回这。"边走边捋着袜子,说:"把袜子拿去晾干。"他又来到"卧室"边晒袜子的地方,用绳子上的夹子夹着袜子,一开始夹子反着,他试图打开却打不开,他又将夹子转了一下,手捏住夹子的上头,打开夹子,将一只袜子夹住。夹好之后,又将另外一只袜子夹起来。看着两只袜子都夹好了,他嘴里念着:"嘟~!晾干啦!"马上拿下袜子。又马上回头到"卧室"的床上抱起一个娃娃,将娃娃放在地上,给娃娃穿袜子	有持续的操作兴趣:情绪饱满状态积极——睿睿在娃娃家中,有明确的角色意识,围绕照顾宝宝这件事情,他开始洗袜子、晾袜子、晒袜子和给娃娃穿袜子等一系列活动,可以看出他专注于自己感兴趣的活动,并且有意识地探索材料,有多种操作,并且有持续的操作兴趣,情绪饱满状态积极

	评价识别:	
活动持续时间	幼儿的可能性表现	雷达图指向
☑ 1—3分钟	☑ 能持续操作	☑ A(80—100)
☐ 3—5分钟	☐ 能连续尝试	☐ B(60—80)
☐ 5—8分钟	☐ 频繁换区域	☐ C(40—60)
☐ 8—15分钟	☐ 需老师引导	☐ D(20—40)

4.评价维度4——情绪饱满状态积极

表6

案例白描	可视化解决
喂宝宝——睿睿将袜子扔到一边,蹲在娃娃的床边,拿起旁边的奶瓶看了一下,又看到框子里有很多的水壶,拿起水壶打开盖子,放回去,又拿起一个,按了下按钮,盖子打开了,他将吸管对准床上的娃娃,给娃娃喂奶。 小插曲——一会儿,睿睿跑到"厨房",到地上的框子里翻找着,将两个"蔬菜"放在一个篮子里。这时,旁边的老师说:这个电饭煲的盖子打不开了,谁来帮帮他。睿睿马上跑过去,按了几下盖子,说:我用力按。老师又问:用力按得开吗? 旁边的点点说:"这样不能的。"边说边试图试一试。眼看自己要被挤开,睿睿不肯退让,继续按电饭煲的按钮,点点继续想要挤过去,他嘴里哼着不肯走开。被点点挤后,睿睿用手拉点点的头发,点点马上告状:"睿睿拉我头发。"老师说:"睿睿,你让大家试试能不能打开。" 厨房里的二三事——睿睿看了一眼老师,重新回到地上的框子里找食物,将挑选的食物一个一个放在篮子里。过程中,他找到一块"蛋糕",并将剩余的几块"蛋糕"拼在一起,提着篮子走到"烤箱"前,将里面的东西拿出来,将"蛋糕"放进去。又从篮子里拿出小水壶放在旁边的水龙头下"接水"	主动积极——睿睿用水壶喂宝宝的过程中表现出较好的灵活性和手眼协调能力,全程积极参与

评价识别:

活动持续时间	幼儿的可能性表现	雷达图指向
□ 1—3 分钟 ☑ 3—5 分钟 □ 5—8 分钟 □ 8—15 分钟	☑ 全程很积极	☑ A(80—100)
	□ 短时较积极	□ B(60—80)
	□ 能参与其中	□ C(40—60)
	□ 情绪不稳定	□ D(20—40)

5.评价维度5——愿意分享活动感受

表7

案例白描	可视化解决
今天我照顾宝宝啦! ——在活动分享环节,睿睿主动走到大家面前,大声地说:我今天去娃娃家玩啦! 我用脸盆洗袜子,把袜子夹起来。宝宝饿了,我给它吃奶。我觉得娃娃家很好玩!	主动分享、自我评价——本维度体现了幼儿的自我评价,睿睿对于在集体面前分享自己今天的活动,很愿意,而且主动性强,能用短句讲述在项目化区域中的活动,符合小班幼儿语言能力的发展

评价识别:

活动持续时间	幼儿的可能性表现	雷达图指向
□ 1—3 分钟 ☑ 3—5 分钟 □ 5—8 分钟 □ 8—15 分钟	☑ 能主动分享	☑ A(80—100)
	□ 引导中分享	□ B(60—80)
	□ 需多次鼓励	□ C(40—60)
	□ 不愿意分享	□ D(20—40)

（四）雷达图直观呈现幼儿动态发展

图4　幼儿睿睿的专注性学习品质倾向

（五）评价分析

优势所在：该幼儿专注度倾向性高，具备主动性、专注性等学习品质；活动情绪状态积极、饱满。

发展空间：该幼儿在过程中时常被外界干扰而中断活动，但能及时回到自己的活动中；社会性交往能力不足，面对与同伴的冲突，解决方式有待提高。

支持策略：

（1）该区域的活动空间可再调整。

（2）在结束分享环节，教师可继续抓住闪光点，深入挖掘，给予孩子正强化。

（3）对于该幼儿的社会性发展，可以从电饭煲的盖子引发讨论。

三、案例的研究价值

（一）真实的评价环境还原儿童的学习状态

真实·情境·互动——在具备真实性、情境性、游戏化的项目化区域活动中，幼儿善于主动学习，其学习效果达到50％及以上。在这样真实而有意义的评价情境中"看见每一个"。

（二）可视化的评价工具实现"评价为儿童服务"的宗旨

助力·调整·促进——运用视频拍摄＋白描记录＋雷达图呈现的可视化评价工具，了解儿童特有的学习方式，为实现通过项目学习助力幼儿可持续发展提供客观、有效的依据。

（三）多维度的评价视角凸显"看见每一刻"的儿童视角

全貌·动态·多元——该评价体系强调对儿童学习全貌的关注，记录幼儿在项目化区域活动中的学习和成长过程，从多个维度对儿童学习的不同方面和不同层次进行描述与评价，贯穿幼儿在一个阶段内学习和发展过程的始终。

（四）适宜的评价体系完善园本课程的建设

鸟瞰·嵌入·完善——评价的开展是为了鸟瞰课程的完整特性、遵循幼儿发展规律。通过课程的深入实施，寻找适宜的评价内容，让适宜儿童的评价方式真正落地。随之，逐渐形成园本课程下项目化学习评价体系的新样态，体现了评价改革里程碑式的进步。

（本文获2021年杭州市原下城区幼儿园教育评价案例评比一等奖）

篇章三

中小幼一体真实性教育
评价论文精编

第一节 区域真实性教育评价改革论文综述

邓科丹　周仁昭　张底亚

教学即评价,是教育改革和发展中的一个热门话题。教育评价事关教育发展方向。有什么样的评价指挥棒,就有什么样的办学教学导向。由此可见,教育评价的重要性。为了全面提高教师教学评价研究水平和教学评价实践能力,努力探索评价的方法和策略,达到互通有无,集思广益,不断将研究得到的成果加以总结和提升再指导教学实践,促进教师的专业化成长,所以举办教学评价论文评比,得到了教师的积极参与,较好地展示了各校教师的评价理论素养和教学水准。现从我区评价论文角度,作如下总结。

一、评价对象全体,注重教育公平

国家倡导教育公平,让每一个学生接受合适的教育。为促进教育公平,应为每个学生提供有质量的教学服务。义务教育阶段面向全体学生,轻度残疾、智障的学生有一些集中在培智学校就读,有一些在普通学校随班就读。针对这样的学生,教师评价就要关注个体,不能用和普通学生一样的评价标准来衡量学生的学业成就和社会发展状况。区内教师动用了很多的智慧研究孩子间的个体差异,关注到每一个学生的发展,视角延伸到每一个角落,制定合适的评价策略来促进学生的发展和学习。如,在杭州市健康实验学校黄炎淼、孙小菱老师的《培智学校代币制评价系统的构建及其有效性研究》中,探索其对培智学生行为养成的促进作用,让培智儿童更直观地感受到激励。又如,杭州市天水小学杜佳雯老师在《"点赞"模式助力随班就读生学习——例谈小学科学课程的多维评价》中,结合随班就读学生特点,在科学教学中将评价多维结合,采用"点赞"的评价锦囊助力随班就读生学习,从而充分激发随班就读学生科学学习兴趣,挖掘其潜能,有效地补偿身心缺陷,促进随班就读学生学习效果。

当然,教师对学生的评价要全面恰当,应建立在了解幼儿的基础上。不仅对全班学生要有整体的了解,而且对每个学生都要有全面细致的了解。学生间的个体差异是很大的,既要看到每个学生的长处,也要看到学生的不足,同时还要看到学生不断变化发展的一面。在此基础上做出评价,这样的评价才是比较准确全面的。

二、评价目标明确,关注重点突出

我们欣喜地看到,区域评价中教师都能结合具体目标来进行评价。在评价之前,教师有很好的明确评价目的。教师事先确定几个具体明确的目标,带着评价的重点,围绕这几个目标展开评价,这样就有目的地进行评价分析,避免了空洞评价。我们认为这样的评价方式非常具有目的性,也让整个评价工作有目的性地整体推进,从学生视角,看见每一个学生,看见每一个过程。

三、评价形式多样,重视过程评价

在提倡和呼吁发展学生核心素养的时代,形成性评价、过程性评价的研究和发展日益蓬勃。区域大部分学校对教育评价有了新的认识,摒弃作为唯一结果的终结性评价,采用多种评价方式结合,根据教学实际情况采用不同的评价手段,如集体评价、教师评价、自我评价、相互评价等。在教学过程中,采用其中的一种或两种,或者采用几种方式相结合的方法。丰富的评价形式有助于激发学生浓厚的学习兴趣,培养学生真实的解决问题的能力,让评价发挥更充分的作用。评价的方法多样:有课堂观察,包括观察行为、作业和同学评价;和学生的交谈,包括访谈、提问、解释讨论、学习故事评价法、成长档案评价法等,做到合理地评价每一个学生,更好地提高校园的教育质量。

四、评价情境真实,培养解决能力

教育培养的是未来的人,要让学生具备解决真实问题的能力。评价情境要真实,评价任务本身要能促进学生能力的发展。区域教师在真实的生活情境中观察测评学生的能力,并给予学生在任务情境中发展能力的机会。如,在杭州市朝晖实验小学罗晓莉《基于社会性　培养有社会责任感的人》一文中,为了评价学生社会责任中的团队意识、规则意识等,学生以假日小队的形式参加测评。活动时,评价者需要观察学生在没有老师监督的情况下真实自然的反应,如何与队员沟通合作,如何理解和宽容队员,如何接受他人的建议等,从而测评学生的行为习惯,人际交往等能力。

五、评价内容核心,关注核心素养

核心素养是素养的 DNA,是学生应具备的适应终身发展和社会发展需要的必备品格和关键能力。基于此,评价内容要以此为基准,关注学生的核心素养,以提高和促进学生的核心素养为导向。如,杭州市京都小学王佳男《图图是道,以图促听——思维品质角度下对小学英语三年级"图片型"听力题的评价研究》,利用听力中的小图片训练学生的思维品质,促进高阶思维。听前,图片可以帮助学生发挥思维的灵活性,给学生提供展开想象的平台,借助课内外知识多方面迁移,帮助学生打好听力这场"有准备的仗";听中,应增强思维的批判性,有"细节"意识的学生可以紧扣图片细节,进行认真剖析,侧面高效完成听力练习;听后,根据学习重难点进行有意义的绘图,看图说话,达到逆向指导听力学习的效果。从图片到听力,图图是道,促进听力能力的提升,也为学生培养高阶思维发展的氛围。

六、评价队伍全面,重视整体发展

区域教师对评价研究重视度很高,研究热情高涨。评价涉及面广,涵盖不同年级、不同学科。不只是语文、数学这种主要学科的教师参与评价研究,科学、美术、英语等各学科的教师都有极大的热情参与研究评价,更新自己的评价观,从"对学习的评价"改为"为学习的评价";采用多种形式的评价促进学生的能力发展,指导自己的教学。

七、注重实践反思,明确评价标准

当然,区域教师在评价过程中能边实践边反思,教育评价的标准是一定时期人们对教育价值所认识的反应。教师对某一事物的评价不能以自己的价值观念为标准。教师深知:价值是多元的,评价标准也是多元的。评价的关键是对评价中存在不同价值体系之间的差异进行协调。在某一个评价群体中形成"一致"标准,并不能取代另一个评价群体所形成的某个价值标准,标准只是一定时期、一定人群相互协商的产物。总之,区域评价中尽量做到不以同一标准来要求幼儿,教师要学会承认学生的世界,鼓励学生大胆地用自己的方式表达他们眼中的世界。

评价在教育实践中起着重要的杠杆作用;评价是一把"双刃剑",评价的理念、目的以及评价的方法和技术等都影响着评价对教育的导向。新的课程观告诉我们:"幼儿不是被动的接受知识,而是建构和发现知识;不是知识的旁观者,而是知识的主动建构者和创造者。幼儿的这种角色不是教师赐予的,而是作为学习者天然具有的。"要使幼儿园的集体教学活动真正做到有效、高效,还有很长的一段路要走。让我们共同努力!

第二节　中小幼一体真实性教育评价研究论文精选

一　中学教育评价论文精选

基于学科核心素养考查的试题命制探索

——以中考模拟题"方格纸中的抛物线"为例

杭州市风华中学　郑　好

摘　要: 利用方格纸边界线的"截图功能"命制的抛物线试题,有效地发挥基本图形对图像分析的功能。同时,在研究中采用双向命制试题,分析设计缺陷和成因,不断优化数和形得到具备"美图美数"的试题是有效的命题策略。源于教材、紧扣课标命制的试题践行了培养几何直观素养的多种方法,对于教学会产生积极的导向。

关键词: 方格纸;抛物线;美图美数;几何直观

方格纸问题是近年来中考的热门话题,新颖的题目层出不穷。方格纸问题常常结合直线、三角形、四边形、圆等知识点进行考查,很少涉及抛物线。带着对于"方格纸中的抛物线"这一新组合的期待,命题者有意进行了探索。现以一道中考模拟题为例,说说基于数学学科核心素养考查的试题命制和教学启示。

一、挖掘教材,推陈出新

二次函数的图像和性质较为复杂,方格纸作为培养几何直观的重要图形能有效地进行图像的表示、分析和变换,[①]因此方格纸和抛物线的组合极有可能擦出火花。笔者翻阅了浙教版九上数学书第1章二次函数,绝大多数抛物线以方格纸为背景。不过映衬在图像下大小不一的方格纸,都是淡淡的灰色,它的好处无非是在坐标系下帮助师生更便捷地了解点的坐标,作用主要体现在图像的表示和变换中,对"图像的分析"所起的作用却微乎其微。

其实,方格纸既是坐标线,又是分割线(含边界线)。作为坐标线,它能有效地表示图像及其变换,助力学生把复杂数学问题变得直观形象。作为分割线,通过方格纸的切割,对于抛物线某一段的性质可以有更清晰的解读,方格纸边界线又能聚焦一定范围(如 $a×a$)内的情况。这些都让学习研究变得更专注、更"经济"。方格纸协助学生进行有效的图形分析,从局部视角去了解抛物线这个复杂的整体是可行的。

---

①　许芬英,等.数学命题技术研究[M].杭州:浙江教育出版社,2017:92-100.

二、数形结合，落实素养

原题:(浙教版九上数学 1.4 二次函数的应用第 1 课时作业题第 2 题)已知二次函数的图像($0 \leqslant x \leqslant 3.4$)如图 1 所示。关于该函数在所给自变量的取值范围内,下列说法正确的是(   )。

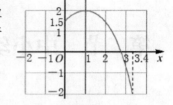

图 1

A. 有最大值 2,无最小值

B. 有最大值 2,有最小值 1.5

C. 有最大值 2,有最小值 -2

D. 有最大值 1.5,有最小值 -2

一改说明:在原题的基础上进一步丰富对于二次函数的图像和性质等核心知识的考查内容,进一步发挥方格纸的功能(如利用方格纸的边界线代替取值范围 $0 \leqslant x \leqslant 3.4$),使方格纸能更好地辅助二次函数内容的测试。

第 1 稿:图美数不美

如图 2 所示,A,B,C 是 5×5 的方格纸上的 3 个格点,设每一方格的边长为 1 个单位。

(1)以点 B 为坐标原点,建立平面直角坐标系,求出过 A,B,C 三点的抛物线解析式。

(2)在(1)的条件下,求出在方格纸上的函数图像所对应的自变量的取值范围。

(3)如何平移抛物线可以使顶点为格点 A?

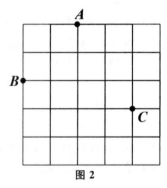

图 2

参考答案:(1)$y = -\dfrac{5}{8}x^2 + \dfrac{9}{4}x$;(2)$0 \leqslant x \leqslant 1.6$ 或 $2 \leqslant x \leqslant \dfrac{9+\sqrt{201}}{5}$;(3)∵顶点坐标 $\left(\dfrac{9}{5}, \dfrac{81}{40}\right)$,∴向右平移 $\dfrac{1}{5}$ 个单位,向下平移 $\dfrac{1}{40}$ 个单位,可以使顶点为格点 A。

设计意图:本题以方格纸为载体,考查的是平面直角坐标系的建立,用待定系数法求二次函数解析式,二次函数的图像和性质,体现的数学思想有数形结合,函数思想,发展了几何直观。试题显示了对于核心知识,数学思想方法的考查,对于教学有很好的导向作用。

第(1)问主要是借助方格纸的直观可操作性,考查了坐标系的建立和坐标的表示,待定系数法求解析式;第(2)问主要是借助方格纸边界线的作用,考查了两段图像对应的自变量的取值范围。第(3)问主要是通过对称性和计算,准确地把方格纸外的图像平移到方格纸内,以点带线使被分割的图像变回完整。综观试题,经过 3 个问题的考查,诠释了培养学生几何直观的多种手段。"关注 5×5 的方格纸内的抛物线",就像使用了"截图"技术,使问题"聚焦"图像的局部,解决整道题目既要有整体观,又要有局部观,这样独特的视角给人耳目一新的感觉。

设计缺陷：由于命制试题时先设计了"美图"(见图 2)再得到数(参考答案)，所以参考答案显示的数据较为烦琐，学生势必要花费大量的时间进行计算；而对于计算能力的考查不是本题的要求，所以试题还有待改进。

二改说明：由于第 1 稿中的答案复杂，所以改进时，采用逆向的方式进行命制。也就是先写出一些系数较为简单的二次函数作为答案，再由答案来确定方格纸规格和 A, B, C 三个格点的位置，同时对题干稍作改进。第 2 稿就是在这样的思路指导下完成的。

第 2 稿：数美图不美

如图 3 所示，A, B, C 是 9×9 的方格纸上的 3 个格点，设每一方格的边长为 1 个单位，过 A, B, C 3 点有一条抛物线。现以点 B 为坐标原点，建立平面直角坐标系。

(1)求抛物线解析式。

(2)求在方格纸上的函数图像所对应的自变量的取值范围。

(3)如何平移抛物线可以使顶点为格点 A？

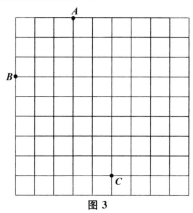

图 3

参考答案：(1) $y = -x(x-4)$；(2) $0 \leqslant x \leqslant 1$ 或 $3 \leqslant x \leqslant 2+\sqrt{5}$；(3)∵顶点坐标$(2,4)$，∴向右平移 1 个单位，向下平移 1 个单位，可使顶点为格点 A。

设计缺陷：命制试题时先设计了"美数"(参考答案)再得到图(见图 3)。题干中方格纸规格是正方形且 $a \geqslant BC+1$。新的问题来了，一方面，9×9 的方格纸线过于密集，越密的方格纸线越显得试题难度大，对于学生解决问题的阻力越大；另一方面，过 A, B, C 三点的抛物线主要分布在 6×9 区域内，方格纸浪费较多。

三改说明：综合稿的设计缺陷，命题者确定试题改进的方向是在合适的方格纸和合适的答案中寻找一个"合适的配对"。针对第 2 稿中呈现的问题进行分析，发现二次函数 $y = -x(x-4)$ 中的二次项系数为 -1，因为 $|-1| > \left|-\dfrac{5}{8}\right|$，所以抛物线 $y = -x(x-4)$ 的切线斜率的绝对值较大，纵向发展速度较快，所以不得不选用 9×9 的方格纸。根据这一分析，命题者尝试采用绝对值小于 1 的数作为二次项系数，同时考虑包含较多的整数点(点 B 及其对称点，点 A 及其对称点)和计算的简便，遂采用 $y = -\dfrac{1}{2}x(x-$奇数$)$ 或者 $y = -\dfrac{1}{3}x(x-$非 3 的倍数$)$ 的形式，其中奇数和非 3 的倍数都是大于 2 的整数。

在几何画板中分别输入 $y = -\dfrac{1}{2}x(x-3)$ 和 $y = -\dfrac{1}{3}x(x-4)$，观察二次函数图像及其整数点的分布情况。

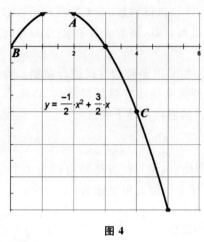

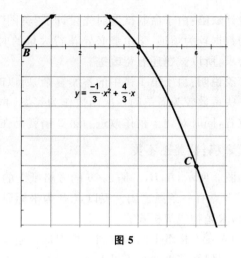

图 4　　　　　　　　　　　　　　　　图 5

比较图像可得：

(1)图 4 在 6×6 的方格纸中出现了 6 个格点,图 5 在 7×7 的方格纸中出现了 5 个格点,无论是方格纸还是格点数量,图 4 更优。

(2)①图 4 中图像边界点都是格点,边界点的特殊性使自变量取值范围的计算更简捷,通路更多;图 5 的边界点中有一个不是格点,考查了特殊和一般两种情况,难度较图 4 有所增加。②根据图中右下方图像边界点[设为点 $D_i(i=1,2,3)$]位置的不同,分析 3 种情况。边界点是格点 $\Rightarrow D_1(m,n)(m,n$ 为整数,下同$)$;边界点在纵向分割线上 $\Rightarrow D_2\left(m,-\dfrac{1}{3}m(m-4)\right)$;边界点在横向分割线上 $\Rightarrow D_3(2+\sqrt{4-3n},n)$,学生求解点 D_i 坐标的难度依次增加。

(3)顶点和平移单位的计算,图 4 较图 5 复杂一点。

(4)图 4 缩小到 5×5 可得与图 5 类似的图像,图 5 放大到 8×8 可得与图 4 类似的图像。

综合以上因素和 20 题的难度系数,确定二次函数为 $y=-\dfrac{1}{2}x(x-3)$,方格纸规格为 6×6,得到第 3 稿。

定稿:美图美数

如图 6 所示,A,B,C 是 5×5 的方格纸上的 3 个格点,每一个小正方形的边长均为 1 个单位长度,过 A,B,C 3 点有一条抛物线。现以点 B 为坐标原点,建立平面直角坐标系。

(1)求抛物线解析式。

(2)求留在方格纸上的函数图像所对应的自变量的取值范围。

(3)如何平移抛物线可以使顶点为格点 A?

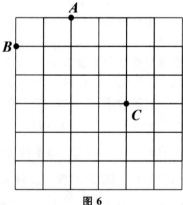

图 6

参考答案:(1) $y=-\dfrac{1}{2}x(x-3)$; (2) $0\leqslant x\leqslant 1$ 或 $2\leqslant x\leqslant 5$; (3)∵顶点坐标 $\left(\dfrac{3}{2},\dfrac{9}{8}\right)$,∴向右平移 $\dfrac{1}{2}$ 个单位,向下平移 $\dfrac{1}{8}$ 个单位可使顶点为格点 A。

三、教学启示

启示 1：几何直观是《义务教育数学课程标准（2011 年版）》提出的 10 个核心概念之一。[①]几何直观能帮助学生直观地理解数学，在整个数学教学过程中发挥着重要作用。在教学中重视培养逻辑推理能力，忽视几何直观能力培养的现象依然存在。本题紧扣教材和课标，紧跟近几年中考命题趋势，重点体现了对于几何直观素养的评价。基于学科核心素养考查的试题对于教学会产生积极的导向作用，有助于教师教学理念的转变和学生核心素养的落地。

启示 2：课堂是数学核心素养落地的主阵地，追求品质和意义的深度课堂应采用多种方法帮助学生发展几何直观等素养。试题践行了培养几何直观素养的四种方法，包括培养画图习惯、重视图形运动、运用基本图形、数形结合训练。[②]

（1）学生会因为画标准图费时费力而选择不画图或者画草图，图像比例失真、关键位置有误等极易造成解题困难。教师要耐心有意识地指导学生多画图，多使用作图工具（如尺规、含方格纸的几何练习本、几何画板），把抽象的对象"图形化"，使学生深切体会到画图对于理解函数概念、寻找解题思路带来的益处，以便于逐步养成画图的好习惯。

（2）图形运动既是学习的对象，也是认识数学的方法。教师要善于利用各种教具（如几何教具、自制教具、多媒体技术）来演示图形运动。利用几何画板演示函数图像在运动过程中的变和不变，是非常直观神奇的。常作动态演示，有助于学生再认识图像时，令图像在头脑中"活动"起来。

（3）著名数学家华罗庚曾说："数缺形时少直观，形少数时难入微，数形结合百般好，隔离分家万事休。"在函数教学中，数形结合这一数学思想方法发挥了重要作用。让学生学会从数和形两个角度认识函数，进行数和形之间的转化训练是促进深度学习的有效抓手，是提升几何直观、数学抽象等素养的有效途径。

（本文获 2018 年杭州市中学数学教学论文评比初中组二等奖）

"四疑四创"式数学思维课堂的探究与实践

杭州市艮山中学　　施浩妹

摘　要："数学是思维的体操"，而"疑"是思维的火花。在落实立德育人、发展核心素养的当下，作为教师，应当有效地开展课堂教学，创设情境激发学生的求知欲望，一环一环地引导其主动解决疑惑，进而培养他们的思维习惯，提升学习能力。该文从设疑中创设问题情境，在解疑中创造思维空间，在质疑中培养创新思维，适当留疑培养创新能力这 4 个方面展开探究与实践。

关键词：数学课堂；设疑解疑；引导反思

在我们的教学中为何会有以下现象：学生课堂听懂了，课下却忘了；教师觉得简单的，学生却觉得难；教师讲清楚了，学生却没有听懂；教师滔滔不绝，学生却掌握甚少。笔者认为根

---

① 中华人民共和国教育部.义务教育数学课程标准(2011 年版)[M].北京:北京师范大学出版社,2012.

② 教育部基础教育课程教材专家工作委员会.《义务教育数学课程标准(2011 年版)》解读[M].北京:北京师范大学出版社,2012.

源是没有让学生产生探究解惑的欲望,学生的思维之门没有被打开,他们体会太少,感悟太少,反思太少,又哪来提升学习能力、思维品质和核心素养一说?那么到底需要创设怎样的数学课堂,怎样去设疑、引疑、留疑,去激发学生质疑,引发学生开启创新思维之门的钥匙呢?

一、精心设疑,创设问题情境

高中数学概念课是每一章的第一节课,学生对新授知识充满神秘感,同时也伴随着陌生和畏惧。如果我们老师"轻概念,重练习",大容量地训练题目,就会导致学生对概念的感悟不足、认识不足、思辨不足,自然也就难以理解概念,只能停留在机械记忆与模仿的思维层次。笔者喜欢设计情境、问题串的方式来进行教学,提高学生的思辨能力和抽象能力。

如在"集合"概念课的教学中设计了以下 4 个问题。

问题 1 (1)请仿照下列叙述,向大家介绍一下自己,我家有爸爸、妈妈和我,我来自朝晖中学。(2)把毕业于同一个初中的同学分在一个组,编上编号,问:你属于哪一组?这样的问题贴近生活,容易感知。

问题 2 刚刚这些问题中的"家庭""学校""毕业于朝晖中学的同学"有什么共同特征?引导学生思考,让学生用自己的语言表述,自然而然地抽象生成"集合"的描述性概念。[1]

概念出来后,紧接着抛出问题 3。

问题 3 指出下列对象是否构成集合。如果是,指出该集合的元素。(1)我国的直辖市;(2)我们教室里的桌子;(3)我们班的高个子男生;(4)大于 100 的数。这样的问题引导学生在思辨中进一步理解概念,如(3)中的高个子男生,何为高,这算确定的对象吗?放手让学生去品味,去感悟。又如(4)大于 100 的数确定吗?无穷地列举下去,列得完吗?怎么办?

列举不完,冲突产生,刚好由此引到集合的表示方法,抛出问题 4。

问题 4 怎样用符号来表示集合?这样的问题串方式一环扣一环,层层递进,让学生的认识由感性到理性,也把集合概念由文字的描述性表达提升到了数学符号的抽象 $\{x \mid p(x)\}$ 表达。

以问促思,以问促辨,在数学概念课的探究新知中,不仅激发学生的学习兴趣,让学生经历从"疑惑"到"思疑"再到"发现"的过程,提升了学生的思维品质,更提升了学生的辨析能力和抽象概括能力。

二、引导解疑,创造思维空间

在课堂上,我们不能"重结果,轻过程,轻能力"。要广泛听取学生的想法,让学生自主探究,将思维拓展开去,哪怕是错误的、不完整的思维。要相信学生的潜能,勇于放手,要让课堂成为开放课堂,要让自己成为一个真正的点播者、引导者,这样可以衍生出更多精彩。

(一)事与愿违,重新优化问题创设

题目 已知函数 $f(x) = \ln x - \dfrac{a(x-1)}{x+1}$,若函数 $f(x)$ 在 $(0, +\infty)$ 上为单调递增函数,求 a 的取值范围。

笔者的预设是将此转化为一个不等式恒成立问题,最终用"参变分离"及"基本不等式的应用"求出参数的取值范围。

---

[1] 胡云飞.核心素养视角下基于探究的概念教学设计与反思[J].数学通报,2017(11):33-36.

事实上,很多学生做到"$x^2+2x-2ax+1\geqslant 0$ 恒成立即可"时,想不到参变分离,而是想从二次函数的角度去解决它。学生 1:只要 $\triangle = a^2-2a\leqslant 0$ 就可以了。其他学生也开始频频点头,觉得很有道理。出现了意外情况,笔者并没有按照自己的本意,否定学生的想法,切断学生的思维,而是干脆顺着学生思维,重新优化问题创设,让学生因题争辩,让课堂彻底开放,把思维权利还给学生。

(二)关注学生认知,重新搭建思维台阶

笔者在学生现有的认知层面上提问道:真的是这样的吗? 二次函数我们可是很熟悉的啊,你们都同意同学 1 吗?

学生 2 开始反驳:这个 $\triangle\leqslant 0$ 的条件太苛刻了,这里只要 $x\in(0,+\infty)$ 就可以了。你都对 $x\in\mathbf{R}$ 恒成立了。(其他学生也开始感悟到,的确如此。)笔者似懂非懂地点评:嗯,的确如此。那应该如何继续呢? 学生继续讨论争论下去,最终答案出来了,然而探究并没有结束。笔者继续提问:两种方法哪种好呢?

此时,学生齐刷刷回答第一种方法参变分离好,因为无需分类讨论。

笔者立刻抛出变式:那如果真的是 $x^2+2x-2ax+1\geqslant 0$ 对 $x\in\mathbf{R}$ 恒成立呢?

学生经过自身的探究、讨论后发现此题也可以用之前的两种思路解答,明白了方法不是永远某一种好,要因题而异。

这节课违背了教师的原始计划,打破了时间的限制和约束,把话语权交给学生,给学生创造足够"宽"的思维空间,让学生思维得以充分暴露。笔者只需围绕学生的思维搭建平台,引导学生解疑,一波刚落,一波又起,达到了很好的教与学的效果。激活学生的思维闸门,最大限度地培养学生自主获取知识的能力。

三、鼓励质疑,创新思维培养

科学发明与创造往往是从质疑开始的。教师可以创设质疑型问题,聚焦错题、错法,引导学生辨析、质疑,这样可以使他们的主体意识觉醒,不断地富有创新性,不断地增强自信,超越自身,有效地培养学生的批判精神和创新思维。[①]

(一)质疑同学,互相切磋

在基本不等式的应用中有这样一题"已知 $x>0$,求 $4x+\dfrac{9}{x^2}$ 的最小值",笔者收罗学生的两种解法呈现在黑板上。

学生 1:因为 $4x+\dfrac{9}{x^2}=x+3x+\dfrac{9}{x^2}\geqslant 3\sqrt[3]{x\cdot 3x\cdot\dfrac{9}{x^2}}=9$,所以 $4x+\dfrac{9}{x^2}$ 的最小值为 9。

学生 2:因为 $4x+\dfrac{9}{x^2}=2x+2x+\dfrac{9}{x^2}\geqslant 3\sqrt[3]{2x\cdot 2x\cdot\dfrac{9}{x^2}}=3\sqrt[3]{36}$,所以 $4x+\dfrac{9}{x^2}$ 的最小值为 $3\sqrt[3]{36}$。

部分附和学生 1,部分附和学生 2,但都说不出另一种解法为何错。在质疑中,批判中,引导学生辨析、讨论。终于有学生做出评判了:学生 1 一定错,如果可以拆成"x"与"$3x$",那一定也可以拆成"$0.5x$"与"$2.5x$",这样的话,答案太多了,一定是只能拆成一样的"$2x$"与"$2x$"。

① 魏仁洪.优化课堂问题　培养创新能力[J].数学通讯,2017(22):24-25.

其他同学开始点头同意,答案出来了,那本质原因是什么呢?继续探究思考,最终想到基本不等式有个极易忽视的东西"等号成立的条件——当且仅当"。

(二)质疑老师,增强自信

在一次考试中有这样一题:"若函数 $f(\sin x)=\cos\left(x+\dfrac{\pi}{3}\right)$,求 $f\left(\cos\dfrac{\pi}{3}\right)$ 的值"。资料给出的答案是"0"。笔者在自己的解答过程中也没有意识到它是道错题,做出的答案也是"0",然而在试卷讲评中,有学生质疑了笔者,该生说他用两种解法,解出来的答案是不一样的。

法 1:$f\left(\cos\dfrac{\pi}{3}\right)=f\left(\sin\dfrac{\pi}{6}\right)=\cos\left(\dfrac{\pi}{6}+\dfrac{\pi}{3}\right)=0$

法 2:$f\left(\cos\dfrac{\pi}{3}\right)=f\left(\sin\dfrac{5\pi}{6}\right)=\cos\left(\dfrac{5\pi}{6}+\dfrac{\pi}{3}\right)=-\dfrac{\sqrt{3}}{2}$

展示后,所有同学都说"对,对,对,应该是两解",然而提出疑惑的同学说:"我总觉得哪里不对,虽然 $f\left(\sin\dfrac{\pi}{6}\right),f\left(\sin\dfrac{5\pi}{6}\right)$ 形式不一样,但实质上都是 $f\left(\dfrac{1}{2}\right)$,是'一个'值啊,怎么会出来'两个'不一样的结果呢?"笔者意识到题目本身出错了,它根本就不是"函数",于是顺势诱导:"对啊,怎么会一对二呢?"个别程度好的同学立马条件反射:"一对二?函数怎么会一对二,题目本身就是一道错题!"

我们会遇到"错误题目",教师本身也会犯错,这时要引导学生不迷信权威,敢于去质疑,去批判,找到问题所在,错误中往往孕育着比正确更丰富的发现和创造,最终将"错点"变为"亮点",培养了学生的批判精神和思维的缜密性,增强了自信。

四、适当留疑,创造能力提升

罗增儒教授说过:"问题一旦获解,就立刻产生感情上的满足,忽视解题后的再思考,恰好也就错过了提高的机会。"反思是数学思维活动的核心和动力。对于一个教师而言,更要成为学生反思的引领者,要留有疑问,去挖掘题目背后更多的东西;让学生在遗留的问题中反思,在反思中进一步提升创造能力。

在一次作业讲评时,本子上有"已知向量 $\vec{a}=(2,\lambda),\vec{b}=(3,-4)$,且 $\vec{a}\cdot\vec{b}$ 的夹角为钝角,求 λ 的取值范围"这样一道填空题,不少学生做出答案 $\lambda>\dfrac{3}{2}$ 来了,但是答案对,未必思维就严密。所以笔者让一名答案对的同学讲了他的思路,果然该同学只考虑了一头,忽略了 $\cos\theta>-1$ 这个条件。笔者并没有直接指出该同学错在何处,而是在黑板上写下了变式:那如果 $\vec{a}=(-2,\lambda),\vec{b}=(3,-4)$,答案又如何?好多同学觉得一样,都没有动笔的意愿。直到学生1:"出来了,答案是 $\lambda>-\dfrac{3}{2}$。"学生2:"我也是这个答案。"笔者不动声色,在黑板上写下答案 $\lambda>-\dfrac{3}{2}$ 且 $\lambda\neq\dfrac{8}{3}$ 为止,大家才觉得诧异,勾起了好奇心,开始探究讨论,发现其实应该满足 $-1<\cos\theta<0,\cos\theta>-1\Rightarrow\dfrac{6-4\lambda}{5\sqrt{4+\lambda^2}}>-1\Rightarrow(3\lambda+8)^2>0\Rightarrow\lambda\neq-\dfrac{8}{3}$。答案总算出来了,有更好的解法吗?最后学生想到其实挖掉 $\cos\theta=-1$ 即可。但笔者并没有结束,而是让学生思考,为何作业本上的题目你们漏考虑了,依然会是对的呢?继续引导学生举一反三,如果夹角变为锐角又如何?笔者希望通过这样的讲题方式,让学生养成对题目进行再思考的习惯,在思维的深度和广度上有更大的发展。

数学是"思维"学科,育人目标必然是把学生培养成一个具有学习能力的人,从而达到学生自身的全面发展。[①] 而对我们教师而言,需要更新自己的教学理念,审视自己的教学课堂,思考如何抓住数学教学的本质,如何更好地开展课堂教学,更好地以数学本身的魅力去吸引学生、培养学生。我们要让数学课堂不仅是知识传授的场所,更是改善学生思维品质、提升学习能力的乐园,让学生从中感受到数学之美!

(本文获 2018 年杭州市原下城区教学评价与考试优秀教学论文)

精准定制:大数据背景下的个性化教育
——小 D 的"蜕变"记

杭州市大成岳家湾实验学校 陈芳华

摘　要:利用大数据理念融入数学学科,建立课程数据技术平台,构建网络课堂平台,实现数据的通融共享,让大数据与教学紧密结合。同时,利用大数据实现教学内容的精准确立、教学辅导的精准推送以及教学效果的精准评价。正视学生存在的共性和差异性,使每个层次的学生都能够在其已有的认知水平上接受新知识、有新收获,促使每个学生都能得到适合自己且长足的发展。基于大数据能实现个性化的教学,主动将数据与学生关联、与课堂关联、与教学关联,深入开展教学反思,积极改进课堂教学,在生动的数据故事中逐渐提高数据分析能力,转变并落实差异化教学和个性化学习的理念。

关键词:精准定制;个性化教学;数据故事;监测评价;数据增值

数据故事

小 D 同学是 A 层(后 30%)的学生,七下期末统测数学成绩 66 分,段名次 168 名,八下期末统测数学成绩 107 分,段名次 52 名,超越了 B 层最高成绩,甚至在 C 层也是达到了中位数以上。上面的几个数据在变化,在教学上学生每个数据的变化背后都有一个生动的故事,小 D 是怎样蜕变成一个优秀的自己实现完美飞跃的?

让我们先来了解小 D 的个人层面:他身材矮小,性格倔强,贪玩,离异家庭,父亲很忙,从来没时间管他,也没办法管他,故七年级只能住校,七年级跟随班级有名的调皮生,开始了糊里糊涂的学习生活。这个学生就是我刚调到杭州工作接任八年级的学生。

班级层面:开学初了解这个班的总体情况,让我有点惊吓:七下区期末统测成绩该班总分全段倒数,数学一科平均成绩离倒数第二还差 10 分以上;班级离异家庭的孩子多;班级晚自习纪律极差,很多学生晚自习竟然需要家长全程陪同管理,否则无法正常自习;因为纪律太差,有的老师无法在班级正常上课。

接这么特殊的一个班级我该何去何从?突破点在哪?又该如何带好他们?带着种种忧虑硬着头皮进入工作……

---

① 沈良.试论"知识探究思维"路径下学生核心素养的培养[J].数学通报,2017(10):18-22.

唤醒潜力、培植自信

幸好学校执行省教育厅政策,结合校情,开展数学和英语的分层走班教学实践活动,我担任该班的班主任。为了便于管理和思想的引导,学校把该班后30%共24名学生分层进入我任教的A层班级,其他的12名学生分别分配到B层和C层,留下的24名学生共同的特点是学习习惯差,学习能力弱,有23名学生是住校的,留守孩子较多。针对这样的情况,开学初的第一周我做了精心的准备,全班同学第一周数学课,以思想教育为主,摆正态度,唤醒学生学习意识,激发潜力,提升信心,明确方向,寻找学习方法。

小D走出了第一步

这样在一周思想洗礼后,小D主动来找我,用特别渴望学习的眼光对我说:"老师,我想改变以前糊涂的学习生活,你能帮我吗?"得知小D渴望进步,渴望回归学习,我欣喜若狂,坚信抓住每一名孩子,让他发光发亮,找到更好的自己,一定会起到星星之火可以燎原之势,全班孩子也会不断改变,每个孩子都有向上生长的动力。只要给孩子正确的引导,正确激励,他一定可以找到自己的学习路径。

数据链接,有的放矢,帮助成长

学校结合分层教学实际情况,引入大数据跟踪学生学习情况。刚好我们数学组每周进行一次数学周测,针对每一道数学题都进行知识归类。利用这一契机,每次周测结束小D都会主动带着笑容来找我:"老师,这次我进步了吗? 我感觉可以考到90分了。"可每一次打开数据看到自己成绩都没有很大进步,他自言自语:"明明会做,总是没做对。"他突然停止的笑容,表现得很沮丧。我意识到如果不帮助他找到问题的症结,我将失去小D这样对待数学"主动"的学生,也失去我第一周精心唤醒他们的意义。结合学校课题研究,利用大数据给小D个性化精准定制了一个方案。

一、利用人工智能统计分析诊断,自动生成每个学生教学个性档案

实时统计分析学生成绩,自动生成教学统计报表,自动建立学生学业档案,提供学生学情客观性过程评价(见图1)。

图1 智能统计分析

跟他一起分析他这一章节存在的问题和优势,找到薄弱的知识,再针对性地推送相应错题进行巩固。通过几次周测发现小D共性的问题:计算内容薄弱,算理混乱不规范,计算的准

确度存在很大的问题。找到问题症结之后，我们回到七年级知识帮助解决存在的问题，查漏补缺，比如代数式这块内容，知识点、概念混乱不清，故利用大数据整理一些相应的知识点，帮助小D进行过关检测及巩固。

通过大数据的可视化归类统计，全面揭示学生学习过程中出现的常规问题、典型问题、错误问题，为达成精准教学、形成动态的个性作业奠定基础。

二、利用大数据自动生成错题本，精准评价推送错题，提升效率

大数据系统自动生成小D个人错题本，支持打印下载，平均每周帮助小D节约5小时错题摘抄时间，提升了学习效率（见图2）。

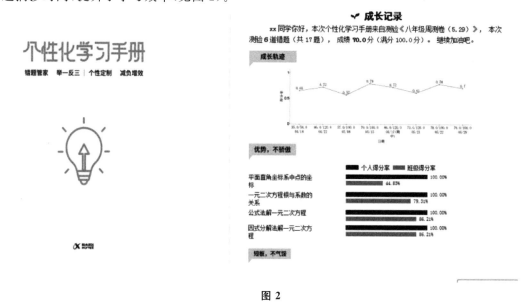

图 2

利用午休时间进行相应的辅导和答疑，这样一直跟踪，一直陪伴，小D很快就把之前没掌握的知识不断地内化构建成知识框架，对待问题的处理也清晰了很多，体会到自己已经可以不逃避做题，也能把A层平时的作业大部分完成，甚至B层的作业也能做一些。

三、大数据平台加强了家校沟通

对于小D家长来说，大数据平台微信端可以帮助关注孩子学习动态、推送成绩单、帮孩子打印错题等。手机端可以帮助小D整理错题本并导出错题、了解知识点掌握情况、个性化分析及发放作业，学习的针对性更强了。同时利用平台加强家校联系，亲子关系也明显改善了很多。小D对我说："老师我觉得这段时间过得很充实，也很享受这个解题过程，我跟父亲的关系好了很多，我可以竞选数学课代表吗？"瞪大那双小眼睛呆看着我。"当然可以，但是你先要学会讲题，才会帮助同学解决问题，也能帮助自己成长。"我说。引入智学网、新步伐等教学平台，开展基于大数据的全校性多学科个性作业定制；实现共性错题微课主动推送，鼓励学生自主录制错题讲题微课并全校共享。

四、大数据平台在学生中的应用

学生使用电脑登录以下网址，进行错题整理，让电脑变成真正的学习工具（见图3）。

图 3

在接下来的一段时间,他把错题弄懂后,在午休期间来找我,进行讲题训练,并开始研究 C 层的题目。看到他学习态度改变,能静心学习,我喜在心里,期待他能有更大的蜕变。就这样在每次的周测中,通过实时统计分析成绩,自动生成教学统计报表,雷达图告知他哪块知识缺漏,并能自动建立学业档案,提供客观性过程评价。有了这个数据分析工具,可以直接调出数据帮助我很好地监控他学习中存在的问题,便于抓住他的问题所在。每次看到系统给出的表扬他就特别开心,原来自己也可以这么优秀。我想只要思想方向对了,努力一定有效果。

五、利用数据构建学习小组,帮助了同学,超越了自己

平台系统对采集的过程性和结果性学习数据进行跟踪与分析,精准记录和监测学生的学情,定期诊断学生学科知识点的掌握情况,为每个学生构建个性化、动态化的学科知识图谱。定期生成基于阶段性测评的学生学业分析报告,学科质量分析,班级和年级的教学质量分析报告以及相关可视化图表,并基于数据诊断形成改进教学的策略和建议,详见图 4。

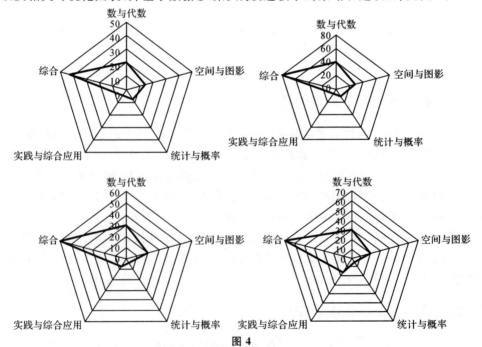

图 4

小 D 同学在八上 A 层班级半个学期的成长,全班同学认可他当课代表的能力,都选他当了数学总课代表。小 D 在全班范围进行小组分配,利用雷达图对学生优势和薄弱进行互补并不断调整,开展小组的合作学习。

"师徒结对的形式",还在各组都有各科起辅导作用的"师父",小 D 同学同时申请自己为数学"师父",准备带领组里的 3 名同学,共同进步。他们的行为和思想带动了整个班级学习数学的热情,这种让孩子彼此点燃、彼此影响的思想也是整个班级进步的动力。

六、实施综合素质监测

学校利用大数据平台开发了"聚成卡"综合素质智能监测系统,教师可以根据班级管理、学科教学权限动态管理学生的学习,如作业按时上交、订正及时完成、学科练习质量、上课参与表现、自主作业情况、阶段在线测评、学习项目反馈等,即时通过手机 App 发放奖励卡或发送温馨提醒,系统与教室门口的电子班牌实现双向互动,与家长手机端捆绑,全方位记录学生的学习表现和学习成效,即时评价,同步反馈,动态展示,有效突破了分层走班评价的空间局限性,详见图 5。

图 5　综合素质评价监测系统

基于大数据介入教学和评价及心理引导对小 D 的学习个性化成长路径做了如上的尝试和指导,也总结出如下的小 D 作业模式构建过程,见图 6 所示。

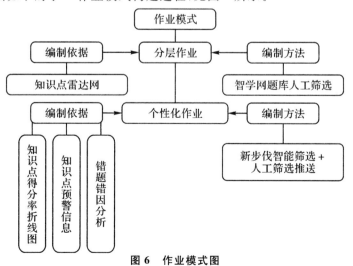

图 6　作业模式图

A层次的学生总体学习能力很弱,学习习惯差,不能自主地学习,做作业应付的状态居多,自信心薄弱。像小D这样类型的学生很多,如何通过引导摆正思想,渴望学习,生涯规划,执行自己的计划。通过数据分析自己薄弱所在,采取有针对性的个性化的作业手册帮助梳理自己的薄弱点,这是帮助他成长的有力工具,同时通过讲错题的培训,帮助自己成长,通过合作学习,利用数据合理分组,达到最佳的合作状态,让班级更多的学生成长。

（本文获 2019 年度杭州市原下城区教学评价改革论文评比一等奖）

基于核心素养的地理学考生过程性评价策略

杭州第十四中学教育集团 艮山中学　周仁昭

摘　要:基于核心素养的学习过程性评价有现实性,对教学实践、核心素养评价、学习指导及"七选三"选考科目选择等具有重大的指导意义。该文从学考生过程性评价的含义、特征入手,阐释过程性评价的特殊作用,重点阐释过程性评价的实践策略,重点突出,可操作性强,对教学有独到的指导作用。

关键词:核心素养;学考生;过程性评价;评价策略

一、在地理学考生中实施过程性评价的缘由

《普通高中地理课程标准(2017 年版)》指出:"准确把握地理学科核心素养的水平划分,以学业质量标准为依据,形成过程性评价与终结性评价相结合的学习评价体系。"[①]传统教学中,过分关注对结果的评价,忽视对过程的评价;而过程性评价关注的是学习的整个过程,能够在学习的过程中发现问题,评价过程贯穿学生学习的始终,是一种对学生多角度、全面的评价方法。

（一）地理学习过程性评价是新课改的要求

浙江新高考方案是在政治、历史、地理、物理、化学、生物和技术 7 门中选择 3 门作为选考科目参加高考。高中学生在通过这门科目的学业水平合格性考试后,才有资格选择这门科目作为选考科目,所以在高中阶段可分为学考生和选考生阶段。过程性评价衡量学生的地理学习状况,为选考地理提供依据,也为高考选拔性考试提供依据。

（二）地理学习过程性评价是学生学习的主观需求

对浙江省 2014 级学生的选考调查表明,超过七成学生一步到位地完成了"七选三"选考科目,问卷针对"是否将某门学科确定为高考选考科目,你首先考虑哪个方面?"提供了 7 个选项,学生选择人数由多到少的排序是:"目前这门学科成绩好不好"占 33.33%,位居第一;"对这门学科有没有兴趣"占 24.44%,位列第二;"对学好这门学科有没有信心"占 21.11%,位列第三。由于高一学生对于学科认识的粗浅凭感觉走,以致影响高考成绩以及今后潜能特长的发挥。[②] 开展过程性评价有利于科学地评价学生的地理学科知识、素养以及潜力。

---

① 中华人民共和国教育部.普通高中地理课程标准(2017 年版)[M].北京:人民教育出版社,2018.
② 刘宝剑.关于高中生选择高考科目的调查与思考:以浙江省 2014 级学生为例[J].教育研究,2015(10):142-145.

二、地理学习过程性评价的内涵和特征

(一)地理学习过程性评价的内涵

过程性评价是教师在教学过程中为检验教学效果和指导教学过程所进行的一种评价,采取目标与过程并重的价值取向,对地理学习过程、学习效果以及与学习密切相关的非智力因素进行全面评价,主张评价过程与教学过程的交叉和融合,从而最大限度地调动学生自主学习的积极性。

(二)地理学习过程性评价的特征

1.全面性

全面性既包括学生在学习过程中的学习态度、学习方式、学习效果、学习积极性等评价,也包括学生在学习过程中的前后表现评价。在评价中能发现学生的不足,便于采取科学合理的措施予以改进,促使学生进步。

2.诊断性

核心素养既作为教学的目标,也作为学习的综合结果。学生的不同学习阶段,表现出来的核心素养是具有不同水平层级的。过程性评价能诊断学生核心素养"学力"形成过程和水平层级表现。采用多元化的过程性评价,能够针对不同的地理学习任务、不同程度的学生,起到及时了解学生学习状况、促进和鼓励学生地理学习的作用。

3.激励性

地理学习过程性评价强化评价的诊断和发展功能,倡导在学生学习过程中发现学生的闪光点,培养学生自信心,让学生保持健康向上的心态,为学生学习创造一个良好的心理环境。①过程性评价也使学生准确了解自己的学习结果,从评价中得到成功的体验,从而激发学生的学习动力。

三、学考生地理学习过程性评价策略

(一)建立基于地理核心素养发展的多元化过程性评价体系

1.评价内容的多元化

地理学考生必须完成两个模块的必修课程,通过浙江省学业水平合格性考试。地理学习过程性评价的内容不仅包括基础知识、基本技能的达成,还将学生的学习方式和活动状况、学生的情感态度与价值观的发展变化、行为表现等作为评价的基本内容。

2.评价方式的多元化

过程性评价,首先对学生已习得多少知识和技能的信息进行收集,然后对学生是否充分掌握、是否能接受高水平学习进行评价。测量和评价有多种方式来完成,常见的方式有书面测试、课堂问答讨论、家庭作业、研究性学习、绘制地理图表等。教师将学生的表现与他人作比较,或者与设定的一个标准进行比较,然后评判这些活动的得分。

①　朱雪梅.高中地理新课程发展性评价[M].济南:山东教育出版社,2009:85-89.

3.评价主体的多元化

评价主体既包括教师、家长和同学,也包括学生自己。让学生进行自我评价,能够培养自我反省和自我监控能力,让学生参与对他人的评价,能够清晰地认识到自己的优势和不足,提高批判性思维,学会交流;让家长参与评价,则能够使父母清楚地了解孩子的学习情况,促进核心素养成长过程,从而更有针对性地进行家庭教育。

(二)学考生地理学习过程性评价的操作策略

1.恰当把握地理学考生学习过程性评价的节点

在教学中按照教学进度的时间节点实施过程性评价。首先,对于高中的新生,设计地理初高中衔接前测。其次,完成单元和模块教学时,实施阶段性测试。有意识设计一两道思维结构测试题,评价学生的核心素养水平层级,分析前后测试学生思维结构状况,教师可设计有针对性的教学方法,帮助学生不断完善思维结构。如学习地理必修三第一单元之后,单元测试安排人地协调观核心素养水平层级测试。

案例:分析西气东输工程的地理意义(见表1)。

表1 西气东输的地理意义学生作答评价体系

核心素养	水　平	不同等级水平的学生答案	表　现	得　分
人地协调观	水平1	无作答或错误回答	无作答或错误答案	0分
	水平2	缓解能源紧张或改善大气环境质量	答一个知识点	1分
	水平3	对于输入地:缓解能源紧张或改善大气环境质量 对于输出地:可将资源优势转化为经济优势;能改善当地环境质量	能从能源输入地或输出地答两个或三个点	2—3分
	水平4	对于输入地:缓解能源紧张或改善大气环境质量 对于输出地:可将资源优势转化为经济优势;能改善当地环境质量 沿线地区:促进沿线地区的大气环境;增加就业;埋设管道破坏当地生态环境质量 国家宏观层面:有利于加强区际合作,充分发挥各区域的优势条件,提高资源利用率,从而提高社会生产效率,促进东西部地区的协调发展	能从宏观视角和微观视角,从输入地和输出地视角,从经济、生态和社会效益出发,从利和弊角度加以分析	4分

讨论:日常教学中常侧重微观视角分析其地理意义。这样做只是关注了资源跨区域调配对局部地区某一方面的作用。

2.把握地理学习过程动态性特点

过程性评价对课前预习、课堂学习、课后复习、课外活动等整个教学过程进行系统性评价的同时,也对各环节中的活动细节进行分析评估。评价内容主要包括:常规表现、地理基本技能和研究性学习表现、地理核心素养表现等,其中常规表现包括课堂参与、听课效率、作业和课堂笔记四部分。在地理课堂的教学中对学生进行评价,一般采取随堂记录法。在评价之前,要设计好评价表格,不仅要反映学生的学业成绩,而且要反映学生的学习过程和学习态度,还要体现过程性评价的理念。

实施过程性评价要特别注意学生评价信息的收集,主要是学生的课堂记录、课堂作业、课后作业、考试卷、研究性学习报告等反映学生学习与发展状况的原始资料,以及教师对上述内容的评价信息,如教师给出的分数、评语、改进意见等。信息收集的多少和质量的高低直接关系到评价结果的科学性与客观性。

3. 开展学生自评、互评和教师评价,完成学生成长档案袋信息的收集整理

地理学习过程性评价除教师评价外,还要自评和互评。让学生进行自我评价能培养学生自我反省和自我监控能力;让他人参与评价,能清晰地认识自己的优势和不足,提高合作交流能力。研究性学习活动课程的实施,一般可以分为三个阶段:进入问题情境阶段;完成活动阶段;表达交流阶段。研究性学习可安排 2 个学期,时间跨度长,不过多增加学业负担,不影响高中学业的完成。

学生成长档案袋是学生学习过程性评价的重要载体,是过程性评价的物化形式。学生成长档案袋的信息收集整理是对学生的连续考查,有利于学生进行自我反思和评价,有利于增进教师、学生、家长之间的交流与沟通,有利于对学生的成长过程作出公正的评价。

4. 高中地理学业水平测试评价

高中地理学业水平测试是落实必修课程教学要求,检测高中学生的学业水平,评价、反馈高中地理教学质量,为高中学生毕业提供基本依据的一种评价方式,具有一定的权威性。

总之,通过对核心素养的学习过程性评价,能全面性分析、诊断学生的必备地理知识,关键能力和核心素养,不断优化学生学习,真正把对学生核心素养的培养融入学习评价中去,促进学生更好地发展。

(本文获 2019 年杭州市原下城区教学评价改革论文评比一等奖)

大数据在初中科学教学中的探索与应用

杭州市明珠实验学校 陈静静

摘　要:在移动互联网高速发展的今天,万事万物通过数据互联。大数据在各行各业发挥着不可替代的作用。对于初中科学知识面覆盖广泛、理化生等知识体系独立等的特性而言,利用大数据的一些基本知识,建立基于学生的画像标签体系,进而进行一些面向单个学生的个性化教学,将对老师的教学水平、学生的知识体系掌握起到正向积极的作用。

关键词:大数据;个性化教学;初中科学;标签

一、大数据相关概述

2010 年以后,随着互联网、移动互联网、物联网、云计算等产业的蓬勃发展,信息的采集、传播的速度以及规模达到了空前的水平,大数据在这个阶段应运而生。随着时间的推进,基于大数据的决策成为一种新的决策方式;大数据的应用促进信息技术与各行各业的深度融合;大数据开发推动着新技术和新应用的不断涌现。

大数据诸多应用中,个性化推荐是其中应用最广泛、最深入的场景之一。网络购物时感兴趣商品的推荐;移动公司的流量包推送;今日头条上面你关注的时政娱乐新闻推送;甚至是

帮你找到失联多年的好友。

这些应用的场景都有一个共性：针对的都是独立的个体，每一个独立的个体均享受着独有的推送（即个性化的精准推送）。正是这种"千人千面"的服务，极大地满足了用户的实际需求，使企业以及用户实现"双赢"。

二、大数据对于初中科学教学的价值分析

互联网大数据的核心思想在于"一切以用户作为向导，为用户提供全方位的针对性的服务"。而教育的本质其实也是一种"服务"，所以大数据教学的核心思想应该是"一切以学生作为向导，为学生提供个性化的满足自身实际需求的知识传授"。将大数据个性化服务的理念融入教学工作中，主要会在以下几个方面带来显著的价值。

（一）教学相长，教学行为与目标更加匹配

基于大数据的初中科学个性化教育，通过对教学过程中的数据采集和分析，帮助老师能够更全面、更实时地掌握学生的学习情况，预知学生的整体学习需求，对教学重难点进行预测，为教学策略的制定提供数据依据。

基于大数据的学生学习情况的分析，老师能够更加精准、高效地讲评试题、作业以及练习。通过时间的积累，将日常教学中积累的各类"小数据"不断累积，形成一个大数据的题库，为校本作业、试卷等的编写提供了极大的支持，帮助老师更加快速地选择与学生实际学业水平和学习需求难度相匹配的题目，从而提供面向学生特点的个性化教学服务。[①]

（二）调动学习积极性，"固根本而补不足"

通过一些符合学生实际学业水平和学习需求的题目的练习，学生可以显著增强对科学的信心，调动学习兴趣，进而激发对于科学的学习热情。事实证明，学生在积极主动的学习状态下，不仅注意力高度集中、大脑思维异常活跃等，还有助于克服种种学习困难，让学习氛围变得轻松愉悦，并在这个氛围中收获意外的惊喜。[②]

（三）家校合作更加通畅，形成合力

数据共享，打破家校之间的信息壁垒，家长可以及时地了解孩子的学习情况，如查看学科诊断报告、打印错题等。在家庭辅导、课外拓展延伸等方面，大数据也提供了精准的数据支持，为家校间有效配合提供了可能，数据驱动下的家长落实机制、协同教育、纠偏调控等支持系统会更加精准和高效。[③]

三、初中科学教学中利用大数据的实践探索

在传统的教学过程中，采用的是"讲—练—评—测"的教学模式。统一讲解，统一练习，统一点评，统一测试，针对不理解的知识点主要还是以学生课后主动问询、练习，以及老师针对一些高错误率的知识点进行讲解巩固为主。

---

① 王秋蓉.基于大数据的初中数学精准教学探讨[J].中学课程辅导·教学研究，2018(24).
② 苏肖玉.基于大数据的初中数学课堂学习研究[J].新课程（教育学术），2018(5).
③ 苏肖玉.基于大数据的初中数学课堂学习研究[J].新课程（教育学术），2018(5).

（一）学习状况标签体系的建设

针对学生群体来说，各个知识点的掌握情况，过程中的学习效率，学习行为等都是标签体系中的一部分。一个多维度的、全面的、科学的标签体系是接下来做针对学生个体进行针对性教辅的基础。学生标签和知识点标签可以理解为目标对象的不同，是分别从"人"以及"知识"的维度展开的分析。

1.学生标签体系构建

学生的学习标签，主要分为知识点评分、学习效能、学习行为 3 个方面。

知识点评分：学生对于科学学科中各个知识点的掌握评分。评分模型基于题型（选择题、填空题、简答题等）加权计算。

学习效能：主要指学生学习情况的趋势变化类相关的标签，根据变化趋势的不同，将学生分为稳定提升期、平稳期、上下浮动期、逐步下降期等。

提升期：建构心理，培养他们优秀的学习品质，并在班级发挥这个群体的主观能动性，把其培养成领军人物。根据埃里克森心理社会发展理论，影响这一阶段孩子的发展任务是建立同一性，即结合其生活环境进行目标教育（或职业规划），同时集中进行团队领袖的专业培训，成为班级的核心人物，树立公众意识及责任担当。①

平稳期：首先解决心理问题，改变他们随遇而安、知足常乐的心态，可以在班级设立专项学习小组，由提升期孩子带动平稳期孩子，形成互帮互助、良性竞争的学习氛围。

上下浮动期：这一时期的孩子多半是由于没有良好的学习习惯和稳健的心态导致浮动的，对这一阶段的孩子提出切实可行的目标，并将该目标按月、周进行拆解。通过在过程中不断完成一个个小目标，逐步形成良好的学习习惯，建立自信。

下降期：由于学习行为、心理自卑、家长施压，各种不利因素导致这一时期是最敏感、最容易让人产生放弃的冲动。对于这个特殊的时期，首先应该激发学习兴趣，给他们信心和鼓励。抓住学生的兴趣点，要把"要我学"变为"我要学"，在增加兴趣的同时实现自我价值感，建立自信。

学习行为：主要是对学生在学习过程中的积极以及消极的记录与归纳，记录加分项与扣分项，充分了解学生的态度现状与变化趋势。

2.知识点的标签化

习题标签，即习题覆盖的所有知识点的枚举。此标签是计算评价学生知识点掌握情况的基础。初中科学学科是由多门课程合并而来，针对其知识面庞杂的特点，我们采用多级标签的形式进行定义。在实际应用中，可以灵活地选择层级颗粒度，方便数据的分析。

此处由于涉及数据的存储以及计算，笔者本身对于计算机语言并不了解，所以只简单地将数据导入一些分析工具（如：Excel）进行一些简单的处理。

（二）个性化教学的实践与探索

所谓的个性化教学，是指针对学生对于知识点的实际掌握程度，进行针对性的教学。根据初中科学教学的整体进度计划，笔者针对以下 3 个方面分别采取了一些个性化的措施：（1）

---

① 张慧君，张庆玲.如何进行因材施教[J].神州，2019（6）.

新课传授过程的重点选择性讲解;(2)期末总复习阶段的个性化习题集辅导(也包含初三整体复习冲刺阶段);(3)平时学生状态的预警。

1. 新课传授阶段

本阶段主要是以知识点的传授为主。在传授知识点的过程中,基于作业、小测验等返回的数据,对知识点的掌握情况进行科学的评分。然后针对中低评分的知识点进行重点讲解。经过多次实验证明,对 0.4—0.6 评分范围内的知识点进行重点讲解,对班级学科成绩整体提升的促进作用最为明显。

基于大数据所建立的题库,有针对性地给每一个学生增加一些各自掌握相对薄弱的题目,打破传统的统一习题统一讲解的固有思路。针对不同阶段的学生,给予针对性的最适合于其自身的习题,达到整体最优的效果。

2. 期末总复习阶段

此阶段的主要特点在于已经完成了新课的教学,学生需要面对整个学期,甚至是整个初中过程中所有的知识点的检验。不同的学生掌握的情况均不相同;同一个学生对不同的知识点掌握水平也各有不同。这个阶段做一些个性化、针对性的教学辅导,对学生整体水平的提升将达到一个事半功倍的效果。

增加学生之间的"结对",通过严密的计算,定位有"互补"关系的学生(3—5 人),组成一个科学学习小组。组内学生相互帮助,相互影响,最终达到"1+1＞2"的效果。互补关系定位的算法,主要采用"聚类"的方法,根据知识点的掌握情况,将相似的学生"聚"在一起。每一个"类"均有擅长的知识点和不擅长的知识点,找到具备互补关系的"类",分别从这些"类"中抽取一名学生,组成"学习小组"。

3. 平常时段的状态预警

预警过程,主要是针对学生一段时间内的趋势进行的异常情况的及时感知,包括负面行为明显增加、成绩震荡、成绩突然大幅下降或者提升等。针对这些情况,教师需要定位原因,及时地进行处理(及时交流倾听、家校互动等)。

(本文获 2019 年杭州市原下城区教学评价改革论文评比一等奖)

基于初中生成功智力现状分析的数学课堂教学改进

——以"函数"的引入教学为例

杭州市景成实验学校　潘觅理

摘　要:该文基于对八年级两个班学生的成功智力现状的分析,以浙江教育出版社《义务教育教科书　数学》八上"5.2 函数①"的引入教学为例,将成功智力理论融入数学课堂教学,旨在探索一种教学模式,能够综合培养和发展学生的分析性能力、创造性能力和实践性能力,提高学生的学习效能。

关键词:教学改进;成功智力;分析性能力;创造性能力;实践性能力

一、理论基础

(一)成功智力理论概述

美国的心理学家斯腾伯格提出成功智力理论,认为具有成功智力的人通过平衡使用分析性能力、创造性能力和实践性能力来适应、改造和选择环境。①

(二)成功智力理论与初中数学教学结合

分析性能力教学,以解决问题、决策技能为核心;创造性能力教学,以提出设想、运用想象为载体;实践性能力教学,以消除障碍、实现想法为目标。结合具体的数学教学,分析性活动如"概念辨析,制造话题";创造性活动如"创设情境,猜想假设";实践性活动如"从做中学,解决问题"。

二、初中生成功智力现状调查

(一)问卷调查及分析

1.调查问卷及样本

笔者采用的调查问卷来源于斯腾伯格编制的三元智力测试。蒋京川博士对其进行了修改。②③

笔者对任教的八年级两个班的学生发放了 83 份问卷。收回 83 份,其中 80 份为有效问卷(见表1)。

表1　八年级两班学生的调查样本　　　　　　　　　　　　(单位:份)

班级	801 班	802 班	合计
人数	男生 19	男生 21	40
	女生 22	女生 21	43
合计	41	42	83

2.调查结果及分析

(1)学生成功智力现状均分比较(见图1)

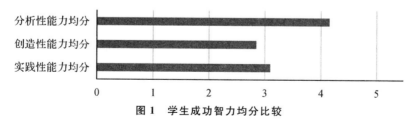

图1　学生成功智力均分比较

从图1可以初步看出,学生的分析性能力均分明显高于创造性能力和实践性能力均分。

①　罗伯特·J.斯腾伯格,艾琳娜·L.格里戈连科.成功智力教学[M].丁旭,盛群力,译.宁波:宁波出版社,2017:10.
②　蒋京川.斯腾伯格的智力理论及其应用研究[D].南京:南京师范大学,2007.
③　蒋京川.智力心理学[M].南京:东南大学出版社,2011.

（2）学生成功智力现状差异分析

①学生性别差异对成功智力的影响（见图2）。

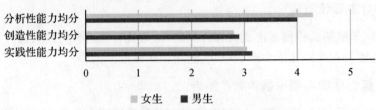

图2　不同性别学生的成功智力均分比较

从图2可以初步看出，女生的分析性能力得分高于男生，男生在创造性能力和实践性能力的发展上稍领先女生。笔者用SPSS软件检验性别差异对成功智力影响的显著性，结果如表1所示。

表1　性别差异对成功智力影响的显著性检验

		方差方程的 Leven 检验		均值方程的 t 检验						
		F	Sig.	t	dt	Sig.（双侧）	均值差值	标准误差值	差分的95%置信区间	
									上限	下限
分析性能力	假设方差相等	0.003	0.945	0.903	70	0.369	0.213	0.239	−0.261	0.694
	假设方差不相等			0.911	68.346	0.356	0.213	0.233	−0.256	0.690
创造性能力	假设方差相等	0.030	0.859	0.569	70	0.576	0.189	0.329	−0.473	0.844
	假设方差不相等			0.566	65.811	0.577	0.189	0.333	−0.476	0.850
实践性能力	假设方差相等	0.978	0.326	0.455	70	0.649	−0.115	0.248	−0.605	0.380
	假设方差不相等			0.446	59.272	0.668	−0.115	0.254	−0.623	0.397

从表1可以看出，3种成功智力的独立样本t检验的p（表中画圈数据）均大于5%，由此判断出性别差异对成功智力没有显著影响。

②学生班级差异对成功智力的影响（见图3）。

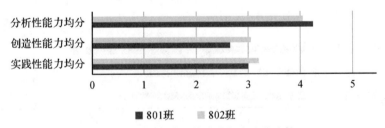

图3　不同班级学生的成功智力均分比较

从图3可以看出，802班学生的分析性能力弱于801班，而创造性能力和实践性能力强于801班。接下来，检验班级差异对成功智力影响的显著性（见表2）。

表 2　班级差异对成功智力影响的显著性检验

		方差方程的Leven 检验		均值方程的 t 检验						
		F	Sig.	t	dt	Sig.（双侧）	均值差值	标准误差值	差分的 95%置信区间	
									上限	下限
分析性能力	假设方差相等	0.014	0.895	−0.234	140	0.803	−0.040	0.170	−0.366	0.293
	假设方差不相等			−0.234	139.925	0.803	−0.040	0.170	−0.366	0.293
创造性能力	假设方差相等	0.914	6.323	2.011	140	0.048	0.444	0.201	0.009	0.871
	假设方差不相等			2.011	137.625	0.048	0.444	0.201	0.009	0.871
实践性能力	假设方差相等	0.000	0.933	2.067	140	0.039	−0.345	0.168	0.014	0.678
	假设方差不相等			2.067	138.292	0.039	−0.345	0.168	0.014	0.678

从表 2 可以看出，分析性能力的独立样本 t 检验的 p 大于 5%，创造性能力和实践性能力的独立样本 t 检验的 p 均小于 5%，说明两个班级在创造性能力和实践性能力方面均存在显著差异。802 班的学生在创造性能力和实践性能力两个方面更具有优势。

(二)访谈结果及启示

1.当前数学教学存在的误区

通过反思自己和了解同行的教学情况，笔者发现大多数的课堂教学侧重于传授解题技巧，忽视了学生的数学思维，不利于培养学生的创造性能力和实践性能力。教师对学生能力的评估标准比较单一，以考查知识记忆能力为主，没有专门考查学生分析性能力、创造性能力、实践性能力的方法。

2.当前学生学习存在的困扰

通过对杭州市景成实验学校八年级部分学生的访谈，笔者了解到学生普遍感觉数学概念十分抽象，只能靠死记硬背，并不能完全理解。由于学习任务紧张，学生在课堂上获得充分体验的机会不多，个人的能力优势无法发挥。

三、基于初中生成功智力现状分析的教学改进

(一)教学改进实施目的

基于学生成功智力现状的分析，笔者希望以成功智力理论为基础改进教学设计，并融入教学实践中，从而培养学生的成功智力，提高数学课堂教学质量，提升学生的学习效能。

(二)教学改进实施对象

笔者以自己任教的两个班级学生为教学改进的实施对象。经过前测，两个班级学生的平均分不相上下，一个班级设置为实验班，另一个班级设置为对照班。

(三)教学改进实施过程

1.样本选择

两个平行班，801 班为实验班，802 班为对照班，两班人数分别为 41 人和 42 人。

2.变量

(1)自变量:实验班以成功智力理论为基础设计引入。对照班用传统的教学方法设计引入。

(2)因变量:两个班级学生的数学测验均分,学生对这节课的学习兴趣和课堂参与程度。

(3)控制变量:①课前检测显示两个班级的平均分不相上下,学习起点相同;②两个班级都是平行班,教学内容和进度相同;③授课教师和授课时长相同;④除引入的教学方法不同之外,其余教学环节相同,练习和测验相同。

3.具体过程

◇创设情境,引入新课

背景 1 等腰三角形 ABC 的周长为 10,底边 BC 长为 y,腰 AB 长为 x。

背景 2 某钟点工这周的工作时间与报酬如表 3 所示。

表 3　工作时间与报酬表

工作时间 t(小时)	1	5	10	15	20	…
报酬 m(元)	16	80	160	240	320	…

背景 3 某同学一天的体温变化如图 4 所示。

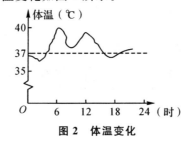

图 2　体温变化

问题 1:在上述背景 1—3 中,各有几个变量?分别是什么?它们之间有什么关系?

问题 2:在上述背景中,若给定其中一个变量(如腰长 x、工作时间 t、变化时间 t)的值,请你得出另一个变量(如底边长 y、报酬 m、体温 T)相应的值。

追问:在背景 1 中,对于任意给定腰长 x 的值,相应的底边长 y 的值有几个?背景 2 和背景 3 呢?

问题 3:类比上述背景 1—3 中的变量关系,概括 3 组变量关系的共同之处。

◇学生观察、思考,师生交流

背景 1 中,学生的答案大致分为 3 种:$y = 10 - 2x$,$x = \dfrac{10 - y}{2}$,$y + 2x = 10$。背景 2 中,获取信息的角度有 2 个:一类是读取数据,如:当 $t = 5$ 时,$m = 80$;另一类是发现量的变化情况,如:工作时间越长,报酬也越来越多。

有趣的是,背景 3 中,学生在读取图像信息时意见发生了分歧。有的学生认为,当时间是 6 小时时,该同学体温不一定是 40℃,有可能是 39.8℃。也就是说,图像读取的数值是近似数。还有同学认为,仅凭现有的图像不能确定 24 小时后的信息。

◇师生活动,揭示函数概念

师:类比每个背景中的变量,归纳变量之间的关系,有什么共同之处?

生:每个背景中,给定一个变量的值,都可以得到唯一的另一个变量的值。

教师揭示函数概念,重点理解关键词:"确定的 x""y 有唯一确定的值"。

◇回顾概念,找准自变量

师:一般地,用解析法表示函数时,自变量写在等式的右边,如 $y=10-2x$,y 是 x 的函数,x 是自变量。用列表法表示函数时,自变量写在表格第一行,如 m 是 t 的函数,t 是自变量。用图像法表示函数时,自变量表示在横轴,如体温是时间的函数,时间是自变量。

学生依据函数的概念,比较顺利地判断出 $x=\dfrac{10-y}{2}$ 表示 x 是 y 的函数,y 是自变量。$y+2x=10$ 不是函数表达式,可称作方程。

◇回顾背景,分类表示方法

师:函数可以用哪些方法表示? 请你分类。

生:略。

◇回顾问题,归纳方法特点

师:请你回顾背景中的问题,比较刚才得到的答案,说一说函数的 3 种表示方法各有什么特点。

学生通过比较、讨论,将收获整理在表格中,并展示汇报。

表格略。

◇教学策略

①创设情境策略。引入采用 3 个实际背景,设置开放性问题,激发学生好奇心和求知欲。当学生意见发生分歧时,教师先不给出答案,通过启发式提问引导学生进一步思考,培养学生的创造性能力。

②学生实验策略。为了让学生体验函数的 3 种表示方法及特点,引导学生开展数学实验,通过代入、查表、画图的途径获取信息,从问题解决中获得知识,培养学生的实践性能力。

③效果评估策略。引导学生利用三回顾、三反思整理收获,通过同伴补充完善结论,采用演讲的方式展示学习成果,从"怎样学习"和"学到什么"两方面归纳学习方法和学习内容,注重过程与结果相结合,综合评估学生基本内容的掌握和成功智力的运用程度。

(四)学生评价及自我反思

1.学生评价

课后笔者对实验班学生进行了访谈。学生普遍认为这样的数学课堂十分有趣,整节课都在轻松愉悦的氛围下进行。很多学生表示开放问题和演讲的形式很好,以前觉得抽象的概念,现在变得容易理解了。

2.自我反思

学生讨论时,教师要适当引导。有些小组能力强、讨论快,需要加深问题的难度。学生给出模糊的答案或发生分歧时,教师通过启发式问题引导学生互相补充完善答案。要允许多个答案的产生。

(五)改进前后学生数学成绩比较及结论

改进前,实验班与对照班平均成绩没有显著差异。改进后,实验班成绩优于对照班,具有显著差异。以成功智力理论指导改进的教学,起到了比较好的效果。学生学习的积极性被调动了起来,促进了成功智力的发展,学习效能得到了提升。

四、总结与反思

本节课的教学改进,是笔者将成功智力理论融入数学课堂教学的一次尝试。旨在通过改进教学,弥补不足,综合培养学生的分析性能力、创造性能力和实践性能力,提高学生的学习效能。基于学生成功智力的现状分析,笔者发现学生具有不同的能力偏好。在教学中,教师应提供各种机会,发挥学生的优势能力,发展学生的弱势能力,扬长补短。学生能力的培养是一个持续的过程。一个课时的内容不一定能融入所有的能力要求。教师应具备充分的耐心挖掘合适的教学内容。

(本文获 2020 年度杭州市原下城区教学评价改革论文评比一等奖)

基于大数据的初中数学精准教学模式探究

——以"平行四边形"复习课教学为例

杭州市大成岳家湾实验学校　王加翠

摘　要:阐述精准教学与大数据的定义,分析基于大数据的初中数学精准教学的背景、原则和优缺点。简述基于大数据的初中数学 6A—三环模式精准教学,即课前环节:精准学情评估、精准教学设计,课中环节:精准课堂施教、精准课堂反馈,课后环节:精准分层作业、精准个性辅导。以浙教版初中数学八年级(下)平行四边形复习课教学为例,探究该模式下精准教学的具体应用。

关键词:大数据;初中数学;精准教学;智学网

一、基于大数据分析开展精准教学的背景

国务院在 2019 年的《中国教育现代化 2035》中提出:"建设智能化校园,统筹建设一体化智能化教学、管理与服务平台。利用现代技术加快推动人才培养模式改革,实现规模化教育与个性化培养的有机结合。创新教育服务业态,建立数字教育资源共建共享机制,完善利益分配机制、知识产权保护制度和新型教育服务监管制度。推进教育治理方式变革,加快形成现代化的教育管理与监测体系,推进管理精准化和决策科学化。"

数据是精准教学的核心,大数据时代为精准教学提供了更为便捷的技术支撑。如何将精准教学引入现代课堂教学是目前值得思考的问题。基于数据分析的初中数学精准教学,力求通过"信息技术""大数据"等现代教育技术手段数据分析先行,从而在课堂教学"课前、课中、课后"3 个环节中从班级整体以及学生个体两个维度,在教与学方面帮助教师充分掌握学情,帮助学生梳理知识短板,使教学更加精准化、个性化。

二、基于大数据的初中数学精准教学实施过程与方法

结合约翰逊和斯特里特(Johnson Streeter)的教学实践理念及传统的教学结构,创建初中数学精准教学的 3 个环节、6 个核心步骤。课前环节:(1)精准学情评估(Accurate Learning Evaluating);(2)精准教学设计(Accurate Teaching Design);课中环节:(3)精准课堂施教(Accurate Classroom Teaching);(4)精准课堂反馈(Accurate Classroom Feedback);课后环节:(5)精准分层作业(Accurate Hierarchical Home-work);(6)精准个性辅导(Accurate Personal Coaching），简称为"三环—6A"。精准教学的实施需要贯穿到每个教学环节，课前的教学设计、课中的课堂检测、课后的个性辅导都借助数据分析进行决策指导，同时反向不断生成数据，输送到下个教学环节中。如此阶梯式上升，实现精准教学，具体如图1所示。

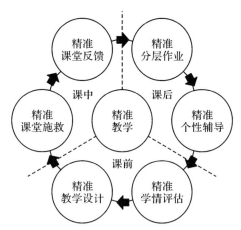

图1　基于大数据的初中数学"三环—6A"精准教学模式

三、基于大数据分析的初中数学精准教学实践和分析

(一)智学网平台功能介绍

"智学网"是一套学生学习数据采集和学习情况跟踪反馈系统。接下来介绍该系统在课前准备、课堂讲练、课后延伸阶段的使用，分析其在辅助初中数学教学中了解学生学情、提高课堂效率、实施个性化教学和学习以及便捷家校互联等的可行性，教学效果得到显著提升。

阶段一：数据采集。通过平台线上答题卡设置、线下纸质答题卡扫描、平板课堂互动等形式采集学生的学习数据。

阶段二：数据挖掘。针对每份检测，平台能够自动分析检测难度，在各班级、总分和细分的横向对比下分析教学班级整体测评的情况。任课教师在备课过程中可以继续调阅学生个体学情，细致到每道题的具体答题情况并展开追踪诊断。

阶段三：数据创造。

图2　资源库人工匹配定制学生个性化错题集

采用智学网平台采集学生各教学环节产生的作业数据,基于日常教学以及每周一次阶段性测试的数据反馈,初步分析学生在整个章节新授课中知识的掌握情况,设计个性化的课前复习检测。对学生共性的问题,在课堂上基于学生的答题情况重点分析并设置变式拓展。在课后,学生的错题会关联到相关的知识体系,利用大数据的题库,匹配相关拓展题。教师根据学生的答题情况做进一步筛选,制定精准个性化学习手册,推送分层作业,为学生的"再次学习"创造条件。

(二)精准教学课堂教学实施(以复习课型为例)

复习课是数学教学的重要一环,也是数学课的重要课型之一。一节好的数学复习课,要能精准地定位学生的薄弱知识进行查漏补缺,同时重在知新,提高学生在实际生活中应用数学知识解决问题的能力,培养更好的数学思维品质。[①]

针对复习课这一课型,教师可以根据学生在一段时期内的作业基础上利用数据分析来诊断学生练习中出现的问题,对学生的知识具体掌握情况进行分析,采取一些具有针对性的措施,进一步提高课堂教学的效率,从而达到高效教学效果。依据数据分析在复习课各个环节参与具体教学实施,初步构建基于大数据的初中数学复习课精准教学实施流程,如图 3 所示。

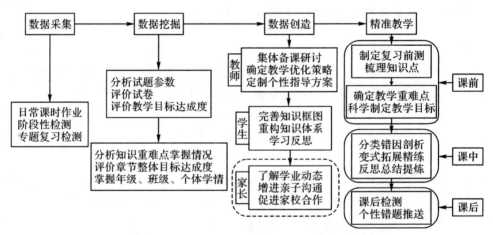

图 3　基于大数据的初中数学复习课精准教学实施流程

实践过程中,由于数据平台采集的便利性,复习课教学设计在课前、课中、课后等各个环节引入测评,通过对数据的分析、反馈与跟进,能够精准把握每个教学环节学生的学情,帮助教师及时调整教学策略。下面通过具体的复习课例,展示课前、课中、课后 3 个环节课堂教学的具体步骤。

1.课前——基于测评,精准学情

为了准确把握学生的复习基础,根据平时的课堂反馈和作业批改情况,针对要复习的知识设计了前测。教学中根据复习章节的内容将其划分为代数和几何两大板块,前测设计侧重学生基础运算能力的落实、空间想象推理的考查,详见图 4、图 5。

---

① 张健.初中数学课堂教学的基本课型模式探讨[J].亚太教育,2019(4):73.

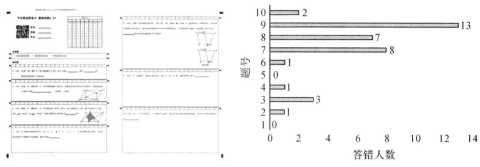

图 4　平行四边形复习课前测答题卡　　　　图 5　平行四边形复习课前测反馈

上课时,根据前测数据对前测内容进行讲评,并让学生在课堂上完成对应深化内容(见图 6)。

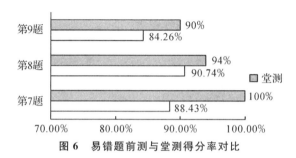

图 6　易错题前测与堂测得分率对比

教学中分析前测数据,明确班级整体知识模块的短板,为接下来课堂集中讲评聚焦了重难点。通过图 6 我们发现,相比堂测,学生在这 3 题的知识迁移题型中的得分均有显著提升。(试卷分析说明:题量 10 题,总分 54 分,本题得分率＝本题班级平均分/本题总分×100％)

2.课中——实时互动,精准反馈

课中教学时,采用平板教学的优点在于能够大范围采集每个学生的学习数据。在具体教学实施过程中,对于简单的选择、填空等问答题可以快速生成数据反馈,使作业点评能够从整体再细致到学生个体,关注每个学生的课堂学习进度。对于思维强度较高的题型,教学中同伴学习的作用显得尤为重要。同屏演示,可以一边请同学板演,一边通过平板实现双屏同步展示。下面为平行四边形复习课中关于变式练习 8 的部分课堂讲解实录。

题目: 如图,在四边形(ABCD 中,$AB=10cm$,$AD=15cm$,点 P 在 AD 边上以每秒 1cm 的速度从点 A 向点 D 运动,点 Q 在 BC 边上以每秒 4cm 的速度从点 C 出发,在 CB 间往返运动,两个点同时出发,点 P 到达点 D 时停止(同时点 Q 也停止运动)。在运动以后,当以点 P、D、Q、B 为顶点组成平行四边形时,运动时间 t 为_____秒。

生 1:首先我们要关注动点的起始和终点位置,点 P 在 AD 边上以每秒 1cm 的速度从点 A 向点 D 运动,点 Q 在 BC 边上以每秒 4cm 的速度从点 C 出发,在 CB 间往返运动,但是在 P 运动到 D 的时候,Q 也会停止运动。

师:很好,他发现 P 在运动但它没有像 Q 点一样往返运动。那老师有个问题,什么时候停止?

生 2:15 秒的时候停止运动,时间在 0—15 秒之间。

师:C-B 记为一次运动,请问 Q 点共运动几次?

生 2:4 次。

师:4 次运动对应的点 P、D、Q、B 为顶点有几种组成平行四边形的情况? 4 种? 3 种? 请大家看一下老师的动画,并思考随着点的运动在哪些位置有可能形成平行四边形(见图 7)。

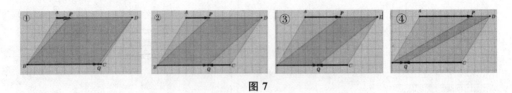

图 7

请大家用笔画出 Q 点的运动轨迹，第三种、第四种的情况可以吗？学生利用平板演示接下来的动画过程。

师：接下来这个问题交给大家，小组之间互相合作讨论，请完成这几种情况的运动轨迹以及线段的表示，看看求出来对应的 t 有几种情况。

小组合作：在答题纸上完成展示，由组长拍照上传提交小组合作的情况，并请一名同学到黑板上板演，线上线下同步展示（见图 8）。

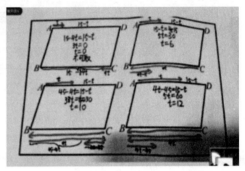

图 8

3.课后——完善结构，精准跟进

课后阶段在数据积累的基础上，主要任务是教师依据课前和课中的测试情况，为学生制定有针对性的作业以诊断学习效果。每次测评后，教师通过平台后台资源库对学生错题进行巩固题和拓展题的筛选与推送，生成学生个性化错题手册，同时教师端和学生端的数据反馈帮助教师、学生与家长建立沟通的桥梁，精准定位家校合作的方向。

四、结束语

"互联网＋"背景下大数据时代的到来，使现代教育技术在教学各领域得到广泛的应用。学生的学习状态、行为、结果从传统的复杂、不精确的人工记录转变为便捷、精准的大数据实时跟踪；教师的教学设计从经验预判型设想，转变为以学生学习数据为导向；整个教学过程随着大数据的动态更新从原先较为固定的教学模式向及时调整教学策略转变；"以学为主"的信息化教学设计、课堂教学活动、反馈评价机制等，能够立足教与学两方面的数据实现精准教学。现代教育技术为学生个性化的辅导与分层作业布置提供数据支撑，从而实现学生数学学科核心素养的培养。基于大数据的初中数学三环—6A 教学模式，能真正把学习数据运用到教学中，实现精准、高效的课堂教学。

（本文获 2020 年度杭州市原下城区教学评价改革论文评比一等奖）

二 小学教育评价研究论文精选

基于表现性评价的小学语文教学探索
——以统编教材拼音教学为例

杭州市景成实验学校 张底亚

摘 要:表现性评价重学习过程、尊个体差异,指向深度学习。基于此,该文在统编教材汉语拼音学习阶段,设计有趣有爱的表现性任务,创设思维迁移的表现性课堂,实施真实有效的表现性评价,进一步激发学生学习汉语拼音的兴趣,启迪学生的思维能力,培养学生的语文素养。

关键词:表现性评价;拼音教学策略;统编教材

传统的拼音教学评价是终结性评价,是基于纸质测试,以考试分数作为衡量学生掌握拼音字母和拼读规则的唯一依据,教师是唯一的评价主体,这样的评价方式不顾及学生学习水平的差异,不够尊重学生的心理,也有违拼音的工具性本质。表现性评价是以建构主义理论为基础,在教学中串联学生的生活经验,在真实或模拟真实的情境中对学生学习知识的能力和运用知识的能力进行评价。表现性评价是一种综合性和持续性的评价方式,能尊重个体差异、满足个体化发展需求,与学生的心理发育特点相符合,有助于启发学生思维。[1]

课程标准中提到,汉语拼音教学要尽可能有趣味性,宜多采用活动和游戏的形式,应与学说普通话、识字教学相结合,注意汉语拼音在现实语言生活中的运用。[2] 统编教材对拼音单元做了较大的调整,在学习时间上后置拼音单元,在内容上降低拼读难度,增加学生喜闻乐见的儿歌,穿插趣味盎然的情境图,提升汉语拼音学习的趣味性。[3] 编者的意图是要放缓坡度,降低学生学习拼音的难度,准确定义汉语拼音作为识字正音的工具的本质。表现性评价的内涵符合课程标准的精神,契合统编教材的理念,符合汉语拼音工具性的实质。

基于此,笔者在统编教材汉语拼音学习阶段,设计有趣有爱的表现性任务,创设思维迁移的表现性课堂,实施真实有效的表现性评价,进一步激发学生学习汉语拼音的兴趣,启迪学生的思维能力,培养学生的语文能力。

一、设计有趣有爱的表现性任务

表现性评价遵守学生本位,尊重学生心理,关注个体差异。学生爱游戏,爱一切有趣味的事物;学生抗挫能力差,亟须成人的引导和呵护。所以教师应设计一系列有趣、有爱的表现性任务,对学生的拼音学习进行表现性评价。

---

① 邓莉.表现性评价及其在学前教育中的应用初探[J].电脑迷,2018(7).
② 中华人民共和国教育部.义务教育语文课程标准[M].北京:北京师范大学出版社,2011.
③ 于录心.强化"读图",提高拼音教学效率[K].语文建设,2018(2).

（一）个人小游戏，寓学于乐

学生的生活中充满游戏，喜爱游戏是学生的天性。在汉语拼音学习中，用个人小游戏的方式来考核学生的拼音水平，充分发挥学生的无意注意，减轻学生的记忆负担，提高学习汉语拼音的兴趣，具有重要的意义。

1. 字母扮演　强化发音

考查音节的拼读采用让学生耳目一新的表现性任务，让每个学生戴上字母头饰，去找字母朋友，看看找到的字母能否拼成一个生活中存在的音节。生生之间以游戏的方式、合作的方式去拼读，学生对于拼读不再畏惧，而是抱着游戏、好玩、有趣的心理。教师此时不再作为权威的评价者，而是作为游戏的组织者和引导者。学生在拼读时心情是放松愉悦的，不是紧张焦虑的。教育心理学指出，学生在轻松愉悦的心情下，学习的效率是最好的，记忆的持久度也是最长的。

2. 彩陶捏塑　巩固字形

考核 16 个声母的书写，笔者让学生用超轻黏土捏出 16 个字母的形状。充分发挥学生的多感官作用，在捏一捏、比一比、玩一玩中，学生不知不觉就完成了 16 个声母字形的记忆和拼写。现代教育心理学也证实了这一观点，多感官同时作用于一种学习对象时，记忆和理解的效果是最佳的。

3. 藏宝游戏　串联记忆

考查声母表、韵母表的顺序记忆，笔者设计藏宝类的个人小游戏，充分调动学生喜爱玩藏宝类游戏的心理，让学生在按照顺序连线成功后，就能找到丢失的动物，如一只小猪佩奇、一个朵拉、一只汪汪狗等。这种考查方式突破传统的机械背诵，用游戏形式考查声母韵母的排列顺序，学生有一种探秘的乐趣，学习中伴随着发现的快乐。

（二）小组任务单，有效合作

表现性评价注重任务的真实性和有意义，注重学生合作意识的培养。在课堂教学中，为学生创设需要同伴合作完成的任务情境，培养学生运用所学知识解决真实问题的能力。小组任务单以小组的形式完成任务，让学生尝试着与同伴沟通、协作，运用拼音解决生活中真实存在的问题，提高合作的意识和沟通的能力，见表1。

表 1　小组任务单

序号	任务名称	内容提要
1	拼音王国历险记	和同桌一起完成拼音闯关：读拼音进城门、读拼音找路线图、读拼音寻宝藏
2	画拼音	4 人小组，画一画拼音，让它们变成最可爱的拼音宝贝
3	写拼音日记	用拼音记录你和同桌一天中觉得最好玩的事情
4	制作拼音小报	和同伴一起，摘录关于拼音的知识、记录学拼音的小故事等
5	编课本剧大赛	选择一篇你喜欢的课文，根据情境图，和你的好朋友演一演

通过真实或模拟真实情境下的任务创设，学生的学习内驱力被充分激发出来，汉语拼音学习不再是枯燥乏味、机械训练，而是能解决生活中真实存在的问题，应用于真实生活的。小组任务单的形式有助于培养学生的合作意识和沟通能力，为中高段的语文合作学习打下坚实的基础。

二、创设思维迁移的表现性课堂

学生的思维品质决定学习效率。语文教学承担着促进理解、提升思维、启发运用的重任。表现性评价重视学习过程,关注思维能力,指向深度学习。教师在表现性评价的理念下统整课堂教学,创设思维迁移的表现性课堂,注重学习方法的指导和迁移运用,培养学生的思维品质,提高学习效率。

(一)图文并用,启发思维

表现性课堂上,教师不是"教教材",而是"用教材教";不是教知识,而是教学法。一年级学生的思维特点是前运算阶段到具体运算阶段的过渡,以形象思维为主导。图文结合是最适合学生接受水平的学习方式。在教授拼音时,教师引导学生通过观察情境图,感受情境图中的事物和字母的形状、读音存在内在关联,破译图中的密码。教师指导学生学习迁移运用,学生的学习就会时刻充满发现的乐趣,达到"师逸而工倍"的效果。统编教材中,情境图色彩明快、童趣盎然,整合了字母的读音和形状,为学生的思维训练提供了很好的素材。

一年级学生的思维是表象的,不能发现事物之间的关联。思维迁移的表现性课堂,注重在教师的引导和启发下,让学生一步步走向深度思考,习得学习方法。"那你有没有发现图上的这些事物和我们今天要学的声母有什么关系?""那哪个小朋友有更了不起的发现,能发现情境图中还藏着我们要学的声母的读音?"笔者以两个关键性的问题引导学生深入思考,发现情境图中的秘密,将学生的思维从表象引入实质,启发学生思考。

(二)方法串联,提升思维

表现性评价侧重学以致用,注重思维能力的迁移运用。以此为评价标准的表现性课堂就要引导学生串联方法,将习得的方法自觉运用到相似的情境中,提升解决问题的能力,提高思维水平。

经过 bpmf 这课的引导,学生初步发现了情境图中的奥秘,图中藏着我们要学习的字母的音和形。在相似的 gkh 拼音学习情境图中,笔者引导学生串联方法,提升思维。

在注重思维迁移的表现性课堂上,教师提出关键性的问题:"在今天的 gkh 情境图中,也藏着很多小秘密哦!"学生串联上节课的学法,自主发现这一课情境图中藏着的秘密,图片和字母在音和形之间的联系。这样的课堂让学生将习得的方法加以运用,训练了学生的思维能力。

三、实施真实有效的表现性评价

(一)过程记录,关注进步

表现性评价注重过程的综合性和持续性,以完整展示学生在学习过程中的成长和进步,科学评价每一个个体基于自身发展水平的能力提升和学业进步。笔者采用成长记录表的方式,记录每个孩子学习拼音的过程和进步,见表2。

表 2　成长记录表

（　　　　）同学的拼音学习记录表			
第一次	第二次	第三次	第四次
字母的书写质量			

（　　　）同学的拼音学习记录表			
	第一次	第二次	第三次	第四次
字母的书写速度				
拼读音节的速度				
拼读音节的准确率				

优秀：☆☆☆　　　　　　良好：☆☆　　　　合格：☆

这样的评价方式更关注过程而不是结果,能反映学生在学习与发展过程中的成长,反映学生在达到目标的过程中付出的努力,让个体基于自身进行纵向比较,而不是与他人进行横向比较。

(二)多次评价,尊重差异

表现性评价尊重个体差异,提倡多次评价和延迟判断,保护学生的学习热情,让每一个学生都有获得成功的机会。

在教育日益重视的今天,经济情况良好的家庭都会让学龄前的学生上幼小衔接班,导致学生的学前基础不一样。首先,如果在同一时间、同一空间测试学生的拼音水平,对零起点的学生是非常不公平的,也会极大地打击学生学习的热情和积极性,让学生在学习起始阶段备受挫折,不利于学生后续的学习和发展。其次,学生的学习能力不一样,有些学生理解力、记忆力强,掌握知识的本领好,另一些学生理解力、记忆力相对较弱,掌握相同知识需要的时间就更长。

为了保护学生在起始阶段的自信心和学习兴趣,笔者就在班内推行多次评价和延迟判断。针对拼音单元的纸质测试,在一次课堂检测之后,对自己成绩不满意的同学可以申请二次检测,并自主申请检测的时间。在学生做好充分复习准备后,完成二次检测,两次成绩取最优记分。

这样的方式点燃了学生复习的激情,也减少了因学生学情基础不一、学习能力不同导致的分数差异,让每一个学生都有获得成功的机会,呵护学生的自尊心,保护学生的学习热情。

表现性评价以学生为本位,尊重学生心理,有利于培养学生在起始年段的学习兴趣和自信心,有利于学生的可持续发展;表现性评价关注学生的学习过程,指向深度学习,有利于提升学生的思维水平。表现性评价通过和汉语拼音课堂教学相结合,设计一系列丰富多彩、科学合理的表现性任务,能切实激发学生学习汉语拼音的兴趣,培养学生运用汉语拼音解决生活中遇到的问题的素养,深刻启发学生的思维能力。

（本文获 2019 年杭州市原下城区教育教学评价研究论文一等奖）

基于思维气泡图的小学生写作可视化评价研究

——以小学三年级语文写作评价教学为例

杭州市刀茅巷小学　　杨黎璟

摘　要:"写作评改"的优劣能影响学生写作能力的发展。学生参与写作评改的主体意识不强,教师惯用"零交流"的评价方式让学生写作乏味。实践中,教师借助思维气泡图达成思维可视化的功效,从而创新写作评价模式,通过绘、写、评优化小学三年级日常写作评改,探索有效写作评价模式。

　　关键词：思维气泡图；绘、写、评；写作评价

　　写作是学生语文学习水平的综合反映，是语文教学的重中之重。长期以来，写作教学被认为是一项费时费力又难以奏效的工作。

一、小学生写作评价的现状分析

　　现状一：学生无评价主体意识

　　为了让学生写出东西，师生始终处于主与客的角色中。课前指导"无中生有"，但学生的作文千篇一律，走不出教师为他们准备的素材和思路。课后修改"壁虎断尾"，花费教师大量的时间与精力，最终"壁虎"长出"新尾"。

　　现状二：教师缺少形成性评价

　　写作评价惯于终结性评价，较少进行形成性评价。师生多边写作评改活动变成教师单边活动。

　　因此，写作教学要从教师批改，逐渐过渡到指导以学生自我评价、互评互改为主的模式。本文尝试借助思维气泡图达成思维可视化功效，创新写作评价模式，通过绘、写、评优化小学三年级写作评改，探索有效写作评价模式。

二、基于思维气泡图的小学生写作可视化评价模式架构

　　"绘"：绘制思维气泡图整体感知图解绘本，将信息进行串联、整合或抓取关键词进行语言想象，以链接生活为纽带，发散想象，感知绘本与现实生活的同质和异质。通过绘制气泡图，搭建真实习作支架，形成独立的习作思维体系，如图1所示。

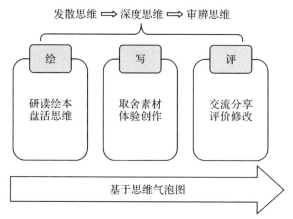

图1　基于思维气泡图的小学生写作可视化评价模式

　　"写"：借助绘制的气泡图，搭建绘本与生活支架桥，通过多层气泡，发现图中的真实生活气息，梳理气泡间的事件联系，以图为纲，取其乐说、悦写之事，将图片信息转换成文字进行表达。

　　"评"：借助气泡图形成习作互评互改的原生态量表，根据三年级学生的认知特点，以可视化的思维气泡图作为自评的量表，浅显而具针对性。由"启程、途中、抵达、超越"四部分组成，注重过程即时评改，塑造逆向思维。

在思维气泡图可视化写作评价模式中,以"评"为主贯穿整个"绘、写"过程,对学生写作思维的形成过程及时干预和指导,形成性评价贯穿写作过程。在评改过程中学生即是老师,老师也是同伴,让学生产生美好的写作评改期待。

三、小学生写作"绘、写、评"可视化评价模式的实践操作

(一)绘本阅读,绘制导图,写作前关注提炼设计

绘本中丰富的语言样式是语文课程的一种补充和拓展。[①] 三年级是写作起始年级,无论是从细节描写还是谋篇布局上都有了更高要求。借助绘本阅读打破纯文字类课程资源的教学方式,可以有效地消除学生写作前畏难情绪,开启愉悦写作模式。

【案例1】

以《我爸爸》为例,教师引导利用一阶气泡图整体感知绘本文字,提炼气泡中心关键字并进行"次主题"延伸。如图2所示。

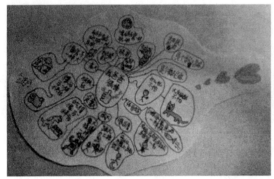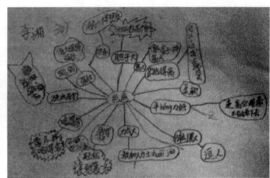

图2 写作前盘活思维

这是一种前写作思维的盘活过程,在学生提炼概括绘本图片和文字的同时,训练聚和思维,消除写作前恐惧心理,在绘本图画和语言中开启写作第一步。

(二)链接生活,关注迁移,写作中培养深度思维

1.同质延伸,挖掘异质

真实写作定要源于生活,借用绘本资源绘制思维气泡图。它停留在绘本语境中,所以我们需要链接生活,同质迁移,挖掘异质,绘制双重气泡图。

【案例2】

思维气泡图可以帮我们全面了解《我爸爸》的特点。

在教师引导下,通过绘制双重气泡图,同质横向迁移(图3红线框部分),完成"真实写作"从读到写第一步。在双重气泡图的引导下,学生发现气泡中不重叠部分,图3"善良的心""讲文明"……就是自己爸爸独有的特点,这正是发散性思维的表现。在这样的思维引领下,构建

---

① 曹爱卫.玩转绘本创意读写[M].杭州:浙江少年儿童出版社,2016:116.

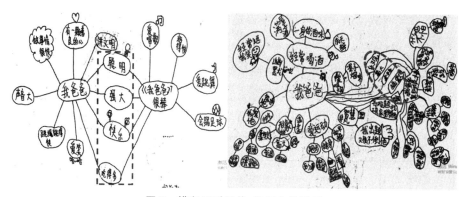

图3　横向同质延伸,挖掘个性异质

起"真实写作"的人物特写框架。这种支架式的深度思维搭建,不仅让学生在收集写作素材时有的放矢,也逐渐勾勒出人物的整体形象。

2.去简取繁,遴选素材

通过思维气泡图发散思维,盘活学生的思维,丰实习作素材。随着气泡图多层级发散,素材过多会让学生面临无从写起的局面。所以此时需要教师或同伴适时进行指导讨论,对素材的选择进行方向性调整,如图4所示。

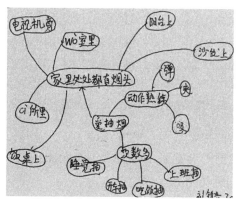

图4　使用气泡图遴选写作素材

3.以图为纲,体验创作

思维气泡图从一个中心主题词开始,将与之相关的信息以一级分支的形式从中心向四周延展。这种自由的思维方式,加上以图为纲的辅助,激发了学生的创作灵感,如图5所示。

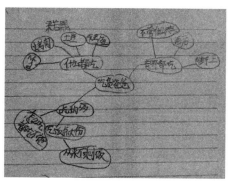

图5　以图为纲

此时的思维气泡图已经无法满足学生表达的欲望,只能诉诸文字才能活脱脱地体现"吃货爸爸"的特点。

(三)依托气泡,多元评价,写作后加强反思修改

本文采用多元化的读写评价方式,鼓励学生在教师的指导下开展多种形式的评价活动。评价由启程、途中、抵达、超越四部分组成(见图6),注重过程即时评改,塑造逆向思维。

启程				途中				抵达									超越			
构图是否清晰 / 评价要求 / 关键词是否合理 / 是否抓住特点				比对思维气泡图													运用修辞手法（一处得☆）	有动作描写（一处得☆）	有神态（表情）描写（一处得☆）	语句通顺
自评				自评			气泡图评价（同学评）		气泡图评价（老师评）											
构图清晰	抓住特点	关键词合理	抓住细节	抓住细节	关键词合理	抓住细节	特点鲜明	具体事例	性格鲜明	事例生动具体	真实有情感	总分结构	条例清晰	语句流畅	用词准确	无错别字				
☆☆☆☆	☆☆☆☆	☆☆☆☆	☆☆☆☆	☆☆☆☆	☆☆☆☆	☆☆☆☆	☆☆☆☆	☆☆☆☆	☆☆☆☆	☆☆☆☆	☆☆☆☆	☆☆☆☆	☆☆☆☆	☆☆☆☆	☆☆☆☆	☆☆☆☆				☆☆☆☆

图6　习作评改量表

1. 启程——评价写作前思维,把握习作方向

写作前思维是写作开始的构思过程,学生绘制思维气泡图的过程就是思维不断清晰化、系统化的过程。在思维气泡图的导航下,学生思维发散但不偏离中心。"启程"量表中4个要素是为学生把握思维发散总体方向。

2. 途中——评价写作中思维,疏通反思渠道

学生考虑问题,要由浅入深,随着思维气泡图层次的推进,构思水平达到一定高度。所以,在写作完成后,气泡图还可成为自我反思的依据,通过思维气泡图和习作对比,反思构思过程中的问题。通过对比,学生可以发现文章中存在的问题,如文章是否离题、重点内容是否突出等,并在此基础上加以修改、完善,详见图7。

图7　比对思维气泡图

【案例 3】

如图 7 所示,学生在自评时对比思维气泡图发现,爸爸除了做美食还有品美食这一特点。于是,学生根据图中的一级气泡加上过渡句,进行自我修改。

对比思维气泡图,不仅可以提升学生对写作的自我评价能力,还可以提升学生思维的严谨性。

3.抵达——评价写作后思维,完善师生互评

对于学生而言,阅读同伴写作是一种互相学习、提高的过程。对于教师而言,我们可以发现学生在写作中存在的问题,这样更有利于教师的辅导能够精准有效,如图 8 所示。

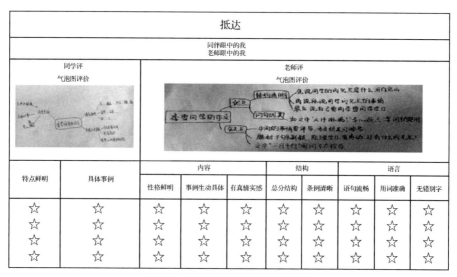

图 8　师生借助思维气泡图互评

4.超越——完善细节提升,深化语言表达

三年级学生更擅长概括性描写,而量表中的"运用修辞手法""有动作描写"等方面指向明确,适合学生直观发现同伴的优点。在评价的同时,让学生学会细节描写,同时也让学生明白只有在自己的习作中拥有各种细节描写,才能将人物特点刻画鲜明。

四、思维气泡图在小学生写作评价中的实施效能

(一)注重写作意识主体化,强调个性写作支架构建意识

通过绘本的使用,学生在写作过程中得到了相关的思维支持,降低了独立绘制思维气泡图的难度,避免了刚刚接触习作的三年级学生无所适从的畏惧状态。绘本气泡图的搭建让有话可说的学生能够在双重气泡图的帮助下,厘清真实习作思路,明确写作重点。每一张思维导图都是从学生现有水平出发的,个性化的写作支架。而在三年级习作起始阶段,就开始培养、锻炼学生将这种借助思维气泡图构建写作支架的意识。久而久之,到中高年级,学生将其内化到自身的写作习惯之后,学生无论遇到怎样的题目,都会主动地慢慢构建起属于自己的个性化的写作支架。这对于培养学生的写作主体意识、提升写作能力,都有极其重要的意义。

（二）渗透评价主体多元化，提升思维过程即时评改实效

课标中提出：应注意将教师的评价、学生的自我评价及学生之间相互评价相结合。[①]"启程、途中、抵达、超越"评价中，融合了教师评、自我评与同伴评，注重过程即时评改。

思维气泡图具象化地将学生的构思过程外显，教师通过气泡图对学生构思过程和结果进行评价，干预指导，有效提高了学生的构思能力。

（三）兼顾学生评价发展化，完善"绘、写、评"可视化体系

在实施过程中，教师设计《调查问卷》得到学生和家长对此项研究的评价，如图9，图10所示。

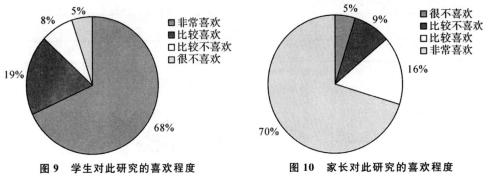

图9　学生对此研究的喜欢程度　　　　图10　家长对此研究的喜欢程度

由图9可知，68%和19%的学生表示不同程度的喜欢。从图10中可知，超过80%的家长对此也是喜欢和支持的。从图11可以看出，班级里35人中有28人（80%）认为利用思维气泡图对自己写作有着不同程度的帮助，说明该研究确实能有效地帮助学生提升写作及互评互改的水平，激发写作热情，并集聚后劲，挖掘潜能，促进长足发展。

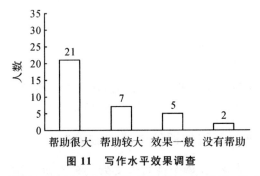

图11　写作水平效果调查

对学生来说，通过可视化评价模式增强学生评价主体意识，降低写作起始难度，激发言语动机，唤起写作兴趣，提升了发散思维、深度思维和审辨思维的能力，乐学乐写乐评。对教师来说，教师可以将更多的精力投入到以思维气泡图为依托的写作即时评改中来，细化评价量表，及时发现问题，及时修正，从写作思维的角度来培养学生写作能力，提升学生写作思维水平。

（本文获2019年杭州市教学评价与考试优秀论文评选二等奖）

①　中华人民共和国教育部.义务教育语文课程标准[M].北京:北京师范大学出版社,2011:27.

图图是道，以图促听

——指向思维品质提升的小学英语三年级图片型听力教学例谈

杭州市京都小学 王佳男

摘 要："图片型"听力因为符合小学生心理特点，形象直观，在小学英语三年级听力中占比很大。在教学中，学生和教师也对此类题型产生不少困惑和疑问。该文对浙江教育出版社出版的 PEP 版三年级英语作业本中的"图片型"听力题型的分析，结合实际教学，从提升思维品质的不同方面，即思维的灵活性、思维的批判性以及思维的独创性，分别从听前、听中、听后 3 个阶段，对图片型听力题型的解答与巩固进行研究。

关键词：小学英语听力；图片；思维品质

思维品质是英语学科核心素养的 4 个维度之一。《义务教育英语课程标准（2011 年版）》指出，英语课程承担着培养学生基本英语素养和发展学生思维能力的任务。[1] 思维品质的实质是人们思维的个性特征，主要包括敏捷性、灵活性、独创性、深刻性、批判性和系统性。[2] 根据思维品质的不同类型和特征，结合完成"图片型"听力题型的过程，给予此题型不同指导。

小学英语听力练习结合小学生心理特点，化抽象为具体，运用丰富的图片代替文字。人教版三年级英语作业本（浙江教育出版社）中，结合课堂内容，设计多种类型听力练习。上册作业本共包含 64 个听力练习，下册作业本共包含 75 个听力练习。按照听力练习中是否使用图片为分类标准，这些听力练习被分成 3 种类型，即"纯图片型"听力、"图文结合型"听力以及"纯文字型"听力，具体数量分布如图 1 所示。

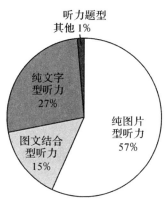

图 1 听力题型分析

图 1 中，我们可以看到"纯图片型"听力题（以下简称"图片型"听力题）在三年级英语作业本听力练习中占 57%，占比较大，足以说明在听力练习中图片的重要性。在"图片型"听力中，又分为听音选图、听音判断、听音排序 3 大类。而《义务教育英语课程标准（2011 年版）》中的

---

① 教育部.英语课程标准（实验稿）[M].北京：北京师范大学出版社，2001：2.

② 叶小缓.刍议基于思维品质培养的小学英语阅读课堂导入[J].课程教育研究，2019（45）：81-82.

一级目标要求学生能在图片的帮助下听懂和读懂简单的小故事。由此可见,学会读图、利用好图片在听力练习中的重要性。

一、展开思维的灵活性:听前,头脑风暴,结合学习内容进行联想

灵活性是指思维的灵活程度,主要是指学生从不同的角度和方面起步思考问题。听前,基于学生的单元话题和生活实际,将所学知识和常识迁移至所看到的图片中,再对图中的场景和内容展开合理想象,事先创编对话,猜测听力可能出现的对话和句子。一方面,听力中的图片可以帮助学生对所学内容在大脑中进行很好的梳理;另一方面,从理解、分析图片内容,到自行整合语句与对话,孩子实现了从低阶思维到高阶思维的转变。①

【案例 1】Listen and tick or cross.(如图 2、图 3)

图 2　　　　　　　　　图 3

听前,教师让学生根据图片猜测听力中可能出现的对话和句子。本单元主题为颜色和介绍,问候他人。图 2 中,学生很容易得到图片中关于颜色的信息。当学生看到颜色的时候,容易给出如"I see green."等略微直白的回答。这个时候教师鼓励学生再次仔细观察图片,看到在绿色的书包旁边还有一支绿色的蜡笔,孩子根据本单元 B let's learn 中图中人物涂色的情景,化用书中的句子,得出"—Colour it green! —OK!"的结论。

除了基于单元话题,学生也常常将图片与日常生活情景联系起来。图 3 的题目中,因为很多孩子认识法国的国旗,所以孩子可以得出"I see a flag!""This is French."这样的结论。

因此,图片能直接激活学生的背景图式,从看到图片到从不同角度联想听力内容,善于帮助学生在听力练习中较为完整、全面地看待听力问题,提高听力效率,发挥小学生思维品质的灵活性。

二、增强思维的批判性:听中,明察秋毫,抓住细节内容进行剖析

培养思维的批判性,能帮助学生独立发现图片中的细节问题,进行独立分析。现行的小学三年级《作业本》中听力图片精美雅致,妙趣横生,绘画者勾勒出多种细节,令人展开想象。听力图片中的很多小细节也值得关注,我们常常可以看到图片上的有用细节,对我们完成听力练习有很大的指导作用。如,太阳、月亮给了我们时间的信号;人物的动作和表情给了我们关于对话内容和情感的信号。

---

① 赵静.运用教材插图,构建魅力英语课堂[J].小学教学参考,2019(30):64-65.

【案例 2】Listen and choose(如图 4、图 5)

图 4　　　　　　　　　　　　图 5

图 4 中,我们很容易看到 A 图中两个人物背着书包"背朝"学校,而 B 图中两个人物正背着书包走向学校。找到这个细节,再根据 Let's go to school 的听力内容,我们就不难发现,B图显然更加符合听力意思。学生根据人物朝向这个细节,结合生活常识,容易得出图中人物在说"再见"。因此,当听力内容为 Let's go to school,这与图片不符合,所以是错误的。

图 5 中,我们可以看到时钟的时间分别为上午 7:30 与下午 3:30,当听力内容中出现Good morning 时,学生可以运用批判性思维比较轻松地判断出听力内容和图片内容 A 符合,因此可以直接得出结论。

因此,学生通过有效抓住图片型听力细节,分析该细节对解决听力问题是否有帮助,从而选择恰当的策略,以小见大,解决听力问题,有利于培养学生思维的批判性,达到听力练习时事半功倍的效果。

三、发挥思维的独创性:听后,自制绘本,说绘结合反作用于听力

根据教学主题、教学内容等,进行对话创编,自制英语小绘本或漫画,帮助学生发挥思维的独创性。[①][4]一方面,英语中的听和说相辅相成,不可分割。听的输入提升了说的可能性。另一方面,说的展开也促使了听的进步。因此,在听后的环节中可以多增加口语练习,创编对话,提高听力。另外,听力题目的设计始终围绕所学内容展开,从逆向思维考虑,如果学生熟悉知识要点,根据知识要点自己绘制相应的绘本和图片,再为自己绘制的图片创编一个句子,一个对话甚至一个小故事。经过对自己图片的理解、分析和整合,学生在听力中的思维又提升了一个台阶。

【案例 4】

自制绘本的练习可以体现在日常课后作业的布置中,也可以呈现在课堂上。如果学生需要绘制的内容比较简单,那么可以直接在课堂上呈现,如图 6、图 7、图 8、图 9 所示。

图 6　学生绘图　　图 7　学生绘图练习

---

① 李新华.英语绘本在小学英语教学中的运用与研究[J].课程教育研究,2019(42):111-112.

图 8   图 9

课堂上,教师要学生就"It's a panda."这句话的内容进行创作,很多学生直接在自己的画纸上画了一只熊猫,如图 6 所示。但是,在完成绘画之后,学生可以看着这幅图说别的内容。比如"It's fat.""I see black and white."等内容。虽然一开始只有"It's a panda."这个线索,但是实际的图片又给人更多的灵感,说出更多的语言。在同样难度的英语学习下,说的内容会比听的难度更大。因此,在这个过程中,听力水平的提高是水到渠成的事情。

课后,教师可以给学生出"命题绘本"当作家庭作业。在三年级上册,可以让他们根据三年级上册所学习的字母,自行创设情境,制作英语字母小绘本,展示学生独创性。图 7 中的学生作品,显示学生根据老师要求的"字母 F"联想到 fish,再进一步联想到钓鱼的情景,发挥了其思维的独创性。图 8 中,教师让学生就"cat"这个单词进行创作,很多学生直接在画纸上画出一只猫的样子,但是画完之后,学生又根据图像创造出别的内容。比如,根据 cat 的首字母 C,学生联想到别的以 c 为首字母的单词,"colour""cake"甚至是一整个句子"A cat color a cake!"虽然教师只提供了"cat"这一线索,但是学生通过思维的独创性赋予图片更多的内涵!

因此,结合所学内容,或自制绘本,或自己对图片内容进行说明和阐述,能很好地利用平时的时间练习,反作用于孩子的日常听力练习,培养学生的创造性思维,[1]如图 10 所示。

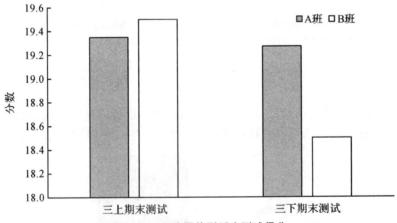

图 10 A、B 班图片型听力测试得分

从思维品质角度出发,笔者将任教的 A 班和 B 班进行对比。在听前、听中、听后对 A 班重视图片型听力思维品质的培养。要求学生"在听前,重视观察图片展开想象;在听中,抓住细节分析题意;听后,布置课堂或课后作业,积极发挥学生创造性"。取成绩相近的 B 班作为

---

① 刘媛.图片辅助在小学英语教学中的应用探究[J].英语教师,2016,16(23):75-77+81.

对照组,在听前、听中、听后采取传统的直接听听力,校对答案的方式。对两个班级在三年级上册期末测试和三年级下册期末测试中图片型听力的分数进行采集。在这里,根据比例将图片型听力题型按照满分 20 分计算。从图 10 中我们可知,第一个学期期末考试,因为都采取较为传统的题目讲解方式,两个班级的得分比较接近,甚至 B 班高出 A 班。但是经过一个学期后,A 班同学图片型听力的测试分数有了较明显上升。

四、结语

在听力中,小图片也有大用处。听前,图片可以帮助学生发挥思维的灵活性,给学生提供展开想象的平台,借助课内外知识多方面迁移,帮助学生打好听力这场"有准备的仗";听中,应增强思维的批判性,有"细节"意识的学生可以紧扣图片细节,进行认真剖析,侧面高效完成听力练习;听后,当学生发挥其思维独创性,根据学习重难点进行有意义的绘图,看图说话,能达到逆向指导听力学习的效果。从图片到听力,图图是道,促进听力能力的提升,也为学生培养高阶思维发展的氛围。在实际教学中,教师还可以根据不同的教学阶段和不同的教学需要,灵活采取不同的方式,以达到最佳的教学效果。

(本文获 2019 年杭州市原下城区教育教学评价研究论文一等奖)

"点赞"模式助力随班就读生学习
——以小学科学课程的多维评价为例

杭州市天水小学　杜佳雯

摘　要: 在倡导个性和素质教育的今天,我们关注学生核心素养的培养,同时也力求能够客观、公正、全面地对每一个学生进行学科核心素养的立体性评价。在教学过程中,随班就读这一类特殊学生的出现,给教学、评价等带来了一定的挑战。为此,该文将结合随班就读学生特点,在科学教学中将评价多维结合,采用"点赞"的评价锦囊助力随班就读生学习,从而充分激发随班就读生科学学习兴趣,挖掘其潜能,有效地补偿其身心缺陷,促进随班就读学生学习效果的提高。

关键词: 随班就读;科学课程;点赞;多维评价

在倡导个性和素质教育的今天,我们关注学生核心素养的培养,同时也力求能够客观、公正、全面地对每一个学生进行学科核心素养的立体性评价。

在教学过程中,随班就读生这一类特殊学生的出现,给教学以及评价等带来了一定的挑战。随班就读是指让部分肢残、轻度弱智、弱视和重听等残障或有其他特殊原因的学生,进入普通班就读进行教育的一种方式。

为此,笔者将结合随班就读学生特点及科学教学特点,秉承"赏识"这一理念,一改过去单一的试卷考核的方法,采用多维结合的评价方式,即"质性"评价与"量化"评价相结合,"动态"评价与"静态"评价相结合,"校内"评价与"校外"评价相结合,采用"点赞"的评价锦囊助力随班就读生学习,从而充分激发随班就读生科学学习兴趣,挖掘其潜能,有效补偿其身心缺陷,促进随班就读学生学习效果的提高。

一、"质性"评价与"量化"评价相结合,"点赞"细致化

目前,杭州市天水小学对随班就读学生的学业评价主要是两种形式,即作业评定和测试评定,即"质性"评价与"量化"评价。

(一)质性评价

1.科学作业本评价,夯实学习基础

小学阶段的科学知识主要涵盖物质科学、生命科学、地球与宇宙科学、技术与工程 4 大领域。针对普通学生,我会给予 A,B,C 3 档次的成绩评定,拿到 A 即可领取一张点赞卡。而对随班就读孩子,要求则适当降低。

例如,我们的随班就读学生小谭,韦氏智力测验得分为 70,属于轻度智障,科学知识的理解能力、语言表达能力都很欠缺。因此,在作业本的批改评价中,评价为 B 档(错题在 3—5 个之间)或较难题不做,但简单题全对的情况,都应积极分发"点赞卡"(见图 1),每 5 张点赞卡即可兑换 1 个"点赞章"(见图 2),鼓励随班就读生增加学习信心,增强学习成就感。

图 1 "点赞卡"收集在卡包中　　图 2 5 张"点赞卡"兑换 1 个"点赞章"

2.杭州教育 App 评价,关注课外学习

2017 年版小学科学课程标准指出:"教室、实验室是科学学习的重要场所,但教室、实验室外还有更广阔的科学学习天地。"[1]

对于随班就读学生,在杭州教育 App 中给予即时的评价、反馈也是直接的方式。例如,三下《我们先看到了根》,实验一是进行凤仙花的种植,要求全班完成,并在杭州教育 App 内发送照片,定期上传生长情况,完成观察记录(见图 3)。在布置家庭观察的过程中,考虑到随班就读学生小谭的学习能力,他可以不做观察记录,但要父母帮助定期上传照片,认真观察。这种类型的探究,往往是从课内延伸到了课外,对于小谭这样直观思维能力相对强一些的孩子,更多的近距离接触、实验,毋庸置疑对他的收获是最大的。

(二)量化评价

1.口头考查评价,降低学生学习难度

口头考查,作为一种较为方便的考查方式,在日常教学中得以广泛应用。

应对随班就读生的口头考查,肯定是放低难度、降低要求。譬如,在提问五下《摆的研究》,摆动快慢与什么因素有关?随班就读生小谭能够从较明显的实验现象中感受到摆锤重量与摆动快慢无关,摆绳越短摆得越快。但对于摆绳长度一致,而摆长不一致(见图 5)这种需

---

[1] 　中华人民共和国教育部. 义务教育小学科学标准[M]. 北京:北京师范大学出版社,2017:1-98.

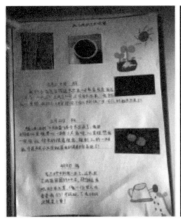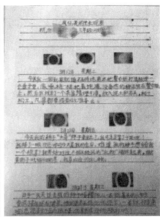

图 3

要抽象出重心理解概念的类型,小谭理解起来就十分费劲了,那么对答案的要求也应适当降低,回答出前两种即可。

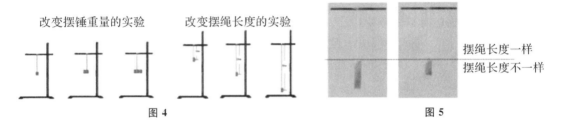

改变摆锤重量的实验	改变摆绳长度的实验
图 4	图 5

摆绳长度一样
摆绳长度不一样

2. 实际操作评价,提升随班就读生操作能力

《课标》指出,科学课应重点评价学生动手动脑"做"科学的兴趣、技能、思维水平和活动能力。科学课的核心是"科学素养",科学课的学习要以探究为核心。

例如,上学期开展的光单元知识的实验操作,制作牛顿盘(见图6)。对于随班就读生小武来说,有很大的难度,因此,秉持着"赏识"教育的原则,在考核时对小武进行了适当的提醒。例如发动机有何作用,红橙黄绿蓝靛紫的色彩如何分配等。小武顺利完成了任务,让牛顿盘成功转起来。(见图7)顺利完成1次考核,获得1张"点赞卡"。

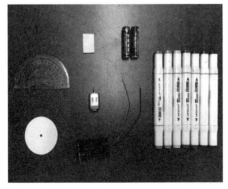

图 6	图 7

二、"动态"评价与"静态"评价相结合,"点赞"分层化

在评价中,常常因为随班就读生思维、认知能力偏低,情绪不稳定,不能准确测出该生的真实情况。教师通过训练的方式一步步引导学生做出正确的回答。像这样评价与训练相结合的方式,我们称为动态评价,可以按照"前测、训练、后测"三步程序进行,教师或同伴介入被测学生完成探索、解决问题的全过程。[①]

(一)"动静"结合课堂评价,提升课堂学习效率

随班就读生在课堂上个人表现较过往积极,便给予"点赞卡";除此之外,笔者经常在课堂中运用九宫格小组图,记录小组课堂表现。表现突出,就在九宫格对应的小组格内画上"五角星",五角星最多的前 3 名,每人领取 1 张"点赞卡"。学生集齐 5 张"点赞卡",便可敲 1 个"点赞章",评价记录在学生科学作业本内页。

例如,随班就读生小武,动手能力欠缺,探究能力较差,课堂上废话多,学习情况不理想。但是,在秋游中我发现他特别喜欢给同学说小品,模仿"小沈阳"。有次科学课,我给学生出示了模拟空气"微粒"运动游戏。

"那么,谁能模仿着空气微粒,表演一番呢?"有几个学生举手了,我将他们请上台;之后我特地把目光投向小武,小武神气地扬起头,我马上叫他上台。几个小伙伴上台表演起来,寒冷的时候,几人"紧紧相拥";炎热的时候几人"马上分离",把空气微粒演得活灵活现,逗得学生们发出阵阵笑声。

(二)"动静"评价学习态度,促进习惯养成

我采用小组整理值日轮流制,将随班就读生安插进较为优秀的小组,组长、副组长起好带头作用,使每个同学的整理能力都能得到训练,尤其是对随班就读学生的监督。该制度要求轮到的同学完成"三件套"任务:一是收齐整理本组同学的作业本,上交到收发作业处;二是整理桌面;三是清除本组地面垃圾并搬好凳子。

三、"校内"评价和"校外"评价相结合,"点赞"多元化

《课标》在评价建议中指出:学习评价必须做到主体多元、方式多样。校内的小组互评与校外的家长评价对随班就读学生的学习效果起到重要的作用。

(一)小组互评,促进生生联系

在教学五下制作小船时,小武所在的小组分工合作,制作了防水性能较强的纸船,小船的制作基本由组内动手能力相对较强的同学完成,小武在制作过程中主要起到了借工具(小刀、胶水)的作用;但到了小船介绍环节,小武又发挥特长,上台讲解(见图 8),他提到了他们的小船不算太轻,但是防水性能不错,可以放好几十个垫圈来承重。

下课前,我留了 5 分钟时间让学生进行组内的互评打分,每人为组内另外 3 人打★,3★表示好,2★表示较好,1★表示仍需努力(见表 1)。由组长计算每个组员的总计★数,到达 6★,即可领取"点赞卡"。小组互评通常与 steam 课程相关联,进行一次 steam 课程,做一次小组互评。

---

① 森雨.小学科学(3—6 年级)期末改革评价方案[J].郑州教育,2015:1-4.

图 8

表 1

组内成员姓名	互评成绩（1★—3★）
1.	
2.	
3.	

（二）家长评价，促进家校沟通

新课程标准下的科学课，评价的主体从原先单一的教师，发展成教师、学生本人、小组成员、学生家长四合一的模式，而家长也可以依据学生在家中的表现进行评定。[①] 随班就读生的评价标准是个体化的，因此在建议家长进行评定时，也秉持"赏识"教育的理念。形式可以是在联系本上给学生留言，写下鼓励性的话语；也可以在课堂作业本评价页上进行打★（见图9）。

图 9

（三）点赞总评，促进全面评价

"点赞"评价表（见表2）就是将整个学期的学生表现统计记录，参照班级"点赞"最高数，让师生家长了解学生在各个具体表现中的优缺点，可在下一学期的科学学习中扬长避短、查漏补缺。在开学初老师就将"点赞"评价表的具体评价方案介绍给学生和家长，可通过课堂、家长会、杭州教育 App 等途径广而告之，以示激励。

---

① 喻伯军."浙江省中小学学科教学建议"案例解读[M].杭州:浙江教育出版社,2019:1-49.

表 2　点赞评价表

学号	点赞最高票	违反常规	课堂及课余拓展	作业	小组、家长	点赞总数	评价等级

《课堂评价》一书中提到过："学习即旅程,评价即 GPS。"课堂教学评价的核心功能正是通过评价去促进学生学习。笔者对随班就读生的评价方式进行了初探,希望未来能抓住更多的实践机会,给予随班就读生真正有益的评价,从而促进学生爱上科学、爱上探索、爱上学习。

(本文获 2019 年杭州市原下城区教育教学评价研究论文一等奖)

促进学生社会性发展的非纸笔测评探索

杭州市朝晖实验小学　　罗晓莉

摘　要: 立足学生社会性发展,设计非纸笔测评。通过"创设人际交流环境,强化社会责任;选取真实主题,关联国家认同;借助世界遗产,培养国际视野;注重高阶思维,培育实践创新素养;关注行为习惯,强化养成教育"5 个方面,学生在测评活动中逐步参与社会、认识社会、适应社会,培养社会责任感,促进其社会性发展。

关键词: 社会参与;社会性;非纸笔测评;核心素养

一、学生社会性发展的价值

社会性发展是中国学生发展核心素养中 3 个方面之一,重在强调处理好自我与社会的关系,养成现代公民所必须遵守和履行的道德准则和行为规范,增强社会责任感,发展成为敢于担当的人。

杭州市朝晖实验小学校在推进学生学业测评时,基于社会参与这一素养,开展非纸笔测评活动。学生以小队的形式亲身参与真实的社会生活情境,运用课堂上学到的知识和经验,解决生活中的实际问题。在解决与克服困难的过程中深化认识、提升关键能力,逐步形成探究意识、规则意识,与人合作交流的意识,成为具有责任心,有良好的行为习惯和个性品质的社会人。

二、促进学生社会性发展的评价策略

(一)创设人际交往环境,强化社会责任

社会责任意识是社会参与核心素养中的重要内容,这方面的能力难以在纸笔测评里解决。学校紧紧围绕培养社会责任中团队意识、规则意识等,请学生以假日小队的形式参加测评,设置了很多需要团队合作才能完成的任务。在评价标准方面,细化团队合作标准,力求通过评价,培养学生团队合作能力。评价者需要观察学生在没有老师监督下真实自然的反应,如何与队员沟通合作,如何理解和宽容队员,如何接受他人的建议等,从而测评学生的行为习惯、人际交往等能力。

(二)选取真实主题,关联国家认同

培养学生的家国情怀,必须让他们亲身参与社会实践活动,这样获得的直接经验和感受是最为深刻和有意义的。学校努力营造真实的生活情境,检测学生在真实情境下运用已有行为方式、认识方式、道德品质等方面的能力,培养学生的国家认同感。

1.主题生活化

在端午节来临之际,学校深入挖掘端午节背后的传统文化,开展"品味浓情端午,弘扬传统文化"一年级非纸笔测评活动。一方面,为了让学生了解、认同和喜爱传统节日,弘扬中华民族的优秀传统文化,引导学生感受端午节的传统文化魅力;另一方面,实现传统与现代相融合,在丰富传统节日的精神内涵上传承优秀传统文化,引导学生关爱他人,感恩他人,传递节日的美好祝愿。

学生先观看视频,对端午节有一个初步的了解。然后领取任务卡,按照任务卡的提示外出购买制作香袋的材料。采购结束回到学校边看制作香袋的视频,边动手制作。称重香粉,放入适当的棉絮,按照步骤制作香袋。最后小队走进社区到老人院、幼儿园等地赠送祝福并送上表演。学生借助电话,很快和慰问对象联系上了。带上粽子和咸鸭蛋,手拿地图和地址,小队再次出发。

助人为乐、敬老爱幼,这些基本的社会道德规范课堂上有告诉学生,但真正走上社会,学生还是很迷茫。通过非纸笔测评活动,学生亲自实践,在心灵深处种下一颗爱的种子,做好事,行善举,做一个有爱的人,懂得感恩。在送祝福的过程中,学生"寻找爱,感受爱,弘扬爱,奉献爱",从身边小事做起,旨在发挥学生自身主体能动性,提高自身服务意识与服务能力,帮助学生参与社会公益活动,在潜移默化中树立正确的人生观、价值观,学生的成长将终身受益。

2.场景真实化

非纸笔测评能否顺利开展,关键要有载体推进。真实场景下的测试方式,不仅能让学生克服畏惧心理,激发学生参与测试的兴趣,还充分体现学校文化特色。

测评活动从刚开始的模拟真实生活情境,发展到在真实生活中进行非纸笔测评,把测评和生活无缝对接。在真实的生活场景中,学生在完成任务的过程中,老师和家长基于观察,对照标准,进行真实客观的测评。

测评地点也不再是传统的教室,还有周边的社区资源。学生外出步行到张同泰药房购买香粉,到便利店购买香袋。走进社区,慰问孤寡老人,到幼儿园看望弟弟妹妹,赠送自己制作的香袋,献上才艺展示。来到环卫工人家、社区医院、第二课堂场馆等。最后在班级微信群中分享活动感受。

这一切都立足于真实的现实生活,真正走进生活,融入生活。通过解决这些真实的生活情境下的任务,学生自觉、主动地调用所学的知识、技能。测评可以很好地考查学生在真实生活中运用知识的能力,让学生感受到原来在课堂学到的知识在生活中是有用处的、有价值的,有效解决了学习动力问题。同时也让学生逐渐成为社会人,感受到社会日新月异的变化。

(三)注重高阶思维,培育实践创新素养

在设计非纸笔测评内容时,有意识地引导学生创造性地解决问题。如学生外出购买制作香袋的材料,很好地将数学知识与现实生活相联系,学生以任务(购买材料)为导向,在众多的条件中进行选择,调用已有的知识和技能进行合情推理,从而选择合理的交通方式。

图1为外出购物的任务。

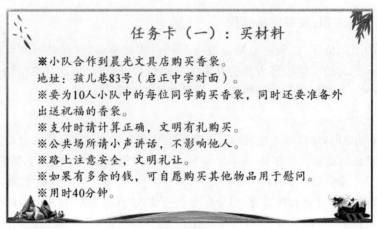

图1 任务卡

纯色大号香袋3元一个,纯色中号香袋2.5元一个,纯色小号香袋2元一个。印有学校Logo的香袋比纯色的贵0.5元。香粉分散装和单独包装两个价位,散装每包是30元,可以制作10个香袋。单独小包是3.5元。每个学生都带了10元钱,这时他们就遇到了问题:大家各买各的,还是合在一起买?买哪种款式更合算?购买好香袋和香粉,还有多余的费用,怎么分配?

测评当天,有的小队来到了水果店,打算给老奶奶买一些水果。在便利店里,同样看到小队在商量如何利用多余的费用,给慰问对象准备一些小礼物,有咸鸭蛋,有粽子,还有面包。这次剩余费用的支配充分展现了学生主动对新知识进行选择、加工和处理,从而建构自己的知识结构的过程。这样的测评注重高阶思维,培养了学生的实践创新素养。

(四)关注行为习惯,强化养成教育

非纸笔测评关注一些难以在纸笔测试中反映的能力与素养。制定行为和习惯评价指标,做好过程性评价,在非纸笔测评中设置相应的测评点,力求比较客观地评判每个学生不同的发展水平,发现并促进学生的行为与习惯的个性发展,在后续学习中给予更有针对性的指导。

一年级下期末"品味浓情端午,弘扬传统文化"非纸笔测评活动中,有一个测评点指向社会文明礼仪,引导学生做一个有社会文明礼仪、守规则、懂礼貌、讲文明的社会小公民。立足社会性发展,设计多元评价主体,有家长观察员、教师、学生互评以及慰问对象。测评有传统形式的奖励贴纸,可视化、及时性,以及当场请慰问对象写下意见反馈这种开放性评价方式。此外,也有教师观察员录取评价系统,针对某一项内容给予等级和评语,如表1所示。

表1 社会文明礼仪的测评标准和评价语

维度	评价标准	评价语
守规则	指向遵守交通规则,走在人行道,过马路需走斑马线,购物时有序排队	你遵守交通规则,在人行道行走,过马路会看信号灯,走在路上不追逐打闹。同时,购买材料时你能做到有序排队,做得很棒
	※放光芒:能照顾他人,引导大家手拉手,不落队	你不仅做到了遵守规则,而且你能照顾同学,提醒同学安全有序过马路,一个接一个,紧紧跟上队伍,很了不起

续　表

维度	评价标准	评价语
讲文明	不乱扔垃圾,不随地吐痰,不大声喧哗	你是一个讲文明的好学生,在公共场所,你不乱扔垃圾,不大声喧哗,不影响他人
懂礼貌	与人交流用"请问""谢谢""对不起"等礼貌用语	你和别人交流时,会使用礼貌用语,让人听着可真舒服,你是一个懂礼貌的小学生
懂礼貌	※放光芒:能根据不同的慰问对象,使用不同的礼貌用语;能商量的口吻和对方交流	你好厉害,和别人交流时会根据对方的年龄、性别等,使用恰当的礼貌用语。难能可贵的是,你还能用商量的语气和别人沟通,大家都很乐意和你交流
有爱心	积极参与活动,在活动中乐于为慰问对象献上节日的问候,给他人带去节日的快乐	感谢你积极参与这次"浓情端午送祝福"活动,你用爱心和真情温暖了别人,希望你将爱心永远传递下去

图 2 是某个学生的文明礼仪这项能力的个性化学习建议。

同学的学习建议	
评测能力	学习建议
文明礼仪	假期里,以小队为单位,开展主题为"社会文明礼仪"的暑期社会实践活动。在活动前,小队一起学习讨论在生活中我们需要注意哪些文明礼仪,如文明出行、文明就餐、文明排队、文明旅游等。大家还可以唱一唱文明童谣,签订文明出行条约,绘制安全出行提醒卡等。活动中,努力践行文明礼仪,做一个守规则、讲文明、懂礼貌的小学生。活动结束,可以把学习心得、活动内容编成小报(A4大小)或微信推送,跟大家一起来分享你在活动中的感受,同时也号召更多的人一起来做文明礼仪小使者。 送你几个小锦囊: 1.日常生活中,你也要一如既往地做到遵守交通规则,走人行道过马路会看信号灯。 2.在公共场合请继续做一个讲文明的小学生,有序排队,用合适的音量交流。 3.和别人交流时,用上"请、您、谢谢"等礼貌用语,让交流更愉快!

图 2

学生在假期里根据学习建议有针对性地进行巩固和提高。暑假一开始,各小队就行动起来,开展社会文明礼仪社会实践活动。

三、结语

总之,立足社会性发展的非纸笔评价是一种有效的评价形式,它让学生真实体验社会生活,走进社会,了解社会,运用自己的知识解决生活中的问题,习得社会规范的规则和行为方式。在参与过程中获得了一定的交往技巧,形成了良好的人际交往关系,获得了自我发展,促进了学生社会性发展,为将来更好地走上社会做了充分准备。当然,整套评价体系还有待于完善,如形成学生、教室、家长、社区四级评价,从层层打开渠道,进行四级不同层面的评价,以便形成更加科学的评价体系,让评价成就学生,以评促学。

参考文献

[1] 李幼穗.儿童社会性发展及其培养[M].上海:华东师范大学出版社,2004.
[2] 方建移,张英萍.学校建议与儿童社会性发展[M].杭州:浙江教育出版社,2005.

(本文获 2019 年杭州市原下城区教育教学评价研究论文一等奖)

基于雷达图的"三有"课堂评估的探索

杭州长江实验小学　俞佳丽

摘　要：该文将数形结合的雷达图引入教师课堂评估当中，依据实例探讨了用雷达分析策略对入职初期教师和成熟期教师进行课堂评估所带来的教师教学行为的变化，分析了雷达评价策略用于处理教师课堂素养评价信息的价值，以及发挥其诊断、反馈和激励功能带来的课堂变革的成效。

关键词："三有"课堂；雷达图；课堂革新支点

近 3 年，学校进行课程改革，从最初的"群落式"课程向现在的"小学者"课程迈进。在课改的同时，我们革新了评价方式，推出"基于雷达图的个性化评价"，形成了比较成熟的"从成绩单转向基于雷达图的个性化学习护照"学生评价模式。

我们习惯于用描述性的评价作为听课、评课的主要方式。教师上完课，听了领导或专家的点评后会有反思与改进，但要让教师在日常的教学行为中发生根本的改变，也许很难。特别是成熟期的教师，课堂教学已经形成自己固有的模式，想要改变并不是那么容易的，还是需要从内驱力入手，更需要有刮骨疗伤的勇气。当然也有一些研训团队，会运用集体磨课的方式对一堂课进行较为科学的观课、评课，以提升教师的课堂素养，但需要一个团队花大量的时间、精力跟进，这显然不适合学校管理部门日常的听课、评课。

我们尝试在课堂评估中植入雷达图，用一种数形相结合的评价策略，让老师比较直观地感受到自己课堂呈现出来的状态，充分发挥课堂评估诊断、反馈和激励的功能，从而促使教师教学行为的变化，推进课堂革新。如果观课者能具有像医生一样的专业精神，给教师的课堂做全面的"体检"，推出专业的体检报告，并进行"问症下药"，相信我们的很多教师会产生"刮骨疗伤"的勇气，彻底改变自己的教学行为，甚至发生质的变化。

一、基于雷达图的课堂评估方法及步骤

雷达图是一种模仿雷达荧光屏绘制的图表。基于雷达图的课堂评估是一种数形结合的评价策略，通过收集教师课堂素养的特征向量，采用雷达图特有的二维评价呈现方式，每个单向评价函数值的大小对应教师课堂素养的每个单向评价结果，实现雷达图的数形结合的定量评价。

我们能较为科学地将教师课堂素养各维度的评价信息绘制成一个二维图形，构成教师不同阶段、不同时期的课堂素养特征图像。它详细地描述教师课堂的优势和亟待上升的空间，可以较为科学地展示其发展轨迹，直观、形象地描述了教师课堂情况的现状及发展趋势。具体步骤如下。

1.横向设定个性化评价指标轴

根据不同成长期教师"三有"课堂评价指标体系，分设不同的分项指标，把圆周分作 N 等分，得到 N 个指标轴，每个指标轴代表教师某一个维度的课堂素养量化评价数值。

2.纵向设定个性发展等级梯

根据个性发展的不同等级分别设定"1. good 好；2. great 很好；3. wonderful 非常好；4. excellent 卓越的；5. perfect 完美"5 个层级，成为等级梯。

3.围绕圆心连接射线形成雷达图

将教师课堂素养的各维度等级值记录到相应指标轴上,等级值越接近 perfect 射线段越长,相反则短,直接反映了个体该项指标的发展情况。连接各个指标点,围成的不规则图形就是教师课堂素养雷达评价图(见图1)。评价对象雷达图形的面积大小,直观地反映了教师课堂素养在不同时期的不同情况。

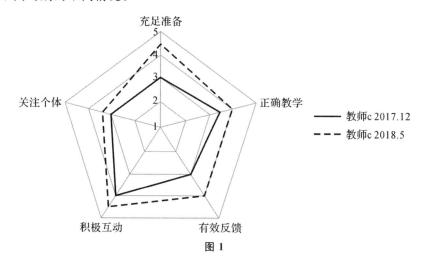

图 1

二、入职初期教师"有矩、有度、有活力"的课堂评估

学校近年办学规模不断扩大,每年都会从各师范院校招聘各学科的教师。入职期教师的课堂能力,需要学校师训部门的专业引领。为了提高青年教师课堂素养,我们针对青年教师的成长需要,设定了"有矩、有度、有活力"的入职初期青年教师"三有"课堂评价指标,引领青年教师关注教学目标、课堂常规、课堂活力,帮助他们树立较强的目标意识,建立较好的课堂学习常规,组织生动有趣的学习活动,以提高课堂教学效率。

"有矩"就是教学常规管理有规矩,制定细致可行的课堂常规,运用有效的策略跟进,并辅以艺术性的奖惩措施。

"有度"就是教学目标有尺度,基于学情制定明确的教学目标,设计正确、合理、清晰的教学活动,有策略、有尺度地推进教学目标。

"有活力"就是课堂生动,教态亲切自然,关注每一个学生,选择契合的媒介,基于儿童生活,唤醒儿童经验,组织生动有趣的学习活动,详见图2。

图 2　课堂评估

依据入职期"有度、有矩、有活力"的"三有"课堂核心理念,我们设计了雷达评估的5个横向指标,其中"课堂常规"的指标是指向"有矩"课堂的,这是入职初期青年教师最需要拥有的,只有制定细致的课堂常规,运用有效的指导策略,并辅以艺术性的奖惩措施,才能让课堂常规

落到实处,"有矩"课堂是基础,也是保障;"目标达成""教学设计"两项指标指向"有度"课堂,基于学习基础制定明确的教学目标,设计合理的教学活动,有策略、有尺度地推进教学目标,这才是青年教师需要实现的"有度"课堂;"师生活动""媒介运用"的指标是指向"有活力"课堂的,教态亲切自然,眼中有学生,选择契合的教学媒介,唤醒儿童经验,组织生动有趣的学习活动,这样的课堂是"有活力"的,详见表1。

表1 "有度、有矩、有活力"的课堂评估指标

课堂常规	细致可行的规范,有效的策略指导
目标达成	明确的教学目标,有尺度地推进
教学设计	正确的知识点,合理清晰的设计
师生活动	教态亲切自然,眼中有学生
媒介运用	契合的教学媒介,适切的运用

师训部门在常规听课中,引入课堂评估策略。基于这5项指标,帮助青年教师明晰自己在课堂教学上需要努力的方向,落实课堂常规。在日常的推门听课中,我们依据5项指标对青年教师进行课堂观课、评课。每节课听完,老师们就会拿到这样一张雷达图。

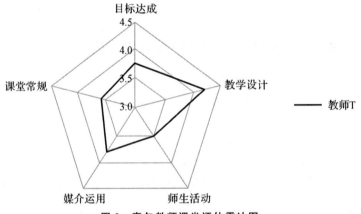

图2 青年教师课堂评估雷达图

推行伊始,青年教师拿到的雷达分析图,就像给教师做个全方位、立体化、可视化的课堂体检。无论是凸显在表面的课堂素养、教学行为,还是隐藏着的教学理念,都能详尽地在雷达图中显示其优势和亟待发展空间。我们可以较为直观、形象地分析教师的现状及发展趋势,进而开出课堂评估报告,既有利于全面洞察教师课堂存在的问题及发展潜力,又有助于对症下药制定个性化的课堂发展目标。说得明白一点,就是让教师一下子就看明白自己的课堂优势在哪儿,自己忽略的问题是什么,自己需要往哪里发展。

三、成熟期教师"有用、有趣、有温度"的课堂评估

随着"小学者"课程的推进,我们转变传统学习范式,革新学习方式,打造"有用、有趣、有温度"的"长江课堂"。为此,我们把雷达图植入成熟期教师的课堂评估中,促推教师课堂教学方式的革新,最终让教学成为解决问题、思维发展的过程。我们认为,高效的"长江课堂"应该体现3个特征:一是有用,即关注学习内容,让学习在课堂真实地发生,注重课堂实效,让每一

个学习行为产生增量,让思维在课堂上得以碰撞;二是有趣,即关注学习方式,让兴趣成为撬动课堂的支点,运用艺术策略,让每一次学习的过程积淀素养,让知识的习得与核心素养的养成在课堂上邂逅;三是有温度,即关注学习价值,让知识融入生命成长的过程,倾注人文关怀,让课堂拥有丰富、个性的生命质感。让每一个学生在选择中唤醒自己的潜能,实现小班课堂"从一群人的教育向每一个人的教育转变"。依据"有用、有趣、有温度"的"三有"课堂核心理念,我们设计了雷达评估的 5 个横向指标,具体见表 2。

表 2　"有用、有趣、有温度"的课堂评估指标

充足准备	精准的目标,合理的设计,适切的媒介运用
正确教学	正确的知识点,清晰的逻辑
有效反馈	有帮助的策略指导及有增量的反馈
积极互动	开放的态度,艺术性的教学策略,多样化的学习方式
关注个体	满足每个学生的个性化学习,倾注人文关怀

基于这 5 项指标,我们对成熟期老师的课堂评估,真正指向了学校要践行的"三有"课堂。在日常的推门听课中,用这样的评估图进行课堂观课、评课。每节课听完,授课的老师就会拿到这样一张雷达图。作为成熟期的教师,他们会在自己的课堂上关注有效反馈的策略,琢磨如何通过反馈提高课堂教学的效度;当然他们也会思考在教学中运用一些策略关注每一个学生个性化的需求,使自己的课堂充满人文的关怀,详见图 3。

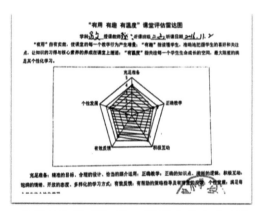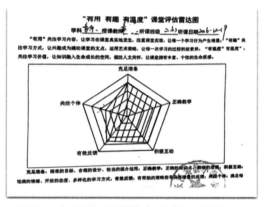

图 3　课堂评估雷达图

所以，当一张张课堂评估雷达图送到老师手中时，我们的老师痛定思痛，产生"刮骨疗伤"的勇气，真正开始思考如何革新自己习以为常的教学方式，不断尝试各种新的学习方式，让课堂变得"有用、有趣、有温度"。基于雷达图的课堂评估策略给学校的推门听课机制注入了新的活力。雷达评估图，指出了老师自己忽略的问题，用具有像医生一样的专业精神，给教师的课堂做全面的"体检"，推出专业的体检报告，并进行"问症下药"，帮助老师反思自己教学中有待改进的方面，并指引着老师努力的方向。

随着课改的推进，聚焦学科核心素养的教学策略，必将成为各学科课堂教学评估的重要指标。我们的雷达图课堂评估指标也会随着课改的推进而不断调整，从而促推老师不断地革新自己的教学方式，再度找寻变革课堂的新支点。

（本文获 2019 年杭州市原下城区教育教学评价研究论文一等奖）

基于 IRS 即时反馈系统的小学语文低段非纸笔测评的实践研究

杭州市求知小学　瞿潮音

摘　要:该文把具有高效测评功能的 IRS 即时反馈系统引入小学语文低段非纸笔测评的活动中。活动前利用微课导航、活动中使用 IRS 系统即时反馈、活动后生成学生个性化评价，激发学生热情，促进自主探究，渗透多元评价，同时兼顾了非纸笔测评活动的即时与高效。

关键词:IRS；即时反馈系统；非纸笔测评

近年来，关于学生学业水平的"非纸笔"测评日益受到师生、家长的欢迎。随着变革的不断深入，非纸笔测评活动也暴露出诸多问题:需要大量的人员投入，需要较多的时间支持，费时费力(尤其是对于班额较大的学校而言)。杭州市求知小学也处于这样的两难境地:一方面，倡导情景化、模块化、游园式的非纸笔测评；另一方面，因学生人数庞大、活动操作烦琐而耗时耗力。

以选项或数字来回答问题的即时反馈系统是根据活动的需要，设置相应的题目，学生通过遥控器进行作答，教师可以即时收到学生作答的统计结果，即时又高效。

为此，学校尝试将此具有高效测评功能的 IRS 即时反馈系统引入低段非纸笔测评的活动中，借助智慧教学系统的信息化手段，发挥即时互动的反馈功能和高效精准的测评功能，让该活动的检测过程更简易高效，体现时效性；同时关注合作与过程，让评价形式更新颖多元，具有个性化。下文以一年级期末语文"非纸笔"测评活动为例，充分运用智慧化教育手段，尝试传统非纸笔化测评向信息化测评的转变。[①]

一、前期微课导航，引领积极"备战"

求知小学设计了以"狸花猫和你一起闯关"为主题的低段语文游园活动，主要包括古诗词大会、识字小能手、悦读大比拼、点评之我见等活动环节。对于首次参加"非纸笔测评"活动的一年级学生而言，这样的游园既新鲜又陌生；既有强大的吸引力，又有未知的小压力:游园有哪些活动？IRS 系统的应答器该如何使用？iPad 如何登录？……如何扩大这种游园活动的

---

①　庄君明，贺志强.基于 IRS 的课堂测评系统的设计与应用研究[J].现代教育技术，2011，21(1).

吸引力,又如何化压力为动力,让学生更高效地完成此次游园活动?微课老师及时导航,为学生排忧解难。

游园前期,校方特别制作了"狸花猫和你一起去闯关"的微课,先行导航,向学生介绍了游园的流程、活动内容及 IRS 系统设备的使用情况,让学生对游园活动有个整体的了解,同时克服畏难心理,避免盲目活动,简易又高效。为了更符合低段学生的年龄特点和趣味心理,微课采用清新可爱的卡通风格,配以轻快活泼的背景音效,为整个游园活动营造了趣味性和挑战性,提前为游园活动做足了前期准备,引领学生积极"备战"。

二、中期即时反馈,促进自主游园

(一)抢权作答,预热游园氛围

在游园活动初始之际,求知小学设置了一系列"抢权作答"的游戏环节——"古诗词大会",由学生利用手中的 IRS 应答器来抢夺率先发言的机会,试图激发学生的兴趣,也为整个游园活动做预热。

【案例1】古诗词大会

《义务教育课程标准》要求低年级学生有一定的阅读量,背诵优秀诗文 50 篇。为了检测一年级学生的课外积累,"抢权作答"环节的内容来自学生对古诗词的认知。

这一系列的抢答题都是关于古诗词的知识点,重在检测学生对诗歌知识的了解。采取抢答的方式,是希望能激发学生的兴趣,使其充满热情地投入游园活动。在教师开启"抢答"功能后,学生可按任意键进行抢答。当某一个学生抢答成功时,大屏幕上会及时出现他的姓名及头像。这不仅成功吸引了大家的眼球,也让这个抢答者备感荣耀。IRS 这一功能的使用,大大增强了学生参与的兴趣,提高活动的受关注度,让整个游园活动在一开始就展现出良好的状态,为后期活动的开展起到了预热效果。

(二)全面作答,把握个体差异

基于上一环节的"抢权作答"热身,抢答者兴奋不已,部分没有抢到答题机会的同学个个摩拳擦掌,跃跃欲试。在这已被预热的氛围中,"全面作答"正符合每个学生的心理需求。因此,在"识字小能手"环节中,再次运用 IRS 系统的应答器让学生进行全面作答,使每个学生能在轻松的氛围中,给出自己最真实的答案,避免了人云亦云、不懂装懂等消极状况。同时 IRS 系统的后台能在第一时间收到学生的答题情况,形成柱状的统计图,让教师及时得到精细准确的统计结果,了解学生的作答情况。必须指出的是,这个"园区"只需要一位教师进行技术操作,另一位教师协同管理,节约了大量的人力和时间,从而促成了游园活动的即时与高效。

【案例2】识字小能手

此环节,是通过微课的形式来出示题目的。如第一题是介绍汉字"霜"。先通过图片来展示霜的形式和形成原理,再引入到汉字的演变、组成部件与间架结构,然后结合扩词来进行字义的拓展,最后抛出问题(见图1)。

答题时,学生只要按动应答器上相应的数字选项,作答结果就会自动呈现在大屏幕上。

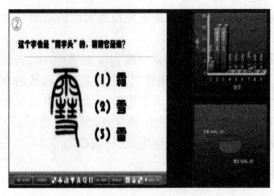

图 1

这样的检测,既是对学生已学知识的巩固,也涵盖了对思维模式的训练。IRS 系统的即时反馈,有利于教师即时了解每一个学生的掌握程度和知识盲点,还能在后台自动生成学生的学力报告,以雷达图的形式展现出来,便于教师从学生个体和指导教学两个维度开展针对性的活动,为日后的学习导航既节约时间,又提高效率。[①]

(三)语音识别,促进合作探究

对低段学生来说,在语文这门语言课程的学习中,口语交际、朗读训练是传统纸笔考试中所难以检测的。因此,非纸笔测评中听读训练是必不可少的部分。常规的检测方式就是教师一对一考查学生的朗读情况,但这大大增加了教师的工作量,也严重拖延了活动的进程。而 IRS 即时反馈系统可以借助 HITA 智慧助教,通过 iPad 中"米猪"系统,对学生的朗读进行语音自动识别,快速给予得分评价,大大减轻了教师测评的工作量,也弥补了教师凭直观感觉完成评价的不足,提高了测评的可信度和时效性。[②]

【案例3】悦读大比拼

该环节的检测侧重于学生的合作朗读,不仅检测了学生的朗读水平,同时也关注了学生间的合作探究能力。事先,教师在"米猪"系统教师端提前编制、录入并发布测评内容,学生登录后即可看到题目。

这一环节就是借助 HITA 智慧助教的功能,及时收集全班各个小组的朗读合作成果,并通过系统自动生成评价,节约了各组逐一朗读的时间,也避免了教师个人评价的局限。各小组可以在统一的时间内自主分工、合作探究、取长补短,共同完成任务,从中检测了学生之间的协作能力。该园区只需一位教师适时巡视,提供技术支持。这充分发挥了学生的主体性作用,强化了自主学习、合作探究的能力。同时让学生忽略了检测时的紧张,相互鼓励,轻松上阵,令整个环节趣味盎然,充满了浓厚的探讨、合作氛围。

(四)全员鉴赏,渗透多元评价

在评价走向多元化的今天,仅有"米猪"系统给出的评价显然是不够的,更民主、更多元的评价往往比单一的评价更有说服力。在本次游园活动中,求知小学把这个评价"权力"移交到

---

① 蒋浙萌.自我评价　自我发展——提高学生课堂自我评价能力的实践探索[J].中小学信息技术教育,2012(3).

② 田静.基于IRS即时反馈系统的语文课堂诊断初探——以《花钟》一课教学为例[J].上海教育科研,2013(12).

了学生手里。学生可根据"阅读大比拼"环节中的朗读及合作情况,使用手中的应答器,点击本组成员所对应的序号,选出组内最佳"诵读者",作为系统评价的补充。

这一环节利用 IRS 功能进行投票,选出小组内的"朗读之星",使每一个学生在活动中不仅是参与者,也是评价者。这在很大程度上避免了部分学生在合作中消极懈怠、不作为的现象,更多地让每一个学生都真正参与到活动中来,让学生有主人翁的意识,切实培养学生仔细倾听、认真评价的能力及习惯。

三、后期个性评价,关注持续发展

以往的游园活动中,教师对游园后的分析和评价更多地从学生完成的正确率来进行考虑,由于时间和精力限制,教师无法关注到每个学生的具体情况,[①]难以建立有针对性的个性化评价。而 IRS 即时反馈系统配有强大的后台 e 化诊断服务,在短时间内可自动完成学生个人的学力诊断报告,教师可以在此基础上进而生成学生的个性化评价。

在游园活动后期,IRS 系统可通过后台分析快速给教师提供客观、深入且全面的诊断分析报告。此前,教师事先根据游园活动所检测的内容设置了 6 个维度:课外积累、识字能力、理解能力、朗读能力、合作能力、表达能力。活动结束后,IRS 系统即从这 6 个维度快速呈现出每个学生的知识点所表现出来的雷达图。

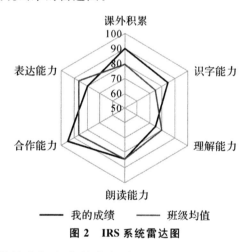

图 2 IRS 系统雷达图

基于雷达图直观、立体的分析和个性化报告的深入诊断,教师进而形成该生个性化评价单,对学生此次的非纸笔测评进行全面、多角度、立体化的评价,如图 3 所示。

---

① 蒋浙萌.自我评价 自我发展——提高学生课堂自我评价能力的实践探索[J].中小学信息技术教育,2012(3).

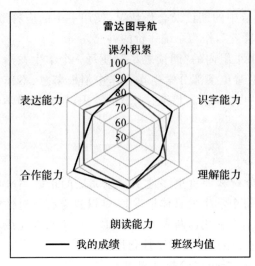

雷达图导航

课外积累
100
90
80
70
60
50

表达能力　　　　识字能力

合作能力　　　　理解能力

朗读能力

—— 我的成绩　　—— 班级均值

个性化评价单

优势所在：你是识字小能手，课外积累也非常丰富，基础扎实；还乐于跟伙伴们合作，具有团队精神。

发展空间：虽然是一年级，但对阅读理解和口语表达需要重视。联系生活实际，加强对文字的理解。

学习攻略：平时多阅读，多交流，进行适当的写话练习，先从句子练习开始，让语句通顺流畅。

图 3　个性化评价单

这份个性化的评价单，既能帮助学生全面洞察自身的闪光点，也能发现隐藏在背后的问题及潜力，同时还能使其收获有效的学习攻略，有助于后期的查漏补缺、进取提升。特别是针对学习中的薄弱项，家校配合，共同拟订个性化的学习计划，把对应的知识再消化、再融合，作为群体教学的一个补充，也促进了学生个性化的发展。

一方面，IRS 即时反馈系统助力于非纸笔化测评，即时反馈，加强互动，大大减轻了人力投入，提升测评活动的时效性，同时有效提高学生的活动参与度和配合度；另一方面，IRS 系统具有高效准确的统计功能，便于教师实时掌握学生的测评情况，形成个性化评价，有助于学生的持续发展。总之，实现了非纸笔测评活动的高效检测及个性评价，也体现了信息化时代的特色。

（本文获 2020 年杭州市原下城区教育教学评价研究论文一等奖）

基于多元评价的小学数学"三多式"作业评价实践研究

杭州明珠实验学校　　朱致立

摘　要：作业是教学评价中不可或缺的一部分。该文直击当前小学生数学作业上交不积极、作业完成欠缺思考、学习差异明显的问题，在分析中寻找方法，基于多元评价的理念，通过"三多式"（多针对、多维度、多标准）作业评价，旨在激发学生的学习兴趣、重视学生的学习过程、关注学生的差异发展，发挥"三多式"作业评价的积极效应，促进学生学习方式的转变与发展。

关键词：多元评价；激励；差异

评价的主要功能在于促进学生的发展。教师要善于把握教学的评价时机，充分发挥评价的激励、促进、引导等作用。[①]

[①]　中华人民共和国教育部.全日制义务教育阶段数学课程标准[M].北京：北京师范大学出版社，2011：6.

一、提出问题——问题呈现及原因分析

作为一线教师,笔者发现很多教师日常的作业评价中存在弊端。

(一)方法单一:作业上交不够积极

很多教师在进行作业评价时,喜欢用"简单粗暴"型的作业评价。长此以往,学生对于数学学习的兴趣会荡然无存,作业也成了学生的一种心理负担、一个枯燥的活动。随着年段的增长,很多学生不愿意完成作业或者直接不写作业。

(二)目标单一:作业过程欠缺思考

教师在作业评价时只关注作业结果,导致学生盲目地追求最后的答案。随着年段的增长和网络信息获取的便捷,一些学生完成家庭作业的时候仍然忍不住想复制网络上的答案,完成作业的过程变成了答案搬运的过程。

(三)标准单一:学生学习差异明显

很多教师评价作业时,不考虑学生之间客观存在的差异,按统一的标准和要求去评价。这降低了对学有余力学生的评价标准和要求,满足不了他们的求知欲;而对于后进生而言提高了他们的标准和要求,久而久之他们就会失去信心,感受到学习数学的挫败感。

二、分析问题——多元作业评价的可行性分析

(一)理论支撑:满足新课标的要求

新课标指出:"评价的目的是全面了解学生数学学习的过程和结果,鼓励学生的学和改进教师的教。"应建立丰富的评价目标、多样的评价方式和多元的评价主体的评价体系。

(二)学情要求:符合学生差异发展

客观存在的学生差异,促使他们的成长与发展的过程各不相同。新课程倡导教师要探索不同层次、灵活多样的作业评价,关注学生成长的过程与差异发展。

(三)后续发展:促进学生个性发展

有效的作业评价是关系到一个学生增强学好数学自信心,提高学习数学积极性,激发学生形成初步创新意识的关键,促进学生可持续发展。

三、明确概念——"三多式"作业评价的概念解释

(一)多针对:激发学生学习兴趣

根据不同的学生采用针对性的评价语言,以激发学生的数学学习兴趣,从而使学生积极上交作业、及时纠错,进一步巩固所学知识。

(二)多维度:重视学生学习过程

过程性评价的"过程"是关注教学过程学生智能发展的状况、解决现实问题的能力。过程思考作为评价的载体,关注学生的思考过程。

(三)多标准:关注学生学习差异

教师在作业评价中要关注学生之间的差异,采用多标准评价,让不同的学生有不同的需求和起点,帮助学生认识自我,建立自信。

四、实践探究——"三多式"作业评价的实践研究

如图 1 所示。

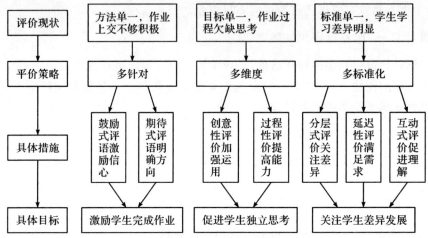

图 1 "三多式"作业评价

多元评价对学生的学习起到很好的激励作用,激发学生的学习兴趣,有利于提高学生的自主学习能力。

(一)多针对:学前学情评价重视学习情感

关注不同学生的需要,提供不同的语言评价,使不同的学生满足应有的心理需求,向着更高的目标主动发展。详见图 2。

1. 鼓励式评语激励学生信心

在作业批改的过程中,采用这样的语言评价,激励学生继续保持良好的学习习惯,让学生获得成功的体验,树立能够学好数学的自信心。① 这样的评价实际上也是一次师生之间的情感交流。

2. 期待式评语明确努力方向

积极的语言评价,能有效激发学生的学习兴趣,从而引导学生迅速纠错,进一步巩固所学知识,使教学达到更好的效果。

图 2 差异化评价

---

① 安吉洛.课堂评价技巧[M].唐艳芳,译.杭州:浙江大学出版社,2006.

老师评语

A⁺

讲解得比较清楚哦，但是如果我们严谨点会更好！要先判断下铁块是否被浸没。

老师评语

A

首先小甘同学选的这道题我最喜欢，很有价值！说明小甘很善于思考！一点建议：下次我们在讲解前可以自己先默默地理顺自己的思路。

图3 差异化评价2

根据学生之间的个体差异和每次作业的具体情况，教师在学生作业上写下一句或几句评语，引导和激励学生的同时，给他们明确的前进方向。

（二）多维度：学中过程评价促进学生思考

1.创意性评价加强知识运用

评价不仅要关注学生的学习结果，更要关注学生在学习过程中的发展和变化。教师应采用多样化的评价方式，恰当地呈现并合理地利用评价结果。

【案例1】

学生在学完人教版数学六下第三单元"圆柱与圆锥"后，通过实践作业来梳理本单元的知识内容。教师从手抄报中了解学生基础知识与基本技能的掌握情况，了解学生的学习态度。如图3所示。

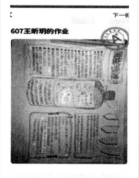

图4 创意性评价

2.过程性评价提升思考能力

"打草稿"能反映一个学生的思考过程。为了培养学生养成良好的学习习惯，教师将过程思考作为评价的载体，关注学生的思考过程，鼓励学生多用草稿本。

【案例 2】

一些同学在家里完成家庭作业时并不喜欢用草稿本,草稿本根本没有发挥它应有的价值。为了激励学生在家也能认真使用草稿本,并养成认真打草稿的习惯,每天晚上如果家长拍了孩子当天作业的草稿本,教师都会记录并在第二天跟全班学生反馈,并展示"优秀的草稿本"。其他同学也慢慢开始养成每天写作业时打草稿的习惯。

图 5　过程性评价

(三)多标准:学后差异评价关注学生发展

在学习过程中,不同的人自然会产生各种不同的差异。作为教师,应在数学学习中关注学生之间的差异,在关注作业评价的同时使学生的个性得以张扬。

1.分层式评价关注学习差异

教师在设计作业时,以学生之间的差异为根本,采取分层评价,对学习优秀的和学习困难的学生,可以另布置一些适合他们能力发展的作业,帮助他们在原有的基础上得到进一步的提高,实现不同的学生在数学中得到不同的发展。

【案例 3】

16×24 和 26×14 谁的结果小？为什么？(如图 6)

温馨提示:(1)在不笔算的情况下,任选一种你自己喜欢的方式圈一圈、画一画,或根据图示填写来说明你的想法。

方法一:可以在点子图里圈一圈或方格图里画一画。

方法二:如果想借助图 6 研究,请将算式填写完整并说明理由。

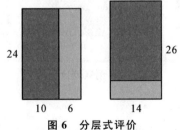

图 6　分层式评价

$16 \times 24 = ($ 　　$) \times 24 + ($ 　　$) \times 24$　$26 \times 14 = ($ 　　$) \times ($ 　　$) + ($ 　　$) \times ($ 　　$)$

2.延迟性评价满足个性需求

作业评价时可以从两方面入手:一是在日常的作业教学过程中关注学生的差异;二是在作业评价的过程中体现个体的差异。[1]

【案例4】

有些学生的作业在学校里没有按时完成,将校内作业带回家,他们往往是对某些题目不理解的。

3.某班有44名同学,他们都订阅了甲、乙、丙3种报刊中的若干种(每名学生订阅了其中的1种、2种或3种),至少有几名同学订阅的报刊完全相同?

↓

甲　乙　丙　甲乙　甲丙　乙丙　甲乙丙(7种情况,也就是有7个抽屉)

此题可以看成将44本书放进7个抽屉的问题来解决

教师借助QQ可以对学生进行线上分层次辅导,[2]课后的针对性辅导是落实学生课堂上遗留问题的有效手段。教师在实施作业评价时,可以对部分学生采取"延迟评价"的方式,满足学生的个性需求,使学生树立学好数学的信心。

3.给下面每一个格子涂上红色或蓝色,观察每一列,至少有几列的涂法是相同的?为什么?(先想一想有几种涂法)

宋老师只举例涂了一部分,请问第二列与第三列算同一种涂法吗?如果不算,你有没有发现宋老师用了定位法呢?(固定第一行为红色)如果你发现了,想一想固定第一行为红色的涂法涂完了,接下来怎么涂呢?

3.互动性评价促进知识理解

在学习中教师应善于"抛绣球",把作业评价的自主权交给学生,让学生认真学习并倾听别人的发言,学会欣赏别人。发言的同学既帮助了别人,又锻炼了自己的语言表达能力,如图7所示。

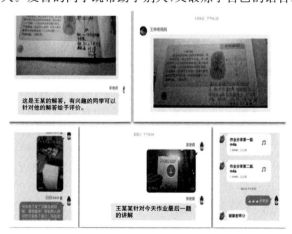

图7　互动性评价

---

[1] 吴正宪,周卫红,陈凤伟.吴正宪课堂教学策略[M].上海:华东师范大学出版社,2013.

[2] 郭英剑.疫情时期,如何保障线上教学质量[N].中国科学报,2020-03-24(7).

五、后续思考——让多元评价更具明确方向

在小学数学作业评价中,评价的激励作用如何得到体现?作业过程评价如何得到体现?学习个性差异评价如何得到体现?

(一)针对性评价语言调动学习兴趣

1.针对性评价关注情感沟通

考虑到学生之间的差异,教师需要采用不同的评价方式,对学业比较薄弱的学生应重在鼓励,对学业比较优秀的学生应重在激励。作业评价,沟通了学生与教师之间、学生与作业之间的桥梁,使学生在作业中有情感的付出。

2.针对性评价重视情感调度

对于作业未交或者错误率很高的学生,教师要用真诚、友善、富有感染力的语言对学生进行适时、适度的评价。作业评价也可以成为激励学生学习积极性的一种途径,教师善于运用评价语言保护学生的学习热情和情感体验,调动学生学习的内驱力。

(二)多维度内容评价培养学习习惯

1.多维度评价重视整体评价

在以学生发展为本的数学课堂上,面对学生的作业,我们不应以简单的"对"与"错"匆忙下结论,或者以一个分数定结论,而应从多个维度分析学生在不同阶段的表现特征和发展变化,在作业评价时采取灵活的方式记录、保留和分析学生不同方面的表现。

2.多维度评价关注过程评价

通过"亮出我的草稿本",学生良好的"打草稿"习惯得以培养;可以通过"晒出我的手抄报",学生完成作业的积极性得以激发;可以通过"亮出我的思维图",学生整理知识的能力获得提升。

(三)多标准评价方式促进差异发展

1.多标准评价满足个性需要

等待、延时评价是一种重要的评价方式,通过耐心的等待,学生真正经历数学思考的过程,而不是一知半解地模仿。对于学习暂时落后的学生,要降低对他们过高的要求,使学生能轻松愉快地掌握基本知识,避免了知识没有掌握,能力没有得到发展的尴尬情况。[①]

2.多标准评价关注学生发展

通过作业评价,用榜样的力量来激励他人。教学实践发现这种方式不但让优秀生带动了学困生的学习积极性,而且让学习者的主体作用、主导作用、学习潜能得到前所未有的激活,极大地提升了优秀生自主学习的兴趣与能力。

教师进行"三多式"多元作业评价,变钩叉为对话,增加师生沟通的桥梁;变单一评价为多元评价,调动学生学习的主动性;变统一评价为差异评价,让学生体验成功。

[①] 陈龙.新课标下小学课堂教学评价的实践与探索[J].华夏教师,2017(11).

第三学段数学学习过程性评价载体的实践研究

杭州市青蓝小学 邱 雨

摘 要:在倡导全面提升育人质量、关注培育学生核心素养的大背景下,教育评价方式正在发生着巨大的变革,过程性评价越来越受到重视。过程性评价不只是对学习过程的评价,而是对课程实施意义上的学习动机、过程和效果的三位一体的评价。该文中,通过日常研究,从常规性评价手段中解放出来,依据数学学习的目标、学生的主体诉求,设计了"数学日志""琅琊榜""数学银行""学习小组共同体"等多样化评价载体,让过程性评价贯穿整个数学学习过程,促进教学相长。

关键词:第三学段;数学学习;过程性评价

人教版新课程标准教材体现了数学学习的新理念,然而也向我们提出了新问题:如何科学地评价学生的学习情况? 如何客观地运用教学评价? 笔者认为,可以在教学实践中建立多元化评价目标、多样化评价方法的评价体系:一方面,便于教师了解教学效果,找到学生学习现状与预期目标之间的差距,及时改进教学方法,加强对学生发展性学力、创造性学力的培养,加强对学生健全人格的塑造;另一方面,让学生了解自己知识、技能的掌握情况,激发学生的学习热情,以学生的发展为本,让学生生动、活泼、主动地去发展基本素质和个性,最大限度地开发学生的潜能,更积极地投身于今后的学习之中。

一、评价手段存在的问题研究

"评价"在教学中起着不可或缺的作用,教师在日常教学中不仅要关注学生的学业成绩,还要发现和发展学生多方面的潜能,发挥评价的教育功能,促进学生在原有水平上的发展。然而从目前来看,许多常规性评价手段仍然存在不足。笔者进行罗列后发现传统评价存在的问题主要有以下几方面。

(一)目的"明确":轻过程重结果

受对教学评价的局限认识的影响,我们的部分评价意识与手段还只停留在考试与测验上,关注对学生学习结果的评价,即把学生的考试分数作为唯一的评价标准,这种目的"明确"的教学评价带来的直接后果就是创造了一批高分低能的学生。

(二)蜻蜓点水:评价手段单一

传统的评价手段对学生能力方面测试的研究相对滞后;评价内容仍偏重学科知识,忽视了实践能力、创新精神、心理素质以及情绪、态度和习惯等综合素质的考查;评价标准仍过多关注平均趋势,忽略了个体差异和个性化发展价值;评价方法仍以卷面检测为主,偏重量化结果,忽视定性评价。比如,口头评价、精神奖励、家校互通等,这对不断发展,尤其是高段的学生而言效果不甚明显。

(三)反馈滞后:缺乏时效性

传统评价手段对教学效果的反馈严重滞后,造成双向不互通的局面:教师不能通过卷面检测及时发现教学中存在的问题,了解学生对知识的理解和接受程度,从而有针对性地解决学生在学习过程中出现的问题;学生对自身学习状况不能做出正确的判断,对知识内容的掌握和自身能力的发展存在盲点,无从下手。

(四)效力有限:缺乏导向性

评价实施缺乏有效策略,弱化了激励与导向功能。传统评价手段忽视了对学生在过程中的变化的评价,缺失了对学生交流合作、不断创新的综合素质的评价功能。并且,教育作为一种培养人的活动,是以过程的形式存在的,并以过程的方式展开,离开了过程就无法实现教育目标,过程属性是教育的基本属性。[1]

二、过程性评价的意义识别

过程性评价是一个对学习过程的价值进行建构的过程,在学习过程中完成,强调学习者适当的主体参与,是一个促进学习者发展的过程。过程性评价不可能通过一次评价完成,它应该是在学习过程中发生的、学习者参与的、渐近的价值建构过程。这里的"过程"是两个不同的概念:一是讲评价本身就是一个价值认知并建构的过程;二是讲学习活动过程中的评价。对过程性评价的双重"过程"意义的揭示恰好是重要"价值"之一。

1. 数学学习的需要

数学学习需要合理地调配主观能动性,目标始终定位于完整地评价学习过程,合理肯定学习者学习过程中的阶段性成果,增进学习者对亲历的学习过程的认识,推动学习者成就感的生成,才能有效地促进学习者的发展。

2. 学生主体的诉求

高段的学生主观能动性开始发展,对学习有了自己的诉求,需要对自己的学习行为与教学目标之间是否契合有一定的了解,及时调整自己的学习状态,使其更加贴近教学目标的要求。多元化、多维度、多层次的过程性评价实践,充分调动学生主体的作用,使学生从生活经验和客观事实出发,在研究现实问题的基础上学习数学,发展能力,学会用数学的视角关联现实生活,用发展的眼光自我反思提升素养。

三、过程性评价的创新载体设计

《数学课程标准》中指出:"应建立评价目标多元、评价方法多样的评价体系。对数学学习的评价要关注学生学习的结果,更要关注他们学习的过程;要关注学生数学学习的水平,更要关注他们在数学活动中所表现出来的情感与态度,帮助学生认识自我,建立信心。"[2]《基础教育课程改革纲要》更以"过程性、发展性"为核心,提出了"建立促进学生全面发展的评价体系"。

除了依据《数学课程标准》的目标要求,采取的课堂学习评价、小组合作评价,比如日评月结、阶段检测和终结考查等,笔者还制定了数学日志、琅琊榜、数学银行、学习共同体评价等以学生为记载主体的评价模式,让评价更加生活化、人性化。

---

① 浦叙德,朱宸材.以小见大 见微知著——从学习评价标准的多元有度观点例谈课堂教学实施[J].数学教学研究,2015,34(9):30-34.

② 浦叙德,朱宸材.以小见大 见微知著——从学习评价标准的多元有度观点例谈课堂教学实施[J].数学教学研究,2015,34(9):30-34.

(一)过程反思,记录成长——数学日志

笔者的"数学日志"来源于班主任工作中老师常利用的"班级日志"。班级管理时,可以通过班级日志由学生自主对班级日常事务进行管理和记录,对促进学生全面发展具有重要作用。记录员不必苛求文笔、章法,由全班同学轮流担任,主要记录本班的数学小故事,供学生"自由发挥"记下课堂的点滴、同学间的趣事、数学的"槽点"。

数学日志看似与本学科无关,但其实却能充分发展学生的自省意识和能力,在自评、互评、交流中,让学生着眼于数学学习的过程,通过定性描述与客观评定,学生正确认识自己的学习状况,并通过反思,有针对性地不断调整学习方法,提升学习品质,从而发展各方面的核心素养。在高段学生相对较强的单独行为能力的基础上,进一步提高数学学习时的自我管理能力、自律意识和道德评价能力,对于发展学生个性、全面推进素质教育具有非常重要的意义。

(二)相互助力,良性竞争——琅琊榜

如何在班级教育中培养学生的良性竞争意识? 其实,竞争与合作,两者是不矛盾的。只有创造出良性的竞争,才能培养出社会所需要的人才。良性竞争意识要从小培养,让学生在长期的锻炼摸索中养成。同学之间的良性竞争能激发学生强烈的成就动机和高度的进取心,能促使学生顽强拼搏,同时也会给同学带来快乐,注入新的活力。看到《琅琊榜》中的各个榜单,笔者灵机一动,设置了"数学琅琊榜"。

用类似琅琊榜的加减分来记录每个学生当天的表现。这种简易的积分记录方式在最开始虽然有一些弊端,比如每天要固定一个时间全班敲章,偶尔会有调皮的学生不如实登记等,但优点也很多,琅琊榜张贴在班级的墙壁上,学生可以随时查看,每个学生随时可以知道自己的积分情况,最重要的是可以随时擦拭和更改,不占空间,简易、方便,调动了大部分学生的表现积极性。为了节约时间,笔者设计了作业琅琊榜,公布在班级黑板一侧,每个同学在达标后自主进行作业积分,相互监督。

除了个人表现外,还可以采用小组捆绑式,即以数学学习小组为单位,进行集体评价,做到"一人加分,小组光荣;一人失分,小组受损"。向学生强调合作的重要性,每个人都是小组的一员,都要为小组争光,成为小组进步的基石;如果因为个人违纪而失分,小组集体利益就会受损,这样就无形中让小组成员给他施压,让学生感到自己行为造成的严重影响。

"数学琅琊榜"进行到现在,明显发现学生对数学学习的积极性日益高涨:班级前百分之十的学生到了高段,可能存在"我会但我不想说"的心理,积分制就很好地为他们创造了积极原动力——特别是榜单真正做到了公平、公正、公开,这部分学生必定不甘落后,也便于教师教学管理;作业拖拉的学生可以获得小组成员的帮助,作为"小老师",该同学也可以获得格外加分,这就形成了数学学习的良性循环。

(三)发现思考,寓于过程——数学银行

平时可组织学生将自己在现实生活中所见所闻所学的数学问题、数学谜语、数学故事、数学方法、数学发现……以自己喜欢的方式存入"存折"上,要求储蓄内容有一定思考价值、创新意义。在一定阶段后,将存折里的数学知识分类存储,然后与大家一起探讨研究。评选阶段性最佳"储蓄秀",进行指导讲评。

尝试用学生感兴趣的方式进行过程性展示,不仅能有效促进教学实施,更有利于学生对

自己的数学学习有准确的把握,能恰当匹配相关知识技能,合理解决问题,将自己所学的数学知识与生活现实相关联,获得必需的数学、有价值的数学。

(四)协同合作,互惠共赢——学习共同体评价

学习共同体评价先由组员对每个学生在合作学习中的不同表现达成共识,比如解决问题思路广泛程度、方法优化程度、合作意识等,然后组长用语言或数据反映出学生合作过程中知识技能、数学思考、问题解决、情感态度方面的表现结果,以此来激励学生积极表现、全面发展。

学生在合作中往往能展现出整体教学中限于时空无法表达的数学思考、数学体验等。因此,通过小组合作评价,能相对客观地观察学生的团队学习意识、合作能力以及学习情感,也能对后续学习有较为合理的指导,为进一步发展提供有效评价与建议。

四、过程性评价的价值成效

过程性评价不只是对微观意义上的学习过程的评价,也不只是注重过程而不注重结果的评价,而是对课程实施意义上的学习动机、过程和效果的三位一体的评价,[①]最终促进教学相长。

1.学生的学习得到发展

在积极共赢的学习氛围中,学生既有知识技能的提升,也有自信自主的收获。进行过程性评价的实践尝试,让学生在学习数学的过程中体会成长,反思学习过程中的优势与劣态;学会欣赏,能及时倾听建议;找准目标,调整方法,积极主动克服新的困难,并乐于投入后续学习中,在数学学习上得到各自的发展。

2.教师的教学得到提升

教师应善于用动态、发展的眼光评价学生,用对学习过程的真诚鼓励与深入学习的合理建议,为学生构建愉悦的学习空间和自我发展的舞台。同时,教师依据过程性评价的多样化评定反思教学方式与内容,可以有效调整教学思路,促进学生知识技能的形成,以及自身教学成效的提升。

3.学科教研的过程性探究不断深入

除了在高段可以进行多样化过程性评价,在低段数学教学实践中我们也可以从知识技能、数学思考、问题解决、情感态度等方面入手,进行数学学习过程性评价策略的探索。从学生的学习体验过程和学习成果展示来看,运用动态的眼光评价学生的学习过程,并对后续学习提出有价值可操作的建议,让学生在新旧知识沟通中螺旋上升,在互动评价中提升多维核心素养。

因此,我们可以尝试在中段继续尝试相关评价策略的调整与拓展,依据学生的身心发展规律,顺应时代学习需求,体现素质教育本色,进一步培养学生的思考能力,提高创新意识,锻炼合作能力,促进自主探究学习,并辐射至高段。随着教育科研的深入,数学学习过程性评价的研究会更具适用性,对后续各学段教学也有一定的启示。

(本文获 2020 年杭州市原下城区教育教学评价研究论文一等奖)

---

① 高凌飚.关于过程性评价的思考[J].课程·教材·教法,2004(10):15-19.

基于 SAMR 模型的线上英语作业评价研究

杭州市青蓝小学　纪思芸

摘　要：结合疫情时期教育部教学主张，遵循线上教学发展态势，创设 SAMR 评价模型新样式，通过替代、增强、修改、重塑发展 4 个阶段，分层设计，各有侧重，形成标准化评价、精准化评价、多元化评价、整合化评价四位一体的发展性综合评价体系，促成学生线上作业的多维评价，锻炼学生的综合语言运用能力，助力师生教与学行为的双向提升。

关键词：评价模型；小学英语；线上评价

《课程标准（2011 年版）》（以下简称《课标》）中明确提出，无论选取何种工具，评价都要实现其"导向"功能，以促进学生的发展为目标。① 疫情期间"线上"教学模式全面启动，面对教育新样式，评价势必要做出改变。

一、线上评价新样式的构建背景

线上教学一般只作为线下教学的有益补充，但在疫情背景下，教学生态发生了变化：教学媒介需改变，师生通过互联网进行互动；教学内容需调整，教育部指出要特别注重疫情防护知识普及；教学手段需创新，教育部提出布置多种形式的作业；心理关怀需重视，线上教学要放慢进度，循序渐进。

21 世纪的人才培养，不再是对既有知识的记忆和模仿，而是培养在复杂情境中收集信息、处理信息、团队合作、解决问题的能力。② 所以在设计线上教学的配套评价样式时，不仅要关注知识目标的达成，更要关注学生综合语用能力的培养与发展。

综合以上因素，笔者在依据《课标》制订教学计划前，首先对任教班级进行了问卷摸底，对学生所在家庭具备的线上教学硬件条件（电子设备、所在地区网络信号）及软件（监护人操作水平及学生自控能力）等进行了解。最终，笔者选取 SAMR 模型来构建线上教学的配套评价体系。

二、SAMR 评价模型的新样式与实践

"SAMR"模型由鲁本·普特杜拉博士，针对在教育中如何选择、应用、评价"技术"提出。③该模型旨在引入重新定义学习空间的技术工具，从而替代传统的教学方式。④ 模型分为 4 个层次：替代（Substitution）、增强（Augmentation）、修改（Modification）和重塑（Redefinition）。

笔者顺应时代背景，呼应学生需求，基于 SAMR 模型创设了评价新样式。在创设过程中，笔者遵循原模型的层级递进特质，对照既定的 4 个层次，结合学情适当调整信息技术的过重占比，进行线上英语作业的分层评价设计，形成了标准化评价、精准化评价、多元化评价、整合化评价四位一体的发展性综合评价体系，逐级实现"调整反馈方式，以在线批改替代传统批

---

① 教育部基础教育课程教材专家工作委员会. 义务教育英语课程标准（2011 年版）解读[M]. 北京：北京师范大学出版社，2012：98-148.

② 王正青，唐晓玲. 信息技术与教学深度融合的动力逻辑与推进路径研究[J]. 课程与教学，2017（1）：92-100.

③ 刘爽. SAMR 模型的研究热点及其进展[J]. 吉林工程技术师范学院学报，2018（11）：91-93，96.

④ 金洁. SAMR Model 在英语信息化教学设计中的应用探索[J]. 科技咨询，2018（23）：207-208.

改;补充反馈工具,以自动诊断增强反馈效度;优化反馈设计,以多样任务修改交际形式;丰富反馈主体,以项目合作重塑师生互动",充分做到关注学生发展的每一个阶段,在各环节步步落实《课标》要求,促进学生可持续发展。

SAMR 评价模型的新样式以多元的可实践任务为主,依托"互联网＋"时代提供的众多平台及评价工具,激发学生学习兴趣,优化教师反馈手段,提升学生综合语言运用能力。

（一）标准化评价:调整反馈方式,以在线批改替代传统批改

在这个阶段,笔者调整了传统的面授批改等反馈方式,选择了相应平台进行"线下"的替代性评价,即按照线下常规任务（如四会单词句子的诵读、抄默写等基础性机械操练任务）进行直观的、一对一的标准化评价。

1.小程序一对一评价

依托小程序一对一批改,采取 A＋ABC 的方式进行评级。笔者会在批改作业时针对学生差异以一对一留言、一对一语音通话、一对一和一对多视频通话等方式进行交流,明晰优点,指出不足,帮助学生及时调整。

2.班级整体评价

在布置英语任务后,根据任务难易程度及学生任务完成的实时情况进行分阶段提醒建议。前期提醒学生关注重点句型,掌握文本大意;中期关注后三分之一学生作业的完成进度,给予及时帮助,解决长难句朗读及句型运用的难题;后期结合班级共性问题进行集中指导与反馈,及时做出肯定并鼓励。

3.学生导师制评价

建立班级学生导师制,每个学生均被聘任为导师,进行同辈评价。导师制采取"1＋1"评价模式,即找出一个优点,并给出一个建议。导师制一方面帮助学生巩固目标语言,另一方面助力学生在同伴监督下优化作品,为学生终期进行阶段性自评与互评建立基础。

（二）精准化评价:补充反馈工具,以自动诊断增强反馈效度

当学生开始适应"线上"教学模式时,笔者充分发挥平台的自动诊断功能,补充反馈工具,提高反馈速度,扩大反馈范围,从而增强反馈效度,促使每一个学生都能够得到精准的、系统的个性化评价。

1.发现共性问题,同类组合精准评价

利用平台"批量评价"功能,在布置任务时提前预测学生薄弱环节,批改时根据学生实际情况整理分组并突出标注,再通过分组评价将重难点说清讲明,落实落细,取得迷你微课的效果,给师生同时减负。

2.统计总览全貌,建立学生成长档案

区别于线下教学采取的人工登记方法,笔者充分借助了平台的统计功能,对学生完成情况进行了解,将每一次作业的反馈及时导入学生成长档案,简化日常操作流程,提高评价效率。

3.生成优秀海报,班级范围树立榜样

笔者利用平台自动化生成优秀海报的功能,注明评价标准并分享至班级,精准树立榜样与典型。通过公示优秀名单,引导学生关注字母书写、朗读步骤及亲子合作。

(三)多元化评价:优化反馈设计,以多样任务修改交际形式

以人教版 PEP 教材为例,为助力学生在真实的情境中运用目标语言,除了基于《课标》设计教材相关任务外,笔者充分发挥各平台的特色功能,优化反馈设计,以多样化任务助力学生在互动交际中真实、自然、多元地运用目标语言。

1.配音挑战,用战"疫"作品开启互动分享

在完成课本知识与疫情专题课程学习后,笔者建议学生选择战"疫"作品,借助配音软件进行操练,既及时纠正了发音问题,又获得了"配音演员"的独特体验感。随后邀请学生将配音作品分享至班级群,其他学生则通过配音挑战来完成他人及自我评价。

2.微信畅聊,用目标语言实现真实交际

在进入 Unit 2 学习六年级下册重难点知识过去式时,笔者结合 Read and Write 内容设计了特色评价任务——"Did you enjoy your stay?"学生需与同伴以微信英文聊天的方式了解过去一周的活动及安排。通过设定明确的目标及清晰的步骤导向,学生在真实运用的过程中通过自我及同伴力量检查掌握情况。

3.巧构话题,用主题任务单突破重难点

以 PEP 教材六年级下册 Unit 1 和 Unit 2 单元教学为例,为帮助学生掌握比较级及过去式的重难点知识,提升语用能力,笔者结合疫情背景,巧构主题,设计了"疫情知多少""疫情健康表""后疫情时代的生活畅想"系列任务单,搭建真实语用框架,引导学生潜移默化地使用目标语言梳理个人信息,厘清表达思路,运用目标语言实现高水平互动交际。

(四)整合化评价:丰富反馈主体,以项目合作重塑师生互动

在这一阶段,笔者主要依托综合性强的项目制定合作任务,重塑师生互动模式,整合师生评价,提高学生评价的主体意识与参与热情,推进教与学行为的可持续发展。

1.阅读联动,以合作共读提升逻辑思维

笔者运用 TBL 教学模式,引导学生组建团队,提供阅读策略,鼓励各组协同完成阅读联动:read lines, read between lines, read behind lines。综合运用所学,提升英文逻辑思维能力。完成阅读后,学生首先在组内结合"SAC"阅读汇报原则讨论并总结,再推选代表进行班级内线上成果汇报。

2.创意设计,以多元成果激励作品优化

疫情背景下,学生疫情作品类型多样,涵盖思维导图、海报、歌谣、诗歌、朗诵、视频微课等。完成作品后,学生在小组内举行专题分享会,交流作品主旨、设计思路及呈现效果等内容。多元的作品激发了学生的互动兴趣,激励学生不断优化个人作品。

3.双向评价,以具象标准明确阶段成效

基于学生的线上学习现状,笔者非常注重培养学生的自主能力,鼓励学生从被动评价转化为评价的主人,学会基于自身反思评价及基于同伴互助评价,挖掘自身及他人疫情期间线上学习的成长点滴,形成较为综合的自主评价。

三、SAMR 评价模型新样式的实践总结与反思

疫情期间,笔者紧跟《课标》要求并严格实践教育部教育建议,创设 SAMR 评价模型新样式,设计配套作业新式样,充分联合替代、增强、修改、重塑 4 个层级,始终将学生放在评价中心。

同时笔者发现,在"教"与"学"的具体评价过程中,师与生双向都存在挑战。从教师层面来看,要继续挖掘"互联网+"带来的极大便利,巧构课程,设置有效任务,优化评价工具与手段。从学生层面来看,要学会自主学习,提高学习力与自控力,以发展的眼光评价个人与同伴。

"互联网+"时代,线下教学仍然是无可替代的主流教学模式,但是对于线上资源的有效运用将会助力习得。如何寻求最佳方式统筹二者,充分发挥评价的导向性功能,真正打造出具有可持续发展性的课堂,是亟待解决的问题。

(本文获 2020 年杭州市原下城区教育教学评价研究论文一等奖)

以音乐审美为核心,运用评价"三原色"焕采音乐课堂

杭州市东园小学　张吃霆

摘　要:《音乐课程标准(2011 年版)》指出,从学生音乐学习的角度来看,音乐课堂教学评价应在素质教育目标的前提下,聚焦评价的教育、激励和提高功能,帮助学生了解自身的进步,增强学习的信心和动力,促进课程目标的实现。由此可见,评价学生对于提高课堂教育教学的重要性,如何将其功效最大化便成为一个关键。从多年的小学音乐教育教学工作实践中总结经验,该文认为以音乐审美为核心,通过评价时机的正确把握、评价语言的恰当运用,以及评价方式方法的全面调动,可使三者相辅相成发挥自己最大的激励与改善功能。在享受美的过程中促进每个学生全面发展,有效提升音乐课堂的教学质量。

关键词:审美原则;评价时机;评价语言;评价方式;三原色

音乐学科作为美育的重要组成部分,其教育教学形式和过程与其他学科有很大的不同,它主要是以积极的情感输入和师生之间的情感互动交流活动为基础的。情感与美之间不可分割的纽带决定了音乐教育的基本方式:以情育人,以美育人。[①] 以音乐审美为核心,以色彩设计当中最基本的三原色为例,通过时机把握、语言运用和调动学生参与课堂活动进行评价"三原色"作用,使其相辅相成,焕采新生,在音乐课堂学习教学中发挥其最大的激励和改善功能。

一、"三原色"之蓝色——以参与性原则为基,正确把握评价时机

蓝色,一种宁静、理性和准确的颜色。

音乐课堂教学活动过程应是一个由教师和学生共同参与、体验和思考并创造的过程。没

---

① 王耀华,王安国,吴斌.音乐课程标准(2011 年版)[M].北京:北京师范大学出版社,2011.

有两者间的紧密联系和主动参与,是很难收获教学效果的。因此,想要激发学生全身心参与学习音乐实践活动,从而使他们获得音乐审美体验,收获良好的课堂教学效果,准确、冷静地找准课堂评价时机就显得格外关键。

(一)当下生成 即刻评价

由于学生的音乐天赋和能力不同,他们在课堂上的表现也不同。发现优点,即刻鼓励、评价。例如:在进行视唱练习时,笔者通过使用科尔文手势帮助学生构建音高位置。当学生的声音位置偏离时,教师会当即给出明确提示,一旦声音"回归",会立刻用大拇指表示"完美"。学生从教师的即刻评价中得到自信和鼓励,获得认同,形成良性循环;对于在课堂上暂时"迷路"的学生,通过眼神、表情、互动提问(表演)等方式及时提醒,既保护了学生的自尊,也能确保学生重回正轨。

(二)延伸评价 五分钟试验法

音乐课程有突出的实践性质。因此,在课堂教学中有关音乐聆听、音乐表演和音乐创作这3个具有很强实践性内容的教学领域就会设计安排相对多的音乐活动。由此,把握评价的延伸时机就呼之欲出。根据课堂音乐实践活动的设计和学生活动表现的生成,将课堂评价反馈延迟、拉伸,甚至开放至课后、课外。以笔者任教的二年级"五分钟"小组活动为例,通过"少量多次"的排练和评价进行有目的的"上色",逐步引导学生释放自身的学习能力和审美水平。

表1 五分钟试验记录

试验环节	学生表现	教师表现
第一个"五分钟"	杂乱,处于分组兴奋中,语言交流多过律动练习	观察、记录、等待
教师评价反馈1:①小组排练多"动"少"说";②设计主题动作(参考歌曲音乐情绪)		
第二个"五分钟"	意见分歧,争执,练习效率低	观察、记录、等待
教师评价反馈2:①强调合作精神;②明确主题动作的特征(参与歌曲的速度、力度),主题动作可重复出现		
第三个"五分钟"	基本统一,表演雏形初显,各小组"首演"	第一次摄录影像
教师评价反馈3:①三次"五分钟"的小组合作变化;②再次给予改进意见		
课后延伸第N个"五分钟"	小组成员自主课后排练,再次拓展表演。例:演唱形式、打击乐器使用、表演队形变化、变低层次、道具使用等	
教师评价反馈N:①给予评价和反馈;②第二次影像留存作为"形成性评价"的记录		
……		

二、"三原色"之红色——以情感性原则为准,恰当运用评价语言

红色,积极乐观,富有感染力的颜色。

把握情感在音乐教育教学中不容忽视。师生之间的情感交流是优化音乐教学审美效能的重要标志,这种和谐关系的建立关键在于老师。

(一)评价语言具体化

具体客观的评价语言能让学生明确前进的方向。我们要在学生回答之后给出明确、肯定的话语:"你的咬字和发音比以前清晰多了,很棒!""你的节拍很稳,强弱变化再明显一些更完美"……每一条评价内容都要"脚踏实地",让学生看到老师对他的关注,帮助信心的树立。[①]

(二)评价语言体态化

教师的体态语言是一种无声的评价,包括表情、手势、体态等。[②] 惊喜的目光、微笑的比心、互相击掌……这些都会给学生留下深刻的印象;同时教师一个挑眉撇嘴,响指、摸头、指向后背的坐姿提醒等,这些不失幽默的无声语言,既可督促学生回归到音乐活动中,又增进了师生之间的情感交流。

(三)评价语言机智化

评价语言应与时俱进,因人而异,因时而异。[③] 课堂上,老师根据学生的反应或突发状况,当机立断,巧妙应对,将即兴语言和预设语言独特结合,灵活运用机智评价。

例1:《火车开啦》是一年级下册的一首学唱曲,我在班里进行教唱和律动表演时,一个小朋友趴在桌上兴致不高。我走到他身边摸了一下他的脑袋,然后对全班学生说:"这辆小火车没油了,我们给他加加油吧。"我带领学生边念节奏边用双手模仿列车出站的状态。我摸摸他的脑袋说:"好啦! 加满油啦,出发!"这个学生很自然地加入到表演中,并且逐渐认真起来。

例2:二年级歌曲《母鸡叫咯咯》,在初听歌曲旋律找出音乐形象这一环节时,老师的律动表演引起了学生的不同猜想:小鸭子、企鹅、孔雀……对于各种远离预设的猜想,老师当机立断将主题动作进行调整,在学生的"掌声鼓励"下重新展示,在把控课堂教学节奏的同时,收紧学生注意力。

三、"三原色"之黄色——以愉悦性原则为本,全面调动评价方法

黄色,给人明媚、活力的感觉,在所有颜色中明亮度最高。

审美愉悦是音乐艺术的本质特征之一。在音乐课堂上,保持学生的良好情绪,使其充分感受音乐的乐趣,是音乐课堂教学成功的前提,也是音乐教学的目的之一。

评价方法的多样性能使学生对音乐学习产生浓厚的兴趣,也能够让学生充满新奇和愉悦,并转化为持久的音乐学习动力。

(一)形成性评价

形成性评价是对学生在学习研究过程中的情感、态度、方法、知识、技能、教育发展环境变化的评价,它贯穿于教学实践活动的始终,在教学管理活动中自觉积极开展并发挥其作用。[④]

---

① 陈洁.多元评价在小学音乐学习中的运用研究[J].北京音乐,2017(7):213.
② 张弛.妙语滋生音乐花——课堂评价语在小学音乐教学中的策略与探索[J].中国民族博览,2018(1):66-67.
③ 刘悦.评价——音乐课堂的催化剂——谈小学音乐课堂教学中评价语言的应用[J].北方音乐,2018,38(17):204.
④ 王耀华,王安国,吴斌.音乐课程标准(2011年版)[M].北京:北京师范大学出版社,2011.

在实施过程中,教师需要对学生在课内的学习资料进行收集和保存。从这些数据中发现学生在音乐学习中存在的优劣势,从而制定更为完善的教学方式。①

1.课堂记录法

每学期设置4次小组合作,学生按照个人意愿形成5—6人小组,在两周时间内完成创编。在第一周中期课堂上抽出15分钟展示,教师根据小组表现给出反馈意见,小组成员修改,于第二周时间上重新展示,教师录像记录并收录在班级课堂练习册中。如图1所示。

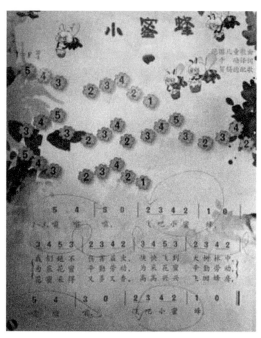

图1　歌曲《小蜜蜂》简谱

以二年级下册第二单元学唱歌曲《小蜜蜂》为例。在第一周中期表现时呈现的表演是这样的:5个小朋友呈一横排站立,第一乐句小组成员集体左右摇头,双臂撑开表现翅膀摆动,休止符处一人击掌示意;第二乐句按照小节成员间隔交错蹲起;第三乐句重复第一乐句表演。老师给出的反馈意见。如表2所示。

表2　小组合作课堂记录

表演歌曲	组内成员	优　点	建　议
《小蜜蜂》	13,14,15,31,33	1.在动作创编中能遵循旋律的走向; 2.注意到了休止符的停顿; 3.一、三乐句的重复出现	1.队形是否可以结合小蜜蜂的特征或是春天里的花朵造型呢? 2.遵循旋律走向,那么第一乐句还可以怎么表现? 3.休止符是否有更好的办法体现在表演中

修改后,小组的表演队形从线性变为圆形(花朵形状),第一乐句的动作从后排开始依次向前撑开双手(旋律543),休止符处生出一朵"手花",歌词"飞吧小蜜蜂",同学手中的串铃轻摇伴奏;第二乐句沿用蹲起的律动,改为"花心"和"花瓣"的交替蹲起(结合旋律走向);第三乐句重复第一乐句(重复句)。

---

① 李琪.发展性评价体系在音乐教学中的应用与思考[J].黄河之声,2015(2):65.

"课堂记录法"操作性强,不仅能对课堂学习节奏有所把控,同时在期末会有完整、合理的评价参考。当然任何方法都是有其利弊的,此方法还在不断尝试和完善中,根据各年段音乐素养要求进行调整(如图2)。

图2　部分小组合作表演课堂情景

2.实践拓展法

笔者从兄弟学校音乐老师那里学习到了一种补充活动手段:即与学校每年艺术节的预热活动相结合。艺术节当月在学校门厅设置"小舞台",由各班自主申报形成节目单,每日早上8:00—8:30为班级路演时间。收录学生个性表现画面。

(二)终结性评价

终结性评价是对学生在某一阶段音乐学习的总结、回顾和评价,通常在每学期或学年结束时进行。

《音乐课程标准(2011年版)》指出:"将自评、他评及互评3种评价方式结合,是实施综合性评价的重要方面。"因此,举办由学生自主编导的音乐会,是一种生动活泼的综合评价方法,值得推广。[①]

通过举办一场班级、年级音乐会等活动,可以综合展示学生的音乐学习成果。在一次小小的社会活动里,学生既可体验自身价值,也可收获学科以外的本领。当然,低年级学生还需老师和家长更多的支持,详见图3。

图3　"集体同台"课堂表演实录截图

---

① 王耀华,王安国,吴斌.音乐课程标准(2011年版)[M].北京:北京师范大学出版社,2011.

笔者认为,终结性评价也可以结合学校少先队活动。例如:笔者所在学校每周一"国旗下讲话"活动,由各班发挥创意,律动、歌唱、朗诵、三句半等形式不限。除此以外,还可以结合学校元旦和六一儿童节开展。

"突出评价的发展性功能,体现一切为了学生的发展"的教育理念已经渗入音乐课堂教学之中,我们要强化在课堂中对学生学习进行评价。从色彩三原色中,我们得到启示:当红色与黄色相遇,它可以生成橙色;当黄色与蓝色相遇会生成绿色;当蓝色与红色相遇又会生成紫色。因此,在课堂教学中运用好评价时机,正确使用评价语言,在教学过程中多层次、多维度地开展评价活动,使其在功能上互补,起到课堂评价的色彩调和功能,让音乐评价真正焕采课堂,缤纷绚烂。

创新·迭代·共长:核心素养指向的项目式学评实践

杭州市长寿桥小学　金　颖

摘　要:针对非纸笔测评实施过程中所面临的评价内容单一、测评板块割裂、评量过程低效等问题,该文通过理论与实践探索,构建了解读素养,立足课标,创设情境,实施评价,反馈改进的项目式学评实施路径,结合学校实际经历了从项目式学评 1.0 版到 4.0 版的迭代创新过程,有效推动了学生、教师及学校的共同成长。

关键词:核心素养;项目式学评;创新;迭代

项目式学评作为纸笔测评的重要补充,能帮助学生获得纸笔测评之外的经验、能力和综合素养,帮助他们获得更大的学习动力和学习自信。自 2017 年以来,我们针对学习评价所面临的问题,确立了基于核心素养培育的评价思路,[①]开展了一系列理论与实践探索。

一、尴尬与反思:非纸笔测评依旧囿于传统学评思想

2015 年 3 月,浙教基〔2015〕36 号《浙江省教育厅关于深化义务教育课程改革的指导意见》提出,要深化我省义务教育学校的评价改革,规范校内考试评价,倡导一、二年级期末考试以非纸笔测试形式进行。[②] 我们采用情景化、模块化、游园式、多学科的形式进行评价,但在实际操作过程中,遇到了很多问题。

(一)评价内容单一:只考查知识的认知与记忆

表面上搞得轰轰烈烈的期末游园活动,实际上教师关注点还是学生的知识和技能掌握情况。相比于纸笔测评,非纸笔测评换汤不换药,只是把书面试题变成了口答试题的形式出现。

(二)测评板块割裂:学科内容间缺少有效整合

在日常生活中,如果我们要解决一个实际问题,单靠一门学科知识肯定是行不通的,需要运用多学科知识与技能。在"游园式"评价中,我们看到测评分板块展开,每门学科各为一个板块,有多少学科就有多少板块。各学科是被人为割裂的,而不是一个互通的整体。

---

①　金颖.项目式学评:小学低年级非纸笔评价方式的实践与思考[J].教学月刊小学版(综合),2019(12):7-9+13.
②　浙江省教育厅关于深化义务教育课程改革的指导意见[EB/OL].http://www.zj.gov.cn/art/2015/4/1/art_13796_199041.html,2015-04-01/2020-11-04.

(三)评量过程低效:评价标准缺依据和科学性

在低年级的非纸笔测评实施中我们发现,由于没有明确的评价标准,测评者根据学生的完成情况,结合自己的主观印象而进行评价;又由于评价主体和评价方式的单一化,进一步降低了评价的科学性和合理性,最终导致在这样模糊的标准下得到的评价结果缺乏真实性与有效性。

二、理论与创新:项目式学评的理论基础与总体框架

泰勒原理对课程与教学中的 4 个基本问题,即确定评价目标、选择教育经验、组织教育经验、评价教育目标,进行了简洁而深刻的阐述。① 我们围绕上述问题,就校本化项目式学评的构建与开展进行了深度思考。

(一)基于核心素养,制定评价目标

各学科的培养目标,并不能以一次评价而全部完成,需对其进行进一步的梳理:一是将部分纯粹的知识技能目标分离出来,采用分模块过关的形式帮助学生逐个过关;二是根据学科培养目标,以提高学生的综合素养为指导思想,指向学生核心素养的发展来制定评价目标。比如,在"奇妙博物馆之旅"的整套评价方案中,考查学生在真实情境下运用核心素养来解决问题的能力,详如表 1 所示。

表 1 《奇妙的博物馆之旅》测评指向

序号	环节	测评内容	测评指向
1	我与奇妙博物馆有个约	到底有多远?	3 个测评点:空间观念、推理能力、运算能力
2	畅游奇妙博物馆(自主参观学习)	小小操作员	2 个测评点:文明礼仪、应用意识
		小小讲解员	1 个测评点:口语交际
		专属金名片	1 个测评点:综合应用
		奇思妙想的童话世界	2 个测评点:创新意识、团队合作

(二)基于课程标准,研发评价量规

我们根据各学科课程标准的指导思想、培养目标及各学科教学目标和学生的身心发展水平,从知识与技能、过程与方法、情感态度与价值观 3 个维度制定每项任务的评价标准(一星是低于标准,三星是达到标准,五星是高于标准)。我们从师生、生生、家长、社会等多个视角,对每个维度的每一水平预设了多条评语,评价者在此基础上进行组合搭配,保证每个学生得到的评语都是不同的,是符合学生实际且富有个性的。

(三)基于真实情境,关注学生表现

对于小学生而言,模拟生活情境始终无法代替学生真实的生活。模拟毕竟已有所模型化,千姿百态的真实情境才是培养学生分析、综合与解决问题能力的最理想场所。因此,在项目式学评活动组织与实施中,我们将学生带出校园,置于真实的生活情境中,既符合学生的年龄特征,又符合学生的认知规律,并能让学生主动、积极参与测评活动。

---

① 泰勒. 课程与教学的基本原理[M]. 罗康,张阅,译. 北京:中国轻工业出版社,2008.

（四）基于学科整合，设计测评项目

通过学科纵线梳理，进行知识点的整合，将其融合在一起。作为一个项目学习，更要打破学科间的界限，将各学科核心素养进行整合，横向间寻找交集，找到整合的有效契合点，并以合并同类项的方式综合开发设计项目。比如，"奇妙博物馆之旅"项目式学评活动中，经过多次的讨论和修改，我们确定了"我们怎么去那儿、奇思妙想的童话世界、DIY专属金名片、小小操作员、小小讲解员"这5个任务。

（五）基于团队合作，实施多元评价

评价的最终目的是帮助学生学会学习。在这一过程中，学生的收获来自两方面。一方面，来自其他同学的评价，学生根据评价提供的信息，发现自身问题所在；另一方面，发生在学生对其他同学评价的过程中，学生根据评价标准，对其他同学或小队的成果进行打分，同时也会不自觉地反思自己、完善自己。

三、实践与探索：项目式学评1.0到4.0的迭代过程

在项目式学评思想指导下，学校开展了一系列形式更加新颖、内容更加丰富、过程更加完善的项目式学评实践探索。

（一）项目式学评1.0：从静态评价走向动态测评

在项目式学评思想指导下，我们摸着石头过河，开始了第一次尝试，设计了以"喜看杭城新变化，我为祖国点赞"为主题的项目式学评活动。精心设计了3个代表杭州特色的展示厅：西湖厅，感受杭州西湖的美；运河厅，感受杭州历史文化底蕴；钱江厅，感受杭州的现代化。

（二）项目式学评2.0：从模拟情境走向真实情境

我们发现虚拟情境始终无法代替学生真实的生活。千姿百态的真实情境才是培养学生分析、综合与解决问题能力的最理想场所。所以，在开展的"浓情端午"项目式学评活动中，我们从学生周围生活出发，整合各门学科内容，从虚拟情境到真实情境，考查学生在真实性情境下的核心素养。在"博物馆奇妙之旅"项目式学评活动中，我们选择学习资源丰富，能为学生提供大量直接观察、亲身体验机会的博物馆，如图1所示。

维度	评价标准	评价语
守规则	指向遵守交通规则，走在人行道上，过马路需走斑马线。购物时有序排队。	你遵守交通规则，在人行道上走，过马路会看信号灯，走在路上不追逐打闹。同时，购买材料时你能做到有序排队，做得很棒。
	※放光芒：能照顾他人，引导大家手拉手，不落队。	你不仅做到了遵守规则，而且你还能照顾同学，提醒同学们安全有序过马路，一个接一个，紧紧跟上队伍，很了不起。
讲文明	不乱扔垃圾，不随地吐痰，不大声喧哗。	你是一个讲文明的好孩子，在公共场所，你不乱扔垃圾，不大声喧哗，不影响他人。
懂礼貌	与人交流用"请问""谢谢""对不起"等礼貌用语。	你和别人交流时，会使用礼貌用语，让人听着可真舒服，你是一个懂礼貌的小学生！
	※放光芒：能根据不同的慰问对象，使用不同的礼貌用语；能用商量的口吻和对方交流。	你好厉害，和别人交流时，会根据对方的年龄、性别等，使用恰当的礼貌用语。难能可贵的是，你还能用商量的语气和别人沟通，大家都很乐意和你交流。
有爱心	积极参与活动，在活动中乐于为慰问对象献上节日的问候，给他人带去节	感谢你积极参与这次"浓情端午送祝福"活动，你用爱心和真情温暖了别人，希望你将爱心接

图1 个性化评价形式

(三)项目式学评 3.0：从校园生活走向社会生活

随着学校教育与职业生涯教育的密切联系，我们的项目式学评 3.0 版本在此基础上应运而生。我们把学生社会参与能力纳入评价体系中，走进基于真实情境的社会场景，让每个学生尝试走入社会，跟着爸爸妈妈上一天班，进行一次非凡的职业体验，同时在过程中融入公民教育、劳动教育。学生在职业体验中深度学习，在职业劳动中感悟生活，培育他们的社会适应力，发展他们的生活知识与技能。

(四)项目式学评 4.0：走向"5G＋AI"项目式测评体系

我们秉承数字化培养让学习更个性的目标追求。借助"5G＋AI"高新技术，正在积极开展学生 AI 画像系统的实践与探索。借助智慧笔等智能设备，从学业水平、品德表现、体育锻炼、劳动实践、饮食健康、个性培养 6 个方面，全面、常态化、持续性地采集学生在校园生活中的各类数据，借助系统对上述数据进行分析建模，将学生各方面的日常数据汇聚成一张个性化的多维评价图，以形成实时性的追踪评价并给予反馈。

四、成效与发展：项目式学评之于我们的收获和展望

经过 1.0 到 4.0 版本项目式学评活动的实践，得到了学生、家长和老师的充分认可，同时也促进了学生的成长、教师的发展及学校办学水平的提升。从学生层面看，学生在真实情境中经历项目式学评过程，在情境中体验，在合作中提升，在生活中运用，促使学生更加主动、积极和愉悦地学习，同时也锻炼自己的动手实践、语言表达、知识迁移、团队协作等综合能力。对于教师而言，经历科学制定目标、设计项目、研发标准等过程，需对课程目标、学科核心素养等进行系统研究，自身的专业素养也在此过程中得到了发展。对于学校而言，项目式学评已成为我们推进评价改革进程中新的拳头特色，所积累的大量实践经验与学生测评数据，有效地反哺了课堂教学革新、学习方式研究，切实提升了教育教学质量，使我们的教育教学逐渐走向轻负高质的门径。

在未来的实践中，我们将在杭州市基础教育研究室、下城区教师教育学院的指导下，持续推进项目式学评活动的校本开发与实施。虽然项目式学评已成为学校作为历史名校的新的拳头特色，但我们知道为了祖国花朵的未来，仍须减负提质创新，课改永无止境。学校将以项目式学评的现有研究为基础，促进项目式学评的"再研究"与"再出发"。

（本文获 2020 年杭州市原下城区教育教学评价研究论文一等奖）

基于自主　深度学习　社会参与

——以"职业体验"为载体的项目式学评案例分析

杭州市长寿桥小学　袁晓莎

摘　要：随着项目式学评逐渐向中高段过渡，学生自主学习能力的提升，需要进行更多有益的探索来满足其能力发展的需要。该文以"一颗劳动心　一份感恩情"项目式学评为例，以职业体验为载体，从 4 个方面进行经验总结：舍弃抱团模式，锻炼个人能力；巧设测评项目，实现深度学习；基于评价量表，发挥功能价值；关注活动反馈，形成三方聚力。为项目式学评走出深水区，向更深入的价值内涵进行挖掘提供突破的范例。

关键词：项目式学评；社会参与；自主；深度学习

近年来,低段"非纸笔"测评一直是教育圈的热门话题。借"十三五"发展规划之机,学校以"项目式学评"为载体,力求构建全面的教学评价新体系。从 2018 年起,学校先后开展了多次项目式学评的实践。然而,随着项目式学评进入瓶颈期,我们亟须设计出更优的测评方式。在思考过程中,我们也存在一些困惑。

困惑一:如今的项目式学评多在一、二年级开展,如何走向中高段？是否沿用原来的设计思路？

困惑二:项目式学评强调真实情境,但是因有教师、家长、伙伴的陪同,其中的问题都是事先设置好的,"真实感"大打折扣,如何从"他需"走向"自需"？

《国家中长期教育改革和发展规划纲要(2010—2020 年》中明确指出,要丰富学生社会实践,强化能力培养,促进学生主动适应社会,努力开创美好未来。[1]

带着困惑和思考,学校进行了积极有益的探索和实践。以"一颗劳动心、一份感恩情"为主题的"职业体验"式测评符合育人目标,在具体的任务中设置了需要指向的核心素养,关注活动对学生未来生活的影响。其主要体现在以下 4 个方面。

一、舍弃抱团模式,锻炼个人能力

一个体系化的项目式学评,应该能够伴着一届学生从低段发展到高段,不断见证他们的进步。随着学生个人能力的不断提升,项目式学评的活动设计应逐步突破学生的舒适区。

在团队合作的形式下,个人能力强的学生比较突出,他们往往会主导整个环节,而能力稍弱的学生会自动隐蔽在他们身后,做一个"追随者"的角色,这些学生也许有自己独到的想法,但因为怯懦或不善于表达,没有机会展示自己,在活动中得到的锻炼也就更少了。

本次项目式学评中更加关注个人能力的发展,着力打造个体真实情境。个体真实情境的设置让这些喜欢隐藏的学生无法依附于同伴,他们需要自己跟自己商量,独立与他人沟通。在分享环节,在场的学生都能跟随讲述者身临到他的情境,看看他的一天在哪儿度过,有哪些有趣的经历,着实有一种大开眼界之感。

> 如:小傅同学跟随爸爸亲眼见证了一瓶乳酸菌饮料的诞生。他把饮料生产的工序用视频的方式记录下来,其他同学能够通过他的镜头了解饮料从杀菌、冷却、发酵、灌装到最后的检验等多个步骤,若有一个步骤疏忽就会影响饮料的质量。同学们在小傅同学的带领下拓宽了视野,增长了知识,纷纷表示太神奇了,同时也表示做事要像生产饮料一样严谨、细致！

需要注意的是,个体真实情境的营造不是刻意的,而是基于学生能力发展的需要,给孩子一个足够施展的平台,一个足够信赖的协助者(父母),一个可以借鉴的思路(任务指南),观察学生自然的能力。

二、巧设测评项目,实现深度学习

在以往的项目式学评中,各学科老师各自为政,围绕主题设置独立的测评项目。在整个过程中,学生奔走于各个测评点,为了测评而测评,缺乏学习的过程与体验,见图 1。

---

① 国家中长期教育改革和发展规划纲要(2010—2020 年)[J].实验室研究与探索,2018,37(05):98.

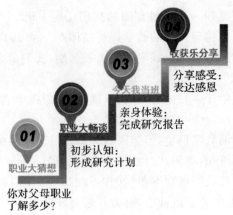

04 收获乐分享
分享感受：
表达感恩

03 今天我当班
亲身体验：
完成研究报告

02 职业大畅谈
初步认知：
形成研究计划

01 职业大猜想
你对父母职业
了解多少？

图1　测评项目及内容

本次项目式学评的几个测评项目之间环环相扣，以"阶梯行进"的方式层层深入，引领学生去探索。首先，学生需要对父母的职业进行一个大猜想，用文字或画图的方式表示父母的职业，掌握学生对父母职业的了解程度；接着，和父母进行一次畅谈，对父母的职业有真正意义上的初步认知，针对感兴趣的内容撰写研究计划；然后，真正深入父母的工作环境，体验他们的工作，形成对职业的再认知，完成研究报告；最后，与父母、同学分享学到了什么，有什么感受，从情感层面和知识层面总结收获。当然，在过程中学生遇到什么困难，教师会提供相应的"任务指南"，指导学生完成活动。

4个阶段的测评，学生获得了4个阶段的提升，循序渐进，达到"深度学习"的目的。

三、基于评价量表，发挥功能价值

与综合实践活动的"体验立意"不同，项目式学评的特点是学评一体化，以评促学、以评促教。根据不同评价指向来设计评价标准是本次项目式学评的亮点之一。一是针对研究报告，从知识与技能、过程与方法、情感与态度等学科角度制定评价标准；二是涉及活动过程中的社会适应能力，从文明礼仪、劳动意识、感恩行为等角度来进行评价。

学生在整个项目式学评过程中目标清晰，教师通过设计好的评价标准式的量规来指导学生学习，通过活动体现个人的显性知识与隐性能力。同时让学生引导家长共同明确量规的指向性，使其有效地展开学习和体验，测评质量得到提升，真正达到评价即学习的目的，详见表1。

表1　评价量表

评价内容	评价标准		
	A（低于标准）	B（达到标准）	C（高于标准）
知识与技能	1.没有经历收集资料、分析问题、获取信息的过程。2.不能在活动中运用所学知识	1.在他人协助下，经历收集资料、利用资料分析问题、获取信息的过程。2.参与体验活动，积累综合运用所学知识、技能和方法等得出研究成果的活动经验	1.无须他人协助，独立经历收集资料、利用资料分析问题、获取信息的过程。2.积极主动参与体验活动，积累综合运用所学知识、技能和方法等得出研究成果的活动价值，并且能够总结活动经验

评价内容	评价标准		
	A（低于标准）	B（达到标准）	C（高于标准）
过程与方法	1.在观察、实验、猜想、证明等活动中，不能表达自己的想法。 2.不能提出问题	1.在观察、实验、猜想、证明等活动中，完整地表达自己的想法。 2.能在他人帮助下发现问题和解决问题，在体验活动中运用所学知识解决问题	1.在观察、实验、猜想、证明等活动中，清晰地表达自己的想法。 2.初步学会发现问题和解决问题，在体验活动中运用所学知识解决问题
情感态度价值观	不能参与体验活动	1.能够参与体验活动。 2.有一定的思考和交流，但不多	1.积极参与体验活动，有强烈的好奇心和求知欲。 2.在体验活动中，表现出认真勤奋、独立思考、合作交流、反思质疑的学习习惯
文明礼仪	在体验时，在他人提醒下使用文明用语	在体验时，使用文明用语，能比较专注地倾听别人讲话	在体验时，使用文明用语，不随意打断别人的讲话
	在父母的工作场所参观体验时，偶有大声喧哗现象	在父母的工作场所参观体验时，基本能保持安静	在父母的工作场所参观体验时，能保持安静，不大声喧哗
	偶有触摸设备、工具等行为，在他人提醒下能改正	爱护公共设施，基本做到不随意触摸设备、工具等	爱护公共设施，不随意触摸设备、工具等
劳动意识	有参与劳动的意识，参加一些力所能及的劳动	有积极参与劳动的意识，能参加一些力所能及的劳动	热爱劳动，能主动参加一些力所能及的劳动
感恩行为	知道要感恩父母，在他人提醒下，能做一些照顾父母的事	能表达对父母的感恩之情，会照顾父母	能表达对父母的感恩之情，主动照顾父母

教师除了是评价者外，还充当着引导者的角色。学生在体验过程中，不可避免地会对职业世界持有不同看法，有些想法可能是错误的，比如轻视体力劳动。因此，教师要注意价值引导，帮助学生分析社会分工，克服职业偏见，形成健康积极的职业心态，树立正确的劳动观念。①

本次项目式学评把社会参与能力纳入评价体系中，同时融入公民教育、劳动教育，培育学生的社会适应力，发展他们的生活知识与技能，为他们今后的发展奠定基石。

四、关注活动反馈，形成三方聚力

在这次尝试中，学生需要跟着爸爸妈妈上一天班，如果没有家长的鼎力支持，测评将举步维艰。因此，在活动实施前，通过"告家长书"，让家长了解项目式学评的初衷、职业体验活动的意义等，确保活动能够顺利开展。在后期进行的家长问卷调查中，家长普遍认为学校的项目式学评对学生的成长有着重要的意义，支持学校继续开展项目式学评。

现代教育体系是"学校教育、家庭教育和社会教育"三位一体的系统工程，任何一方的缺失对学生的健康成长有着不容忽视的缺憾。社会教育的日益发展，越来越显示出不可替代的作用，良好的社会教育对学生人格成长尤为重要。在这次活动中，各个单位为学生提供了一个有益的平台，为活动的顺利开展保驾护航。为了表示谢意，学生给提供工作岗位的单位寄

①　黄琼.中小学职业体验活动要抓住关键要素——《中小学综合实践活动课程指导纲要》"职业体验"主题解读[J].人民教育，2018(Z1)：69-72.

出了一封感谢信,得到了良好的社会反响。

教育作用的发挥需要学校教育力、家庭教育力、社会教育力的聚通,形成合力,是一种"共生"的关系。① 此次项目式学评把这三股力量有机结合在一起,实现三者的良性互动。

五、反思与展望

本次项目式学评的开展,是学校项目式学评不断改进反思、深化的重要表现,主要体现在以下两个方面。

(一)从学生主导走向学生自主

项目式学评的特点之一是发挥学生的主体性。在"奇妙的博物馆之旅"项目式学评中,教师给学生提供任选任务,如果学生对这些任务不感兴趣,还可以设计专属挑战,以此激发他们的学习兴趣,体现他们的创造力。但是在实际操作过程中却遇到了尴尬——基本上学生都是从给定的任务中进行选择,很少有自己设计任务并完成的。由此引发思考,是给定的任务满足每个学生的兴趣点,还是他们不愿意再去创新?

研究表明,学生学习的乐趣取决于自主选择的程度。② 因此,在本次项目式学评中,学生需要对即将到来的体验活动自主设计研究方案,包括研究主题(研究内容)、可能要用到的知识(学科知识)、研究步骤。在这一过程中,学生需要有发现问题、提出问题的能力,同时要调动他们的知识库,把问题与学科知识相联结,并且设计的研究步骤要具有可操作性,这也在一定程度上解决了"科学世界"与"生活世界"割裂的问题。

在前几次项目式学评经验的积累后,未来考虑向学生征集项目式学评的主题,让他们独立设计并完成,使学习真正成为一个自主的过程。

(二)从知识+能力走向知识技能+情感态度

在设置测评项目的过程中,主要围绕各学科课程标准和学习目标,梳理出每个学科不能通过纸笔测评清晰地进行检测的知识点和能力,整理汇总确定评价内容,但是往往会忽略"情感态度价值观"这一目标。

本次项目式学评特别关注学生的"情感体验"与"情感抒发"。在职业体验的过程中,学生会见识到许多新奇的事物,自然地流露出丰富的情感,这种情感需要及时表达出来。通过"收获乐分享"这一环节,在班级中与同伴进行交流,可以说说自己的收获、感想、启发等,对一天的体验活动进行总结梳理,形成新的理解。另一种情感抒发渠道来自父母,亲身体验父母的工作后,体会到父母工作的辛劳,于是自发地向他们表达感激之情:对父母说一声"辛苦了";为他们送上一杯热茶……

六、存在的困惑

项目式学评从低段过渡到高段,不得不回答的一个问题是:是学生去完成项目式学评,还是项目式学评去适应学生的能力? 因此,在之后的探索中,考虑随着学生能力的逐步提升,如何使项目式学评更加符合他们的期待,更有自主的乐趣。

(本文获 2020 年杭州市原下城区教育教学评价研究论文一等奖)

---

① 郭建斌.家庭教育、学校教育和社会教育的共生关系研究[J].终身教育研究,2018,29(2):40-43.

② 伍新春,谢娟,尚修芹,季娇.建构主义视角下的科技场馆学习[J].教育研究与实验,2009(6):60-64.

三　幼儿园教育评价研究论文精选　幼儿园区域评价工作导语

质量视角下幼儿园"三维十式"课程评价的实践与思考

杭州市人民政府机关幼儿园　冯伟群　罗　娟　徐　慧

摘　要:课程评价作为幼儿园教育工作的重要组成部分,是深化课程改革、提高教育质量的必要手段。为此,该文基于幼儿园生活学习园本课程实践过程的积极探索,形成了一套关注园本课程质量的行之有效的课程评价方式。它包含园级监测、班级自评和家长参评3个维度,每个维度下均有多种评价的方式,简称"三维十式"。该文对幼儿园"三维十式"课程评价的具体做法和思考予以阐述。

关键词:园本课程;课程评价;"三维十式"

一、问题的提出

(一)动态课程的建设亟须课程评价

十多年来,机关幼儿园一直致力于园本课程——生活学习课程的探索。动态的园本课程建设到底发展到怎样的程度,以及它对幼儿的发展起到何种作用是模糊的,我们亟须建立一套适合园本课程的评价体系,以确保课程实施的效果。

(二)现有的课程评价相对片面

随着幼儿园教育的发展,幼儿园对课程评价的重视程度越来越高,但是当前的课程评价方式还存在相对片面的问题。

课程和评价是一枚硬币的正反两面。课程评价作为幼儿园教育工作的重要组成部分,是幼儿园教育活动的基本反馈机制,是深化课程改革、提高教育质量的必要手段。[①] 为此,我们在园本课程的实践中一直积极探索行之有效的课程评价方式。该文旨在将我们在课程评价实践中探索出的"三维十式"(见图1)评价操作模式分享给同行,希望能为大家提供参考。

二、质量视角下幼儿园"三维十式"课程评价的实践

(一)园级监测:日常监测与期末监测相结合

课程目标的实现具有长期性、累积性。对于幼儿园教育而言,一日活动指课程。因此,课程质量体现在一日生活的各个环节之中。为此,机关幼儿园采取日常监测与期末监测(测评、课程分享会)相结合的方式,不断给课程问诊、体检。

---

① 虞永平.学前课程与幸福童年[M].北京:教育科学出版社,2012:264.

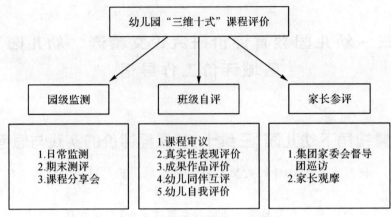

图1 "三维十式"课程评价框架

1. 日常监测

机关幼儿园每学期都会轮流对各个班级的半日活动进行随机跟踪。跟踪前,园级层面会组建跟踪小组,小组成员由分管教学的园长、园级主任、3个年龄段的若干经验丰富的教师组成。跟踪时,小组成员会根据"半日活动观摩记录表"(详见表1、表2)进行客观记录和点评。跟踪结束后,集中研讨针对半日活动中出现的问题,以集体智慧获得行之有效的优化策略。随后,向全体教师反馈意见,并根据意见优化半日活动。

表1 半日活动观摩记录表(一)

观摩班级		观摩教师		观摩时间		记录人	
半日活动实录							
时间	教师语言、行为		幼儿行为			环节点评剖析	

表2 半日活动观摩记录表(二)

观摩班级		观摩教师		观摩时间		记录人	
教学设计		剖析意见					
		选材					
		目标					
		重难点					
		准备					
		流程设计					
评估参考指标:							
反思:							

2. 期末测评

机关幼儿园的总结性评价在学期结束进行,采取轮换选择部分内容进行评价,3年一轮完成所有目标的测评。期末测评的主体由管理者和教师构成。评价实施前,由管理者根据目标制定具体的评价内容。评价内容从园本课程预设主题中提炼出来。期末测评中,运用自然观察、情境观察、谈话法等。期末测评后,管理者要合理分析收集的数据,并提出进一步推进课程建设的建议。

3.课程分享会

课程分享会一般是在学期结束进行。分享会前,制订周密的课程分享方案;分享会中,集中、立体展现幼儿在课程中的探索和学习成果。嘉宾通过观看多种形式的成果,为课程把脉。分享会后是收集嘉宾对课程实施的意见和建议,并现场与教师进行对话。此外,机关幼儿园还会针对实践中教师的普遍困惑,邀请专家开展讲座,从而为实践提供理论支撑。

(二)班级自评:师幼同参与

在园级监测的引领下,机关幼儿园各班级积极实行班级自评制度,以确保班级课程的质量。研究者将从以下两个层面进行具体阐述。

1.以教师为主体的班级自评

(1)课程审议:日审议、周审议、项目审议

为及时发现并解决课程中存在的问题,准确捕捉幼儿的兴趣点,寻找课程实施的下一步可能,幼儿园各班教师会对课程进行日审议、周审议、项目审议。依据此表,教师可对班级内每日和一周开展的课程进行粗略式的评价,并作出合乎幼儿发展适宜性的预设,详见表3。

表3 项目课程班级审议表

第 周	班级		教师	
时间	情况记录		活动预设	
周一				
周二				
周三				
周四				
周五				
一周小结				

另外,在每个项目活动结束时,教师会回顾课程方案即项目行动方案,详见表4、表5,并根据课程实施情况,对项目行动方案进行反思调整。

表4 项目行动方案(一)

班级_____ 记录人_____

第 周	周	月 日

活动名称:

预设目标(与《指南》目标链接):
1.
2.
……

材料支持:

续　表

场地规划：	
幼儿可以做什么事？ 1. 2. ……	教师的支持： 1. 2. ……

反思	主要记录： 1.具体表现：幼儿在活动中有哪些表现？ 2.幼儿获得的经验：幼儿获得了哪些经验？目标的达程度如何？ 3.延伸和调整：

表 5　项目行动方案（二）

班级_____　记录人_____

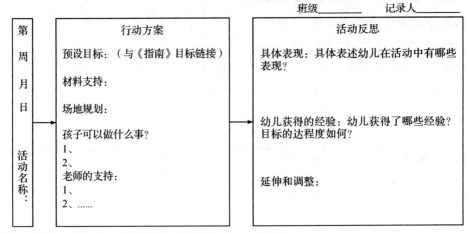

（2）真实性表现评价：观察记录、学习故事、成长档案

对幼儿进行个别化的指导显得尤为重要。如何才能为幼儿提供有针对性的指导？这无疑需要教师对幼儿进行持续、系统的观察。幼儿园一部分教师撰写"迷你游戏记录"（记录框架见表 6）和"区域活动记录"（记录框架见表 7），一部分教师选择撰写学习故事的方式来研究和解读儿童，反思和调整课程方案，以促进幼儿向更高水平发展。

表 6　迷你游戏活动记录

记录人：_____

游戏内容		
我和孩子们准备的材料		
第一次活动记录	时间：	反思调整
第二次活动记录	时间：	反思调整
第三次活动记录	时间：	反思调整
第四次活动记录	时间：	反思调整

表7　区域活动记录

日期：　　　　　　　　　　　　　　　　　　　　　　　　　　　　（　　）周

内容目标	活动一：			
	活动二：			
学号	活动情况（　　）周	学号	活动情况（　　）周	
思考分析				
调整设想				

（3）成果作品评价：班级分享会、工作坊作品展

成果作品评价是在班级内开展的，在一个项目活动结束之后进行的一种集中展示幼儿探索成果和收集课程评价信息的活动形式。活动的参与者都是幼儿、家长、教师和管理者。

2.以幼儿为主体的班级自评

（1）幼儿同伴互评

通过同伴互动进行评价的形式有喝水墙、心情墙、区域活动牌、"值日生"与"体育活动区"任务栏、操作学习任务栏等。例如，"值日生"与"体育活动区"任务栏、操作学习任务栏，具体可见图2和图3。通过这种形式，幼儿对自我和他人有了更加显性的认识，并基于认知，调控自己的行为，使自身向着更好的方向迈进。可见，同伴互动的评价对幼儿具有正向的暗示作用，从而利于课程的实施。

图2　"值日生"与"体育活动区"任务栏　　　图3　操作学习任务栏

（2）幼儿自我评价：记事本

记事本是我们幼儿园幼儿自我评价的一种重要方式。幼儿通过了解一日生活中自己该做的事，根据自己的能力进行选择，用符号、绘画等多种记录方式把将要完成的事情记录在记事本上，并对自己在事件中的表现作出评价，以利于提高其自我管理能力。我们幼儿园记事本的记录方式有 6 种：日记式（见表 8）、表格式（见图 4）、量化式（见表 9）、手账式（见图 5）、言语式、时间式。

表 8　日记式记录

年　　月　　日 内容：		年　　月　　日 内容：

表格式记录项目活动所需要的材料

材料准备	带来情况

表格式记录项目活动内容

图 4　表格式记录

表 9　量化式记录

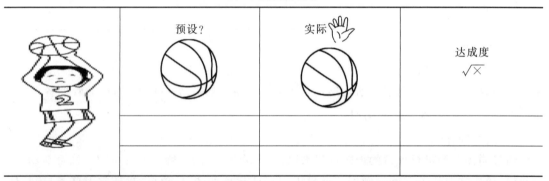

手账记录——"去博物馆的注意事项"

手账记录——"蚕宝宝的一生"

图 5　手账式记录

(三)家长参评:以局外人的视角审视课程

家长是课程的间接参与者,其对幼儿园课程的评价很大程度上是以"局外人"的视角进行审视的结果,对课程建设具有重要参考价值。在实践中,我们幼儿园非常重视家长的课程参与,具体做法主要有以下两种形式。

1.集团家委会督导团巡访:多种形式参与课程评价

我们幼儿园组建了集团家委会督导团,对各园区的保教工作进行督导。督导团通过集团家委会、园区互访、座谈会等形式对集团保教服务进行评价,并为幼儿园的发展建言献策,如表10所示。

表10 园区互访流程

时间安排	内　　容
8:20—9:00	家委会对园区环境进行巡访
9:00—9:45	家委会随机观摩班级活动(每年龄段选一个班)
9:45—10:30	家委会随机观摩班级活动(每年龄段选一个班)
10:30—11:00	园区主任进行园区情况介绍:园区基本情况、园区特色课程(15分钟左右)
11:00—12:00	家委会随机巡看各班幼儿进餐情况

2.家长观摩:随机自主观摩半日活动

我们幼儿园还采用家长观摩的方式,对幼儿园的半日活动进行随机自主观摩。这里的"自主"是指,家长以菜单式自主选择观摩活动,走进幼儿园,走进幼儿的活动,走进幼儿园的管理,详如表11所示。

表11 家长观摩评价表

亲爱的家长:

感谢您参与我们的教育活动。为了更好地开展家园合作,共同促进幼儿健康快乐地成长,请您对本班开放的半日活动给予客观评价,并对幼儿园工作提出宝贵意见或建议。

园区			班级				
教学活动名称		评价时间					
评价内容					好	较好	一般	不够
活动内容符合幼儿年龄特点、选材恰当								
活动流程设计具有游戏性、操作性、情景性								
活动中师生之间的关系是否融合、亲密								
能关注不同幼儿的发展								
教师在活动中能表现出应有的耐心吗?								
幼儿对活动投入吗? 开心吗?								

请您对我园园务管理、师资素质、教育活动、卫生保健、膳食营养、服务举措等方面提出宝贵意见或建议:

您能为幼儿园提供哪些方面的帮助? 或您最希望幼儿园为您提供哪些方面的服务?

三、对幼儿园"三维十式"课程评价实践的思考

(一)效果

在践行"三维十式"课程评价操作模式的过程中,幼儿园园本课程的质量得到了有效保障,主要体现在以下几个方面:(1)"发现生活"园本课程的架构在评价中不断完善;(2)园本课程实施的路径更加多样化;(3)师幼关系更加和谐,尊重幼儿、倾听幼儿、支持幼儿的教育爱存留在每位教师的心间;(4)家长满意率保持在较高水平;(5)幼儿园的各项教育工作得到了社会的肯定和好评。

(二)不足

毋庸讳言,当前我们幼儿园的课程评价还存在一些问题,面临一些挑战:(1)课程评价方式的经验化;(2)评价工具的信效度难以保证;(3)课程评价体系尚不够完善。幼儿园开展的课程评价多集中在微观领域,多为对单一教育活动或一日活动进行评价,有关幼儿园课程整体规划或课程整个运行过程的评价还存在一些挑战。

参考文献

[1] 虞永平.学前课程与幸福童年[M].北京:教育科学出版社,2012:264.

[2] 刘霞.托幼机构教育质量:概念与构成[J].现代教育论丛,2004(4):12.

[3] 冈尼拉·达尔伯格,等.超越早期教育保育质量——后现代视角[M].朱家雄,译.上海:华东师范大学出版社,2006:4.

[4] 虞永平.学前课程与幸福童年[M].北京:教育科学出版社,2012:265.

基于游戏情境下幼儿语言发展评价的实践研究

——以中班户外运动游戏为例

杭州市人民政府机关幼儿园　陈佳茵　赵梦佳

摘　要:现阶段儿童语言核心经验发展的评价方式仍处于薄弱期,如何更简单、方便、科学地评价幼儿语言核心经验的发展是当下幼儿园教师所需的。说明性讲述核心经验的学习与获得对幼儿逻辑思维能力的提升极其重要。教师聚焦中班户外运动游戏,通过观察实录法、综合评定法了解在户外运动游戏中对幼儿语言核心经验的促进是在说明性讲述上,并对幼儿实施评价。

关键词:幼儿语言发展;评价;户外运动游戏;说明性讲述

一、研究背景

《3—6岁儿童学习与发展指南》指出：游戏是幼儿的基本活动，幼儿的语言能力是在交流和运用中发展起来的。[①] 如何评价幼儿的语言发展水平？在游戏中幼儿处于一种放松的状态，他们可以无焦虑轻松地进行语言表达。利用游戏，对幼儿进行语言发展水平评价的研究。

（一）语言评价的思考

一日生活中，教师更注重幼儿活动和游戏的是否会说、愿意说、能够说完整，但带班过程中，听到更多的是幼儿片段式的语言，对于幼儿语言发展的水平是浅层、缺乏聚焦性的评价。

如何更简单、方便、科学地评价幼儿语言核心经验的发展，是当下幼儿园教师所需要思考的。

（二）游戏价值的思考

教师认为每一种游戏对于儿童语言学习发展都有它独特的价值。前期观察发现，幼儿在科探类游戏中，疑问多，语言自然也多。在角色类游戏中，语言丰富且具有互动性。在建构中会针对作品、合作有较多的语言表达。在运动中，随运动变化幼儿语言也会伴随发生。

（三）评价内容的思考

教师发现，幼儿在运动类游戏中出现较多的是对于运动器械的名称、使用、玩法的表达。结合语言核心经验及运动游戏的特点，本次研究聚焦说明性语言运用的评价。

二、评价设计

在户外运动游戏中，教师对游戏材料、场地、时间、开展进行分析，设计"中班幼儿户外运动游戏语言实录表"和"中班户外游戏中幼儿语言核心经验类别分析表"，分析幼儿语言并进行评价。

（一）游戏情景的设计

创设游戏场景，提供定量的器械，不限玩法，随机选择5名幼儿参与两次游戏，实录幼儿在游戏中的语言学习过程，如图1所示。

图1　设计游戏情景

---

① 李季湄，冯晓霞.《3—6岁儿童学习与发展指南》解读[M].北京：人民教育出版社，2013.

(二)语言评价量表的设计

1. 量表的制定

思考:幼儿的说明性讲述到底发展到什么程度?教师需要具体细化的量表进行分析,设计幼儿说明性讲述核心经验评价量表,见表1。

表1 幼儿说明性讲述发展评价量表

说明性讲述的核心经验	无 0分	初始 1分	稳定 2分	拓展 3分
1. 使用标准规范的词语		学会规范的名称命名事物	能够用恰当的词汇讲述直观的事物特征或现象	能够运用多种词汇准确地讲述
2. 使用简洁语句清楚地讲述		能将一两个词语组成断句描述特征	能够用简单的句子讲述	能够讲述有逻辑联系的内容,并开始使用复合句讲述
3. 按照一定的结构组织讲述内容		能够讲述直观的事物名称	能够在成人的指导下按照一定的顺序讲述事物	能够按照观察事物顺序有逻辑地组织讲述内容
4. 对不同的听者用不同的方式讲述的策略		能够将讲述的顺序和组织讲述内容的方式迁移到类似或同类事物的讲述中	能够将讲述的顺序和组织讲述内容的方式迁移到不同事物的讲述中	能够根据事物的特点选择适当的方式讲述

2. 量表的说明

将《学前儿童语言学习与发展核心经验》中说明性讲述的核心经验[①]和《3—6岁儿童学习与发展指南》中4—5岁幼儿语言目标[②]相结合,制定"幼儿说明性讲述核心经验评价量表"。

(三)评价过程的观察及操作

通过视频和现场观察记录方式,用观察实录法和综合评定法从游戏当中记录幼儿的语言,分析该语言处在什么阶段,设计"中班户外运动游戏幼儿说明性讲述个人评分表"分别计分进行说明,见表2。

表2 中班户外运动游戏幼儿说明性讲述个人评分

幼儿姓名:				年龄:				班级:							
幼儿说明性讲述语言实录	标准规范的词语				简洁清楚地讲述				按照一定的结构组织讲述内容				对不同的听者用不同的方式讲述的策略			
	无 0分	初始 1分	稳定 2分	拓展 3分	无 0分	初始 1分	稳定 2分	拓展 3分	无 0分	初始 1分	稳定 2分	拓展 3分	无 0分	初始 1分	稳定 2分	拓展 3分

教师根据游戏中出现的语言分别计算分数,评价出幼儿说明性讲述的发展状况。

---

① 周兢.学前儿童语言学习与发展核心经验[M].南京:南京师范大学出版社,2014.

② 李季湄,冯晓霞.《3—6岁儿童学习与发展指南》解读[M].北京:人民教育出版社,2013.

三、评价实施及分析

(一)户外运动游戏情境下中班幼儿游戏语言发展分析

为排除游戏偶发行为,开展两次游戏场景实录收集数据,具体如表 3 所示。

表 3 中班幼儿户外运动游戏语言实录表(部分)

游戏时间	2019 年 10 月 18 日		游戏人员	中一班(3 女 2 男)(W、D、L、Y、Q)
游戏材料	三轮车(3 辆)、高跷(1 筐)、轮胎(5 个)、梯子(2 个)、球(1 筐)、呼啦圈(20 个或以上)			
游戏 基本情况		游戏时间	语言内容(部分)	
		0—5 分钟	W:我们把这个轮胎拉过去,到时候你们停好车子就在轮胎这里。然后拿那个东西走。 W→Q:Q 你这样子,梯子摆成一长排,让他们从这里走过去好了。 W:走过梯子以后跳呼啦圈,跳好以后再过去。 W:你们这个是扶着拍这样拍的,扶着这个梯子走,走好以后再走轮胎走,走好轮胎以后再走梯子。 W→Q:Y 还要走一个梯子。 Y:然后再绕到我的骑车上。	
		6—10 分钟	W:你们走好梯子以后,这个轮胎走好梯子以后再骑车子。要走两次哦。 L→W:我已经走好梯子了。 W→L:那再返回来走一次就可以骑车子了。 L→W:哦。你是第二次吗? W→L:我是第一次。 Q:我也是第一次。	
		11—15 分钟	W→D:D,你看牢我们怎么玩,先这个爬过这个再爬过梯子之后,然后再走这个,走到这个沿着垫子投篮之后再来一次就行。知道吗? D→W:好,难不倒我的。 W→D:你不要搬起来。(D 拿起一个梯子)好了放手,就这样子摆。就是这样子。	
		16—20 分钟	W→L:L,你要踩着高跷走这个圈。 W→L:我给你示范一下。 L→W:我知道。 W→L:踩着高跷走进这个圆圈里。走吧。	

分析:幼儿会因材料摆放、游戏玩法、器械顺序、对他人玩法的纠正等内容出现说明性讲述,且说明性讲述明显。

(二)户外运动游戏情境下中班幼儿说明性讲述发展分析

1. 中班幼儿语言核心经验的现状

(1)语言核心经验类别分析

幼儿出现多为口头语言,教师将两次游戏语言实录进行类别区分,具体如图 2 所示。

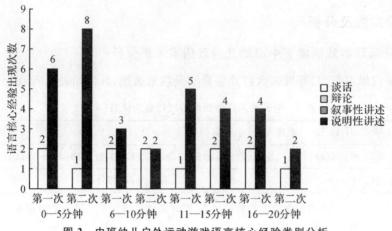

图2 中班幼儿户外运动游戏语言核心经验类别分析

分析：

通过观察，教师梳理不同语言核心经验出现频次。图中可以发现说明性讲述出现34次，运用明显。

（2）户外运动游戏特点分析

随着游戏的深入，幼儿需用简洁的说明性语言与同伴进行交流，并要求幼儿说清楚，这是游戏本身所致。

（3）中班幼儿年龄特点分析

中班是幼儿冲突高发阶段，幼儿规则意识逐步萌芽。幼儿要不断通过语言说明材料应怎么玩，能让同伴明白如何玩和纠正别人的玩法。

2.户外运动游戏中幼儿说明性讲述的主题分析

教师根据游戏中幼儿说明性讲述的主题进行分析，具体见表4。

表4 幼儿说明性讲述主题分析

 （1）围绕材料 幼儿对材料的摆放和使用进行交流。如： 游戏开始，W拿了梯子放在轮胎上后又拿了一些轮胎在梯子后面说："你们走好梯子，这个轮胎走好梯子以后再骑车子。要走两次。" 主题涉及自己对材料使用的说明、告知同伴的说明……	（2）围绕玩法 游戏进行过程中，交流游戏的玩法。如： D准备拿高跷去一边玩，Q看见和D说："踩高跷走进这个圆圈，走吧。"D没有听到，Q又对D说："你要这样先踩高跷进圈圈里才可以。" 主题涉及材料单独的玩法、材料组合的玩法、玩的次数、材料的摆放……	（3）围绕合作 与同伴的合作、收拾材料、对他人的玩法纠正…… 游戏过程中，当同伴出现与幼儿不符的游戏规则时，也会出现说明性语言。如： Y和L在玩三轮车，在一边的D对Y说："Y你想一下办法让他的车和你的车连在一起。"Y对D说："我最聪明了，我可以。"	（4）围绕游戏情节：运快递、两辆车的连接…… 游戏过程中幼儿会因游戏情节的发展而展开说明性讲述。如：  Q和W玩快递游戏，一边的Y说："我来运快递！你们把东西装在我的车上去那边等我。"Q和W同意了。Y骑三轮车先去了Q那说："Q，你的东西。"Q说："谢谢！"W说："快到我这里来！我的宝宝着急了！"Y说："等一下。"W对Y说："那我先把快递放到你的车上，再去那里玩。"Y说："我要送好多货物呢。"

(三)户外运动游戏中幼儿语言发展情况分析

1.中班幼儿语言发展情况分析

教师将语言进行汇总,按"幼儿说明性讲述发展评价量表(见图2)"逐句评分对应记录在表格,具体如表5所示。

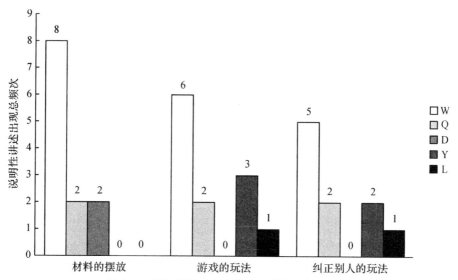

图2 户外运动游戏中幼儿说明性讲述得分汇总

表5 幼儿说明性讲述评分记录表 （分）

姓名	具体语言(举样)	初始1分	稳定2分	拓展3分	部分
W	"D你看牢我们怎么玩先爬过这个再爬过梯子之后,然后再走这个,走到这个沿着垫子投篮之后再来一次就行知道吗?"	7	14	6	27
Q	"螺旋形走一点。然后呢,我把圈圈摆好。"	4	10	3	17
D	"L你骑好给我骑,我骑好给你骑(指Y),然后你骑好再给他骑(指L),他骑好再给我骑,好不好? 我们交替循环。"	2	16	3	11
Y	"我的办法就是这个放在这里(高跷的圈套进轮胎),然后等我弄好,我再这里打个结。"	5	8	6	19
L	"我们要走高跷过去的。"	3	6	3	12

分析:

5个幼儿的发展差异明显,语言的发展水平都有独特的发展表现:

W的说明性讲述出现频次最高,材料摆放3次,游戏玩法10次,纠正别人玩法6次。可以看出W的说明性语言发展水平较好。

Q的说明性讲述出现频次较高,材料摆放2次,游戏玩法0次,纠正别人玩法2次。可看出Q的说明性语言发展水平也较好。

D的说明性讲述出现频次不高,只出现材料摆放2次。D能够倾听同伴的建议进行游戏。

Y 的说明性讲述出现频次中等,游戏玩法 3 次,纠正别人玩法 3 次。Y 乐于思考,与同伴冲突时可较好地化解矛盾。

L 的说明性讲述出现频次不高,游戏玩法 1 次,纠正别人玩法 1 次。L 能和同伴友好相处,认真倾听同伴意见。

每个幼儿都有说明性讲述表现,但出现的频率、内容、水平存在差异。

2.个别幼儿语言发展情况分析

教师根据表 2,记录个别幼儿户外运动游戏中的说明性语言,具体如表 6 所示。

表 6　中班户外运动游戏幼儿说明性讲述个人评分　　　　　　　　　（分）

幼儿姓名:霜霜				年龄:5 岁								班级:中一班			
幼儿说明性讲述语言实录	标准规范的词语				简洁清楚地讲述				按照一定的结构组织讲述内容				对不同的听者用不同的方式讲述的策略			
	无 0分	初始 1分	稳定 2分	拓展 3分	无 0分	初始 1分	稳定 2分	拓展 3分	无 0分	初始 1分	稳定 2分	拓展 3分	无 0分	初始 1分	稳定 2分	拓展 3分
"我们把这个轮胎拉过去,到时候你们停好车子就在轮胎这里。然后拿那个东西走。"	0	0	2	3	0	1	2	3	0	1	2	3	0	0	0	0
"我们先把轮胎走好以后跳一个圈之后梯子走过去,再走高跷,走好高跷跳圈圈,再拿球回来拍。"	0	0	2	3	0	1	2	3	0	1	2	3	0	0	0	0

该幼儿能用标准规范的词语按游戏顺序向其他幼儿进行说明性讲述。

3.教师的思考及发现

(1)语言使用规范性

教师发现幼儿常用"这个""那个""圈圈"等词进行描述,且每个幼儿都存在该情况。游戏中用词规范有待加强。

(2)语言组织完整性

游戏分享中,多为游戏玩法说明,语言组织较零散。

反思:游戏后的分享利用照片等媒介关注幼儿语言规范及语言完整。

四、研究收获和反思

(一)户外运动游戏对幼儿说明性讲述的独特作用

户外运动游戏对中班幼儿说明性讲述的核心经验是评价的载体,也是学习的载体。

1.评价的载体

户外游戏因本身特点所致,对幼儿做说明讲述的评价,不是控制下的试验和评价,它的数据更加真实。

2.学习的载体

游戏中,幼儿只有把语言说清楚时才能与同伴形成游戏的共同意愿。这不仅是好的评价载体,更能够通过游戏促进幼儿说明性讲述的发展。

图3

(二)基于语言评价指向的户外运动游戏组织

组织户外游戏中,教师认为促进幼儿语言学习和说明性讲述发展的策略可以有三点。

1.开始阶段——支持幼儿自主游戏

游戏初教师鼓励幼儿利用不同的游戏材料大胆尝试各种玩法,①能说出"先干什么""再干什么",大胆表达对于游戏材料玩法的不同见解,肯定幼儿在游戏中的不同玩法和表达。

2.中期阶段——引导幼儿自主协调

游戏中幼儿出现冲突时,教师要及时关注冲突进程,鼓励幼儿自主协商解决。

3.后期阶段——鼓励幼儿自主表达

创造轻松的语言环境,让幼儿敢说、大胆说。对语言能力较弱的幼儿,展示实录照片让幼儿更好地讲述。

图4

五、结语

以往,教师似乎已经习惯在游戏中看游戏、在语言中看语言。恰恰相反,在幼儿的一日生活当中,他们的语言总是随时随地出现,自然而然表达。教师要善于捕捉幼儿生活的每个时刻,倾听幼儿的每种"语言",全面客观地评价幼儿,促进幼儿的发展。

参考文献

[1] 周兢.学前儿童语言学习与发展核心经验[M].南京:南京师范大学出版社,2014:99-118.

[2] 李季湄,冯晓霞.《3—6岁儿童学习与发展指南》解读[M].北京:人民教育出版社,2013:75-306.

[3] 盖伊·格朗兰德.发展适宜性游戏:引导幼儿向更高水平发展[M].北京:北京师范大学出版社,2014.

走进"你"的世界
——动态评价儿童学习故事"园本化"的实践研究

杭州市凤栖幼儿园　赵　静　高晓璟

摘　要:学习故事是一种评价儿童的方法,也是一种以运用叙事的形式对幼儿的学习与发展进行客观性、融通性的评价。在幼儿园的实践过程中,我们发现,撰写"学习故事"存在许

---

① 盖伊·格朗兰德.发展适宜性游戏:引导幼儿向更高水平发展[M].北京:北京师范大学出版社,2014.

多问题。在观察和记录中教师对评价的内容不明确,停留在传统模式的评价上;记录时仅仅局限于教师一厢情愿的"学习故事",幼儿未参与其中,在家长中的知晓度不高。因此,该文尝试通过幼儿自我评价、教师相互评价、家长主体参与、个性化记录、即时贴实时记录等一系列措施来进行学习故事园本化的研究。

关键词:学习故事;评价;"哇时刻"

一、案例背景

(一)幼儿园发展的需求——发扬"凤凰涅槃"精神

回顾"五大领域"传统模式的评价表,只是简单、机械地用符号对幼儿进行分等定级,并不能全面地评估、了解幼儿,尤其是一些涉及意志、品质、情绪方面的评价很难用单一的符号来表示。[①] 为了改变现有的评价模式,我们开启了"学习故事园本化"的探索之旅。

幼儿园的"吾同文化"中蕴含着不破不立、破而后立之执着的凤凰精神,倡导师幼懂得接受和欣赏别人与自己的不同,认同自我,认同同伴,共同成长,这与"学习故事"所秉承的相信儿童的基本观非常契合。

(二)评价新模式的探索——破解"一知半解"难题

学习故事是一种用叙事的形式对儿童学习和发展进行评价的方式。儿童并不是一张"白纸",教育儿童意味着要尽其所能和用各种可能的方法来赋予每一个儿童以力量。因此,教育不是要改造儿童,而是要赋予儿童力量。

"学习故事"属于舶来品。如何将"学习故事"这种以"个体发展叙事性"评价为重点的评价机制本土化、园本化,就成了横亘在我们面前的一道难题。两年的接触,问题频现,归纳如下。

1. 主观因素

(1)教师对评价的内容不明确,停留在传统模式的评价上。表面模仿"新西兰学习故事"模板,实则未能深入骨髓,探之精华,未能清楚区分"学习故事"与一般故事描述的差异性。

(2)教师观察落脚点仍停留在幼儿学习的结果上,采用肯定的描述性语言对幼儿的行为提前下定论。

(3)教师属于任务驱动,并非主观意愿。传统模式中出现"假"评价,将当时的"哇时刻"过度夸大、添油加醋、按自己的意愿扭转故事情节等。

2. 客观因素

(1)班级人数多,教师的观察有局限性。

(2)仅仅局限于教师一厢情愿的"学习故事",幼儿未参与其中,在家长中的知晓度不高。

鉴于前期在实践中出现的问题,幼儿园开始深入开展"学习故事园本化"的研究。

二、概念界定

"学习故事"既是一种评价儿童的方法,也是一种研究方法。它是在真实情景中完成的结构性观察和记录,能提供一种反映儿童发展的持续性画面,能用来记录和交流儿童学习的复

---

① 中华人民共和国教育部.3—6 岁儿童学习与发展指南[M].北京:首都师范大学出版社,2012:181-281.

杂性。学习故事作为一种研究和评价的方法,强调情景、地点以及相关人员在儿童学习中的作用。它所关注的是儿童能做什么,而不是他们不能做什么,这样能够清楚地展现儿童的长处和兴趣。①

三、学习故事"园本化"评价的分析与反思

幼儿园以幼儿、教师、家长为主体,采用动态评价的方法,以幼儿自主游戏活动为观察切入点,尝试通过教师对幼儿的文本评价、教师的自我评价、家长主动参与评价、个性化记录、即时贴实时记录等一系列措施来进行学习故事"园本化"的研究。

(一)融合"学习故事"基本元素的评价

教师理解学习故事是为了支持幼儿进一步学习所进行的观察记录,它关注的是幼儿的学习过程,目的是更好地支持和促进幼儿进一步的学习与发展。

1.教师对幼儿的文本评价

成长手册:设计了"自主性游戏观察评估表"。以"精写＋随手记"的方式进行"学习故事"观察记录行动研究,力求能发现每个幼儿的"哇时刻",记录下他们的精彩瞬间,并以另一种评价的方式进行"注意""识别""回应"。同时尝试利用网络软件将学习故事做成"微信小贴士",作为电子成长档案送给幼儿,成为他们永不褪色的纪念品,如表1所示。

表 1　自主性游戏观察评价

班级:　　　　学号:

时间		地点		姓名	
哇时刻(注意)		照片(一张或一组照片)			
		什么样的学习在这里发生了?(识别)			
机会的可能性(回应)					

案例一:
成长手册中的学习故事:
　　　　　优优的花圃春游 》（随手写）
老师的话:
优优
　　在这个月里,我们去了美丽的花圃春游,你拉着豆豆的手,两个人高高兴兴地向出游的地方走去。虽然背着满满一书包的东西,但你并没有喊一句累。来到青草地上休息吃东西的时候,你拿出了自己的食物和大家一起分享。
　　在这当中,老师看到了你坚持不懈的精神以及乐与他人分享的品质。你在家中也喜欢和家人、朋友一起分享吗?我们一起来分享一下好吗?
家长回应:
　　在家里,优优自己爱吃的食物可不乐意与大人分享呢,这让大人们小失望哦!希望她能把在幼儿园学到的用到家里。

---

① 刘晓颖.发现儿童的力量[M].北京:北京少年儿童出版社,2015:120-311.

超级大枪（精写）

时间：2018.4.15
地点：中二班教室
对象：可乐

可乐喜欢的自主性游戏时间到了，你拜托你们组的组长选择了"字弹型"玩具，当然啦，你们组的组长也特别的给力，真的给你带来了这一筐。你忙不迭地从筐子里拿出一颗文一颗基本粒，10分钟不到就变成了一把小小的枪。你得意地端着枪，瞄准、射击。引得同组的好朋友们哈哈大笑。

玩了一会儿，你对组内的好朋友们说："我觉得我的枪还不够大，我需要把它做得更大，"话意未落，旁边的优优就马上回应了你。"可乐，我帮你搭吧，我们一起搭一把很大很大的枪！"

在接下来的时间里，你和优优就成为了合作伙伴，同时对这把小小的枪进行了二次加工。

两个人的力量真的很大，没多久，一把"超级大枪"就出现在了我们的面前。你端起了"超级大枪"又开始了新一轮的"瞄准、射击"，没射几下，你的枪"解体"了，枪的前端断开，掉到了地上。你说："哎呀，我的枪坏了。"优优听到后，立刻对你说："没关系的，我们一起修。"

修修、玩玩、掉了、再修修。快乐的自主游戏时间就这样度过了。

老师的回应：

可乐，从这一次的活动中，老师猜想：你一定很喜欢枪吧。那你还知道有哪些枪的类型呢？它们都是长什么样子的呢？你还搭过别的样子的枪吗？

还有，你知道你的"超级大枪"为什么那么容易断掉，"害"得你们两个人一直修，一直修的原因了吗？

请你好好地想一想哟，老师期待你的回音。也期待下一次，看到你做出更棒的作品，PS：今天的"超级大枪真的很厉害，下次请别把它拆掉哟，让我们把它放在展示区，大家一起看看好么？

家长的回应：

家里也有这种类似的塑料积木，也经常搭枪。一开始不知道为什么枪老是会断掉，后来通过短的枪和长的枪的比较，孩子感觉到越是长的越容易断掉，还说要把家里做出的不一样的枪带到幼儿园里跟大家一起分享。

2.教师自我评价及他评

（1）定期进行自我评估，如在平时的工作中评估自己对幼儿的评价是否准确、到位，是否通过"注意—识别—回应"去记录发生在幼儿身上独一无二的游戏、学习、发展的过程。

（2）总结前期经验，设想后期做法。后期我们将让老师和孩子的精神环境更加自主、尊重、和谐，让物质环境不断变化拓展。

（3）点赞墙面创设：班里创设"为你点赞"墙面，老师之间可以互相写点赞卡贴在点赞墙上，发现老师的"哇时刻"。园长为每位教师写学习故事，以贺卡的形式送给老师，并在集中的会议上进行分享。

图 1

（二）感受"学习故事"引导家长主动参与

家长常常因为忙碌而无暇顾及自己孩子的想法和感受。在平时我们有意识地让家长参与到孩子的行为解读和观察中，让他们放下手中的工作，安静地去欣赏和发现自己孩子的"哇时刻"（如表 2）。

表 2　家里我也棒　　　　（　　）月

内容	爸爸妈妈的话	点赞卡
学习		
生活		
运动		
游戏		

(三)挖掘"学习故事"开创新的生长点

我们将传统评价模式与"学习故事"评价模式做了对比。发现传统模式主要是针对技能技巧的量化评价。而对于一些不能量化的评价,如学习品质等,很难进行评估。

"学习故事"并不是单一的评价模式,而应该是多维度的评价。因此,我们从多方面进行了尝试,整理如下。

1.三表合一的个性化记录

"学习故事"评价针对的是个体或小群体。为了让教师有更多的时间静下心来写"真故事",我们对备课本进行了改革,删减了很多不必要、重复的笔头工作,把原来备课本中的"个案+区域记录+角色游戏记录"三表合一。

2.环境中的即时贴实时记录

在班级及园区环境中陆续渗透学习故事。教师也有自己的困惑:孩子的"哇时刻"出现的那一刹那,也许记得很清楚,但事后会忘却,如何进行实时记录?为便于老师进行随时评价,幼儿园各处投放了即时贴,老师可以随时拿取,简单地用图示、文字等记录捕捉到的每一个"哇时刻"。

3.与园内各类活动完美结合

老师用自制爱心卡片记录幼儿的学习故事,并悬挂在爱心树上,结合开学典礼,让家长来找找老师写给自己孩子的爱心卡,回家后读给孩子听,写上家长的回应。在幼儿园的特色活动园外游学中,家长志愿者和幼儿一起走出幼儿园感受园外不一样的活动,老师同时撰写了幼儿游学时的学习故事,家长进行了回应。

"学习故事"能够让老师更多地从专业的角度关注和剖析幼儿在游戏、学习中的典型行为与心理特征,能够让我们的老师以专业的视角来诠释孩子表现行为背后的支撑理念,更好地"读懂幼儿",[①]能够引领家长和社会对幼儿教师职业专业性有更深度理解与支持。这就需要教师做有心人,可以利用手机拍摄功能记录下幼儿"专注游戏或活动"的魔法时刻,用专业的眼光轮流对全班幼儿进行"全面观察",发现幼儿的"兴趣点",审视幼儿发展的心智水平,进而改进策略,提供给每个幼儿必要的支撑,还可以适当和家长一起分享镜头下幼儿的活动,家园互动促进幼儿的发展。

看:游戏　记:故事
——幼儿园阶段性评价可视化的设计与实践

杭州市东新实验幼托园　周　蕾　施玲玲(执笔)

摘　要:2017年省厅颁布课程园本化,关注课程下位落实以及课程价值:关注儿童兴趣、关注儿童未来发展的需求……阶段性评价尤其受到关注,如何突破原有整齐划一的评价指标去衡量幼儿,转向以幼儿为主、关注个体差异下的评价方式和形式。在该文中,从与教师最息息相关的期末测评着手,思考评价的价值所在,将评价与幼儿生活环境相整合、与幼儿日常游

---

① 玛格丽特·卡尔.学习故事与早期教育:建构者的形象[M].北京:北京教育科学出版社,2015:99-162.

戏相衔接、凸显评价的价值,以游戏为载体,通过学习故事的记录,展现幼儿游戏的动态过程,评价中看见每一个发现。

关键词:可视化;阶段性评价;设计与实践

一、案例研究背景

(一)儿童本位,引发阶段性评价思考

2017 年省厅颁布《关于全面推进幼儿园课程改革的指导意见》,关注儿童视角,提出教师基于儿童发展需求落实课程内容。鼓励教师追随儿童,那么教师作为课程执行者,如何了解课程落实质量? 针对幼儿游戏水平、现状,如何来做发展评价? 借助于阶段性评价这样一种载体,看见活动中幼儿的成长。

(二)基于现状,反思阶段性测评

阶段性评价现状:本文所指的阶段性评价,即指幼儿园每学期都会开展的期末测评,一般都是教师确定某一领域,相关教师参照《指南》《纲要》制定领域性评价指标,将儿童带到某一场地,参与测评活动。

联结儿童视角,对幼托园原有的期末测评形式提出反思质疑。

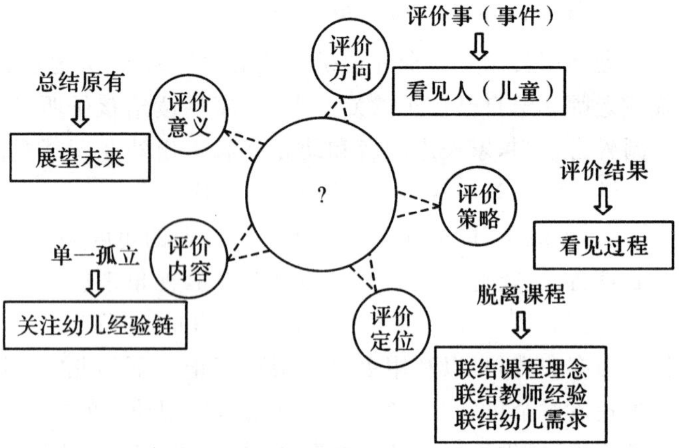

1. 测评意义

我们的期末测评是为了评价当下儿童发展水平,还是为了下阶段如何更好地开展活动提供参考依据?

2. 测评方向

是为了"评价事件"还是为了"看见儿童",如何从数据、事件描述转向更为人文的发现,看到儿童参与的镜头,实现有温度的评价方式?

图 1

3. 测评策略

思考"评价结果"到"看见过程"。期末测评虽然只是一个时间点的观察,但是如何在评价过程中展现一个教师动态看见、发现、反思的过程?

4. 测评定位

联结课程理念(发现每一个)、联结教师经验(原有日常工作中所习得、感知到的教学理念,看见游戏中的儿童,发现儿童的需求,提供支架支持,而不是去评价儿童的不足,干扰儿童的发展)、联结幼儿需求(真游戏、真玩耍)。

5. 测评内容

应该与儿童日常游戏关联,关注经验链,不是脱离儿童原有经验孤立思考评价场景和内容。

二、聚焦期末测评:幼儿园阶段性评价可视化的设计

(一)寻求理论支撑

虞永平教授:课程评价方式根据课程目标,系统性收集和解释资料,判断课程效果价值的过程,是对教育实践显性或隐性的成效及价值的判断,是一个多主体共同参与、协作的过程。要努力让幼儿的思想看得见,让幼儿的学习看得见,让幼儿的愿望看得见。

表现性评价:依据幼儿在真实或有意义的任务或活动情景中的实际表现,来评价他们对周围事物及关系的认识和理解。

学习故事是一种在新西兰建立起来的叙事性评价体系,它试图通过描述儿童在真实场景中发生的行为来展示儿童与情境之间的联系以及儿童未来的发展状况,同时记录每一个儿童的成长轨迹和历程。教师与儿童或者家长分享和交流儿童的学习行为,是对儿童是一个什么样的人的共同构建。

(二)关键词梳理

可视化:是利用计算机图形学和图像处理技术,将数据转换成图形或图像在屏幕上显示出来,再进行交互处理的理论、方法和技术。该文中意指在评价中看见幼儿、看见幼儿学习过程,而不是对物或者对事。

阶段性评价:一般是指对一个学段、一个学科教学的教育质量的评价。该文指向于幼儿园课程背景下的阶段性评价,结合幼儿园课程推进的现状及方式,确立评价的方向和策略,重点在于了解课程中幼儿的发展和需求,让幼儿的学习与成长发展看得见。

可视化阶段性评价:链接幼儿年龄特点及本阶段班级活动内容,教师创设真实游戏任务,通过多主体观察运用叙事等不同形式对幼儿在游戏中的学习与发展进行过程记录,并借力于测评反馈及重组,客观解读幼儿能力,支持和促进幼儿的学习与发展,为下阶段课程实施提供借鉴。

(三)思考评价要素,设计评价策略

联结儿童需求,阶段性评价的意义和价值在哪里? 一方面,在评价中看到幼儿真实的需求、原有生活经验基础上的游戏互动,看见"哇时刻";另一方面,评价中看到课程落地,教师专业素养,班级整体情况。因此确定本期测评主题为:看幼儿真实的游戏,记幼儿真实的故事。

在这样的思考下,明确可视化中"看见每一个、看见每一刻"思路,确立"游戏情境下以学习故事为载体"的幼儿期末测评方式。那么我们如何来做? 幼托园课程领导小组 3 个"明确"(见图 2)。

与幼儿:发现游戏中的学习品质 与教师:改变儿童观、课程观	明确测评场景 明确记录方式 整体视频记录 学习故事记录	明确测评人员
明确测评目标	明确测评方式	明确测评人员

图 2 幼儿园课程测评

第一步:明确测评目标

(1)通过真实游戏场景的提供,看见每一刻。在游戏中了解幼儿的语言、学习等综合能力的发展,反思课程落实的价值和意义,为下阶段园本以及班本化策略提供借鉴。

(2)通过学习故事记录的方式,看见每一个。联结教师日常工作经验,发现幼儿在游戏中的真实现状,提升教师观察、发现、思考能力。

(3)借助测评,真实了解幼儿游戏需求、游戏能力,为下阶段幼托园班级游戏场地的打造、日常游戏规则的渗透提供依据。

(4)通过测评反馈,帮助教师了解平行班级间幼儿语言交流、游戏水平、合作分享等发展现状,看到优点发现差异,为各班下阶段班级工作提供借鉴。

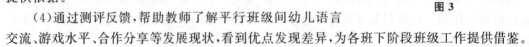

图 3

第二步:明确测评载体

测评场景:幼儿熟悉的场地、真实的游戏情境,结合幼儿年龄特点,确定游戏内容和场地。

小班:家的环境(娃娃家)

中大班:建构区游戏

第三步:明确测评方式及参与人员

聚焦幼儿游戏过程,以学习故事记录的方式作为测评记录。"星级教师引领+年轻教师参与"同步走。15 位星级教师、年轻教师自愿参与观察记录。

具体现场操作

现场测评

小组分享观察反馈

梳理测评内容,
做好全园反馈

图 4

分工安排:其一,组长通过视频拍摄、整体观察,记录整体观摩情况;测评后,结合学习故事做好全园整体性反馈。其二,参与成员通过个别抽取,以学习故事方式记录个别幼儿游戏现状。

具体现场流程:6 人一组,现场视频拍摄、故事记录,连续观察 20 分钟;测评完成后,每位教师反馈观察的情况;集体整理材料,做好全园反馈。

三、联结可视化期末测评，教师的思考与收获

在这样的测评中，基于教师测评故事视角，让老师看到了真正的"幼儿"，看到了我们一直所希望看见的每一刻。更让我们清晰看到了教师需求、班级工作，实现可视化的多元性。

(一)故事中看见每一个班级，反思日常班级工作

当听到测评组成员反馈的一个个生动的学习故事，有的老师说"我一听，就知道这是我们的依依……""建构区玩得那么好，肯定是果二班……"大家不约而同地就说出了这个是哪个班哪个儿童……为什么平行班4—6个班级，在测查小组分享案例、游戏现状时，大家心中都有着非常高的默契度。老师都说："儿童身上能够看到教师的身影。"由此引发思考：教师正确的课程理念，对于营造班级良好氛围、形成幼儿相互合作能力、提升幼儿游戏水平的影响非常大。如何树立教师正确的课程观非常重要。这将是下阶段重点关注的内容。

(二)故事分享听到每一位教师感悟，发现教师成长需求

王老师：这样的测评非常到位，在相同地点、相同时间提供相应游戏材料，让儿童去体验、去探究、去合作。我们认真观察，真实记录，识别儿童在游戏中的行为表现，特别是惊喜发现儿童解决问题的能力。以故事记录方式来呈现，最大程度还原幼儿真实的游戏。

主动参与测评的新教师：作为一个新老师，在测查之后有很深的感悟。首先，非常幸运自己主动报名参加，有幸体验这样的测评活动；其次，收获很多。这次活动测评我参加的是小班，我看到了小班娃娃家的亮点：区域的开放性，包括材料的投放，幼儿一进到区域，便开始自主游戏，游戏过程中没有一个儿童跑来找老师，都非常投入，而且"工作"状态一直是忙碌着，叠衣服、烧菜、理发，让我想到大学里老师说的"假装游戏"，在这个过程中看到真实游戏状态。

这样的阶段性测评改变了我们固有的目标导向测评方式，更多关注幼儿在游戏中的需求，让可视化对接幼儿的发展现状和需求。与此同时，如何使可视化成为一个变化的过程，而不是单一结果，让阶段性评价具有过程性，需要我们进一步去思考。

参考文献

[1] 德布·柯蒂斯.观察的艺术[M].南京：南京大学出版社，2018：1-60.

[2] 朱伟义.做好阶段性评价的思考与实践[J].江苏教育，2020(1).

[3] 中华人民共和国教育部.幼儿园教育指导纲要(试行)[M].北京：北京师范大学出版社，2002：30-73.

[4] 中华人民共和国教育部.3—6岁儿童学习与发展指南[M].北京：首都师范大学出版社，2012：4-45.

指向学习品质发展的园本化项目活动的评价研究

杭州市西园实验幼儿园　朱婷婷

摘　要：在幼儿园课程建设过程中，课程评价是园本课程体系构建的重要环节之一。该文借助"学习金字塔"理论，探索幼儿园评价改革之路：摒弃关注技能性发展的单一化、形式化

的传统评价,转向关注儿童学习品质的发展。以项目活动为载体,以"雷达图"为可视化工具,聚焦幼儿学习特点,确定评估场域,链接学习品质,呈现多个评价维度对幼儿在真实的学习情境中表现出来的学习品质进行表现性评价,从而形成适宜幼儿园项目活动园本化的评价新样态,促进儿童的全面发展。

关键词:学习品质;评价;项目活动

一、金字塔理论对课程评价的启示

(一)反思传统评价模式的弊端

著名学者爱德加·戴尔在 1946 年提出"学习金字塔"理论(如图 1 所示)。它告诉我们:儿童的学习方法不同,学习效果就大不一样。幼儿园传统"排排坐,吃果果"的集体灌输式教学①是我们最熟悉的教学方式,在这样传统的教育下,我们开展的评价往往脱离幼儿真实的生活,幼儿丰富而鲜活的个性被整齐划一的标准所压制。显而易见,传统的评价注定被摒弃。

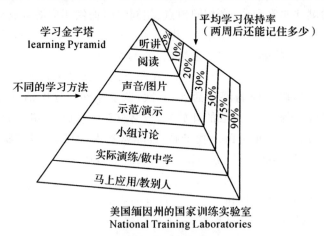

图 1　学习金字塔

(二)探寻课改背景下的评价

在课改背景下,幼儿园进行项目化学习园本课程建设,教师不断重塑儿童观、改变师幼互动模式、改变儿童的学习方式,从传统的灌输式被动学习到探究式的主动学习,幼儿的学习效果大大增强。与之相应的,我们开始探寻适宜项目化学习的评价新样态,如图 2 所示。

二、以"看见每一个"为改革评价的基点

(一)契合课程架构,形成评价体系

我们将评价关注点转向关注儿童的学习品质,尝试运用"表现性评价",进行"三个确定":第一,确定评估内容,根据幼儿的年龄特点与园本课程体系,小班以项目化区域活动为切入点,中班——项目小组中的某一任务,大班——持续性的项目活动;第二,确定评估的多个维度;第三,确定评估工具,尝试评价改革的实际探索,形成项目化学习的评价体系。

---

① 霍力岩.从借鉴走向超越——学前教育课程改革的必由之路[J].教育导刊,2010(1).

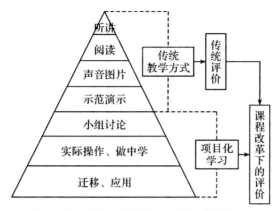

图2 "金字塔理论"对课程改革评价的启示

(二)借鉴"四D法",明确评价工具

借鉴新西兰学习故事"四D法"(描述、记录、讨论和决定)[①],运用视频白描式记录、雷达图呈现的方式,对儿童的学习行为进行结构性的叙述观察和连续性记录,并采用质的解释方式对儿童的学习进行整体而全面的评价[②](如图3所示:以小班项目化区域活动中幼儿的专注性倾向为例)。

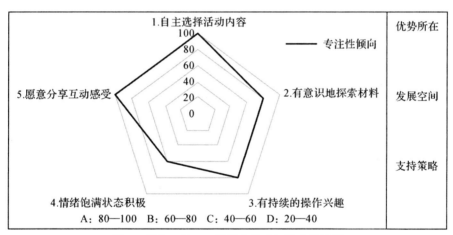

图3 评价工具——视频白描式记录＋雷达图

三、概念界定

(一)学习品质

本文中的学习品质界定为"幼儿在活动过程中表现出的积极态度和良好行为倾向",包含"主动性、计划性、专注性、问题解决、资源利用和反思"6项关键发展指标。[③]

---

① 谢芬莲.学习故事:新西兰儿童发展评价模式及其启示[D].兰州:西北师范大学,2014:30-38.

② 谢芬莲.学习故事:新西兰儿童发展评价模式及其启示[D].兰州:西北师范大学,2014:30-38.

③ 安·S.爱泼斯坦.学习品质:关键发展指标与支持性教学策略[M].霍力岩,李金,刘璐,等,译.北京:北京教育科学出版社,2018:003-011.

(二)专注性

借鉴"高瞻课程模式"对于专注性的定义：幼儿专注于感兴趣的活动。

本文对于"幼儿在项目化区域中的专注性"界定为"幼儿是否持续参加一项感兴趣的项目化区域活动，过程中所表现出来的'活动兴趣及专注度'，即'在项目化区域中，幼儿自主选择活动内容，并持续进行有意识的摆弄、操作和探索'"。

四、以小班"项目化区域活动"为着力点进行评价实施

(一)链接幼儿学习品质，形成评估重点

我们从幼儿是否持续参加一项感兴趣的项目化区域，过程中所表现出来的"活动兴趣及专注度"，即"在项目化区域中，幼儿自主选择活动内容，并持续进行有意识的摆弄、操作和探索"作为评估重点。

(二)确定评价对象，开展评价行动

评价对象：小班男孩，睿睿

观察时间：15分钟

以白描式的视频连续拍摄15分钟，记录幼儿的学习过程，呈现在相应指标上，并进行识别，将评估幼儿的发展情况标志在"雷达图"上，阐述幼儿在项目中的表现。

(三)关注动态发展，呈现多个评价维度

将"专注性"学习品质分为5个维度的行为倾向表现：

1. 自主选择活动内容。

2. 有意识地探索材料。

3. 有持续的操作兴趣。

4. 情绪饱满状态积极。

5. 愿意分享活动感受。

通过白描式的视频连续拍摄，记录睿睿的学习过程。

1. 评价维度1——自主选择活动内容

表1

案例白描	可视化解读
区域的选择——自助点心后，睿睿来到益智区，将地上已放在"小爱心"（该班级用爱心作为进区标志，如地上贴有2颗爱心则表示该区域可容纳2个人）上的鞋子挪开。这时老师走过来："睿睿，你看她（佳佳）的鞋子是摆在小爱心上的，"边说边把被睿睿挪开的鞋子放回到小爱心上。睿睿说："我也想到这里玩。"老师说："班里还有其他的区域，这里已经（人）满了，你下次早一点来这里，好吗？你看看还有其他什么想玩的。"说着，老师牵着他的小手。他站了起来，转头离开该区域，巡视教室，边走边说："我喜欢娃娃家。"这时，旁边小朋友说："可以，你去玩吧，睿睿。" 	自主选择活动内容——睿睿在选择区域时表现出了充分的主动性，他能自主选择活动内容，并且对于班级区域规则很明确。 雷达图指向达到A区域

2.评价维度2——有意识地探索材料

表2

案例白描	可视化解读
同伴交流、摆弄脸盆——他来到娃娃家"小爱心"旁,脱鞋并摆好,径直跑到"厨房",搜寻着地上摆放的一筐装满"好吃的"玩具。又转身打开"煤气灶"下的柜门。这时,来了一个男孩,他对着男孩说:"我的家都变成食物家了。"说着,他走到旁边,一只手拿起一个塑料脸盆,用脚踩着,并跳着:"看我的。"示意旁边的小伙伴看他表演。表演了两遍,躺在地上笑着,女孩问他:"你是故意摔倒的吗?"他没回答,继续一只手拿着脸盆套在脚上,另外一只脚跳着,随后倒在地上。这时,旁边区域传来一声尖叫声,他随着声音看了过去,边看边继续拿着脸盆重复刚才的动作 	有意识地操作多种尝试——睿睿善于探索材料,用脸盆与身体互动进行游戏——用脸盆套住自己的一只脚,用另外一只脚单脚跳跃的过程中,表现出灵活性和平衡感。雷达图指向达到A区域

3.评价维度3——有持续性的操作

表3

案例白描	可视化解读
洗袜子、晾袜子、晒袜子、穿袜子——睿睿继续走到"卧室"晾晒袜子的地方,把脸盆放在柜子上,将一双袜子从夹子上拿下来放在脸盆里。这时,他端着脸盆走到厨房里的"水槽"边,放在水龙头下,又端着脸盆回头对班级老师说:"老师,我要给我的宝宝洗袜子!"老师说"好的呀!",他马上将脸盆放在"水龙头下",打开水龙头,嘴上念着:"bong bong bong,洗袜子洗袜子,洗好袜子了……"洗了一会儿,他一手拿着袜子,一手将脸盆放回原处:"好了,脸盆放回这。"边走边捋着袜子,说:"把袜子拿去晾干。"他又来到"卧室"边晒袜子的地方,用绳子上的夹子夹着袜子,一开始夹子反着,他试图打开却打不开,他又将夹子转了一下,手捏住夹子的上头,打开夹子,将一只袜子夹住。夹好之后,又将另外一只袜子夹起来。看着两只袜子都夹好了,他嘴里念着:"嘟~!晾干啦!"马上拿下袜子。又马上回头到"卧室"的床上抱起一个娃娃,将娃娃放在地上,给娃娃穿袜子 	有持续的操作兴趣:情绪饱满状态积极——睿睿在娃娃家中,有明确的角色意识,围绕照顾宝宝这件事情,他开始洗袜子、晾袜子、晒袜子和给娃娃穿袜子等一系列活动。可以看出他专注于自己感兴趣的活动,并且有意识地探索材料,有多种操作,并且有持续的操作兴趣,情绪饱满状态积极

4.评价维度4——情绪饱满状态积极

表 4

案例白描	可视化解决
喂宝宝——睿睿将袜子扔到一边,蹲在娃娃的床边,拿起旁边的奶瓶看了一下,又看到框子里有很多的水壶,拿起水壶打开盖子,放回去。又拿起一个,按了下按钮,盖子打开了,他将吸管对准床上的娃娃,给娃娃喂奶。   小插曲——一会儿,睿睿跑到"厨房",到地上的框子里翻找着,将两个"蔬菜"放在一个篮子里。这时,旁边的老师说:这个电饭煲的盖子打不开了,谁来帮帮他。睿睿马上跑过去,按了几下盖子,说:我用力按。老师又问:用力按得开吗? 旁边的点点说:"这样不能的。"边说边试图试一试。眼看自己要被挤开,睿睿不肯退让,继续按电饭煲的按钮,点点继续想要挤过去,他嘴里哼着不肯走开。被点点挤开后,睿睿用手拉点点的头发,点点马上告状:"睿睿拉我头发。"老师说:"睿睿,你让大家试试能不能打开。" 厨房里的二三事——睿睿看了一眼老师,重新回到地上的框子里找食物,将挑选的食物一个一个放在篮子里。过程中,他找到一块"蛋糕",并将剩余的几块"蛋糕"拼在一起,提着篮子走到"烤箱"前,将里面的东西拿出来,将蛋糕放进去。又从篮子里拿出小水壶放在旁边的水龙头下"接水"	主动积极——睿睿用水壶喂宝宝的过程中表现出较好的灵活性和手眼协调能力,全程积极参与。雷达图指向达到A区域

5.评价维度5——愿意分享活动感受

表 5

案例白描	可视化解决
今天我照顾宝宝啦!——在活动分享环节,睿睿主动走到大家面前,大声地说:我今天去娃娃家玩啦!我用脸盆洗袜子,把袜子夹起来。宝宝饿了,我给它吃奶,我觉得娃娃家很好玩!	主动分享、自我评价——本维度体现了幼儿的自我评价。睿睿对于在集体面前分享自己今天的活动,很愿意,而且主动性强,在过程中用短句讲述在项目化区域中的活动,符合小班幼儿语言能力的发展。雷达图指向达到A区域

(四)雷达图直观呈现幼儿动态发展

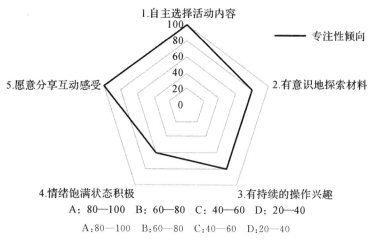

A：80—100　B：60—80　C：40—60　D：20—40

A：80—100　B：60—80　C：40—60　D：20—40

图5　幼儿睿睿的专注性学习品质倾向

(五)评价分析

评价观察后,评价小组展开研讨会进行沟通,每个小组成员对自己观察的幼儿以雷达图中的优势所在、发展空间、支持策略等做分析,看见不同儿童在活动中的闪光点。

1.优势所在

该幼儿能有意识地探索材料,并有多种尝试,对多种材料有持续的操作兴趣,专注度倾向性高,具备了主动性、专注性等学习品质;活动情绪状态积极、饱满。

2.发展空间

该幼儿在活动过程中时常被外界干扰而中断活动,但能及时回到自己的活动中。

社会性交往有待提高,在帮助同伴解决问题的过程中,面对与同伴的冲突,解决方式有待提高。

3.支持策略

环境支持——该区域的活动空间可再调整。

情感支持——在活动结束的分享环节,教师可继续抓住其幼儿的闪光点,深入挖掘,给予幼儿正强化。

活动支持——对于该幼儿的社会性发展,可以从电饭煲的盖子引发儿童进行讨论。

五、指向学习品质发展的项目化学习评价体系实践思考

1.真实的评价环境还原儿童的学习状态

直接感知、亲身经历、动手操作是学前儿童特有的学习方式。在具备真实性、情境性、游戏化的项目化区域活动中,正如"金字塔学习"中的第五、六、七种学习方式,幼儿在项目化学习中主动学习,其学习效果达到50%及以上,甚至有90%。在这样真实而有意义的评价情境中,能"看见每一个"。

2.可视化的评价工具实现"评价为儿童服务"的宗旨

教育者运用视频拍摄＋白描记录＋雷达图呈现的可视化评价工具,观察幼儿参与项目活动的状态中,了解他们特有的学习方式,进一步实现通过项目学习助力幼儿可持续发展提供客观、有效的依据。过程中教师及时认识问题,调整策略,还可有的放矢地与家长交流,提高家园沟通的质量,使评价能真正实现为儿童发展服务。

3.多维度的评价视角凸显"看见每一刻"的儿童视角

该评价体系强调对儿童学习全貌的关注,从多个维度对儿童学习的不同方面和不同层次进行描述和评价,贯穿于幼儿在一个阶段内学习和发展过程的始终。过程中,教师看到了儿童每一刻的成长,利用评价结果跟进、反思班级项目化区域活动中材料的投放、师幼的互动、同伴的交往等问题,为下一次活动进行再思考、再梳理,助力幼儿的全面发展。

4.适宜的评价体系完善园本课程的建设

评价的开展是为了鸟瞰课程的完整特性、遵循幼儿发展规律,推动课程中生活、学习和游戏三线并进。通过课程的深入实施,将评价嵌入课程,寻找适宜的评价内容,让适宜儿童的评价方式真正落地。随之,评价维度多元化、评价主体全面化、评价情境自然化、评价类型多样化、评价手段可操作化,逐渐形成园本课程下项目化学习评价体系的新样态,实现了评价改革里程碑式的进步。

参考文献

[1] 霍力岩.从借鉴走向超越——学前教育课程改革的必由之路[J].教育导刊,2010(1).

[2] 华道金,姚伟.多元智能理论的评价观及其对我国幼儿发展评价的启示[J].外国教育研究,2004(9):40-43.

[3] 谢芬莲.学习故事:新西兰儿童发展评价模式及其启示[D].兰州:西北师范大学,2014:30-38.

[4] 安·S.爱泼斯坦.学习品质:关键发展指标与支持性教学策略[M].霍力岩,李金,刘璐,等,译.北京:北京教育科学出版社,2018:3-11.

[5] 中华人民共和国教育部.幼儿园教育指导纲要(试行)[M].北京:北京师范大学出版社,2001:288.

运用"游戏故事"评价幼儿语言能力发展的实践研究

杭州市京都实验幼托园　俞蓉蓉

摘　要:杭州市京都实验幼托园尝试运用"游戏故事"探讨其对儿童语言能力发展的价值。借助"游戏故事"这一载体,使幼儿语言活动与游戏活动相融合,增加幼儿语言运用的机会与频率,从而验证运用"游戏故事"是否可以促进幼儿语言能力的发展。

关键词:自主游戏;语言能力;游戏故事

一、幼儿园开展"游戏故事"的背景分析

(一)幼儿在语言能力发展上的成长需要

"游戏故事"实际上是教师和幼儿以图文形式记录儿童游戏,教师和幼儿是"游戏故事"的实施者。游戏故事为幼儿玩、画、听、说搭建起一座桥梁,使幼儿在倾听、表达、理解、书写方面逐渐提升,同时也是教师评价幼儿语言能力的方式之一。

(二)助推园本课程游戏化

幼托园在开展绘本馆游戏进程中做了多年探索,其中"游戏故事"最受幼儿喜爱。"游戏故事"的源头是游戏行为和生活经验,它以自主游戏为切入点,既可以作为教师观察、识别手段,也可以作为评价方法进一步助推园本课程游戏化。

二、幼儿园开展"游戏故事"的实践——以绘本馆自主游戏为例

幼托园围绕"三定"——定研修团队、定被观察对象幼儿 A、定观察游戏场域,连续展开一个月的跟踪式观察。

(一)策略一:可视化再现游戏现场——让幼儿有话可说

可视化再现游戏现场主要是针对前期游戏讲述时幼儿语言简单、情节单一等现象,采用照片及视频回放的形式对游戏现场进行可视化再现,通过回顾游戏,幼儿有话可说。

> 游戏一开始,你用10分钟穿戴警服、帽子、腰带,接着你忙着去找话筒,你很快就在电子琴上找到一个话筒。手持话筒大声对小伙伴们说:"往这里入场,走秀要开始啦!"但是,没有人听你指挥,你有点着急,声音越来越响:"你们要往这里走。"你不停地喊着,但是,每个小朋友依然忙着自己的游戏。于是,你和其他男孩子一起维护场面秩序,并进行舞台的布置与搭建,你还想到了利用隔离带来维护秩序,但是成效甚微……

图 1 幼儿 A 正在用隔离带维护秩序

如图 2 所示为幼儿 A 绘制的游戏故事,但讲述时内容不丰富,缺乏情节,简短的一句话概括整个游戏过程。

分析与反思:

基于此,我们分析出现以上情况的原因,一是与幼儿对自己感兴趣的东西印象深刻,而那些不感兴趣的东西则会选择性忽略,所以在绘制或讲述时就内容比较单一;另一方面,可能是因为游戏本身缺乏吸引力,往往游戏过程越精彩,幼儿绘制的内容越丰富。

图 2

策略支持：

根据以上分析，我们多途径对游戏现场进行可视化再现，主要采用照片及视频回放的形式，让幼儿回顾刚才的游戏，并鼓励幼儿大胆讲述自己的游戏体验、情绪情感。这样幼儿便不会无话可说。以下为该幼儿 A 第二次故事讲述。

> "今天刚开始我穿上衣服和帽子……呃……然后我想去找话筒，刚开始找了一个……但是没有声音，后来我就去音乐厅，嗯，在钢琴上我发现了一个话筒，这个话筒可以发出声音！我拿着话筒让大家排队，还是没有人排队，后来我看到旁边的杆子，我发现这个杆子很好用。"

通过对比，我们对幼儿 A 的语言进行分析，结果如表 1 所示。

表 1　第一次游戏故事文本分析

技能类型	语言分析
参与活动需提示的状况	在与老师交流分享时，幼儿 A 没有出现主动报告行为，需提示才参与
讲述连贯性	讲述较连贯，有时会出现嗯、啊停顿
对主要事件的扩展	对自己经历的部分事件有展开讲述，但没有对事件进行具体的描述
词汇的复杂性、详细程度	没有形容词或其他修饰语的使用，只用一些简单的词汇
事件关系、连词的使用	叙述事件关系紧密，但未使用连词
句子结构	使用简单的句子罗列要叙述的事件

从上述分析可以看出，幼儿 A 使用简单的句子结构讲述自己的故事，词汇不是很丰富，主要是罗列事件，没有对事件进行扩展，但讲述时有围绕一个中心点。

(二)策略二：多途径增加游戏谈话——让幼儿自由表达

针对上述幼儿分享时出现的问题，一方面与幼儿身心发展特点有关，另一方面是因为经历的缺乏，所以此阶段的策略是：多途径增加游戏谈话，让幼儿有更多自由表达的机会(见图 3)。

> 　　游戏一开始，你用 5 分钟穿戴警服。穿戴完毕后径直来到设计工作室。只见你拿出纸和笔，一边看着边上的"安全出口"标志，一边一笔一画地写"出口"两个汉字，然后又接着设计"出口""进口"等标记。其他小朋友看到你的行为也加入你的行列，你们把写好的"出口"张贴在衣架上，又把路线标记张贴在地面上。小演员们一眼就可以看到出入场的标记，大家有序地进行表演……

图 3　幼儿 A 书写和张贴出入口标记

此次游戏开始前,教师给予幼儿游戏前语言表达的机会,培养幼儿表达的主动性、逻辑性。以下为游戏前谈话片段。

> 教师:今天你们打算在这里玩什么游戏呢?
>
> 幼儿 B:我想打扮自己。
>
> 幼儿 C:我还想走秀……
>
> 幼儿 A:我还是想当管理员!表演的时候太乱了。
>
> 教师:当出现这种情况要怎么办呢?
>
> 幼儿 E:我们一个个出现就可以了!
>
> 幼儿 B:但是还是有人插队,有人这里出来,有人又从那里出来,所以我们要另外想个办法!
>
> 教师:是的,是要想个办法!这次游戏看看我们能不能比上次更进步。

在接下去的 30 分钟里,幼儿 A 主动设计"出口"等路线标记,并张贴在相应位置。此次游戏故事的讲述如下:

> (略带激动,挥舞着手)今天我们想到一个很好的办法,我们要画个出口,这样就不会出现乱走了……幼儿 A 帮我拿张纸,我们把写好的字贴上去,但是怎么才能粘上去?后来,我们想到用透明胶。杨老师那里有透明胶,幼儿 A 去拿透明胶,我再去画个入口,粘在另外一边。我们把入口贴在衣架上,这样就好了。

我们对幼儿 A 的语言进行分析,如表 2 所示。

表 2　第二次游戏故事文本分析

技能类型	语言分析
参与活动需提示的状况	在与老师交流分享时,幼儿 A 没有老师提示主动参与
讲述连贯性	讲述较连贯
对主要事件的扩展	对事件描述较清楚具体
词汇的复杂性、详细程度	词汇比较简单,但能详细说清楚事件
事件关系、连词的使用	叙述的事件比较清楚,但没有使用连词
句子结构	使用简单的句子罗列要叙述的事件

分析与反思:

在口头表达上,虽然能将事件叙述清楚,但是主动讲述积极性不高,词汇复杂性和丰富性不够,也没有加入情绪情感。

策略支持:

后面我们决定先让幼儿进行分组交流,小组内成员对彼此游戏内容熟悉,或许能让幼儿敢于分享、愿意分享。

(三)策略三:多形式进行分组交流——让幼儿主动分享

针对上述幼儿分享时出现的问题,接下来的游戏故事采用分组交流的形式进行。因为共同经历过游戏,所以孩子分享的积极性会提高。

今天,你披着一件黄色披风,拿出一张纸请杨老师在纸上写了3个字"邀请函"。你便拿着邀请函楼上楼下寻找目标。来到大二班,你对一个男孩说:"楼下有大礼包。"但是却没有成功。然后,你来到一楼跑道上,当你看到熟悉的3个小伙伴,你邀请他们去观看演出,并说:"只有3张,你们一人一张,你们要看可以跟我来啊……"

根据上次观察的结果,这次的游戏故事采用分组交流,笔者发现幼儿交流的积极性大大提高,平常不爱分享的幼儿也迅速活络起来,加入到故事分享中。

幼儿 A 讲述如下:

你们知道吗? 今天的观众实在太少了,所以我要去邀请一些人过来。我找到一件很威风的黄色披风,穿上这件披风,打扮一下……但是邀请观众需要邀请函,我先来设计一张……你们看,这是我设计的邀请函,我请杨老师帮我写了"邀请函"3个字……我还要画个舞台,他们就知道是我们这里了……然后,我们到楼上去邀请,我看到2个小女孩,我说楼下有大礼包,你要去吗? 去我就给你邀请函,不去算了……后来,我又去楼下看看……我发现3个好朋友,我问:"你们要去看演出吗? ……只有3张,你们一人一张,你们要看可以,跟我来啊……"

对幼儿 A 的语言分析如表3所示。

表3 第三次游戏故事文本分析

技能类型	语言分析
参与活动需提示的状况	活动中,不需要老师的提示,能主动展开活动,推进游戏
讲述连贯性	讲述较连贯,能比较完整地表达
对主要事件的扩展	对主要事件能较清楚地描述
词汇的复杂性、详细程度	有形容词的使用,对事件的描述比较清楚、详细
事件关系、连词的使用	叙述的事件比较紧密,也有连词的使用
句子结构	主谓宾结构比较完整

分析与反思:

采用分组交流,我们发现幼儿讲述的内容明显比以往多,语言丰富,也有更多的互动,讲述更为生动。

策略支持:

根据这次情况,决定继续采用分组交流,同时通过录音形式记录幼儿的讲述。通过再次播放,幼儿直观了解哪些地方讲得好,哪些地方还需要改进;同时利用这一机会引导幼儿倾听别人的想法和表达自己的看法一样重要。

(四)策略四:信息化还原幼儿讲述——让幼儿越说越好

采用信息化手段,通过手机录音、录像等形式对幼儿的分享进行录制,而后直接连接电视,通过直观的形式还原幼儿的讲述。幼儿非常喜欢这一环节,期待听到自己的声音,这是一种外在的肯定,更是一种积极的可视化的评价。

> 今天你一直在设计新的邀请函,你对旁边的小男孩说:"我画好邀请函,你去发!"男孩大声回应:"好嘞!"就在画好的那一刻,你想到少画了些什么,于是又拿起笔画了几张小凳子,并在旁边写上"1",然后让男孩去发邀请函。

幼儿 A 讲述如下:

今天我很开心,我自己设计了很多张邀请函。上次的邀请函太简单了,你们知道吗?设计邀请函可不是一件简单的事,需要先设计,设计得很漂亮才有人愿意来看表演。设计好以后我就请小胖帮我去发,我让小胖告诉小朋友,在 2 楼第一排位置观看表演,要请个子矮的小朋友,先问她要不要去看表演,如果她不想去的话,那就换一个人。后来来了很多小观众,今天真的好开心!

对幼儿 A 的语言分析如表 4 所示。

表 4　第四次游戏故事文本分析

技能类型	语言分析
参与活动需提示的状况	本次参与活动,积极主动,不需要提示,自主地展开游戏,和同伴互动性语言多
讲述连贯性	讲述较连贯,清楚,详细
对主要事件的扩展	用语言引导同伴展开游戏,扩展游戏内容
词汇的复杂性、详细程度	词汇更丰富,时间描述很详细
事件关系、连词的使用	叙述的事件比较紧密,使用"如果""之后"等词
句子结构	句子结构比较完整,表达清楚

分析与反思:

通过录音、视频等录制幼儿的讲述,而后播放给他们听,直观地回顾讲述过程中的优长与不足。通过这一策略,相比前几次的语言表达,这次更为主动也更流畅,事件描述更为清楚。

策略支持:

增加游戏后谈话,谈论游戏中遇到哪些有趣的事,遇到哪些问题,又是如何解决的,以便丰富游戏故事内容。

(五)策略五:多场合画话结合——让幼儿表达有依据

针对上阶段幼儿的表现,接下来将通过多场合画话结合的形式,引导幼儿大胆用符号、图像记录自己的游戏及体验,并多场合与人分享,可以小组与教师分享,也可以与同伴分享,结合画的分享,让幼儿的表达有据可依,更有逻辑性。

你和同伴设计了一张大海报，非常开心地将海报贴在一个镂空架子上。在你的热情邀请下，来观看表演的小朋友越来越多了。可是，总有小观众找不到正确的位置。于是，你给座位贴上"座位号"，并根据小朋友的身高来决朋友定座位号。

根据上次的观察结果，此次游戏结束后，教师组织幼儿进行游戏后的谈话，以便幼儿更好地回顾整个游戏。

幼儿 A 讲述如下：

今天我和小胖干了一件大事，我们一起设计了一张大海报！（张开双臂，动作辅助）我让杨老师给了我一张很大很大的纸，我们决定一起设计"绘本王图"的海报。因为怕观众看不明白，所以我们设计了开始时间还有结束时间，还有舞台和灯光，设计完成后我们非常开心地将海报贴在旁边的一个镂空架子上。我们发现观看表演的小朋友越来越多，但是很多小朋友找不到正确的位置，于是，我们开始设计座位号。我给每张小椅子都编一个号码，第一排从一号开始，这样就不会坐错了。当别的小朋友都在开心地表演，我一直在为座位编序号……

对幼儿 A 的语言分析如表 5 所示。

表 5 第五次游戏故事文本分析

技能类型	语言分析
参与活动需提示的状况	活动开始幼儿 A 马上延续上一次的活动，并乐意和大家分享
讲述连贯性	很少出现停顿，讲述连贯，语言更生动，有动作和表情加入
对主要事件的扩展	对自己经历的事件都有展开讲述，能描述整个事件的前因后果
词汇的复杂性、详细程度	有更多形容词、修饰语的使用，词汇也更复杂，如镂空的架子等
事件关系、连词的使用	叙述的事件关系紧密，有"因为……所以……"等连词的使用
句子结构	使用简单的句子罗列要叙述的事件

分析与反思：

在这次游戏故事中，我们发现幼儿 A 的讲述更加自如，有动作和表情加入，语言更生动，能再现游戏过程，而且能发现游戏中的问题并及时进行处理。

三、幼儿园开展"游戏故事"效果及分析

（一）幼儿主动分享与表达的意愿增强

在"游戏故事"分享和交流环节，幼儿渐渐地从不愿不敢到主动分享，从不自然分享到流畅分享。分享交流给了幼儿充分表达的机会，让幼儿将经验和快乐体验传递出去，促进自身语言表达能力提升的同时，也促进同伴获取信息能力和倾听能力。

(二)幼儿有意倾听能力提高

教师通过游戏前讨论、游戏后谈话及游戏故事分享的过程,有意识地放慢语速,变换语音语调,给幼儿一定的语言示范,利用幼儿的无意注意,引导他们学会倾听。总体来说,幼儿有意倾听意识和能力都有一定的发展。

(三)幼儿叙事能力较大提升

经过多种策略的运用,渐渐地发现幼儿讲述越来越自信,讲述内容越来越有逻辑,也能运用简单的连词连接前后事件,种种方面说明幼儿在叙述能力方面有一定提升。

(四)幼儿前书写意识与能力的递进

案例当中,我们发现幼儿在游戏中萌发前书写的意愿,同时通过游戏故事巩固前书写能力。粗略梳理幼儿 A 在游戏中前书写学习与发展的路径如表 6 所示。

表 6　案例中幼儿前书写学习与发展体现

序号	关键事件	阶段	解　读
1	案例2:书写"出口"并设计出入口路线标志	◎认知 ◎复制	1.儿童对箭头符号有初步接触与认知(主题活动——交通汽车、日常生活)。 2.儿童根据所看到、所经历到、所感知到的示范模式复制与之相似的简单符号。 3.基于现实生活的经验进行模仿和创造
2	案例3:请老师帮助写"邀请函",并配图	◎尝试	1.限于汉字的读写知识有限,幼儿 A 尝试在老师的帮助下完成邀请函设计。 2.知道文字与符号能够表达一定的意义,也知道文字的作用,并理解文字与口头语言一一对应的关系。 3.儿童能将汉字与图画明确区分开来,初步形成符号和文字在书写形式上的固定性表征
3	案例4:幼儿 A 设计邀请函和座位	◎拓展	利用更多形式表达自己的想法,如文字、数字、图画等表达更复杂的内容,并将自己的设计拓展到观众席位置的设计
4	案例4:幼儿 A 设计好邀请函后向他人讲解	◎描述	幼儿将自己的书写设计描述给他人,让其理解其中内容,将书面语言转化为口头语言
5	案例6:幼儿 A 与同伴设计海报	◎拓展	1.创造性地、清晰地显现海报内容,并结合文字、图画、数字等形式,尽量表达丰富的含义。 2.儿童在自制海报过程中表现出从左到右、从上到下的文字阅读和书写规则,且文字之间有间隔

在游戏中,幼儿 A 能够根据游戏需要运用书写解决游戏中存在的问题,①以此推进游戏层层递进,虽然进步不是非常显著,但每一次都是宝贵的经验。

四、收获与思考

(一)创设有助于儿童语言表达的"有准备的环境"

教师创设一个"有准备的环境",可以选择一块墙面展示"游戏故事",幼儿非常乐意向大家交流自己画的游戏故事。说明游戏故事墙符合幼儿年龄特点,能够吸引幼儿的目光,为幼儿创造语言交流的机会,帮助回忆游戏过程,梳理经验并组织语言进行再现。

图 3　幼儿的游戏故事集

(二)理解儿童前书写发展阶段的非直线性

案例中我们看到"不同的时间段内儿童前书写会呈现出相同的发展阶段"②,同时也看到了"同一时间段内出现不同的发展阶段",有时甚至"中断"。所以儿童前书写发展各个阶段并非固定不变,它会出现跳跃式、间断性的发展。

(三)提高社会性互助建构在儿童语言学习中的有效性

案例中的儿童出入口设置以及座位号的设计,都是因为同伴间矛盾的产生,同时有教师眼神默许、材料支持等才实现的。这一系列的参与过程也可以看出,社会性互助建构在儿童学习中的重要性。

五、小结

游戏故事是践行课程游戏化理念的一种探索。儿童通过自主游戏获得成长,在实践游戏故事过程中,教师如何更好地解读游戏故事,如何通过解读并支持幼儿的需求,又该如何巩固孩子在游戏中获得的经验?这是我们团队后期的探索……

参考文献

[1] 周兢.学前儿童语言学习与发展核心经验 [M].南京:南京师范大学出版社,2016.

[2] 周兢.促进幼儿前书写经验形成的教育支持策略[J].幼儿教育,2012.

---

①　石慧艳.读写萌发理念下对幼儿前书写能力的培养[J].教学探索,2014(1):18-20.

②　吴卫杰.大班角色游戏情境中文字使用情况的研究[D].南京:南京师范大学,2013:3.

［3］石慧艳.读写萌发理念下对幼儿前书写能力的培养［J］.教学探索,2014(1):18-20.

［4］刘宝根,高晓妹.儿童前阅读核心经验及其发展阶段［J］.幼儿教育,2013(7):7-8.

以"评"促长,借助"故事"助力小班幼儿教育评价

杭州市安吉路幼儿园　叶莉莎　张　璐

摘　要:"学习故事"作为一种形成性的评价方式,强调儿童行为描述的真实性、完整性,发现儿童在学习过程中的闪光点,以及儿童发展与环境之间的关系。基于小班幼儿建构游戏的现状,以及教师在指导策略和评价方式等方面的问题,该文尝试通过撰写学习故事,创新个性化的记录板式,加强家园双方的分享交流等形式助力小班建构游戏的开展,从而达到提升幼儿建构能力、改善传统评价模式、优化家园沟通方式的研究目标。

关键词:学习故事;游戏;叙事性评价

一、背景

在日常带班过程中发现,建构游戏是小班幼儿非常喜爱的,但因为年龄小、建构水平低,在游戏过程中出现了多方面的问题。同时,教师的指导策略和评价方式也有待优化。

"学习故事"这一过程性评价方式,"相信孩子是有能力的、主动的学习者和沟通者",鼓励教师发现幼儿的闪光点和"哇时刻"。通过撰写"学习故事",对助力小班建构游戏发展有着重要的意义和作用。

二、研究过程

(一)"学习故事"的特点及撰写要求

1.捕捉闪光,积极评价

"学习故事"是一种形成性评价,其中蕴含的这一儿童观,需要教师转变传统观念,从"找差距、找不足"的评价,转变成"找优点、找长处"的评价,用欣赏和接纳的视角审视儿童的行为,在观察焦点和解读内容上也有所改变。[①]　这种积极的评价让幼儿感受到自己的兴趣和需要会被满足,想法能被实现。

2.聚焦个体,跟踪叙事

"学习故事"重在识别幼儿感兴趣的和能做的事,收集他们在学(玩)什么、为什么学(玩)、怎么学(玩)等方面的信息,强调个性化。传统的观察记录,虽然强调个性化的表现,但缺乏连续性,不能对幼儿的能力发展进行有效的指导。

3.三步记录,环环相扣

"学习故事",主要由注意、识别和回应 3 大部分组成,环环相扣。注意是对儿童学习的观察,一般是用故事和照片呈现;识别是教师对学习的分析、评价和反思;回应是教师为支持儿童进一步学习制度的计划。

---

① 刘晓颖.发现儿童的力量——"学习故事"在中国幼儿园的实践［M］.北京:北京少年儿童出版社,2016.

4.创新标题,格式统一

通过撰写"学习故事"记录小班幼儿在建构游戏中的真实行为,发现闪光点和"哇时刻"。在保留学习故事原有的三部曲结构基础上,对标题进行创新,并且根据幼儿的近期情况自由选择一些内容,更加凸显了个性化。

(二)教师评价的维度及操作要点

1.几大维度,客观评价

通过前期的文献查阅,总结出小班幼儿建构游戏的发展特点与水平。主要表现在建构技巧、建构材料种类、建构材料数量、建构质量、合作能力这几大方面。

● 问题1:可以从哪个维度对这几个案例进行分析评价?

案例1:牛奶罐城堡(一)

【哈罗,"哇时刻"!】

今天早晨,你和往常一样早早地来到幼儿园,还是用那好听的声音和好看的微笑和我问好。你迫不及待地告诉我:"画老师,我爸爸给我买了一本书,里面有一个漂亮城堡!"边说边比划起来,你开心的样子就像一个小王子。我听到这个消息也兴奋地说道:"真的吗?""真的,我也要搭一个城堡!"你期待的眼神和表情让我问道:"哇,那你用什么搭呢?"这个问题,并没有难倒你,你开始在教室里寻找搭建城堡的材料,我看见你走向宝贝拼搭区将那筐牛奶罐抱起。这时候,笑笑和几个小朋友也一起来了,外向的你走到笑笑面前主动邀请她一起搭建城堡,笑笑也欣然接受了。于是你们一起想办法将牛奶罐搭成心中城堡的模样,小小的公主梦一点点拼凑起来。

在这个案例中,可以看到虽然是小班幼儿,但该幼儿能够调动自己的生活经验,知道自己想要搭建什么,这体现了建构的目的性。另外,能够自主寻找可利用的材料,尝试与伙伴一起搭建"城堡"。这两个维度可以成为教师评价的重点。

案例2:牛奶罐城堡(二)

【哈罗,"哇时刻"!】

你的"城堡大工程"吸引了很多好朋友来帮忙,你们手中都准备好了牛奶罐,要为城堡的建成出一份力量!起初,你们已经搭了近5分钟,但都没有超过十层就倒塌了,牛奶罐的洒落也给你们带来了一些乐趣。好在你们并没有放弃,你已经搭建过比较小一点的城堡,有了些经验,耐心地告诉大家:"一定要放稳,我们一个一个放吧!"我心里默默感叹,原来小小的你已经会总结了。并不是每个幼儿都像你这样有耐心,子健在一旁已经等不及了,也许男孩子比较心急,但看着你和朵朵一个接着一个,非常有序地往上搭着,也就变得淡定了些。你们的"城堡建筑队"人员越来越多,把老师都给吸引住了。"哇塞,你们太厉害啦,我也一定来参加,搭一个超级大城堡。好吗?"

老师的参与又一次激发了你们的兴趣,也让这次游戏持续了下去。你和好朋友讨论着,合作着,小心着,期待着!终于在你们的共同努力下,超级大城堡建成了,每一个人都情不自禁地鼓起掌来,这真的是一个值得记录的美好瞬间!

在小班幼儿建构游戏的开展中,需要教师心中有观察的方向和预设。在记录故事的过程中,真实反映幼儿学习情况的同时能够及时捕捉到"哇时刻",从而在评价时做到更有指导性,有助于幼儿建构水平的提升。

2.把握要点,真实评价(见表1)

表1　从不同角度评价的一般内容与要求

角度	评价的一般内容与要求
建构技巧	重复单一向多样化转变。根据该年龄段幼儿的建构水平发展规律,观察是否达到相应水平并有提升,比如:3岁巩固延长、平铺、垒高,出现围拢和架空;4岁以后出现对称、模式、穿过等较为复杂的建构行为
建构材料种类	建构材料种类是否趋向多元化,种类使用与幼儿表达之间的关系
建构材料数量	不单纯追求材料数量,而要关注是否能用多样的材料搭建出更好的效果,或者是运用更多元的建构技巧,关注对建构材料的实际操作水平
建构质量	主要从建构的精致性和新颖性出发,观察幼儿对造型细节的关注程度、呈现方式;建构主题是否有创新,是否体现了创新力和想象力
合作能力	该年龄段幼儿应该从独自游戏向平行游戏、联合游戏发展,观察幼儿在建构游戏中的合作意识、社会性交往、情绪情感发展

除了评价的维度外,教师还应该掌握评价的一般内容与要求,这样才能够遵循小班幼儿年龄阶段建构游戏的发展水平,保证评价的适应性,而不是纯粹的主观评价。通过前期查阅文献,总结出从不同角度评价的一般内容与要求。

● 问题2:应该怎样更好地把握评价的一般内容和要求?

案例3:牛奶罐城堡(三)

【哈罗,"哇时刻"!】

今天吃过午饭后,你仍旧毫不犹豫地选择了最爱的牛奶罐,我猜想今天你又会搭一个什么样的作品呢,满怀期待!我并没有一直观察你们的一举一动,但我看见你们的小分队越来越壮大,而你们正在搭建的金字塔城堡也越来越高。直到我听见了一个声音:"老师,老师,你快给我们的城堡拍照吧!"哇,你们一定是有了新的突破才会变得如此兴奋。果然,在我眼前呈现的是之前从未见过你们搭起的金字塔,它的高度甚至都超过了你们的身

高。我情不自禁地为你们记录下这个美妙的瞬间,并鼓励你们继续加油。我还发现,你们不仅利用了牛奶罐,还找来了一些其他材料,而且在需要的时候,还想到了站在小凳子上能搭得更高的好办法,真的很棒!这一次,念祖和蛋蛋帮了你的大忙,他们和你一样变得细心、耐心,失败了又重新开始,尝试了一次又一次。

在幼儿建构水平提升的过程中,往往涉及多方面的能力评价。就如这个案例中,值得评价的内容就非常多元。从建构作品本身出发,金字塔是幼儿最新建构的造型,它的高度突破了幼儿的身高,体现了"垒高"建构技巧的提升;同时伴随着材料数量的增多,并不是只追求量,而是通过量的提升搭建出了更好的作品。另外,金字塔可以"屹立不倒",这是建构稳固性的体现,也是幼儿相互合作的结果。

3. 预设发展,适宜评价

这个案例中,教师能及时跟进幼儿在建构游戏中的发展,通过提问引发思考,并且带领幼儿一同探讨研究,最终找到解决问题的方案,这是一个为幼儿提供支架的过程。而教师的智慧,更多地体现在适时的建架、撤架,能够大胆预测可能发生的事件及其方向,这样的"回应"能够支持幼儿的学习,为幼儿形成良好的学习品质提供可能。[1]

4. 多方互动,共享评价

"学习故事"作为一种新型的评价方式,需要教师在不断的学习中寻求进步。组织各类交流、分享、评比活动可以激发教师的热情,通过共享让优秀的学习故事能够得到推广,并且通过教研会议、备课本撰写等方式形成一种规范,从而让教师不把写学习故事作为一种负担,而是一种真正对幼儿行为的记录过程,享受发现"哇时刻"的美好瞬间。

三、成效

(一)激发潜能,提升幼儿建构能力

"学习故事"记录幼儿能做的、感兴趣的事,让小班幼儿在建构游戏中体现出自信、勇敢、积极、自主等优良的学习品质。通过跟踪式的观察与评价,幼儿的学习行为体现出连续性,让教师能够更有针对性地进行回应和指导。从实践研究的具体操作过程中,可以看出小班幼儿的建构水平在多方面有了显著的提高。更为重要的是,幼儿的学习热情高涨,潜能被激发,这无疑为之后的学习提供了更多的可能性。

(二)科学指导,改善传统评价模式

首先,"学习故事"是为了支持儿童进一步学习所进行的评价,是形成性的,关注的是学习过程,是课程的一部分;其次,它是在日常教育教学情境中所做的观察,用图文的形式记录下儿童学习过程的一系列"哇时刻"或"魔法时刻"[2],关注的是儿童"能做的"、感兴趣的事情,而不是儿童"不能做的"、欠缺的地方。它不仅是一种学习评价的手段,更是一种理念,对于更新教师的传统评价观念有着重要的作用,为教师能够提供更加有效的指导打下了理念基础。

---

① 刘峰峰.小积木,大学问——积木游戏的特点与指导策略[J].山西教育,2015(3).
② 杨雄.学习故事:在"哇时刻"寻找幼儿成长曲线[J].今日教育(幼教金刊),2015(11).

参考文献

［1］MARGARET CARR,WENDY LEE.学习故事与早期教育:建构学习者的形象［M］.周
菁,译.北京:教育科学出版社,2015.

［2］刘晓颖.发现儿童的力量——"学习故事"在中国幼儿园的实践［M］.北京:北京少年儿童
出版社,2016.

［3］刘峰峰.小积木,大学问——积木游戏的特点与指导策略［J］.山西教育,2015(3).

［4］杨雄.学习故事:在"哇时刻"寻找幼儿成长曲线［J］.今日教育(幼教金刊),2015(11).